D1748738

Reihe Medienstrukturen

herausgegeben von
Otfried Jarren
Matthias Künzler
Manuel Puppis

Band 4

Wolfgang Seufert | Felix Sattelberger [Hrsg.]

Langfristiger Wandel von Medienstrukturen

Theorie, Methoden, Befunde

Nomos

Bildnachweis Titel: fotolia.com

Die Deutsche Nationalbibliothek verzeichnet diese Publikation in der Deutschen Nationalbibliografie; detaillierte bibliografische Daten sind im Internet über http://dnb.d-nb.de abrufbar.

ISBN 978-3-8487-0761-4

1. Auflage 2013
© Nomos Verlagsgesellschaft, Baden-Baden 2013. Printed in Germany. Alle Rechte, auch die des Nachdrucks von Auszügen, der fotomechanischen Wiedergabe und der Übersetzung, vorbehalten. Gedruckt auf alterungsbeständigem Papier.

Inhalt

Wolfgang Seufert
Analyse des langfristigen Wandels von Medienstrukturen – theoretische und
methodische Herausforderungen 7

Teil I:
Dynamiken und Determinanten des Medienwandels

Samuel Studer, Matthias Künzler, Otfried Jarren
Mediensystemwandel als Medienorganisationswandel - Implikationen der
Population-Ecology. 31

Leyla Dogruel
On the long run: surviving of the fittest? Eine Diskussion evolutions-
theoretischer Konzepte für die Analyse langfristigen Wandels von
Medienstrukturen. 51

Andrea Grisold
Langfristiger Medienwandel und ökonomischer Wandel: Eine institutionelle
und regulative Perspektive 67

Manfred Knoche
Krisenhafte kapitalistische Produktionsweise als Triebkraft für
Restrukturierungen und Transformationen (in) der Medienindustrie -
Erklärende Theorieelemente einer Kritik der politischen Ökonomie der
Medien 87

Teil II:
Wandel von Medienangebot und Mediennachfrage

Wolfgang Seufert
Analyse des Einflusses von Veränderungen der Marktnachfrage, der
Anbieterkonzentration und des Kostenniveaus auf das TV-Angebot in
Deutschland 115

Edzard Schade
Langfristiger publizistischer Wandel als Folge veränderter Programmierung:
Erkenntnispotenziale eines prozessorientierten Analysedesigns illustriert am
Beispiel der Nachfrageorientierung   149

Steffi Strenger, Markus Thieroff, Michael Meyen
Wandel der Medienlogik als Zusammenspiel aus Strukturen und Akteuren
- eine inhaltsanalytische Annäherung   177

Birgit Stark
Fragmentierung Revisited: eine theoretische und methodische Evaluation
im Internetzeitalter   199

Teil III:
Veränderung des Regulierungsrahmens im internationalen Vergleich

Cornelia Brantner, Marco Dohle, Hannes Haas, Gerhard Vowe
Medienpolitische Weichenstellungen in der Retro- und Prospektive.
Ergebnisse von Delphi-Erhebungen in Österreich und Deutschland   221

Dirk Arnold
Auf dem Weg zum «Single-Regulator»? Medienregulierung in Europa.   239

Martin Gennis, Hardy Gundlach
Wandel und Zukunft des Public Service Broadcasting in der Digital- und
Internetökonomie   259

Autorenverzeichnis   281

Analyse des langfristigen Wandels von Medienstrukturen – theoretische und methodische Herausforderungen

Wolfgang Seufert

1 Medienwandel als Forschungsgegenstand

Die langfristigen Veränderungen des Mediensystems, deren Dimensionen, Ursachen und Folgen sind seit langem Forschungsgegenstand in einer Reihe von Teildisziplinen einer sozialwissenschaftlich ausgerichteten Kommunikationswissenschaft – außer in der Medien- bzw. Kommunikationsgeschichte (vgl. u.a. Wilke 2008, Faulstich 2006, Stöber 2003, Merten 1994) – vor allem in der Medienökonomie, Mediensoziologie und der Medienpolitik-Forschung (vgl. u.a. Behmer et al. 2003, Haas/Jarren 2002, Saxer 1994).

Die Antworten auf die Frage, in welchen Dimensionen sich unser heutiges Mediensystem wesentlich von dem vor 50, 100 oder 150 Jahren unterscheidet, fallen dabei je nach Teildisziplin und ihrem theoretisch jeweils anders geschärften Blick auf «die Medien» unterschiedlich aus. Übereinstimmung herrscht allerdings in zwei Punkten:
- dass unser heutiges Medienangebot aufgrund einer Vielzahl von medientechnischen Innovationen im Vergleich zu früheren Zeiten sehr viel umfangreicher und ausdifferenzierter ist;
- dass der Alltag der Gesamtbevölkerung weit stärker von Medien durchdrungen ist als bei früheren Generationen. Unsere Wahrnehmung von Gesellschaft und Umwelt erfolgt zu einem deutlich größeren Anteil über medial vermittelte Inhalte anstatt durch persönliche Anschauung und interpersonale Kommunikation. Zieht man die Zeit für den Schlaf ab, verbringt ein Erwachsener in Deutschland zu Beginn des 21. Jahrhunderts über zehn Stunden und damit deutlich mehr als die Hälfte des Tages mit der Nutzung unterschiedlicher Massenmedien (vgl. Reitze/Ridder 2011).

Ein wesentlicher Teil der kommunikationswissenschaftlichen Forschung zum Medienwandel beschäftigt sich deshalb auch mit «neuen Medien» und deren Wirkungen. Aktuell wird der Begriff vor allem für Inhalte, auf die über den WWW-Dienst des Internets weltweit zugegriffen werden kann, gebraucht. Geht man von der üblichen Einteilung verschiedener Mediengattungen aus, wie sie beispielswiese in der ARD/ZDF-Langzeitstudie Massenkommunikation vorgenommen wird, so gibt es zurzeit außerdem folgende acht «alte Medien»: Hörfunk, Fernsehen, Tonträger, Video, Kino, Zeitung, Zeitschrift und Buch (ebd.: 47). Zwei davon bekamen nach dem 2. Weltkrieg eine Zeitlang ebenfalls den Status eines neuen Mediums: das Fernsehen ab Mitte der 1950er Jahre und die private Videonutzung («home video») ab Anfang der 1980er Jahre. In den 1920er Jahren hatte das Radio dieses Attribut und seit dem Ende des 19. Jahrhunderts die damals ebenfalls noch neuen Mediengattungen Kino und Tonträger (als Grammophon und Schallplatte), die als erste eine lange Phase beendeten, in der ausschließlich gedruckte Medien (Bücher, Zeitschriften oder Zeitungen) die Charakteristika eines Massenmediums erfüllten.

Dieser Blick in die Mediengeschichte zeigt, dass offensichtlich eine rein technische Innovation allein für eine neue Mediengattungskategorie auf Dauer nicht ausreicht. Die Ablösung des Analog-TV durch das Digital-TV oder der Schallplatte durch die CD waren keine Geburtsstunden für neue Mediengattungen. Das gleiche gilt für Innovationen, die alleine die publizistische Ebene der Formate und Genres einzelner Mediengattungen betrafen, beispielsweise den Tonfilm, das Hörbuch oder die Tabloid-Zeitung. Zur Entstehung einer neuen Mediengattungskategorie kam es in der Kommunikationswissenschaft also immer nur bei solchen medientechnischen Innovationen, die nicht nur das Potenzial für neue inhaltliche Gestaltungsmöglichkeiten, sondern auch das Potenzial für zusätzliche Rezeptionsmöglichkeiten boten - sei es, dass dadurch der mögliche Nutzungszeitraum ausgedehnt wurde oder sich die Zahl der Orte vergrößerte, an denen man Texte, Bilder, auditive oder audiovisuelle Medieninhalte nutzen konnte (vgl. Seufert/Wilhelm 2013).

Die kommunikationswissenschaftliche Forschung zu «neuen Medien» hat sich im Hinblick auf deren Wirkung folgerichtig vor allem mit zwei Fragestellungen beschäftigt: auf einer Mikroebene mit den Auswirkungen ihrer Verbreitung auf die jeweils alten Medien, d. h. mit ihren substitutiven oder komplementären Nutzungsbeziehungen (vgl. u.a. Mögerle 2009, Dimmick 2003, Kiefer 1989, Lerg 1981, Langenbucher 1968, Lazarsfeld/Kendall 1948), sowie auf einer Makroebene mit den Folgen der damit einhergehenden erweiterten Nutzungsmöglichkeiten auf die Strukturierung der öffentlichen Kommunikation und die damit verbundenen gesellschaftsverändernden Potenziale (vgl. u.a. Imhof 2006, Dröge/Kopper 1991, Winter/Eckert 1990, Pross 1970). Während in der Kommunikationswissenschaft diese Wirkungen auf andere Teilsysteme der Gesellschaft meist eher als evolutionärer Prozess betrachtet werden, sieht die kulturwissenschaftlich verankerte Medienwissenschaft neue Medientechniken («Medienumbrüche») oft - aufgrund der damit verbundenen veränderten Wahrnehmungsprozesse - als Motor revolutionärer Gesellschaftsveränderungen (vgl. u.a. Rusch 2007: 64, Schnell 2006, Giesecke 2001, Burckhardt 1997, McLuhan/Powers 1989, Kittler 1986, Williams 1974).

Unter den Schlagworten «Medienkonvergenz» und «digitale Revolution» werden beide Fragestellungen auch für die neuen medialen Internetangebote debattiert, die teilweise auch als Onlinemedien bezeichnet werden (vgl. Beck 2012: 260ff.). Ihnen wird nicht nur ein großes Substitutionspotenzial zu allen traditionellen Medien zugeschrieben, weil sie unterschiedliche Medienformen sowie öffentliche und private Kommunikation zu einem «Multimedium» integrieren (vgl. u.a. Ridder/Engel 2011, Napoli 2010). Wegen ihrer interaktiven Nutzungsmöglichkeiten, die die für Massenmedien typische Trennung in (wenige) Kommunikatoren und (viele) Rezipienten tendenziell aufheben, sehen manche Autoren auch ein großes emanzipatives Potenzial zur Überwindung gesellschaftlicher Machtdifferenzen (vgl. u.a. Chadwick/Howard 2008, Negroponte 1995).

Allerdings gehen mit der Verbreitung neuer Medien immer auch Befürchtungen einher, dass sie bestehende gesellschaftliche Ungleichheiten eher verstärken. Beispiele hierfür sind die in den 1970er Jahren formulierte «Wissenskluftthypothese», die auf der Beobachtung einer stark vom Bildungsstatus abhängigen Nutzung des damals noch neuen Mediums Fernsehen beruht (vgl. Bonfadelli 1994, Tichonor et al. 1970), oder die aktuelle Debatte um die «digitale Kluft» als Folge eines ungleichen Zugangs zum Internet (vgl. Riehm/Krings 2006, Compaine 2001).

Besonders stark diskutiert werden regelmäßig mögliche Auswirkungen auf die politische Öffentlichkeit, d.h. auf die medial vermittelte, öffentliche politische Kommunikation als konstitutives Element von demokratischen Willensbildungs- und Entscheidungsprozessen. Ein Aspekt betrifft mögliche Verschiebungen im Beeinflussungspotenzial durch einzelne wirtschaftliche und politische Interessengruppen, entweder dadurch dass neue Mediengattungen im Vergleich zu den vorhandenen Massenmedien eine größere Wirkungsstärke haben, oder dass ihre ökonomischen Grundlagen einen höheren Grad der «Medienkonzentration» bewirken. So begründet das Bundesverfassungsgericht bis heute die besonderen Regulierungserfordernisse für die beiden Medien Fernsehen und Radio zum einen mit einer Breitenwirkung und Tagesaktualität *sowie* einer im Vergleich zur Presse besonders hohen Suggestivkraft (BuVerfG 57, 296) und zum anderen mit dem beschränkten Wettbewerb durch hohe finanzielle Zugangsbarrieren. Neue Medien können aber auch die «Medienlogik» verändern, d. h. die Art der Selektion, Präsentation und Interpretation politischer Themen durch die Medienakteure (vgl. Altheide/Snow 1979).

Zwar sind Prozesse der «Medialisierung» bzw. «Mediatisierung» im politischen System sowie in anderen sozialen Teilsystemen (vgl. u.a. Wendelin 2011, Arnold et al. 2010, Lundby 2009, Meyen 2009, Krotz 2007, 2001) auch Folge eines im Vergleich zu früheren Perioden gesamtgesellschaftlich bedeutenderen Mediensystems, die im Terminus «Mediengesellschaft» ihren Ausdruck findet, doch wäre es den komplexen Wechselwirkungen zwischen Ursachen und Folgen des Medienwandels nicht angemessen, Medialisierung bzw. Mediatisierung allein als Folge medientechnischer Innovationen zu betrachten.

Zur Identifizierung der wesentlichen Ursachen für langfristige Veränderungen des Mediensystems sind vor allem die verschiedenen Handlungsdimensionen in die Analyse mit einzubeziehen, die im Fokus kommunikationswissenschaftlicher Forschung stehen:

- Veränderungen in Umfang und Struktur der Nutzung medialer Inhalte durch Rezipienten und ihrer Nutzungsmotive,
- Veränderungen in Umfang und Struktur der angebotenen medialen Inhalte im Hinblick auf Themenschwerpunkte, Darstellungsformen und andere Inhaltskategorien,
- Veränderungen in der Struktur der Anbieter medialer Inhalte, also in der Zusammensetzung derjenigen Akteure, die über Umfang und Struktur des Angebotes entscheiden,
- Veränderungen bei den Kriterien, die die Medienanbieter bei ihren Auswahlentscheidungen zugrunde legen, d. h. bei den Zielen, die mit diesen Auswahlentscheidungen verfolgt werden,
- Veränderungen in der politischen Einflussnahme auf die Angebotsentscheidungen der Medienanbieter durch Medienrecht, finanzielle Anreizsysteme oder andere medienpolitische Instrumente.

In der kommunikationswissenschaftlichen Literatur findet sich eine Fülle von Aussagen, die für alle fünf Handlungsdimensionen solche langfristigen Veränderungsprozesse konstatieren. Hierzu gehören Beobachtungen einer zunehmenden «Individualisierung» der Mediennutzung (vgl. Gerhards/Klingler 2006), einer «Visualisierung» (vgl. Evans/Hall 2007), «Entertainisierung» (vgl. Postman 1992) oder «Boulevardisierung» (vgl. Ruhrmann/Göbbel 2007) redaktionell erstellter medialer Inhalte, einer Tendenz zur «integrierten Werbung» (vgl. Siegert/Brecheis 2010), zu einer «Deprofessionalisierung» des Journalismus (vgl. Birkner 2010), einer zunehmenden «Medienkonzentration» (vgl. Trappel et al. 2002) und einer «Globalisierung» der Medienwirtschaft (vgl. Tunstall 2008), einer «Kommerzialisierung» und «Ökonomisierung» der Zielsysteme von Medienorganisationen (vgl. Altmeppen 2010, Meier/Jarren 2001) sowie einer «Liberalisierung» bzw. «Deregulierung» der Medien (vgl. Künzler 2009, Latzer et al. 2002) als Veränderung medienpolitischer Leitbilder.

Da hinter diesen Beobachtungen jeweils unterschiedliche theoretische Konzepte über die Struktur und die Dynamik des Mediensystems stehen, besteht die Herausforderung für eine kommunikationswissenschaftliche Analyse des Wandels von Medienstrukturen nicht nur darin diese verschiedenen Tendenzen zu einem Gesamtbild zusammen zu fügen, sondern auch darin, den Medienstrukturbegriff theoretisch einzuordnen.

2 Langfristiger Wandel von Medienstrukturen: theoretische Herausforderungen

Die kommunikationswissenschaftliche Theorieentwicklung vollzieht sich analog zu der der anderen Sozialwissenschaften seit Jahrzehnten in einem Spannungsverhältnis zwischen Systemtheorien und Akteurstheorien. Sie trifft ihre Aussagen über Determinanten und Veränderungen sozialer Phänomene im Zusammenhang mit öffentlichen Kommunikationsprozessen auf unterschiedlichen Analyseebenen, die nach ihrer Aggregationsstufe üblicherweise einer Makro-, Meso- oder Mikroebene zugeordnet werden (vgl. Quandt/Scheufele 2011: 12).

Nach dem aus der Biologie entlehnten, holistischen Systemverständnis der Sozialwissenschaften haben soziale Systeme zwei wesentliche Eigenschaften: Zum einen eine innere Struktur, nach der einzelne Systemelemente aneinander gekoppelt sind, d. h. in einer spezifischen Art und Weise miteinander wechselwirken. Zum anderen erfüllt jedes Systemelement auch jeweils eine spezifische Funktion zur Stabilisierung des Gesamtsystems. Ein einzelnes soziales System, beispielsweise das Mediensystem, kann damit auf einer höheren Ebene auch als Teilsystem der Gesellschaft angesehen werden, das eine entsprechende gesellschaftsstabilisierende Funktion übernimmt (vgl. Rusch 2007: 54).

Eine zentrale Fragestellung betrifft dabei den Grad der Abhängigkeit («Offenheit») bzw. Unabhängigkeit («Geschlossenheit») eines sozialen Systems von seiner Umwelt, im Fall des Mediensystems also von allen anderen gesellschaftlichen Teilsystemen.

Geht man wie Luhmann (1996) davon aus, dass das Mediensystem weitgehend geschlossen («autopoietisch») ist, dann kann es weder durch das politische noch das ökonomische System gesteuert werden. Es wird von den anderen sozialen Teilsystemen jeweils nur irritiert und verarbeitet diese Irritationen nach einer eigenen, mediensystem-spezifischen Logik. Insofern wird mit der Systemlogik gleichzeitig auch die System-Umwelt-Grenze definiert. Neben Luhmanns Definition einer Systemlogik des Mediensystems (veröffentlichen oder nicht veröffentlichen) gibt es auch andere Versuche, das Mediensystem, ein «System Publizistik» oder ein «System Journalismus» als autopoietische Systeme abzugrenzen. Allen ist gemein, dass ihre Aussagen empirisch kaum zu überprüfen sind (Beck 2012: 5).

Systemtheoretische Ansätze in der Kommunikationswissenschaft betrachten das Mediensystem deshalb überwiegend als offenes («allopoietisches») System, dessen Systemelemente auch strukturelle Kopplungen zu Elementen aus anderen sozialen Teilsystemen haben (vgl. u.a. Künzler 2013, Beck 2012, Thomaß 2007, Saxer 1980). Die Grenzen des Mediensystems werden damit vor allem über dauerhafte Interaktionen und Austauschbeziehungen der Systemelemente, d. h. vor allem der von individuellen und kollektiven Akteuren definiert. In einem solchen offenen System können Systemelemente, wenn ihr Interaktionsschwerpunkt in einem anderen sozialen System liegt, also auch anderen systemspezifischen Logiken folgen (Beck 2012: 8).

Betrachtet man das Mediensystem als ein solches Handlungssystem, lassen sich Aussagen über die Zusammenhänge zwischen gesellschaftlichen Teilsystemen und zwischen Struktur- und Handlungsebene leichter empirisch überprüfen. Es bedarf dafür aber zum einen einer theoretischen Abgrenzung zwischen solchen Systemelementen, die an öffentlichen, medialen Kommunikationsprozessen teilhaben, und solchen, die im Rahmen nicht-öffentlicher gesellschaftlicher Kommunikationsprozesse miteinander interagieren. In einer Zeit, in der der Begriff der «sozialen Medien» sowohl auf Prozesse technisch vermittelter interaktiver Massenkommunikation angewendet wird (z. B. für Kommunikation über den Dienst *Twitter* oder über Online-Foren) als auch für Prozesse technisch vermittelter «privater Gruppenkommunikation», die auf Kommunikationsplattformen sozialer Netzwerke wie *Facebook*, *Xing* etc. stattfinden, fällt diese Abgrenzung nicht immer einheitlich aus (McQuail 2005: 16).

Theoretisch beantwortet werden muss außerdem die Frage, warum es nicht nur zwischen Medienunternehmen, Journalisten, Rezipienten und anderen an den öffentlichen Kommunikationsprozessen unmittelbar beteiligten Akteuren zu dauerhaften Austauschbeziehungen kommt, sondern auch zu Akteuren anderer Systeme, beispielsweise zu Medienregulierungsbehörden, die primär dem politischen System zuzuordnen sind. Eine mögliche Antwort besteht darin, dass diese Beziehungen institutionalisiert sind, d. h. dass sich neben den Austauschbeziehungen also auch gemeinsame und relativ dauerhafte explizite und implizite Regeln herausgebildet haben, die allen Akteuren des Mediensystems als gemeinsame Handlungsorientierung und Handlungsnormen dienen. Medieninstitutionen bilden damit eine weitere Klammer für die Elemente des Mediensystems.

Sie lassen sich entweder wie bei Beck (2012: 27) verschiedenen Aggregations- bzw. Analyseebenen zuordnen, also der Mikroebene (gemeinsame Handlungsorientierungen von Journalisten und Rezipienten), der Mesoebene (gemeinsame Handlungsorientierungen von Medienunternehmen und anderen Medienorganisationen) *und* der Makroebene (Medienverfassung, Mediengesetze usw.) oder wie bei Puppis, Jarren & Künzler (2013: 18) allein der Makroebene.

Die unterschiedliche Vorgehensweise bei der Verortung von Medieninstitutionen zeigt beispielhaft, dass es in der Kommunikationswissenschaft wie in den anderen Sozialwissenschaften keine generelle Übereinstimmung in der Zuordnung einzelner sozialer Phänomene zu einer Mikro-, Meso- oder Makroebene gibt. Selbst die «Reservierung» der Mikroebene für Einzelakteure ist nicht überall üblich. So herrscht in der Wirtschaftswissenschaft zwar ein methodischer Individualismus vor, d. h. alle Makrophänomene werden als Ergebnis individueller

Entscheidungen angesehen, die basalen wirtschaftlichen Akteure der «Mikroökonomie» sind dann aber Unternehmen, die Produktionsentscheidungen treffen, und private Haushalte, die Konsumentscheidungen treffen, und damit kollektive Akteure, die in der Soziologie meist der Mesoebene zugeordnet werden.

Die uneinheitliche Abgrenzung zwischen Mikro-, Meso- und Makroebene erschwert es, die auch in der Kommunikationswissenschaft vorhandene «Mikro-Makro-Lücke» zu schließen, d. h. bislang unverbundene Aussagen über kommunikationswissenschaftlich relevante Phänome auf der Struktur- bzw. Makroebene mit solchen auf der Handlungs- bzw. Mikroebene zu verbinden. Quandt & Scheufele (2011: 18) plädieren deshalb für eine pragmatische Einordnung, in der gegebenenfalls mehrere Mesoebenen unterschieden werden. So könnte man beispielsweise Aussagen über Medienorganisationen (also über einzelne kollektive Akteure) von Aussagen über Medienorganisationstypen mit verschiedenen Zielsystemen (also über Gruppen kollektiver Akteure) trennen.

Abbildung 1: Ebenen der sozialwissenschaftlichen Analyse

	Gesellschaftliche Teilsysteme			
	Systemgrenzen über spezifische Eigenlogiken?			
	Mediensystem	Politisches System	Wirtschaftssystem	Soziales System
Systemfunktion	Orientierung	Produktion von Entscheidungen	Produktion von Gütern	Reproduktion
Systemlogik	z.B. Aufmerksamkeit schaffen	z.B. Macht vergrößern	z.B. Reichtum vergrößern	z.B. soziale Position verbessern
	Systemelemente			
	Handlungsrestriktionen durch Akteure anderer Teilsysteme?			
Makroebene				
Institutionen Normen, Leitbilder	Medien als 4. Gewalt, Objektivität etc.	Liberalismus, Deliberation etc.	Kapitalverwertung, technische Standards etc.	soziale Ordnung, Ethik etc.
Mesoebene(n)				
Akteursgruppen Akteurskonstellationen	Organisationstypen, Medienindustrien etc.	Supranationale Org., Regierungen etc.	Produzentennetzwerke, Märkte etc.	soziale Klassen, Milieus etc.
Kollektive Akteure	Medienunternehmen, Redaktion etc.	Regulierungsbehörde, Partei, NGO etc.	Unternehmen, Wirtschaftsverband etc.	Clan, Familie, Verein etc.
Mikroebene				
Individuelle Akteure	Kommunikator, Rezipient	Politiker, Bürger	Produzent, Konsument	Individuum

Quelle: eigene Darstellung

Die in Abbildung 1 vorgenommene Zuordnung von Akteuren, Institutionen, Systemfunktionen und Systemlogiken zu Analyseebenen und gesellschaftlichen Teilsystemen ist deshalb nur eine Möglichkeit von vielen. In dieser Systematik würde sich das von Puppis, Jarren & Künzler (2013:18) verwandte Konzept der «Medienstrukturen», das sowohl die Beziehungen von Medienorganisationen als auch normativen Orientierungen über Medieninstitutionen umfasst, der Meso- und Makroebene zuordnen lassen. Die Medienstrukturanalyse kann Antworten auf zwei zentrale Fragen der Kommunikationswissenschaft geben, die bereits in den 1940er Jahren formuliert wurden, zu denen aber im Vergleich zur Frage der Wirkung von Medieninhalten wenig geforscht wurde: zu den Wirkungen der Existenz von Massenmedien und zu den Wirkungen bestimmter Eigentums- und Organisationsformen auf die Massenmedien (Ebd.: 11).

Eine Notwendigkeit, die Makro- und Mikroebene über Zwischenstufen theoretisch zu verbinden, ergibt sich im Besonderen dann, wenn man die Determinanten und Folgen langfristiger Veränderungen von Medienstrukturen analysieren will. Denn das zentrale Charakteristikum von Medienstrukturen – ihre im Vergleich zu Akteurshandeln relative Dauer – wird in diesem Fall aufgehoben. Theoretisch stellt sich damit die Frage warum sich Strukturen ändern. Methodisch stellt sich die Frage, wie man Strukturkonstanz und Strukturwandel unterscheiden kann.

Abbildung 2: **Handlungstheoretische Verknüpfung von Mikro- und Makroebene**

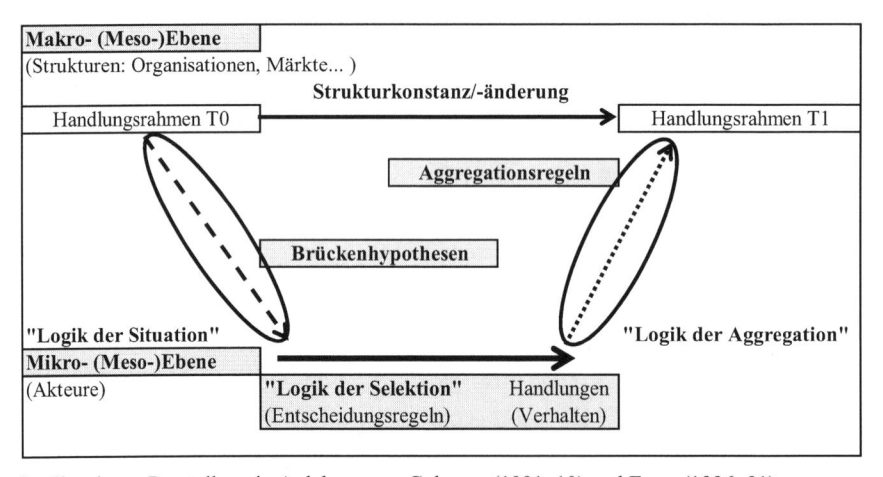

Quelle: eigene Darstellung in Anlehnung an Coleman (1991: 10) und Esser (1996: 91)

Vor allem in der Soziologie wurde eine Reihe von Ansätzen zur Überwindung der Mikro-Makro-Lücke entwickelt, zu denen die Strukturationstheorie von Giddens (1988), das Konzept der Akteurs-System-Dynamik von Schimank (2007) oder das Konzept des sozialen Feldes von Bourdieu (1982) gehören, die alle auch in der Kommunikationswissenschaft Verbreitung fanden. Ein weiteres in der Rational-Choice-Tradition stehendes Konzept zur Verknüpfung von Struktur- und Handlungsebene ist das «Wannenmodell» (Coleman 1991), das auch als «Modell der soziologischen Erklärung» (Esser 1996) bezeichnet wird. Es betrachtet Strukturen als Handlungsrestriktionen, die Auswahlentscheidungen der individuellen oder kollektiven Akteure in Hinblick auf das Spektrum möglicher Alternativen begrenzen. Diese Strukturen sind wiederum das Ergebnis des gemeinsamen Verhaltens aller Akteure eines sozialen Teilsystems (Abbildung 2). Theorien zur Überbrückung der Mikro-Makro-Lücke müssen insofern auch «Brückenhypothesen» enthalten, die die relevanten Top-Down-Wirkungen von der Makro- auf die Mikroebene erfassen. Zum anderen bedarf es «Aggregationsregeln», die den Bottom-Up-Prozess abbilden und dabei aggregierte Handlungsergebnisse ohne Strukturveränderung («Strukturkonstanz») von grundlegenden Veränderungen («Transformationen») unterscheiden (vgl. u.a. Quandt/Scheufele 2011: 15).

Betrachtet man das Mediensystem als offenes soziales System, dann sind Strukturveränderungen nicht allein das Ergebnis einer Eigendynamik, d. h. des aggregierten Verhaltens aller kommunikativen Akteure. Es ist auch möglich, dass sie Folgen von Veränderungen in anderen sozialen Teilsystemen der Gesellschaft sind bzw. dass das aggregierte Verhalten von Akteuren anderer sozialer Systeme als Handlungsrestriktion wirkt. Beispielsweise kann ein verändertes Wahlverhalten zu veränderten politischen Mehrheiten führen, die wiederum die medienrechtlichen Handlungsrestriktionen der Medienunternehmen verändern. Oder technische Innovationen, die das Ergebnis der Interaktion zwischen Akteuren des ökonomischen Systems sind, verändern die Auswahlmöglichkeiten von Medienunternehmen zwischen verschiedenen Alternativen der Medienproduktion und von Rezipienten zwischen verschiedenen Formen der Mediennutzung. Veränderungen auf der Strukturebene des Mediensystems können auch durch Veränderungen im sozialen System ausgelöst werden, als Folge einer veränderten Bildungsbeteiligung oder einer veränderten Relation von Arbeitszeit zu Freizeit, die das Mediennutzungsverhalten und damit die Ressourcenbasis von Medienunternehmen verändern (vgl. Meulemann 2012, Lindner-Braun 2007). Wie die Ausführungen zur Mediatisierungs- bzw. Medialisierungsforschung gezeigt haben, sind politischer, ökonomischer oder sozialer Wandel aber nicht nur Ursachen für veränderte Strukturen des Mediensystems. Medienwandel kann vielmehr auch als Treiber der Veränderung in den anderen Teilsystemen der Gesellschaft betrachtet werden.

Das «Wannenmodell» lässt sich insofern um zusätzliche Analyseebenen erweitern und als Ordnungsstruktur zur empirischen Analyse komplexer systemübergreifender Mehr-Ebenen-Prozesse nutzen. Allerdings hebt es stark auf die Veränderungen des Handlungsrahmens für die Entscheidungen individueller und kollektiver Akteure ab, während es die Entscheidungsrationalitäten bzw. Zielsysteme der Akteure als relativ invariant ansieht. Es stellt sich aber die Frage, ob es nicht auch eine autonome Veränderung von Medieninstitutionen gibt, z. B. auf der Makroebene durch Verbreitung der Idee einer demokratischen Öffentlichkeit oder auf der Mikroebene durch ein verändertes Selbstbild von Journalisten, die als zusätzlicher Veränderungsfaktor mit gedacht werden müssen.

3 Langfristiger Wandel von Medienstrukturen: methodische Herausforderungen

Will man langfristige Veränderungen von Medienstrukturen, ihre Determinanten und Folgen empirisch analysieren, bedarf es nicht nur einer geeigneten Operationalisierung des Medienstrukturbegriffs, d. h. einer Auswahl von Merkmalsträgern und Merkmalsausprägungen auf den Makro- und Mesoebenen von Mediensystemen, an denen Veränderungen im Zeitablauf festgemacht werden können. Notwendig ist auch eine Vorstellung darüber, was unter einer «langfristigen Veränderung» von Medienstrukturen zu verstehen ist.

Üblicherweise wird darunter eine dauerhafte und grundlegende Veränderung auf der Stukturebene verstanden, die zu einer deutlichen Veränderung des Verhaltens großer Gruppen von kollektiven und individuellen Akteuren des Mediensystems führt. Empirisch sollte sich dies darin zeigen, dass sich entweder ein ganzes Set an Merkmalen gleichzeitig verändert oder dass sich eine zentrale Dimension des Mediensystems nicht nur marginal, sondern stark verändert, beispielsweise die Eigentumsstruktur von Rundfunkanbietern nach dem Übergang zu einem dualen Rundfunksystem.

Das methodische Ausgangsproblem ähnelt damit dem der komparativen Kommunikationsforschung, die Mediensysteme verschiedener Länder vergleicht und unterschiedliche Mediensystemtypen identifizieren möchte, denen dann Ländergruppen mit ähnlichen Merkmalsausprägungen zugeordnet werden können. Hierbei lassen sich eher qualitativ und eher quantitativ ausgerichtete Vorgehensweisen unterscheiden (vgl. Esser/Hanitzsch 2011: 262). Zu den ersteren zählen beispielsweise die Arbeiten von Kleinsteuber (2002), Hallin/Mancini (2004) oder Blum (2005), die jeweils auf Basis einer kleineren Zahl von detaillierten Länderfallstudien den einzelnen Ländern für eine begrenzte Zahl von Systemdimensionen auf einer hochaggregierten Analyseebene (z.B. Medienbesitz, politische Kultur oder Medienkultur) dichotome oder noch stärker differenzierte Merkmalsausprägungen zuordnen. Die Ländertypenbildung erfolgt dann über Ähnlichkeiten im Profil dieser nominal skalierten Merkmalsausprägungen.

Bei einer stärker quantitativen Vorgehensweise wird der Ländervergleich zusätzlich oder ausschließlich auf Basis von metrisch skalierten Variablen vorgenommen. Oft werden mithilfe von Korrelationsanalysen vermutete Zusammenhänge zwischen Variablen der Strukturebene (Makro-Makro-Beziehungen) oder zwischen Struktur- und Verhaltensebene (Makro-Mikro-Links) gleichzeitig überprüft. Beispiele für das erste Vorgehen sind Studien, die in Mehrländervergleichen den Zusammenhang zwischen Wirtschaftskennziffern und der Nachfrage nach den Werbeleistungen bestimmter Mediengattungen analysieren (vgl. u.a. van der Wurff et al. 2008). Beispiele für den zweiten Typ sind Studien die den Zusammenhang zwischen der mittels Inhaltsanalysen gemessenen Berichterstattung in den Medien mit den Strukturkennziffern der jeweiligen Länder in Beziehung setzen (vgl. u.a. Pfetsch et al. 2008). Eine Typenbildung erfolgt hier meist auf der Grundlage ähnlicher Variablenkonstellationen.

Beide methodischen Ansätze einer Ländertypisierung lassen sich grundsätzlich auch zur Typisierung von Zeiträumen anwenden. Sie werden dann auf Grundlage unterschiedlicher qualitativer Merkmalsprofile oder quantitativer Merkmalskombinationen Epochen, Perioden oder Zeitphasen zugeordnet. Eine solche Vorgehensweise ist nicht nur in der medienhistorischen Forschung weit verbreitet, sondern wird auch in ökonomischen und soziologischen Analysen, die sich mit dem ökonomischen oder dem sozialen Wandel beschäftigen, angewendet.

Zwar können mithilfe derartiger Methoden grundlegende Veränderungen von Medienstrukturen empirisch beobachtet werden, zur Erklärung der Ursachen von solchen Brüchen oder Phasenübergängen sind sie aber nicht ausreichend. Hierzu müssen zum einen Wechselwirkungen zwischen dem Mediensystem und anderen sozialen Teilsystemen oder Mehrebenen-Prozesse zwischen der Makro- und Mikroebene in komplexeren Modellen analysiert werden, d. h. es bedarf zur Analyse einer deutlich größeren Anzahl von Merkmalen. Zum anderen sollten Zeitreihen über längere Zeiträume analysiert werden, da sich durch die Analyse der zeitlichen Verlaufsmuster von Veränderungsprozessen Rückschlüsse auf Einflussfaktoren ziehen lassen.

Häufig werden in empirischen Studien multivariate Zeitreihenanalysen durchgeführt. Von einer zeitlichen Parallelität der Veränderungsraten zweier oder mehrerer Merkmale, wird dann auf einen Kausalzusammenhang geschlossen, dessen Stärke über die jeweiligen Regressionskoeffizienten deutlich wird. Oder man versucht über Kreuzkorrelationen Zusammenhänge zwischen zeitlich vor- und nachlaufenden Prozessen zu identifizieren, die dann kausal interpretiert werden (vgl. Neusser 2010).

Wenn diese Zusammenhangsanalysen nur auf einer hoch aggregierten Ebene (z.B. zwischen dem Umfang der Werbenachfrage und der gesamtwirtschaftlichen Leistung) durchgeführt werden, stellt sich wiederum das bereits diskutierte Problem, dass hohe Regressions- oder Korrelationswerte zwar eine zeitliche Koinzidenz belegen, dass es für eine theoretische Erklärung dieses Zusammenhangs aber einer zusätzlichen mikrotheoretischen Fundierung über theoretisch plausible Zusammenhänge mit Konsum-, Produktions- und Werbenachfrageentscheidungen bedarf, also entsprechender Brückenhypothesen und Aggregationsregeln.

Ein mindestens ebenso großes methodisches Problem der Anwendung multivariater Zeitreihenanalysen resultiert aber auch daraus, dass das Tempo der zeitlichen Veränderungen auf den unterschiedlichen Aggregations- bzw. Analyseebenen unterschiedlich hoch sein kann (vgl. Scheufele 2011: 136) bzw. dass diese Veränderungen sowohl kontinuierlich als auch diskontinuierlich sein können. So kann eine einmalige Veränderung auf der Stukturebene (z. B. eine medienrechtliche Veränderung) länger andauernde, schrittweise Anpassungsprozesse im Verhalten der einzelnen Akteure auslösen. Oder es kommt erst nach längeren Veränderungen auf der Ebene der strukturellen Rahmenbedingungen von Medienunternehmen (z. B. kontinuierlich zurückgehende Rezipienten- und Werbeumsatzzahlen) zu einer Reaktion in Form von Marktaustritten oder von Änderungen der Genre- bzw. Ressortstruktur der produzierten Inhalte. Der Zusammenhang zwischen solchen zeitlich auseinanderfallenden Prozessen lässt sich mittels multivariater Zeitreihenanalysen nicht feststellen.

Andererseits erlauben Verfahren der Zeitreihenanalyse aber die Aufdeckung zeitlicher Verlaufsmuster, die wiederum Rückschlüsse auf unterschiedliche Determinanten und deren Einflussrichtung und -stärke («Entwicklungsdynamiken») zulassen (vgl. ausführlich bei Rusch 2007: 64ff.).

So wird beispielsweise die univariate Zeitreihenanalyse in den Wirtschaftswissenschaften standardmäßig dazu genutzt, langfristige lineare oder nichtlineare Trends, die auf kontinuierlich wirkende Einflussfaktoren zurückgeführt werden können, von zyklischen Veränderungen im Zeitablauf zu unterscheiden, die entweder durch auf- und absteigende Akzelerationsprozesse im Konjunkturverlauf oder durch oszillierende Umwelteinflüsse im Saisonverlauf verursacht werden (Moosmüller 2004: 47ff.).

Ein weiteres, auf viele soziale Phänomene zutreffendes Verlaufsmuster wird durch einen logistischen Funktionstyp mit S-förmigem Verlauf abgebildet. Das Grundmodell ist aus der Innovationsforschung geläufig (vgl. Rogers 2003). Eine Innovation breitet sich danach in unterschiedlichen Phasen mit unterschiedlichem Tempo aus: erst langsam, dann zunehmend schneller, nach dem Erreichen eines Wendepunktes wieder mit abnehmendem Tempo und bei Annäherung an ein Sättigungsniveau immer langsamer. Dahinter stehen Annahmen über «kommunikative Ansteckungseffekte» und unterschiedlich großen Risikobereitschaften zwischen den frühen Adoptoren und anderen Nachfragergruppen. Mit dem gleichen Modell lassen sich aber auch alle Anpassungsreaktionen modellieren, bei denen ein externer Schock infolge einer einmaligen starken Veränderung eines Strukturparameters zu einem Anpassungsprozess führt, an dessen Ende das System nicht mehr zum Ausgangszustand zurückkehrt, sondern ein «neues Gleichgewicht» erreicht. Das Diffusionsmodell ist deshalb auch ein Element in der «Theorie der Nische», die sich mit den substitutiven Wirkungen von neuen Medien beschäftigt (vgl. Dimmick 2003) sowie in anderen evolutionstheoretisch fundierten Modellen, die langfristige Veränderungen als Anpassungsprozesse an neue Umweltbedingungen betrachten (vgl. u.a. Carroll 1984).

Generell können zur Analyse von Prozessverläufen auch elaboriertere statistische Verfahren wie Mehrebenenanalysen (vgl. Esser/Hanitzsch 2011: 272) oder latente Wachstumskurvenmodelle, mit denen man die Stärke des Einflusses von Strukturgrößen auf Unterschiede in den zeitlichen Verlaufsmustern von Zeitreihen schätzen kann (vgl. Schmiedek/Wolff 2010), angewandt werden. Voraussetzung für solche quantitativen Längsschnittanalysen im Rahmen komplexer Wechselwirkungsmodelle ist aber immer die Verfügbarkeit von validen Datensätzen über entsprechend lange Zeiträume mit ausreichend hohen Fallzahlen. Auf der Ebene von individuellen Akteuren des Mediensystems sind oft die Fallzahlen empirischer Erhebungen hoch, während die Kontinuität der Datenerhebung eingeschränkt ist (z. B. Daten aus Rezipienten- oder Journalistenbefragungen, die unregelmäßig als Querschnitt erhoben werden). Auf der Ebene kollektiver Akteure oder Akteursgruppen ist die Kontinuität manchmal gegeben (z. B. aggregierte Marktdaten auf der Grundlage von jährlichen Mitgliederbefragungen von Wirtschaftsverbänden), die Zahl der Fälle ist durch die Aggregation der Antworten zur Wahrung von Geschäftsgeheimnissen aber gering. Hieraus erklärt sich, dass in der Forschung zu langfristigen Veränderungen im Mediensystem bisher eher interpretierende Trendaussagen oder Phaseneinteilungen überwiegen.

4 Die Beiträge zur Analyse des langfristigen Wandels von Medienstrukturen in diesem Sammelband

Die folgenden elf Beiträge des Sammelbandes basieren auf Vorträgen, die im Oktober 2012 im Rahmen eines Workshops des interdisziplinären *Netzwerkes Medienstrukturen* in Jena gehalten wurden. Das Spektrum der theoretischen Zugänge der einzelnen Autoren ist breit und entspricht ihrer unterschiedlichen Verankerung in verschiedenen Teildisziplinen der Kommunikationswissenschaft bzw. in deren Mutterdisziplinen. Dies gilt auch für das Set an Methoden, das von ihnen bei der empirischen Analyse des langfristigen Wandels von Medienstrukturen jeweils verwendet wird.

Einige wenige Beiträge sind überwiegend theoretisch ausgerichtet. Die überwiegende Zahl der Autoren nutzt hingegen verschiedene theoretische Ansätze, die System- bzw. Strukturebene mit der Akteurs- bzw. Handlungsebene verknüpfen, um Methoden zur empirischen Analyse solcher Wechselwirkungen im Rahmen einer Längsschnittanalyse anzuwenden. Entweder werden eigene Analysedesigns entwickelt oder es werden etablierte Methoden für eine Analyse langfristiger Veränderungen fruchtbar gemacht.

Im ersten Teil des Sammelbandes sind vier Beiträge zusammengefasst, die sich grundlegend mit der Frage nach den Determinanten für die Veränderungen von Medienstrukturen beschäftigen und dabei vor allem Wechselbeziehungen zwischen dem Mediensystem und anderen Teilsystemen der Gesellschaft in den Blick nehmen. In zwei Fällen werden evolutionstheoretische Ansätze zur Erklärung des Medienwandels diskutiert. Die anderen beiden Beiträge betonen einen dominanten Einfluss ökonomischer Entwicklungsprozesse auf die Veränderung von Medienstrukturen.

Der Beitrag von *Studer, Künzler & Jarren* beschäftigt sich mit dem Erklärungspotenzial einer auf Medienorganisationstypen angewandten sozialwissenschaftlichen Populationsökologie. In Anlehnung an *Caroll* werden als Organisationsumwelt der verschiedenen Medienorganisationstypen eine «Arbeitsumwelt», bestehend aus Medienunternehmen der vor- und nachgelagerten Branchen sowie medienpolitischen Akteuren, sowie eine «Makroumwelt» aus politischen, ökonomischen, technischen aber auch demographischen Rahmenbedingungen definiert, die deren Entwicklungsmöglichkeiten beschränken. Die konkrete Entwicklung einzelner Medienorganisationstypen wird dann durch die drei Grundmechanismen evolutionären Wandels (Variation, Selektion und Retention) sowie die Umweltkapazität, d. h. die Verfügbarkeit von Ressourcen, bestimmt. Letztere beeinflussen insbesondere das relative Verhältnis von Generalisten und Spezialisten im Zeitverlauf. Die Autoren entwickeln auf dieser theoretischen Grundlage ein Kategoriensystem, mit dem der Medienorganisationswandel am Beispiel von Fernsehorganisationstypen empirisch analysiert werden kann.

Auch *Dogruel* beschäftigt sich mit dem Potenzial evolutionstheoretischer Konzepte für die Analyse des langfristigen Wandels von Medienstrukturen. Sie gibt einen Überblick über deren Anwendung in der Kommunikationswissenschaft und benachbarter Sozialwissenschaften und kommt zum Schluss, dass diese aufgrund einer mangelnden Berücksichtigung intentionalen Akteurshandelns meist nur ein eingeschränktes Erklärungspotenzial für die Entwicklung des Mediensystems haben. Eine Möglichkeit zur Überwindung dieser Grenzen sieht die Autorin in der Berücksichtigung des Konzepts der Ko-Evolution und der ökonomischen Innovationstheorie. Anknüpfend an technik-soziologische Arbeiten, die eine solche Erweiterung vornehmen, könnten Wechselwirkungen zwischen medien-technischen Entwicklungen, der Veränderung von Medienorganisationen und der Herausbildung von Institutionen im Mediensystem besser erfasst werden.

Einen grundlegend anderen theoretischen Zugang wählt *Grisold*, die den Wandel von Medienstrukturen als Teil allgemeiner ökonomisch-gesellschaftlicher Transformationsprozesse sieht. Grundlegend für ihre Argumentation sind zwei heterodoxe wirtschaftstheoretische Ansätze – die «alte» institutionelle Schule (*Veblen, Galbraith* u. a.), die die Wechselwirkung zwischen Marktinstitutionen und anderen institutionellen Arrangements beleuchten, sowie die Regulationstheorie (u. a. *Aglietta*), die eine krisenbedingte Transformation des grundlegenden Akkumulationsregimes kapitalistischer Wirtschafts- und Gesellschaftssysteme konstatiert und dabei die Phasen des Fordismus, Postfordismus und des Neoliberalismus unterscheidet. Kulturindustrien und insbesondere die Industrien der Leitmedien vermitteln dem jeweiligen Wirtschafts- und Gesellschaftssystem angepasste Werte und Normen. Die Autorin sieht das Fernsehen als das Leitmedium des Fordismus, das mit dem Übergang zur Phase des Neoliberalismus in einem Niedergang begriffen ist, der auch durch die Liberalisierung des Rundfunksektors nicht aufgehalten werden kann.

Auch *Knoche* sieht eine Abhängigkeit von Transformationsprozessen (in) der Medienindustrie von wirtschaftlichen Entwicklungsdynamiken, allerdings auf der Grundlage von Theorieelementen einer marxschen Kritik der politischen Ökonomie. Die kapitalistische Verwertungslogik macht danach Medienunternehmen zu «aktiven Strukturwandlern», d. h. diese passen sich nicht an extern vergebene Strukturveränderungen an sondern diese sind selbst das Ergebnis eines zielgerichteten strategischen Restrukturierungshandelns zur Überwindung von Akkumulationskrisen. Die grundlegenden Triebkräfte, die die Entwicklungsdynamik kapitalistischer Gesellschaften determinieren, bleiben dabei konstant, auch wenn es zu Veränderungen von Medienproduktform, Kapitalverwertungsform und Medienform kommt. So trägt die medientechnische Entwicklung durch Automatisierung und andere Varianten der Produktivitätssteigerung zur reellen Subsumtion der in der Medienindustrie beschäftigten (Kultur-)Arbeiter unter das Medienkapitel bei. Gleichzeitig bildet die Entmaterialisierung digitaler Medienprodukte die Grundlage für eine Universalisierung der Medienindustrie auf der Produktions- Distributions- und Konsumptionsebene.

Der zweite Teil des Sammelbandes enthält vier Beiträge, die mit unterschiedlichen methodischen Ansätzen versuchen, Veränderungen im Angebotsverhalten von Medienunternehmen und im Nachfrageverhalten von Rezipienten mit Veränderungen auf der Ebene des strukturellen Handlungsrahmens empirisch zu verknüpfen. Diese Verbindung von Struktur- und Akteursebene erfolgt dabei auf jeweils unterschiedlichen theoretischen Grundlagen.

Der Beitrag von *Seufert* analysiert auf Basis einer Sekundäranalyse von Markt- und Branchenstrukturdaten die Veränderung des TV-Angebotes in Deutschland nach 1995 und die gleichzeitig zu beobachtenden Veränderungen des strukturellen Handlungsrahmens von TV-Anbietern. Auf Grundlage eines erweiterten, wirtschaftstheoretisch fundierten S-C-P-Modells werden Marktgröße, Anbieterkonzentration und Kostenniveaus für Distribution und Produktion medialer Inhalte als wesentliche Komponenten der Strukturebene identifiziert, die das Anbieterverhalten beeinflussen. Die starke Ausweitung der Zahl privater TV-Spartenprogramme seit 2000 lässt sich danach primär auf eine Senkung der Kostenniveaus und nur zu einem geringen Teil auf eine Ausweitung der Werbe- und Zuschauernachfrage zurückführen. Die Digitalisierung der Distribution führt nicht nur zur Kostensenkung existierender Programme, sondern erleichtert auch den Marktzutritt von Anbietern, deren Programmstrukturen sehr niedrige Produktionskosten ermöglichen.

Veränderungen im Entscheidungsverhalten des Managements der *Schweizerischen Rundfunkgesellschaft (SRG)* seit deren Gründung stehen im Zentrum einer von *Schade* durchgeführten medienhistorischen Unternehmensfallstudie. Sein Hauptaugenmerk gilt der Frage, ob sich eine Veränderung in Richtung einer stärkeren Nachfrageorientierung in der Programmprogrammierung feststellen lässt. Ausgehend von betriebswirtschaftlichen Managementkonzepten werden als zentrale Analysekategorien die Veränderungen im Beobachtungshorizont, auf der Ebene der strategischen Planung, in der publizistischen Angebotsstruktur und bei der Unternehmenskontrolle durch das Management identifiziert, und im Hinblick auf geeignete Indikatoren zur Erfassung des Grades der Nachfrageorientierung weiter ausdifferenziert. Wesentliche Analysebasis sind Sitzungsprotokolle des *SRG*-Managements, die um Daten zur Zuschauerentwicklung in der Schweiz ergänzt werden. Es können fünf Perioden unterschieden werden, in denen die Beobachtung von Zuschauernachfrage und Programmierung durch Konkurrenten eine unterschiedlich hohe Bedeutung haben. Ebenso gibt es 12 Phasen der strategischen Unternehmensplanung, in denen vom Management unterschiedliche Schwerpunkte gesetzt werden. Zudem zeigt sich, dass sich in der SRG-Programmierung der Anteil einzelner Programmsparten unterschiedlich stark und teilweise nur mit zeitlicher Verzögerung an der Entwicklung der allgemeinen Zuschauernachfrage orientiert.

Im Beitrag von *Strenger, Thieroff & Meyen* wird ein dritter methodischer Zugang zur Erfassung von Veränderungen im Anbieterverhalten von Medienunternehmen gewählt. Auf Grundlage einer qualitativen Inhaltsanalyse von Zeitungsartikeln lassen sich gleichlaufende Veränderungen bei der Selektion, Präsentation und Interpretation in der Berichterstattung über ähnliche Ereignisse aus den Bereichen Sport, Kultur, Unterhaltung und Politik seit den 1960er Jahren beobachten. Der Journalist wandelt sich zum Experten und Erzähler, um mit seinen Beiträgen ein Maximum an öffentlicher Aufmerksamkeit zu erreichen. Dieser Wandel wird als Ausdruck einer Veränderung der Medienlogik angesehen, die – aufbauend auf das Konzept der Akteur-Struktur-Dynamik von Schimank – wiederum auf veränderte Deutungs- und Erwartungsstrukturen sowie auf veränderte Akteursfiktionen im Mediensystem zurückgeführt werden kann.

Der Beitrag von *Stark* stellt nicht die Veränderungen im Anbieterverhalten sondern die infolge eines stark erweiterten Medienangebotes tatsächlichen oder vermeintlichen Veränderungen im Rezipientenverhalten in den Mittelpunkt. Diese wird als Fragmentierung des Publikums diskutiert und im Hinblick auf damit verbundene Defizite bei der Erfüllung einer gesellschaftlichen Integrationsfunktion der Medien problematisiert. Die Autorin zeigt, dass die empirischen Methoden zum Nachweis einer zunehmenden Publikumsfragmentierung entweder medienzentriert (Erfassung der Verteilung der Nachfrage auf die unterschiedlichen Angebote einer Mediengattung) oder rezipientenorientiert (Erfassung von individuellen medienübergreifenden Medienrepertoires) sind. Beide methodischen Ansätze berücksichtigen Überlappungen in der Zuwendung verschiedener gesellschaftlicher Gruppen zu einzelnen Medienangeboten nicht angemessen. Dies ist aber notwendig, um die Fragmentierungsthese empirisch ablehnen oder bestätigen zu können. Es wird deshalb für einen publikumszentrierten „hybriden" Ansatz plädiert, der die Mediennutzung auf einer höheren Aggregatstufe gruppenspezifisch analysiert.

Die drei Beiträge im dritten Teil des Sammelbandes haben Veränderungen des Regulierungsrahmens der Medien im Blick. Da in Ländern mit demokratischen Politiksystemen eine direkte Einflussnahme auf die Nutzung von medialen Inhalten weitgehend ausgeschlossen ist – Ausnahme ist hier allenfalls die Definition von Eigentumsrechten an Medieninhalten im Urheberrecht oder verwandten Rechtsbereichen, die eine Grenze zwischen legalen und illegalen Nutzungen ziehen – erfolgt die medienpolitische Steuerung des Mediensystems überwiegend über die Beeinflussung der Medienunternehmen. Entweder über Verhaltensvorschriften (z. B. durch Zulassungsvorschriften für Medieneigentum oder Werbebeschränkungen) oder über Verhaltensanreize (z. B. durch Pressesubventionen oder Förderprogramme für audiovisuelle Medieninhalte). Veränderungen des Medienregulierungsrahmens können dabei die Folge einer neuen politischen Mehrheit sein, die andere medienpolitische Ziele verfolgt. Häufig sind es aber Reaktionen auf Veränderungen im Mediensystem selbst (z. B. Medienkonzentrationsprozesse oder neue Medientechniken), die zur Veränderung existierender oder zur Entwicklung neuer Regulierungsinstrumente führen. In den Mitgliedsstaaten der EU und den Ländern von EU-Beitrittskandidaten kommt es zudem zu Anpassungen des jeweils nationalen Regulierungsrahmens an den supranationalen Regulierungsrahmen der EU. Alle Autoren analysieren deshalb relevante Veränderungen des Medienregulierungsrahmens unter einer international vergleichenden Perspektive.

Der Beitrag von *Brantner, Dohle, Haas & Vowe* vergleicht die wichtigsten «medienpolitischen Weichenstellungen» in Österreich und Deutschland seit dem 2. Weltkrieg sowie Veränderungen in der Relevanz einzelner medienpolitischer Akteure. Grundlage sind von Experten für das jeweils nationale Mediensystem getroffene Einschätzungen, die in beiden Ländern mit der gleichen Delphi-Methode erhoben wurden. Eine methodische Besonderheit besteht darin, dass die

Delphi-Methode nicht nur retrospektiv, sondern auch prospektiv eingesetzt wird. Die Autoren können zeigen, dass es trotz der großen strukturellen Ähnlichkeit beider politischer Systeme und ähnlichen Regulierungsinstrumenten sowohl unterschiedliche Einschätzungen zur Relevanz einzelner politischer Akteursgruppen (Bund versus Länder) als auch zu den Regulierungsfeldern gibt, in denen wesentliche medienpolitische Weichenstellungen erfolgten. Es gibt also im Bereich der Medienpolitik kein identisches Veränderungsmuster.

Die starke Pfadabhängigkeit von Veränderungen des nationalen Medienregulierungsrahmens wird auch im Beitrag von *Arnold* deutlich, der sich auf Basis einer vergleichenden Analyse des Medienrechts aller EU-Mitgliedsstaaten mit der Frage nach dem Einfluss der technischen Medienkonvergenz auf die Ausgestaltung des Regulierungsrahmens beschäftigt. Er kann trotz der gleichen technologischen Einflüsse und einer EU-Harmonisierung des Rechts weder eine einheitliche Tendenz zu «konvergenten Mediengesetzen» mit medienübergreifenden Regelungen für Presse, Rundfunk und Onlineinhalte, noch eine Tendenz zur Institutionalisierung eines «single regulator» feststellen, der für die Kontrolle aller medienrechtlichen Vorgaben zuständig ist.

Der Beitrag von *Gennis & Gundlach* legt sein Augenmerk auf Veränderungen im Bereich des PublicServiceBroadcasting, das seit dem 2. Weltkrieg ein besonderes Merkmal der meisten europäischen Mediensysteme ist, das aber andererseits infolge einer auf einen Marktwettbewerb ausgerichteten Wirtschaftspolitik der EU unter Druck geraten ist. Dies wird insbesondere an der EU-Vorgabe eines «ex ante Tests» deutlich, der die öffentlichen Rundfunkanbieter in der EU zwingt, für ihre zusätzlichen Angebote im Internet einen «gesellschaftlichen Nutzen» nachzuweisen, der eine Abweichung vom Marktansatz rechtfertigt. Die Autoren zeigen, dass sich bereits das medienpolitische Leitbild für öffentliche Rundfunkunternehmen zwischen den EU-Ländern unterscheidet (z. B. in der Definition des öffentlichen Auftrages und in Verfahren zur externen und internen Kontrolle der Zielerreichung), und dass sich deshalb auch die nationalen Varianten des ex-ante-Tests (z. B. als Dreistufentest in Deutschland) deutlich unterscheiden. Sie plädieren deshalb für eine systematisch, theoriegeleitete Erhebung von Daten, die einen umfassenden internationalen Institutionenvergleich öffentlicher Medienunternehmen in der EU und ihrer Performance bei der Erfüllung gesellschaftlicher Funktionen ermöglicht.

Literatur

Altheide, David. L./Snow, Robert P. (1979): Media Logic. Beverly Hills/London: Sage.

Altmeppen, Klaus-Dieter (2011): Medienökonomisch handeln in der Mediengesellschaft. Eine Mikro-Meso-Makro-Skizze anhand der Ökonomisierung der Medien. In: Quandt, Thorsten/Scheufele, Bertram (Hrsg.) (2011): Ebenen der Kommunikation. Mikro-Meso-Makro-Links in der Kommunikationswissenschaft. Wiesbaden: VS, S. 233-258.

Arnold, Klaus/Classen, Christoph/Kinnebrock, Susanne/Lersch, Edgar/Wagner, Hans-Ulrich (Hrsg.) (2010): Von der Politisierung der Medien zur Medialisierung des Politischen? Zum Verhältnis von Medien, Öffentlichkeit und Politik im 20. Jahrhundert. Leipzig: Universitätsverlag.

Beck, Klaus (2012): Das Mediensystem Deutschlands: Strukturen, Märkte, Regulierung. Wiesbaden: Springer VS.

Behmer, Markus/Krotz, Friedrich/Stöber, Rudolf/Winter, Carsten (Hrsg.) (2003): Medienentwicklung und gesellschaftlicher Wandel: Beiträge zu einer theoretischen und empirischen Herausforderung. Wiesbaden: Westdeutscher.

Birkner, Thomas (2010): Das Jahrhundert des Journalismus – ökonomische Grundlagen und Bedrohungen. In: Publizistik 55, Nr. 1, S. 41-54.

Bonfadelli, Heinz (1994): Die Wissenskluft-Perspektive. Massenmedien und gesellschaftliche Information. Konstanz: UVK.

Bourdieu, Pierre (1982): Die feinen Unterschiede. Kritik der gesellschaftlichen Urteilskraft. Frankfurt a. M.: Suhrkamp.

Burckhardt, Martin (1997): Metamorphosen von Raum und Zeit: eine Geschichte der Wahrnehmung. Frankfurt a. M. u.a.: Campus.

Carroll, Glenn (1984): Dynamics of Publisher Succession in the Newspaper Industry. In: Administrative Science Quarterly 29, Nr.1, S. 93–113.

Chadwick, Andrew/Howard, Philip N. (Hrsg.) (2008): Handbook of Internet Politics. London: Routledge.

Coleman, James S. (1991): Grundlagen der Sozialtheorie 1: Handlungen und Handlungssysteme. München: R. Oldenbourg.

Compaine, Benjamin M. (2001): The Digital Divide. Facing a Crisis or Creating a Myth? Cambridge u.a.: MIT Press.

Dimmick, J. W. (2003): Media Competition and Media Coexistence. The Theory of the Niche. Mahwah, NJ: Routledge.

Dröge, Franz/Kopper Gerd G. (1991): Der Medien-Prozeß. Zur Struktur innerer Errungenschaften der bürgerlichen Gesellschaft. Opladen: Westdeutscher.

Evans, Jessica/Hall, Stuart (Hrsg.): Visual Culture: a Reader. London u.a.: Sage.

Frank Esser, Frank/Hanitzsch, Thomas (2011): Komparative Kommunikationsforschung als Mehrebenenforschung. In: Quandt, Thorsten/Scheufele, Bertram (Hrsg.) (2011): Ebenen der Kommunikation. Mikro-Meso-Makro-Links in der Kommunikationswissenschaft. Wiesbaden: VS, S. 261-278.

Esser, Hartmut (1996): Soziologie. Allgemeine Grundlagen. 2. Auflage. Frankfurt am Main: Campus.

Faulstich, Werner (2006): Mediengeschichte von den Anfängen bis ins 3. Jahrtausend. 2 Bände. Göttingen: Vandenhoeck und Ruprecht.

Gerhards, Maria/Klingler, Walter (2006): Mediennutzung in der Zukunft. Traditionelle Nutzungsmuster und innovative Zielgruppen. In: Media Perspektiven, Nr. 2, S.75-90.

Giddens, Antony (1988): Die Konstitution der Gesellschaft. Grundzüge einer Theorie der Strukturierung. Frankfurt a. M. u.a.: Campus.

Giesecke, Michael (2001): Von den Mythen der Buchkultur zu den Visionen der Informationsgesellschaft. Trendforschungen zur kulturellen Medienökologie. Berlin: Suhrkamp.

Haas, Hannes/Jarren, Otfried (Hrsg.) (2002): Mediensysteme im Wandel. Struktur, Organisation und Funktion der Massenmedien. Wien: Braumüller.

Imhof, Kurt (2006): Mediengesellschaft und Medialisierung. In: Medien & Kommunikationswissenschaft 54, Nr. 2, S. 191-215.

Kiefer, Marie-Luise (1989): Medienkomplementarität und Medienkonkurrenz Notizen zum weitgehend ungeklärten „Wettbewerbsverhältnis" der Medien. In: Kaase, Max/Schulz, Winfried (Hrsg.): Massenkommunikation. Theorien, Methoden, Befunde. Opladen: Westdeutscher. Sonderheft der Kölner Zeitschrift für Soziologie und Sozialpsychologie, Nr. 30, S. 337-350.

Kittler, Friedrich (1986): Grammophon Film Typewriter. Berlin: Brinkmann & Bose.

Krotz, Friedrich (Hrsg.) (2007): Mediatisierung: Fallstudien zum Wandel von Kommunikation. Wiesbaden: VS.

Krotz, Friedrich (2001): Die Mediatisierung des kommunikativen Handelns. Der Wandel von Alltag und sozialen Beziehungen, Kultur und Gesellschaft durch die Medien. Opladen: Westdeutscher.

Künzler, Matthias (2013): Mediensystem Schweiz. Konstanz u. a.: UVK.

Künzler, Matthias (2009): Die Liberalisierung von Radio und Fernsehen. Konstanz: UVK.

Langenbucher, Wolfgang R. (1968): Das Fernsehen in der Presse. Ein Beitrag zur Frage der journalistischen Konkurrenz oder Ergänzung. In: Rundfunk und Fernsehen 16, Nr. 1, S. 1-18.

Lazarsfeld, Paul F./Kendall, Patricia. L. (1948): Radio Listening in America. The People look at Radio – Again. New York: Prentice-Hall.

Latzer, Michael/Just, Natascha/Saurwein, Florian/Slominski, Peter (2002): Selbst- und Ko-Regulierung im Mediamatiksektor. Alternative Regulierungsformen zwischen Staat und Markt. Wiesbaden: Westdeutscher.

Lerg, Winfried B. (1981): Verdrängen oder ergänzen die Medien einander? Innovationen und Wandel in Kommunikationssystemen. In: Publizistik 26, Nr. 2, S. 193-201.

Lindner-Braun, Christa (2007): Mediennutzung. Methodologische, methodische und theoretische Grundlagen. Berlin: LIT.

Luhmann, Niklas (1996): Die Realität der Massenmedien. 2., erweiterte Auflage. Opladen: Westdeutscher.

Lundby, Knut (2009): Mediatization: Concept, Changes, Consequences. New York: Lang.

McLuhan, Marshall/Powers, Brice R. (1989): The Global Village: Transformations in World Life and Media in the 21st Century. Oxford: University Press.

McQuail, Dennis (2005): McQuail's Mass Communication Theory. 5. Auflage. London u.a.: Sage.

Meier, Werner A./Jarren, Otfried (2001): Ökonomisierung und Kommerzialisierung von Medien und Mediensystem. Einleitende Bemerkungen zu einer (notwendigen) Debatte. In: Rundfunk und Fernsehen 49, Nr. 2, S.145-158.

Meyen, Michael (2009): Medialisierung. In: Medien & Kommunikationswissenschaft 57, Nr. 1, S. 23-38.

Merten, Klaus (1994): Evolution der Kommunikation. In: Merten, Klaus/Schmidt, Siegfried J./Weischenberg, Siegfried (Hrsg.): Die Wirklichkeit der Medien. Eine Einführung in die Kommunikationswissenschaft. Opladen: Westdeutscher, S. 141-162.

Meulemann, Heiner (2012): Die psychischen Kosten von Freizeitaktivitäten und die Entfaltungschancen des Fernsehangebotes. Warum das Fernsehen in Deutschland auch nach dem Aufkommen des Internets die beliebteste Freizeitaktivität bleibt. In: Medien und Kommunikationswissenschaft 60, Nr. 2, S. 240-261.

Mögerle, Ursina (2009): Substitution oder Komplementarität? Die Nutzung von Online- und Print-Zeitungen im Wandel. Konstanz: UVK.

Moosmüller, Gertrud (2004): Methoden der empirischen Wirtschaftsforschung. München: Pearson.

Napoli, Philip M. (2010): Audience Evolution: New Technologies and the Transformation of Media Audiences. New York: Columbia University Press.

Negroponte, Nicholas (1995): Being Digital. New York: Alfred A. Knopf.

Neusser, Klaus (2010): Zeitreihenanalyse in den Wirtschaftswissenschaften. 3.Auflage. Wiesbaden: Vieweg+Teubner.

Pfetsch, Barbara/ Adam, Silke/Eschner, Barbara (2008): The Contribution of the Press to Europeanization of Public Debates. A Comparative Study of Issue Salience and Conflict Lines of European Integration. In: Esser, Frank/Pfetsch, Barbara (Hrsg.): Politische Kommunikation im internationalen Vergleich. Grundlagen, Anwendungen, Perspektiven. Wiesbaden: VS, S. 393-418.

Postman, Neil (1992): Wir amüsieren uns zu Tode. Urteilsbildung im Zeitalter der Unterhaltungsindustrie. Frankfurt a. M..

Pross, Harry (1970): Publizistik: Thesen zu einem Grundcolloquium. Neuwied: Luchterhand.

Puppis, Manuel/Jarren, Otfried/Künzler, Matthias (2013): Mediensysteme, Institutionen und Medienorganisationen als Forschungsfeld der Publizistik- und Kommunikationswissenschaft. In: Puppis, Manuel/Jarren, Otfried/Künzler, Matthias (Hrsg.): Media Structures and Media Performance Medienstrukturen und Medienperfomanz. Relation n.s. vol 4. Wien: ÖAW Verlag, S.11-44.

Quandt, Thorsten/Scheufele, Bertram (2011): Die Herausforderung der Modellierung von Mikro-Meso-Makro-Links in der Kommunikationswissenschaft. In: Quandt, Thorsten/Scheufele, Bertram (Hrsg.): Ebenen der Kommunikation Mikro-Meso-Makro-Links in der Kommunikationswissenschaft. Wiesbaden: VS, S. 9-22.

Reitze, Helmut/Ridder, Christa-Maria (Hrsg.) (2011): Massenkommunikation VIII. Eine Langzeitstudie zur Mediennutzung und Medienbewertung 1964 – 2010. Baden-Baden: Nomos.

Ridder, Christa-Maria/Engel, Bernd (2010): Massenkommunikation 2010: Mediennutzung im Intermediavergleich. In: Media Perspektiven, Nr. 11, S. 523-536.

Riehm, Ulrich/Krings, Bettina-Johanna (2006): Der «blinde Fleck» in der Diskussion zur digitalen Spaltung. In: Medien & Kommunikationswissenschaft 54, Nr. 1, S. 75-94.

Rogers, Everett M. (2003): The Diffusion of Innovations. 5.Auflage. New York: Free Press.

Ruhrmann, Georg/Göbbel, Roland (2007): Veränderung der Nachrichtenfaktoren und die Auswirkung auf die journalistische Praxis in Deutschland. Abschlussbericht für netzwerk recherche e.V. (http://www.netzwerkrecherche.de/files/nr-studie-nachrichtenfaktoren.pdf)

Rusch, Gebhard (2007): Mediendynamik. Explorationen zur Theorie des Medienwandels. In: Rusch, Gebhard/Schanze, Helmut/ Schwering, Gregor (Hrsg.) Mediendynamik. Navigationen. Zeitschrift für Medien- und Kulturwissenschaften 7, Heft 1, S. 13-94.

Saxer, Ulrich (1994): Medien- und Gesellschaftswandel als publizistikwissenschaftlicher Forschungsgegenstand. In: Jarren, Otfried (Hrsg.): Medienwandel - Gesellschaftswandel?: 10 Jahre dualer Rundfunk in Deutschland; eine Bilanz. Berlin: Vistas.

Saxer, Ulrich (1980): Grenzen der Publizistikwissenschaft. Wissenschaftswissenschaftliche Reflexionen zur Zeitungs-/Publizistik-/Kommunikationswissenschaft seit 1945. In: Publizistik 45, Nr. 4, S. 525-543.

Scheufele, Bertram (2011): Medienwirkungen jenseits des einzelnen Rezipienten. Die Herausforderungen für die Medienwirkungsforschung durch die Mehr-Ebenen-Problematik am Beispiel von fünf exemplarischen Wirkungsbereichen. In: Quandt, Thorsten/Scheufele, Bertram (Hrsg.) (2011): Ebenen der Kommunikation. Mikro-Meso-Makro-Links in der Kommunikationswissenschaft. Wiesbaden: VS, S. 261-278.

Schnell, Ralf (Hrsg.) (2006): MedienRevolutionen Beiträge zur Mediengeschichte der Wahrnehmung. Bielefeld: Transcript, S. 7-12.

Schimank, Uwe (2007): Theorien der gesellschaftlichen Differenzierung. 3. Auflage. Wiesbaden: VS.

Schmiedek, Florian/Wolff, Julia K. (2010): Latente Wachtumskurvenmodelle. In. Wolf, Christof/Best, Henning (Hrsg.): Handbuch sozialwissenschaftlicher Datenanalyse. Wiesbaden: VS, S. 1017-1029.

Seufert, Wolfgang /Wilhelm, Claudia (2013): Wie stark verdrängen oder ergänzen sich (neue und alte) Medien? In: Medien & Kommunikationswissenschaft 61, Nr. 4.

Siegert Gabriele/Brecheis, Dieter (2010): Werbung in der Medien- und Informationsgesellschaft. Eine kommunikationswissenschaftliche Einführung. 2., überarbeitete Auflage. Wiesbaden: VS.

Stöber, Rudolf (2003): Mediengeschichte: Die Evolution «Neuer» Medien» von Gutenberg bis Gates. 2 Bände. Opladen: Westdeutscher.

Tichenor, Phillip J./Donohue, George A./Olien, Clarice N. (1970): Mass Media Flow and Differential Growth in Knowledge. In: Public Opinion Quarterly 34, Nr. 2, S. 159–170.

Thomaß, Barbara (Hrsg.) (2007): Mediensysteme im internationalen Vergleich. Konstanz: UVK.

Trappel, Josef/Meier Werner A./Schrape, Klaus/Wölk, Michaela (2002): Die gesellschaftlichen Folgen der Medienkonzentration. Opladen: Leske+Budrich.

Tunstall, Jeremy (2008): The Media Were American: U.S. Mass Media in Decline, New York: Oxford University Press.

Van der Wurff, Richard/Bakker, Piet/Picard, Robert G. (2008): Economic Growth and Advertising Expenditures in Different Media in Different Countries. Journal of Media Economics 21, Nr. 2, S. 28-52.

Wendelin, Manuel (2011): Medialisierung der Öffentlichkeit. Kontinuität und Wandel einer normativen Kategorie der Moderne. Köln: Herbert von Halem.

Wilke, Jürgen (2008): Grundzüge der Medien- und Kommunikationsgeschichte, Köln u. a.: UTB .

Williams, Raymond (1974): Television: Technology and Cultural Form. London: Routledge.

Winter, Rainer/Eckert, Roland (1990): Mediengeschichte und kulturelle Differenzierung - zur Entstehung und Funktion von Wahlnachbarschaften. Opladen: Leske+Budrich.

Teil I:
Dynamiken und Determinanten des Medienwandels

Mediensystemwandel als Medienorganisationswandel – Implikationen der Population-Ecology

Samuel Studer, Matthias Künzler und Otfried Jarren

1 Einleitung

Eine zentrale Frage der Medienstrukturforschung ist jene, wie sich der langfristige Wandel ganzer Mediensysteme untersuchen lässt. Angesichts der theoretischen und methodischen Herausforderungen erstaunt es nicht, dass diese Frage bislang nicht befriedigend beantwortet werden konnte. Zwar hat vor allem die medienhistorische Forschung eine Vielzahl von Studien hervorgebracht, welche die Genese und Entwicklung von Medien untersuchten. Allerdings stehen in diesen Werken in der Regel einzelne, bestimmte Medienorganisationen oder bestimmte Mediengattungen im Zentrum (vgl. z. B. die Werke zum Rundfunk in Deutschland von Hickethier 1998, Wehmeier 1998, Steinmetz 1996, Gehrke/Hohlfeld 1995; in der Schweiz von Mäusli/Steigmeier 2012, Mäusli et al. 2006, Drack 2000; der Presse in Deutschland von Stöber 2005, Dussel 2004, Koszyk 1986). Der Wandel gesamter Mediensysteme wird nicht analysiert. Die Mediensystemforschung auf der anderen Seite hat einzelne Mediensysteme (vgl. z. B. Künzler 2013a, Beck 2012) oder eine Vielzahl von Mediensystemen (vgl. z. B. Hallin/Mancini 2004) entlang ihres Verhältnisses zu gesellschaftlichen Teilsystemen (zumeist Politik oder Wirtschaft) und damit zu exogenen Faktoren analysiert und klassifiziert. Damit lassen sich verschiedene Zustände von Mediensystemen beschreiben und untersuchen. Jedoch sind solche Analysen eher statisch und lassen nur partiell Aussagen über Zeitpunkt und Form des Wandels zu. Die Analyse des strukturellen Wandels ganzer Mediensysteme benötigt deshalb neue theoretische und methodische Zugänge.

Mit diesem Beitrag soll ein entsprechender Vorschlag unterbreitet werden. Es wird danach gefragt, wie der Wandel von Mediensystemen analytisch erfasst werden kann und welche Implikationen sich für die empirische Beschäftigung mit diesem Wandel ergeben.[1] Der im Folgenden präsentierte Vorschlag beruht

---

1   Die präsentierten Überlegungen sind im Rahmen des von den Autoren durchgeführten, bis März 2014 laufenden Projekts «Krise und Wandel der Leitmedien in der Schweiz» entstanden. Dieses Projekt befasst sich mit der Analyse des Strukturwandels des schwei-

auf der Grundannahme, dass sich der langfristige Wandel gesamter Mediensysteme empirisch als Organisationswandel analysieren lässt. Nach der Begründung dieser Annahme wird im dritten Abschnitt vorgeschlagen, Medienwandel als Organisationswandel auf dem Theorieansatz der Population-Ecology zu fundieren. In Abschnitt 4 wird schließlich aufgezeigt, wie sich diese im deutschsprachigen Raum bislang kaum auf Medien angewandte Makro-Theorie empirisch umsetzen lässt.

2 Mediensystemwandel als Medienorganisationswandel

Die Struktur eines Mediensystems besteht aus einem Geflecht aus unterschiedlichen Medienorganisationen (zum Beispiel öffentlich oder privat verfasster Rundfunk), deren Beziehungen zu Akteuren aus vor- und nachgelagerten Märkten (zum Beispiel Nachrichten-, Werbeagenturen, Vertriebsorganisationen) sowie zu Akteuren aus Politik, Kultur und Wirtschaft (vgl. Künzler 2013b: 223; Haas/Jarren 2002: IX). Das Medienangebot, die Medienleistungen und die Qualität solcher Angebote sind von der Ausgestaltung der Medienstruktur abhängig (vgl. Puppis 2007). Die Medienstruktur wiederum ist kein Zufallsprodukt, sondern von den Rahmenbedingungen (politischen, wirtschaftlichen, kulturellen etc.) (mit) abhängig.

Kernelemente des Mediensystems sind folglich Medienorganisationen. In einer basalen Definition werden Medienorganisationen hier als soziale Gebilde verstanden, die publizistische Gesamtprodukte (Zeitungen, Fernsehprogramme etc.) herstellen, bestimmte Zielsetzungen verfolgen, eine interne Struktur aufweisen, durch koordiniertes Handeln aufgrund von Hierarchie und festgelegten Arbeitsprozessen gekennzeichnet sind, dabei auf bestimmte Technologien (Apparate, Kenntnisse, Fähigkeiten etc.) und finanzielle Ressourcen zurückgreifen und auf mannigfache Art und Weise in ihre Umwelt eingebettet sind (vgl. Künzler/Jarren 2009: 227f.; Müller-Jentsch 2003: 20ff.). Die Produktion von publizistischen Inhalten oder zumindest die Zusammenstellung bzw. Bündelung eines von anderen Organisationen (Produzenten) oder Einzelpersonen zugelieferten Angebots findet innerhalb von Medienorganisationen statt. Erst die Vermittlung

---

zerischen Mediensystems auf nationaler und regionaler Ebene für die Zeit zwischen 1970 und 2010. Das Projekt ist Teil des Sinergia-Projektverbunds «Crisis and transformation of the core media sector in Switzerland», der vom Schweizerischen Nationalfonds (SNF) finanziert wird. Teile des vorliegenden Textes wurden in einem Working Paper zuhanden des Projektverbunds veröffentlicht (vgl. Studer et al. 2012).

dieser Inhalte durch Medienorganisationen verleiht den Medieninhalten gesamtgesellschaftliche Relevanz (vgl. Jarren 2008: 330).

Verändern sich Medienorganisationen, verändern sich auch deren Beziehungen zueinander und zu Akteuren aus anderen gesellschaftlichen Systemen. Der langfristige Wandel von Mediensystemen lässt sich deshalb als Wandel von Medienorganisationen analysieren. Medienorganisationen eigenen sich auch deshalb als Analyseeinheit, weil Organisationen als (korporative) Akteure u. a. in der Lage sind, Präferenzen und eine Identität zu entwickeln, ihre Umwelt wahrzunehmen und intentional zu handeln (vgl. Donges 2008: 52ff.). Damit eröffnet die Organisationsperspektive auch einen empirischen Zugang zur Analyse von Akteurshandeln auf der Mesoebene.

Um von der Analyse des Organisationswandels auf den Wandel ganzer Mediensysteme zu schließen, ist es jedoch notwendig, von der Analyse einzelner Medienorganisationen einer bestimmten Mediengattung weg zu kommen. Vielmehr sind Veränderungen ganzer Gruppen von ähnlichen Medienorganisationen diachron zu untersuchen. Im Zentrum des folgenden Vorschlags zur Analyse von Mediensystemwandel stehen deshalb Medienorganisationstypen, verstanden als Mengen von Medienorganisationen. In einem Mediensystem existieren stets unterschiedliche Typen von Medienorganisationen. Im Rundfunkbereich lassen sich beispielsweise die Medienorganisationstypen des öffentlichen, des privatkommerziellen und des alternativen Radios unterscheiden (vgl. Kleinsteuber 2012: 161ff., 269ff.). Wie dieses Beispiel zeigt, unterscheiden sich Medienorganisationstypen in Bezug auf ihre Rechtsform (öffentliche oder private Rechtsform, GmbH, AG, Stiftung etc.), Zielsetzung (Gewinn erwirtschaften, Bürger bedienen, lokale Gruppen in die Fernsehproduktion einbeziehen etc.), Finanzierungsform (Gebühren, Werbung, Entgelt etc.), Art der Programmproduktion (Eigenproduktion, Auftragsproduktion, Koproduktion etc.) oder Gestaltung der Beziehung zur Umwelt. Aufgrund dieser Unterschiede erbringt jeder Organisationstyp je andere programmliche und gesellschaftliche Leistungen. Gesellschaftliche Rahmenbedingungen – z. B. medienpolitische und -rechtliche Vorgaben, Größe der Zuschauer- und Werbemärkte, Sehgewohnheiten und andere kulturelle Faktoren – haben einen Einfluss darauf, welche Typen von Medienorganisationen in einem Mediensystem überhaupt vorzufinden sind. Verändern sich diese Rahmenbedingungen, kann dies zur Einführung neuer Typen von Medienorganisationen führen (z. B. Einführung von privat-kommerziellem Fernsehen), gleichzeitig aber auch zu einer Schwächung bestehender Organisationstypen oder zumindest zu deren Anpassung an die neuen Rahmenbedingungen. Ein Beispiel für einen solchen weitgehenden Organisationswandel ist in der Schweiz das Verschwinden der Gesinnungspresse Anfang der 1970er-Jahre und das Aufkommen von Forumszeitungen. Damit veränderten sich die Beziehungen der Presse und ihre Leistungen für die Gesellschaft massiv (vgl. Künzler 2013a: 212ff.).

Dieses Beispiel verdeutlicht, dass Veränderungen von Mediensystemen immer mit einer Veränderung von Medienorganisationen einhergehen (vgl. Melischek et al. 2005: 251). Medienwandel ist deshalb stets auch ein Medienorganisationswandel. Langfristiger Medienwandel lässt sich damit an Veränderungen der Medienorganisationen und ihren Beziehungen zur Umwelt ablesen. Eine solche Analyse von Organisationswandel ist deshalb wichtig, weil er auch zu einer Veränderung der programmlichen, politischen, wirtschaftlichen und kulturellen Leistungen des Mediensystems insgesamt führt.[2]

3 Theoretischer Rahmen – Population-Ecology

Der Vorschlag, den Medienwandel als Wandel von Medienorganisationen zu konzipieren, welche innerhalb spezifischer Organisationsumwelten agieren, lässt sich mit der Theorie der Organisations- bzw. Populationsökologie fundieren. Dieser Ansatz wurde wesentlich von Hannan und Freeman geprägt. Die grundlegenden Annahmen haben die beiden Autoren im Aufsatz «The population ecology of organizations» (Hannan/Freeman 1977) dargelegt (vgl. einführend Kieser 2002: 255ff.).[3] Die der Evolutionstheorie entlehnten Termini mögen der Publizistik- und Medienwissenschaft zunächst fremd erscheinen, sie beinhalten jedoch relevante Implikationen für die Erforschung des Mediensystemwandels als Organisationswandel. Zu betonen ist insbesondere, dass die Populationsökologie nicht «von einer kruden Analogie zwischen menschlichen Organisationen und natürlichen Organismen» ausgeht (Bonazzi 2008: 362).

«Es wird nur angenommen, dass es für die Forschung dienlich sein kann, im Modus der Analogiebildung ein formales Konzept aufzugreifen, das Phänomene auf der Makroebene in ihrer Wahrscheinlichkeit zu erklären vermag, die ansonsten ungeklärt bleiben müssten» (Bonazzi 2008: 362).

3.1 *Mengen oder Populationen von Organisationen und ihre Umwelt*

Die Populationsökologie beschäftigt sich mit der Entstehung, dem Wachstum und Zerfall von Organisationsgruppen oder -populationen. Diese setzen sich aus

---

2 Dieser Zusammenhang zwischen Struktur, Organisation und Inhalt/Leistung wird auf theoretischer Ebene insbesondere im Rahmen des Structure-Conduct-Performance-Modells begründet (vgl. Künzler 2009: 34ff.).

3 Von Autoren aus diesem Umfeld wurde in neuerer Zeit auch eine Organisationsdemografie entwickelt, die mit ähnlichen Modellen und Methoden arbeitet wie die Populationsökologie (vgl. Carroll/Hannan 2000).

Organisationen zusammen, die hinsichtlich bestimmter Merkmale homogen sind (z. B. lokal-regionale Privatradiosender). Dabei wird davon ausgegangen, dass nicht alle Organisationspopulationen im Zeitverlauf dieselbe Überlebenswahrscheinlichkeit besitzen. Da die Theorie auf Mengen von Organisationen fokussiert, steht im Zentrum der Analyse die Frage, wie diese Organisationspopulationen wachsen oder schrumpfen und welche Faktoren die Überlebenswahrscheinlichkeiten von Organisationspopulationen verändern (vgl. Bonazzi 2008: 355). Das Bestehen von Organisationen und Organisationsgruppen wird damit nicht mehr als eine Konstante, sondern als abhängige Variable aufgefasst. Für die Erforschung des Medienwandels bedeutet dies zum einen, dass Organisationsein- und -austritte (oder: «Organisationsgeburten» und «-tode») im Hinblick auf die Veränderung von Gruppen ähnlicher Organisationen im Zeitverlauf erfasst werden müssen. Zum anderen ist nach den Gründen für diese Veränderungen sowie für empirisch beobachtete Organisationsveränderungen zu bestimmten Zeitpunkten zu suchen. Diese liegen gemäß der Forschung zur Populations-Ecology-Forschung zu einem großen Teil in der Umwelt der Organisationen.

3.2 Die Organisationsumwelt

Der Populations-Ecology-Ansatz versteht Organisationen als offene Systeme (vgl. Carroll 1987: 4). Damit wird ein starker Zusammenhang zwischen (dem Wandel von) Umweltbedingungen und (dem Wandel von) Strukturen von Organisationen postuliert. Denn als offene Systeme beziehen Organisationen Ressourcen aus ihrer Umwelt und entlassen solche in ihre Umgebung. Zielerreichung und Bestand einer Organisation können deshalb nur durch «einen ständigen, hinreichenden Austausch von Ressourcen mit ihrer Umwelt gewährleistet werden» (Kumbartzki 2002: 195). Nach diesem Verständnis von Organisationen darf die Analyse von Medienwandel folglich nicht bei der Untersuchung rein innerorganisationaler Strukturen und Prozesse verbleiben, sondern muss die Organisationsumwelt und die interorganisationalen Beziehungen mitberücksichtigen.

Die Ecology konzipiert die Organisationsumwelt als Nische. Diese beschreibt als funktioneller Begriff die Umweltfaktoren, die für das Überleben einer Population von Bedeutung sind (vgl. Carroll 1987: 187ff.). «At the most abstract and general, a unit's (population or individual) niche is its relationship to its environment» (Dimmick 2003: 24). Der geografische Raum demgegenüber ist das Gebiet, das die Ressourcenlimits setzt (vgl. Dimmick 2003: 29).

Abbildung 1: Medienorganisationstypen, Arbeitsumwelt und Rahmenbedingungen.

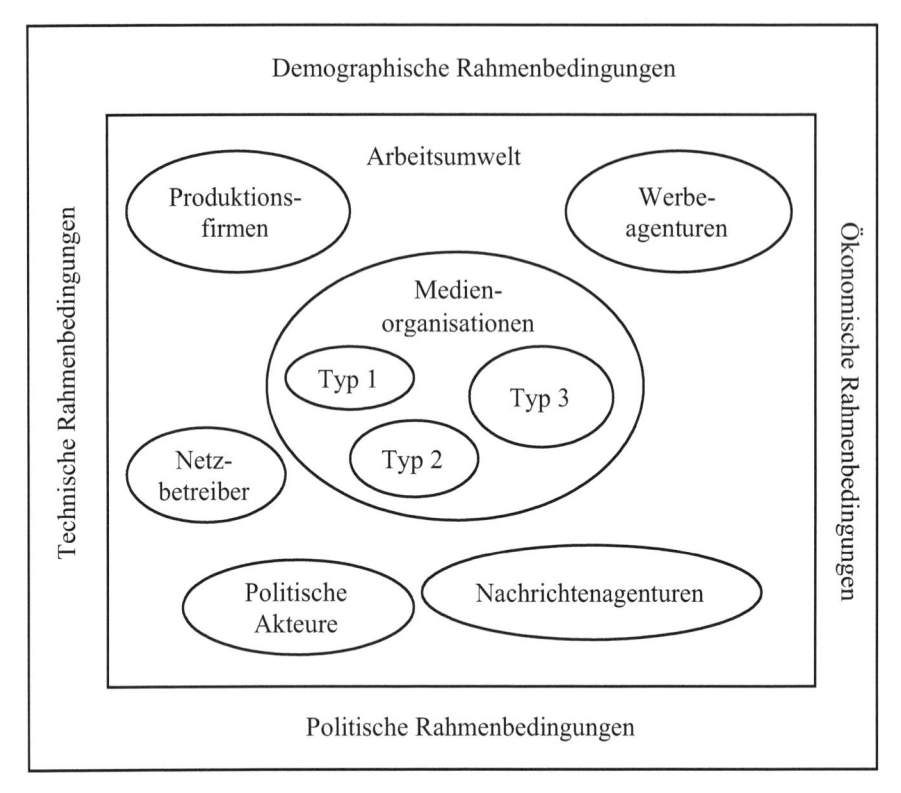

```
┌─────────────────────────────────────────────────────────┐
│           Demographische Rahmenbedingungen              │
│  ┌───────────────────────────────────────────────────┐  │
│  │              Arbeitsumwelt                        │  │
│  │    ╭─────────────╮         ╭─────────────╮        │  │
│ T │    │ Produktions-│         │   Werbe-    │        │ Ö│
│ e │    │   firmen    │         │  agenturen  │        │ k│
│ c │    ╰─────────────╯         ╰─────────────╯        │ o│
│ h │          ╭──────────────────────╮                 │ n│
│ n │          │      Medien-         │                 │ o│
│ i │          │   organisationen     │                 │ m│
│ s │          │   ╭──────╮           │                 │ i│
│ c │          │   │ Typ 1│  ╭──────╮ │                 │ s│
│ h │          │   ╰──────╯  │ Typ 3│ │                 │ c│
│ e │   ╭──────╮              ╰──────╯ │                │ h│
│   │   │Netz- │     ╭──────╮          │                │ e│
│ R │   │betre-│     │ Typ 2│          │                │  │
│ a │   │ iber │     ╰──────╯          │                │ R│
│ h │   ╰──────╯  ╰─────────────────────╯               │ a│
│ m │                                                    │ h│
│ e │    ╭─────────────╮   ╭──────────────────╮         │ m│
│ n │    │  Politische │   │ Nachrichtenagenturen│      │ e│
│   │    │   Akteure   │   ╰──────────────────╯         │ n│
│   │    ╰─────────────╯                                │  │
│  └───────────────────────────────────────────────────┘  │
│            Politische Rahmenbedingungen                 │
└─────────────────────────────────────────────────────────┘
```

Quelle: Eigene Darstellung, basierend auf Künzler/Jarren (2009), Carroll (1987), Eggers (2004).

In Ecology-Studien zu Medienwandel wird die Organisationsumwelt unterschiedlich operationalisiert. Carroll differenzierte in seiner Studie zu den «Newspaper Industries» der USA, Irland und Argentinien zwei Sphären: ein «task environment» (Arbeitsumwelt) und ein «institutional environment» (Rahmenbedingungen), z. B. ökonomische Konjunktur, technische Entwicklung; allgemeine Rahmenbedingungen (vgl. Carroll 1987: 111f., 132ff.). Diese Aufteilung in zwei Sphären entspricht einer klassischen inhaltlichen Konzeption von Organisationsumwelt (vgl. Eggers 2004: 44 und Müller-Jentsch 2003: 24). Die Arbeitsumwelt wurde zuerst als Umwelt definiert, die alle externen Faktoren enthält, die potenziell für die Zielsetzung und die Zielerreichung einer Organisation von Bedeutung sind. Später wurde sie auf vier Hauptgruppen von Akteuren reduziert: Kunden, Anbieter von Input, Konkurrenten und Regulierungsgruppen (vgl. Carroll 1987: 112). Die Arbeitsumwelt besteht damit aus Akteuren, die mit der fokalen Organisation in direkter Interaktion stehen. Davon werden die Rahmenbedingungen im Sinne einer «globalen Umwelt» oder «Makroumwelt» unterschieden. Es wird davon ausgegangen, dass diese Rahmenbedingungen viele Organisationen auf ähnliche Art und Weise beeinflussen. Carroll nennt als Beispiele politische, ökonomische und technische Rahmenbedingungen (vgl. Carroll 1987: 134ff.), die Theorie der Ressourcenteilung auch demografische (vgl. Carroll et al 2002).

In einer spezifischeren Definition wird die Nische als n-dimensionaler Ressourcenraum gedacht, wobei als Ressourcendimensionen grundsätzlich viele Parameter infrage kommen. Für Medienorganisationen, die auf zwei Hauptmärkten – dem Rezipienten- und dem Werbemarkt – tätig sind, bietet sich eine zweidimensionale Nischenkonzeption an, wobei die Makroachsen in Mikroachsen unterteilt werden können. Die Rezipientenachse beispielsweise in Bedürfnisse der Rezipienten (vgl. Dimmick 2003: 29), oft operationalisiert über deren soziodemographische Merkmale (vgl. Boone et al. 2002; Péli/Nooteboom 1999), die Werbeachse beispielsweise in Kleinanzeigen, Werbung nationaler Firmen oder Werbung lokaler Firmen (vgl. Dimmick/Rothenbuhler 1984).

3.3 Drei Grundmechanismen des Populationswandels, Density Dependence und die Theorie der Ressourcenteilung

Wie oben ausgeführt, identifiziert die Ecology die Organisationsumwelt als zentralen Faktor der Ausgestaltung und des Wandels von Organisationsstrukturen. Zur Analyse dieses Wandels geht sie von drei Grundmechanismen organisationaler Veränderung aus. Zudem erklärt sie das endliche Wachstum von Organisationspopulationen mit dem Modell der Density Dependence und stellt aufgrund der Theorie der Ressourcenteilung Hypothesen zur Entwicklung von Medienmärkten auf.

3.3.1 Grundmechanismen des Wandels von Populationen – Variation, Selektion, Retention

Nach Aldrich sind drei Grundmechanismen organisationaler Evolution für den Wandel von Organisationpopulationen verantwortlich: Variation, Selektion und Retention (vgl. Aldrich/Ruef 2006: 16ff.; Aldrich 1979: 27ff.):

1. Variation: Als Variation wird jede Veränderung von Organisationsmerkmalen wie standardisierten Prozessen, Zielsetzungen etc. verstanden; gleichgültig, ob diese das Resultat beabsichtigter innerorganisationaler Steuerung ist oder ob sie unbeabsichtigt erfolgt. Spezifische organisationale Formen sind Antworten auf spezifische gesellschaftliche Anforderungen. Verändern sich diese Anforderungen, werden sich auch die organisationalen Formen verändern. Aufgrund der Annahme weitgehender struktureller Trägheit bestehender Organisationen (vgl. Hannan/Freeman 1984, 1977) wird davon ausgegangen, dass Innovationen in der Regel von neu eintretenden Organisationen oder von Außenseitern eingeführt und – sofern sie als erfolgsversprechend eingestuft werden – in der Folge von dominanten Organisationen übernommen werden.

2. Selektion: Variation schafft Diversität und ist damit die Voraussetzung für den der Variation entgegengesetzten Prozess, die Selektion. Spezifische Rahmenbedingungen (z. B. rechtliche Bestimmungen) und Dispositionen in der Arbeitsumwelt (z. B. Art der Werbegelder-Allokationsmechanismen) üben selektive Kräfte auf Organisationspopulationen aus, indem sie bestimmte Organisationstypen (resp. deren Zielsetzungen, Prozesse, Kompetenzen etc.) bevorteilen und andere benachteiligen. Damit werden tendenziell Organisationen eliminiert, die (z. B. nach einer Umweltveränderung) schlechter mit ihrer Umwelt kompatibel sind als andere und sofern sie sich nicht anpassen können. Organisationale Formen werden sich deshalb unter konstanten Umweltbedingungen angleichen. Hingegen bedeutet dies keinen Wettbewerb im Sinne eines «survival of the fittest», weil auch lediglich genügend (im Gegensatz zu optimal) an ihre Umwelt angepasste Organisationsformen Bestand haben können.

3. Retention: Erfolgreiche organisationale Formen (z. B. Produktionsformen) werden im gesellschaftlichen Apparat institutionalisiert, indem sie von Nachahmern kopiert werden. Wenn sich Umweltbedingungen langsam verändern, was in der Regel der Fall ist, ist Retention bedeutsam. Folglich ist es kein Zufall, dass sich große Teile der Managementliteratur mit Retentionsprozessen auseinandersetzen (vgl. Aldrich/Ruef 2006: 23). Die Analyse (z. T. auch nur vermeintlich) erfolgreicher Strategien führt durch Nachahmung letztlich zur Implementierung zugehöriger organisationaler Strukturen.

Mit diesen drei Mechanismen können u. a. zwei empirisch oft beobachtete Phänomene erklärt werden:
- Erstens die Vielfalt organisationaler Formen bei der Entstehung einer Population und die darauffolgende Angleichung solcher Formen. Organisationale Formen reflektieren das Wissen und die Ressourcen, die Organisationen zu einer bestimmten Zeit zur Verfügung stehen (vgl. Aldrich/Ruef 2006: 179). Ermöglicht eine neue Technologie eine neue Population (z. B. Radiostationen), ist zunächst oft unklar, welche organisationale Form die geeignetste ist. Entsprechend ist die Vielfalt anfangs groß. Selektionsprozesse führen

dann zum Austritt bestimmter Formen und so zu einer Angleichung (vgl. Dimmick 2003: 4).
- Zweitens der oft zunächst langsame und später exponentielle Wachstumsverlauf von Populationen. Neue Organisationen unterliegen einer «liability of newness» (vgl. Stinchcombe 2000), das heißt einem erhöhten Austrittsrisiko.
- Der Eintritt in eine neue Population ist dementsprechend stark risikobehaftet. Und dies umso mehr, solange noch unklar ist, welcher Organisationstyp robust ist. Ist hingegen eine erfolgreiche Organisationsform (z. B. kommerzielles Formatradio) gefunden, wird dieser in rascher Folge von anderen Organisationen kopiert und die Wachstumskurve steigt rasch an.

3.3.2 Die Grenzen des Populations-Wachstums - Density Dependence und Carrying Capacity

Entsteht eine neue Population, wächst diese zunächst langsam. Legitimationsdefizite zum Beispiel gegenüber Kunden oder Lieferanten, Unsicherheiten betreffend die adäquate organisationale Form oder fehlendes technisches Know-how sind u. a. Gründe dafür. Mit der Zeit wird sich Wissen über erfolgreiche Strategien und Organisationsformen verbreiten, werden Spezialisten ausgebildet und Lieferanten und Kunden ihre Vorbehalte abbauen. Die Gewinne der bestehenden Organisationen bewegen dann andere oder neugegründete Konkurrenten zum Markteintritt und die Population wird schneller wachsen. Dieses Wachstum wird jedoch durch limitierte Ressourcen begrenzt. Bei einer stabilen durchschnittlichen Organisationsgröße kann in einem bestimmten Gebiet deshalb nur eine bestimmte Anzahl eines Organisationstyps überleben. Die Zahl der Organisationen wird sich entlang dieser «carrying capacity» bewegen, solange nicht a) die Umwelt-Kapazität steigt oder sinkt, b) die Durchschnittsgröße von Organisationen steigt oder sinkt (vgl. Aldrich 1979: 65).

Während bei vielen Organisationspopulationen empirisch eine S-förmige Wachstumskurve nachgewiesen werden konnte, hat sich die Annahme der fixen durchschnittlichen Organisationsgröße als hypothetisch erwiesen. Ebenso nicht belegbar waren zudem weitergehende Annahmen zur «density dependence», die aufgrund der Anzahl an Wettbewerbern flachere oder steilere Verläufe solcher S-Kurven zu erklären versuchten (vgl. Aldrich/Ruef 2006: 213).

Abbildung 2: **Density Dependence**

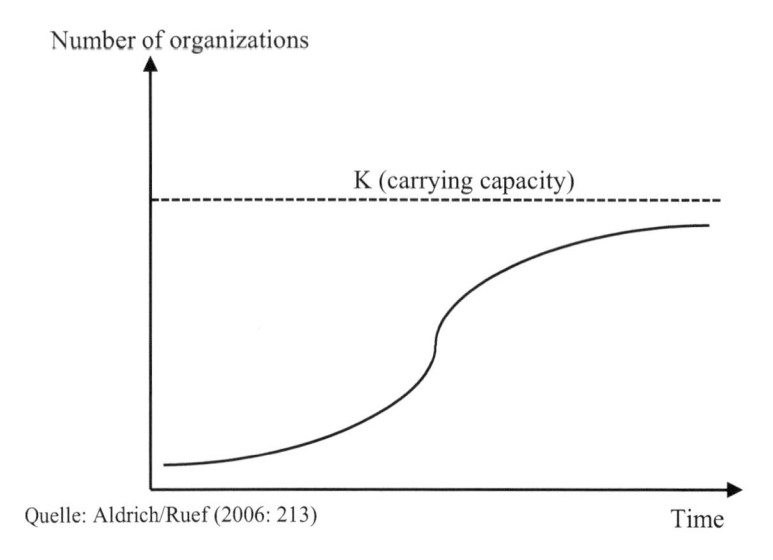

Number of organizations

K (carrying capacity)

Time

Quelle: Aldrich/Ruef (2006: 213)

3.3.3 Ökonomische Rahmenbedingungen als Einflussfaktor: Die Theorie der Ressourcenteilung

Wie oben beschrieben geht die Ecology von einer starken Beeinflussung von Organisationspopulationen durch Rahmenbedingungen und Arbeitsumwelt aus. Ein wichtiger Umweltfaktor für Medienorganisationen sind ihre Rezipienten. Die Theorie der Ressourcenteilung betrachtet die Bedürfnisse der Rezipienten als Ressourcen und macht empirisch überprüfbare Aussagen dazu, wie sich die Positionierung von Medienorganisationen im Ressourcenraum der Rezipientenbedürfnisse auf Medienstrukturen auswirkt (vgl. grundlegend Carroll et al. 2002). Dabei geht sie von Wettbewerbsbedingungen aus. Intention dieser Theorie ist die Erklärung des empirisch beobachtbaren Phänomens, dass viele Zeitungsmärkte zu einigen wenigen großen Verlagshäusern tendieren, dabei aber gleichzeitig viele kleine Zeitungen erhalten bleiben oder entstehen.

Carroll et al. gehen davon aus, «dass in einem Markt, der durch ein begrenztes Set von heterogenen Ressourcen gekennzeichnet ist, ein Verdrängungswettbewerb von Organisationen herrscht» (Carroll et al. 2002: 387). Typischerweise stellen in einem Markt die potentiellen Konsumenten die Ressourcen dar und ihre sozioökonomischen Eigenschaften die Ressourcendimensionen. Organisationen, die eine große Zahl von Ressourcendimensionen abdecken, werden Generalisten genannt; solche, die eine kleine Zahl abdecken, Spezialisten. Boone et al (2002) haben in ihrer Studie Zeitungen mit nationaler Ausrichtung als Generalisten operationalisiert, Zeitungen mit regionaler Ausrichtung als Spezialisten. Die

Theorie nimmt an, dass die Umweltressourcen quer über die Dimensionen (im Fall von Rezipienten z. B. Alter, Geschlecht, Einkommen, politische Einstellung) ungleich verteilt sind und dass eine unimodale Ressourcenspitze existiert. Die Position einer Organisation kann entlang dieser Dimensionen im Ressourcenraum bestimmt werden (vgl. Péli/Nooteboom 1999).

In Märkten mit großen Skaleneffekten, so die Annahme, wird der Wettbewerb um das Marktzentrum zwischen Generalisten größenorientiert ablaufen:

«Das heißt, der Wettbewerb unter Generalistenorganisationen ist ein sich verstärkender, auf Größe basierender Wettstreit um Ressourcen, in dem größere Generalisten letztendlich kleinere aus dem Rennen werfen. Durch das Scheitern der kleineren Generalisten werden deren Zielmärkte freie Ressourcen. Generalisten in angrenzenden Regionen [Ressourcen d. V.] sind dann in der besten Ausgangslage, diese neu verfügbaren Ressourcenräume für sich zu gewinnen, was sie in der Regel auch tun. Der überlebende Generalist wird folglich noch größer und noch generalisierter und besetzt das Marktzentrum» (Carroll et al. 2002: 390).

Folgende Grafiken veranschaulichen diesen Wettstreit um das unimodale Marktzentrum:

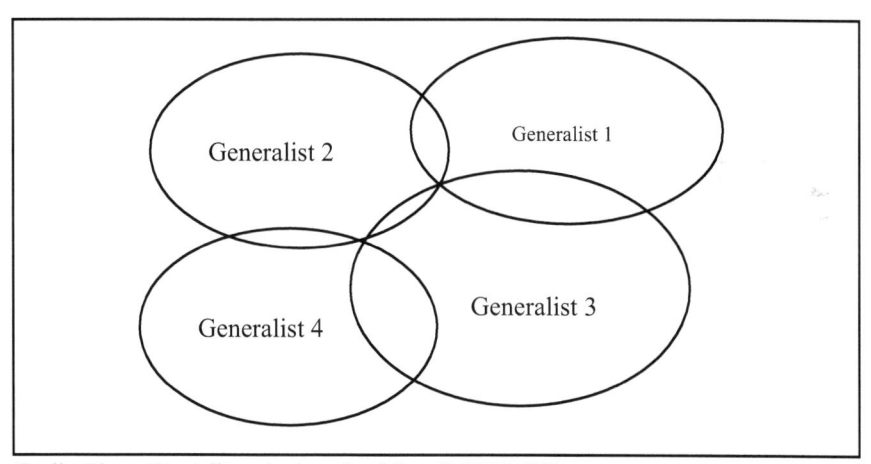

Abbildung 3:   Ressourcenraum Zeitpunkt 1

Quelle: Eigene Darstellung, basierend auf Carroll (1987: 209)

Abbildung 4: **Ressourcenraum Zeitpunkt 2**

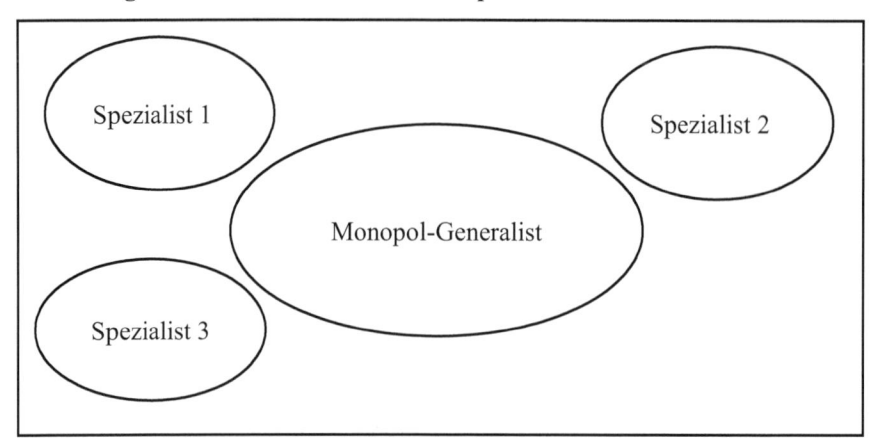

```
┌─────────────────────────────────────────────────────────┐
│   ⎛ Spezialist 1 ⎞              ⎛ Spezialist 2 ⎞         │
│                                                          │
│          ⎛      Monopol-Generalist      ⎞                │
│   ⎛ Spezialist 3 ⎞                                       │
└─────────────────────────────────────────────────────────┘
```

Quelle: Eigene Darstellung, basierend auf Carroll (1987: 209)

Aus der Theorie der Ressourcenteilung leiten Carroll et al. verschiedene Hypothesen ab (vgl. Carroll et al. 2002: 390ff.). Jene betreffend die Generalisten werden im Folgenden vorgestellt:

- *(H1) Marktzentrums-Hypothese:* Im Marktzentrum befinden sich die meisten Ressourcen. (Gewählte) Marktposition und -größe dürften deshalb miteinander verbunden sein und sich gegenseitig verstärken. Deshalb steigt «die Gefahr, dass eine Organisation stirbt (…), je weiter sich ihre Position vom Marktzentrum entfernt befindet.»
- *(H2) Größenwettbewerbs-Hypothese:* Davon ausgehend, dass der Selektionsdruck eines Generalisten a) von der Anzahl größerer Konkurrenten und b) von der Summe der Entfernungen in der Größendimension zwischen der fokalen Firma und jedem ihrer größeren Konkurrenten abhängt, ergibt sich die Größenwettbewerbs-Hypothese: «Bei Konkurrenz durch Größenvorteile steigt innerhalb einer Organisationspopulation die Gefahr, dass eine Firma nicht überlebt, je größer die Summe der Entfernungen [in der Größendimension] einer Firma zu jedem ihrer größeren Konkurrenten ist.» (Carroll et al. 2002: 391)
- *(H3) Hypothese der überlebenden Generalisten:* «Bei zunehmender Marktkonzentration expandiert der durchschnittliche Ressourcenraum, der von den überlebenden einzelnen Generalisten abgedeckt wird» – weil die überlebenden Generalisten ihre Reichweite auf Kosten der austretenden Konkurrenten ausdehnen (Carroll et al. 2002: 392).
- *(H4) Hypothese der Generalisten-Raum-Hypothese:* Während in Märkten mit vielen Generalisten die Hauptkonkurrenten auf das Marktzentrum abzie-

len und gleichzeitig – im Sinne einer Abgrenzungsstrategie – versuchen, auch unterschiedliche Regionen des Ressourcenraums abzudecken, werden diese Regionen in entwickelten Märkten mit einer sinkenden Zahl von Generalisten vernachlässigt; weil der Versuch, sich alle freien Ressourcen zu sichern, lediglich kleine Vorteile im Vergleich zu den dadurch entstehenden Kosten bringt. Die Generalisten-Raum-Hypothese besagt deshalb, dass «bei zunehmender Marktkonzentration (…) der von allen Generalistenorganisationen gemeinsam abgedeckte Ressourcenraum» sinkt (Carroll et al. 2002: 392).

- *(H5) Marktkonzentrationshypothese:* «Aus den oben skizzierten Wettbewerbsszenarien geht hervor, dass Marktkonzentration und Ressourcenkonzentration Hand in Hand gehen sollten. Das heißt, je steiler der Ressourcengipfel, desto höher der Grad der Konzentration.» Oder anders: «Je höher die Umweltressourcen eines Marktes konzentriert sind, desto größer die Konzentration der Organisationen, die durch Größenvorteile konkurrieren» (Carroll et al. 2002: 393).

4 Empirische Umsetzung der theoretischen Annahmen

Aus den Annahmen der Populationsökologie lassen sich konkrete Schlussfolgerungen für die empirische Erforschung des Mediensystemwandels ziehen. Diese sollen im Folgenden erläutert werden und folgen der Unterteilung nach Medienbranche, Arbeitsumwelt und Rahmenbedingungen, wie sie in Abbildung 1 dargestellt ist.

4.1 Zur Bildung von Organisationstypen

Organisationspopulationen sind Mengen von ähnlichen Organisationen. Voraussetzung für eine organisationsökologische Analyse ist folglich eine Typenbildung. In der Literatur wird die Taxonomie von Organisationen zur Bildung von Typen kontrovers diskutiert. Während etwa McKelvey im Hinblick auf die Vergleichbarkeit von Untersuchungsergebnissen eine Wissenschaft der organisationalen Klassifikation und Taxonomie forderte und zu entwickeln suchte (vgl. McKelvey 1982), plädierten auf der anderen Seite Hannan und Freeman für eine durch den Forschungskontext definierte Klassifizierung von Organisationen, zumal die Möglichkeiten der Einteilung potentiell unbegrenzt seien (vgl. Hannan/Freeman 1977; zur Kontroverse Rao 2002: 328ff. und Carroll 1984: 22ff.). Da sich trotz aller Anstrengungen auch anderer Zweige der Organisationssoziologie (die genannten Autoren sind zur Organisationsökologie zu rechnen), zu einer universalen Organisationstaxonomie zu gelangen, bislang kein Modell durchgesetzt hat, bleibt die theoriegeleitete Entwicklung eines eigenen (erweiterbaren) Basis-Sets zur Bildung von Medienorganisationstypen.

Eine Typisierung von Medienorganisationen wird sich zunächst an den Mediengattungen orientieren. Ruef schlägt vor, über grobe Kategorisierungen hinaus auch feingliedrigere Unterteilungen vorzunehmen (vgl. Ruef 2000). So dürften auch Alter und Größe von Organisationen für deren Überlebenschance eine Rolle spielen (vgl. Carroll/Hannan 2000: 4). Andere Ecology-Studien zu Medienwandel haben auch Besitzverhältnisse, Reichweite und Verbreitungsart (vgl. Dimmick 2003) oder interorganisationale Bindungen (vgl. Miner et al. 1990) mit einbezogen. Müller-Jentsch nennt zudem als wichtigste Kriterien zur Beschreibung von Organisationen (generell und nicht ecology-spezifisch): Ziele, Strukturen, Mitglieder und die zur Verfügung stehenden Technologien und (finanziellen) Ressourcen (vgl. Müller-Jentsch 2003: 20ff.). Aus diesen Indikatoren wurde folgendes Kategorienraster zur Typisierung von Fernsehveranstaltern abgeleitet:

Abbildung 5: Variablen zur Analyse von Fernsehorganisationen

Variable	Ausprägung / Erläuterung
1. Demografische Merkmale	
Name der Organisation	
Rechtsform	Einzelunternehmen / Personengesellschaft / Kapitalgesellschaft / öffentlich-rechtlich / Stiftung / andere
Organisationsstruktur / interorganisationale Bindung	Einzelorganisation / Einbindung in eine Konzernstruktur
Gründungsjahr	Statutendatum
Todesjahr	Löschung aus dem Handelsregister
Eintrittsjahr	Aufnahme der Sendetätigkeit
Austrittsjahr	Einstellung der Sendetätigkeit
Produkt	Publizistisches Voll-/Spartenprogramm / Fensterprogramm / nichtpublizistische Serviceprogramme (z. B. Wetterkamera, Verkaufssender etc.)
(Haupt-)Sitz	z. B. Zürich
Lizenzierung	Ja / Nein

2. Ziele	
Unternehmenszweck	Text
Positionierung nach geografischen Kriterien	lokale Ausrichtung / regionale Ausrichtung / nationale Ausrichtung / internationale Ausrichtung
Allgemeine Wertvorstellungen	Text (z. B. aus Leitbild)
3. Mitglieder	
Betriebsgröße	mikro / klein / mittel / gross
Background Mitglieder des obersten Organs	Parteizugehörigkeit (Anzahl Personen/Partei) / Mandate in der Branche (Anzahl Personen / Anzahl Mandate) / andere Mandate (Anzahl Mandate / Branche)
4. Struktur	
Positionierung nach Wertschöpfung	breit / mittel / schmal
5. Finanzielle Ressourcen	
Finanzierungsform	Rundfunkgebühren / Werbung / Mischform / Programmentgelt (Pay-TV)
Ertrag (Ø der letzten 5 Jahre)	
Aufwand (Ø der letzten 5 Jahre)	
Investition (Ø der letzten 5 Jahre)	
6. Kerntechnologien	
Verbreitungsart	Analog terrestrisch / Kabel / Satellit / IPTV / Mobile / andere
Programmproduktion	Eigenproduktion / Fremdproduktion durch professionelle (in- oder ausländische) Produktionsfirma oder Zuschauer

Quelle: Eigene Darstellung, basierend auf Künzler et al. (2012: 72)

Mit einem solchen Raster lassen sich Fernsehorganisationen z. B. in regional- und sprachregionale, kommerzielle und nichtkommerzielle, große und kleine, abhängige und unabhängige Sender unterteilen und es kann überprüft werden, ob resp. wie sich bestimmte Umweltveränderungen auf die verschiedenen (Unter-) Gruppen auswirken.

4.2   Medienorganisationswandel – Demografie und Relevanzverschiebungen

Nach der Kategorisierung verschiedener Medienorganisationen lässt sich als *erster Analyseschritt* die Erhebung der Populationsgröße zu verschiedenen Zeitpunkten untersuchen. Es wird also bestimmt, wie viele Medienorganisationen einer bestimmten Kategorie zu verschiedenen Zeitpunkten im Markt tätig waren. Teil dieser Analyse ist es ebenfalls zu bestimmen, wann die einzelnen Medienunternehmen eines bestimmten Organisationstyps in den Markt ein- bzw. ausgetreten sind. Dabei muss berücksichtigt werden, dass Medienorganisationen entweder ganz aus dem System austreten können (z. B. durch Liquidation) oder aus der Branche in die Arbeitsumwelt überwechseln können (z. B. wenn eine Medienorganisation zwar ihre Zeitung einstellt, aber als Druckereibetrieb im System verbleibt).

In einem *zweiten Analyseschritt* kann bestimmt werden, wie sich die Relevanz der verschiedenen Typen im Zeitverlauf verändert. So verschwinden in den meisten Fällen bestimmte Organisationstypen nicht, allerdings nimmt ihre gesamtgesellschaftliche Bedeutung ab, während andere Typen an Bedeutung gewinnen. Indikatoren zur Bestimmung der Relevanz eines bestimmten Medienorganisationstyps sind beispielsweise die Zuschauerreichweite und die Werbereichweite. Indem diese zu verschiedenen Zeitpunkten gemessen werden, können Bedeutungsverschiebungen bestimmter Gruppen von Medienorganisationen für Publikum und (Werbe-)Wirtschaft festgestellt werden.

4.3   Wandel der Arbeitsumwelt und der Rahmenbedingungen

Ist der Medienorganisationswandel beschrieben, folgt in einem zweiten Teil die Beschreibung des Wandels von Arbeitsumwelt und Rahmenbedingungen. Für die Arbeitsumwelt bietet sich ebenfalls eine Organisationsdemografie an: Es ist zu bestimmen, wann wie viele Organisationen bestimmter Typen (z. B. Produktionsfirmen, Werbeagenturen, Nachrichtenagenturen, Netzbetreiber etc.) im System vorhanden waren. Darüber hinaus ist auf Praktiken zu achten, die die Ressourcenverteilung verändern, was vornehmlich aufgrund von Netzwerkeffekten geschehen dürfte. Die Beziehungen der fokalen Organisationen zu Akteuren aus ihnen vor- und nachgelagerten Märkten ist deshalb besonders zu beachten (vgl. oben Kap. 2). Denn diese können unter Umständen unerwartete Effekte erklären: «When change occurs among a large number of linked organizations, traditional conceptions of isolated organizations are no longer applicable» (Aldrich 1979: 323)

Als relevante und zu untersuchende Rahmenbedingungen wurden für Medienmärkte Rezipienten (resp. deren soziodemographischen Eigenschaften) sowie ökonomische Faktoren identifiziert (vgl. oben Kap. 4.2). Carroll untersuchte z. B. die Effekte wirtschaftlicher Konjunktur, politischer Unruhen, politischer Wahlen etc. auf Zeitungspopulationen in den USA, Argentinien und Irland (vgl. u. a. Carroll 1987). Aufgrund des erweiterten Structure-Conduct-Performance-Modells sind darüber hinaus auch technische Faktoren sowie medienpolitische Aktivitäten in die Untersuchung mit einzubeziehen (vgl. Künzler 2009: 37).

5 Fazit

Der Wandel von Mediensystemen kann durch den Wandel ihrer Medienorganisationstypen – verstanden als Mengen von Organisationen mit ähnlichen Merkmalen – analysiert werden. Die Population-Ecology bietet für ein solches Unterfangen einen theoretischen Rahmen, um Medienorganisationen zu kategorisieren, Marktein- und -austritte von Medienorganisationstypen und deren Relevanz beispielsweise auf dem Rezipienten- und Werbemarkt zu untersuchen und generiert Hypothesen über das erwartbare Verhalten von Medienorganisationen in verschiedenen Märkten. Auf Basis dieser Analysen lässt sich auf den Wandel des gesamten Mediensystems schließen.

Wie wir gezeigt haben, sollte die Analyse des Mediensystemwandels jedoch nicht bei der Analyse der Medienbranche stehen bleiben. Konsequenterweise ist auch der Wandel der Arbeitsumwelt sowie der Rahmenbedingungen mit einzubeziehen. Denn Medienorganisationen können ihre Tätigkeiten nicht quasi in einem Vakuum planen und entsprechend ausführen, sondern sind stets von der Ausgestaltung ihrer Umwelt abhängig. Entsprechend sind Medienstrukturen als Resultat von Umweltbedingungen und der Ausgestaltung interorganisationaler Verbindungen zu verstehen.

Literatur

Aldrich, Howard/Ruef, Martin (2006): Organizations Evolving. 2. Aufl. London: Sage.
Aldrich, Howard (1979): Organizations and environments. Englewood Cliffs: Prentice-Hall.
Beck, Klaus (2012): Das Mediensystem Deutschlands: Strukturen, Märkte, Regulierung. (Studienbücher zur Kommunikations- und Medienwissenschaft.) Wiesbaden: Springer VS.
Bonazzi, Giuseppe (2008): Geschichte des organisatorischen Denkens. Wiesbaden: VS Verlag für Sozialwissenschaften.

Boone, Christophe/Carroll, Glenn/van Witteloostuijn, Arjen (2002): Resource Distributions and Market Partitioning: Dutch Daily Newspapers, 1968 to 1994. In: American Sociological Review 67, S. 408–431.

Carroll, Glenn/Dobrev, Stanislav D./Swaminathan, Anand (2002): Theorie der Ressourcenteilung in der Organisationsökologie. In: Allmendinger, Jutta/Hinz, Thomas (Hrsg.): Organisationssoziologie. Kölner Zeitschrift für Soziologie und Sozialpsychologie (42). Westdeutscher Verlag, S. 381–413.

Carroll, Glenn/Hannan, Michael T. (2000): The Demography of Corporations and Industries. Princeton : Princeton University Press.

Carroll, Glenn (1987): Publish and Perish: the Organizational Ecology of Newspaper Industries. Greenwich, Conn.: Jai Press Inc.

Carroll, Glenn (1984): Dynamics of Publisher Succession in the Newspaper Industry. In: Administrative Science Quarterly, Band 29 (1), S. 93–113.

Dimmick, John (2003): Media Competition and Coexistence. The Theory of the Niche. Mahwah, New Jersey, London: Lawrence Erlbaum Associates, Publishers.

Dimmick, John/Rothenbuhler, Eric (1984): The Theory of the Niche: Quantifying Competition among Media Industries. In: Journal of Communication 1, S. 103–119.

Donges, Patrick (2008): Medialisierung politischer Organisationen. Parteien in der Mediengesellschaft. Wiesbaden: VS.

Drack, Markus T. (Hrsg.) (2000): Radio und Fernsehen in der Schweiz. Geschichte der Schweizerischen Rundfunkgesellschaft SRG bis 1958. Baden: Hier+Jetzt.

Dussel, Konrad (2004): Deutsche Tagespresse im 19. und 20. Jahrhundert. (Einführungen Kommunikationswissenschaft, Band 1) Münster: LIT Verlag.

Eggers, Thorsten (2004): Organisationsumwelt und Organisationsgrenzen kooperativer Unternehmen. Eine empirische Analyse interorganisationaler Netzwerke im Verarbeitenden Gewerbe. Stuttgart: Frauenhofer IRB Verlag.

Gehrke, Gernot/Hohlfeld, Ralf (1995): Wege zur Theorie des Rundfunkwandels. Fernsehorganisationen zwischen publizistischen Zielvorstellungen und systemischen Eigensinn. Opladen: Westdeutscher Verlag.

Haas, Hannes/Jarren, Otfried (Hrsg.) (2002): Mediensysteme im Wandel. Struktur, Organisation und Funktion der Massenmedien. Wien: W. Braumüller.

Hallin, Daniel C./Mancini, Paolo (2004): Co Three Models of Media and Politics. In : Bennet, Lance W./Entman, Robert M. (Hrsg.) : Communication, Society and Politics: Cambridge: Cambridge University Press.

Hannan, Michael T./Freeman, John (1984): Structural Inertia and Organizational Change. In: American Sociological Review 2, S. 149–164.

Hannan, Michael T./Freeman, John (1977): The Population Ecology of Organizations. In: American Journal of Sociology, 82 (5), S. 929–964.

Hickethier, Knut (1998): Geschichte des deutschen Fernsehens. Unter Mitarbeit von Peter Hoff. Stuttgart, Weimar: Metzler.

Jarren, Otfried (2008): Massenmedien als Intermediäre. Zur anhaltenden Relevanz der Massenmedien für die öffentliche Kommunikation. In: Medien & Kommunikationswissenschaft 56 (3-4), S. 329–346.

Kieser, Alfred (2002): Organisationstheorien. Stuttgart: Kohlhammer.

Kleinsteuber, Hans J. (2012): Radio: Eine Einführung. Wiesbaden: Springer VS.

Koszyk, Kurt (1986): Pressepolitik für Deutsche 1945-1949. Geschichte der deutschen Presse Teil IV. Berlin: Colloquium Verlag.

Kumbartzki, Jürgen (2002): Die interne Evolution von Organisationen. Evolutionstheoretischer Ansatz zur Erklärung organisationalen Wandels. Wiesbaden: Deutscher Universitäts-Verlag.

Künzler, Matthias (2013a): Mediensystem Schweiz. Konstanz: UVK.

Künzler, Matthias (2013b): Mediensystem. In: Bentele, Günter/Brosius, Hans-Bernd/Jarren, Otfried (Hrsg.): Lexikon Kommunikations- und Medienwissenschaft. Wiesbaden: Springer VS, S. 223-224.

Künzler, Matthias/Studer, Samuel/Jarren, Otfried (2012): Fernsehwandel als Organisationswandel. Ein Analysekonzept auf Basis der Populationsökologie. In: Steininger, Christian/Woelke, Jens (Hrsg.): Fernsehen in Österreich 2011/2012. Konstanz, München: UVK, S. 61-80.

Künzler, Matthias (2009): Die Liberalisierung von Radio und Fernsehen. Leitbilder der Rundfunkregulierung im Vergleich. Konstanz: UVK.

Künzler, Matthias/Jarren, Otfried (2009): Mediensystemwandel als Medienorganisationswandel. In: Averbeck-Lietz, Stefanie/Klein, Petra/Meyen, Michael (Hrsg.): Historische und systematische Kommunikationswissenschaft. Festschrift für Arnulf Kutsch. Bremen, édition lumière. S. 575–592.

Mäusli, Theo/Steigmeier, Andreas (Hrsg.) (2012): Radio und Fernsehen in der Schweiz. Geschichte der Schweizerischen Radio- und Fernsehgesellschaft SRG 1958-1983. Baden: hier + jetzt.

Mäusli, Theo/Steigmeier, Andreas/Valloton, François (Hrsg.) (2006): Radio und Fernsehen in der Schweiz. Geschichte der Schweizerischen Radio- und Fernsehgesellschaft SRG 1983-2011. Baden: Hier+Jetzt.

McKelvey, Bill (1982): Organizational Systematics. Taxonomy, Evolution, Classification. Berkeley, Los Angeles, London: University of California Press.

Melischek, Gabriele/Seethaler, Josef/Skodacsek, Katja (2005): Der österreichische Zeitungsmarkt 2004: hoch konzentriert. In: Media Perspektiven Heft 5, S. 243–252.

Miner, Anne S./Amburgey, Terry L./Stearns, Timothy M. (1990): Interorganizational Linkages and Population Dynamics: Buffering and Transformation Shields. In: Administrative Science Quarterly, 4, S. 689–713.

Müller-Jentsch, Walther (2003): Organisationssoziologie. Eine Einführung. Frankfurt a.M.: Campus.

Péli, Gábor/Nooteboom, Bart (1999): Market Partitioning and the Geometry of the Resource Space. In: American Journal of Sociology, 4, S. 1132–1153.

Puppis, Manuel (2007): Einführung in die Medienpolitik. Konstanz: UVK.

Rao, Hayagreeva (2002): Wie entstehen neue Organisationen? In: Allmendinger, Jutta/Hinz, Thomas (Hrsg.): Organisationssoziologie. Kölner Zeitschrift für Soziologie und Sozialpsychologie (42). Wiesbaden, S. 317–344.

Ruef, Martin (2000): The Emergence of Organizational Forms: A Community Ecology Approach. In: American Journal of Sociology (3), S. 658–714.

Steinmetz, Rüdiger (1996): Freies Fernsehen: das erste privat-kommerzielle Fernsehprogramm in Deutschland. Konstanz: UVK.

Stinchcombe, Arthur L. (2000): Social Structure and Organizations. In: Baum, Joel A. C./Dobbin, Frank (Hrsg.): Economics meets sociology in strategic management. Stamford: Jai Press, S. 229–259.

Stöber, Rudolf (2005): Deutsche Pressegeschichte. Von den Anfängen bis zur Gegenwart. Konstanz: UVK Verlagsgesellschaft mbH, 2., überarbeitete Auflage.

Studer, Samuel/Künzler, Matthias/Jarren, Otfried (2012): Mediensystemwandel als Medienorganisationswandel. Anwendung der Populations-Ecology auf das schweizerische Mediensystem. In: Projektverbund Sinergia «Medienkrise» (Hrsg.): Die Medienindustrie in der Krise. Ursachen, Formen und Implikationen für Journalismus und Demokratie in der Schweiz. Zürich: SwissGIS, S. 9–24.

Wehmeier, Stefan (1998): Fernsehen im Wandel: Differenzierung und Ökonomisierung eines Mediums. Konstanz: UVK.

On the long run: surviving of the fittest? Eine Diskussion evolutionstheoretischer Konzepte für die Analyse langfristigen Wandels von Medienstrukturen.

Leyla Dogruel

1 Evolutionstheorie in den Sozialwissenschaften

Die Frage nach der Beschreibung und Erklärung medialer Entwicklungs- bzw. Wandlungsprozesse beschäftigt die Kommunikationswissenschaft in unterschiedlichen Teildisziplinen und Forschungsfeldern wie Arbeiten der Mediengeschichte, medienökonomische, aber auch mediennutzungsbezogene Analysen belegen, die langfristige Veränderungsprozesse des Medienangebots, Medienstrukturen und Mediennutzungsmuster untersuchen (vgl. u. a. Stöber 2008, 2003;Behmer et al. 2003; Merten 1994). Gleichzeitig wird immer wieder das Fehlen geeigneter theoretischer Perspektiven zur Analyse dieser Veränderungsprozesse moniert – insbesondere mit steigendem Analyselevel (Makro-Ebene). Die Komplexität medialer Wandlungsprozesse in Verbindung mit Wechselwirkungen damit in Beziehung stehender gesellschaftlicher Veränderungsprozesse (insbesondere sozialer Wandel aber auch Globalisierung und Mobilisierung) werden als Gründe für die Schwierigkeiten der Untersuchung und theoretischen Modellierung «des Medienwandels» diskutiert (vgl. Löffelholz/Schlüter 2003). Neben der Entwicklung eigener theoretischer Perspektiven für die Erklärung medialer Wandlungsprozesse (z. B. das Mediatisierungskonzept, Krotz 2007, 2001) greift die Kommunikationswissenschaft als «Integrationswissenschaft» (Karmasin 2003: 49) auf Ansätze aus benachbarten Forschungsfeldern zurück. Als eine der wenigen im Ursprung naturwissenschaftlichen Theorien wird die Evolutionstheorie in den Sozialwissenschaften als Theorieperspektive zur Beschreibung und Erklärung langfristiger Wandlungsprozesse herangezogen (vgl. zum Überblick: Lenzen 2003). Mit Teildisziplinen wie der Evolutionsökonomie (vgl. z. B. Witt 2008), der evolutionären Psychologie (vgl. z.B. Buss 2004) oder der (begrenzt verbreiteten) evolutionären Soziologie (vgl. z. B. Baldus 2002) hat sich die Evolutionstheorie bereits erfolgreich über ihr ursprüngliches Anwendungsfeld in der Biologie hinweg ausgebreitet. Auch in der Kommunikationswissenschaft wird zur Beschreibung und Erklärung medialer Entwicklungs- und Wandlungsprozesse auf die Evolutionstheorie zurückgegriffen (vgl. für einen

Überblick Probst 2004). Insbesondere im Rahmen der Mediengeschichte und in Beiträgen zum Medienwandel wird diese als ergänzende theoretische Perspektive herangezogen und eine Anwendung auf die Medienentwicklung bzw. den Medienwandel diskutiert (s. folgende Ausführungen). Gleichzeitig wird die Übertragbarkeit evolutionstheoretischer Anleihen auf sozialwissenschaftliche Gegenstände kontrovers diskutiert. Insbesondere die Unterschiede zwischen sozialer und biologischer Evolution werden als einschränkende Faktoren benannt (vgl. u. a. Weyer 2008).

Vor diesem Hintergrund wird die Frage verfolgt, welchen Beitrag die Evolutionstheorie für die Beschreibung und Erklärung langfristigen Wandels von Medien bzw. Medienstrukturen leisten kann. Damit trägt der Beitrag dazu bei, die Übertragbarkeit und den Erklärungsgehalt evolutionstheoretischer Perspektiven für die kommunikationswissenschaftliche Forschung zu prüfen. Im Ergebnis wird auf Basis bisheriger Ansätze zur Anwendung evolutionstheoretischer Annahmen in Verbindung mit den Grenzen der Übertragbarkeit dieser Anleihen ein begrenzter Erklärungsbeitrag identifiziert. Im Ausblick wird das Konzept der Ko-Evolution in Verbindung mit theoretischen Perspektiven der Innovationsforschung als alternativer Ansatz zur Beschreibung und Analyse langfristigen Wandels von Medienstrukturen diskutiert.

Die Argumentationsstruktur des Beitrags gliedert sich in drei Teile: Zunächst werden die Grundannahmen der Evolutionstheorie vorgestellt sowie bisherige evolutionstheoretische Ansätze in benachbarten sozialwissenschaftlichen Disziplinen und kommunikationswissenschaftlichen Arbeiten diskutiert (Kapitel 2). Daran anschließend werden einige Grenzen in der Übertragung der Evolutionstheorie auf sozialwissenschaftliche Phänomene, wie beispielsweise dem Wandel von Medien(-strukturen) aufgezeigt (Kapitel 3). Im Rahmen eines Ausblicks werden schließlich Perspektiven für die Erklärung medienbezogener Wandlungsprozesse diskutiert, die insbesondere auf das Konzept der Ko-Evolution und innovationstheoretische Ansätze zurückgreifen (Kapitel 4).

2 Grundannahmen der Evolutionstheorie

Die Formulierung der Evolutionstheorie im engeren Sinne ist vorrangig auf Charles Darwins Studien zur Entwicklung unterschiedlicher Arten zurückzuführen, in denen er zeigt, dass die Anpassung von Arten an unterschiedliche Umweltbedingungen zur Entstehung neuer Spezies führen kann (vgl. Schurz 2011). Im Wesentlichen baut die Evolutionstheorie auf zwei Mechanismen auf: Variation und Selektion. Variation bezeichnet dabei zufällige Abweichungen, die überwiegend auf Mutationen im Erbgut von Lebewesen zurückgeführt werden können. Selektion erfasst dagegen den Prozess der unterschiedlich erfolgreichen Fortpflanzung von Trägern bestimmter Eigenschaften, sodass sich der Genpool einer Population im Zeitverlauf verändert (vgl. Zrzavý et al. 2009: 51). Entscheidend für das Überleben von Individuen ist damit ihre Anpassung an die Umwelt. Wesentlich ist hierbei, dass in der biologischen Evolution die Variation und Selektion zwei voneinander unabhängige Prozesse darstellen («blind variation»). Von einigen Arbeiten wird als dritter Mechanismus noch die Vererbung bzw. Stabilisierung angeführt, die die Weitergabe der genetischen Informationen an die Nachkommen erfasst und als wiederholte Selektion beschrieben werden kann, sodass Individuen mit extremen Werten eines Merkmals in der Selektion benachteiligt werden.

Eine Übertragung dieser Annahmen der Evolutionstheorie auf sozialwissenschaftliche Phänomene wurde bereits in einigen Arbeiten in der ökonomischen und soziologischen Forschung zur Erklärung gesellschaftlicher Wandlungsprozesse verfolgt. Aus diesen Übertragungen lassen sich zentrale Motive sozialwissenschaftlicher Anwendungen der Evolutionstheorie ableiten.

2.1 Anwendung der Evolutionstheorie in den benachbarten Sozialwissenschaften

In der Ökonomie werden evolutionstheoretische Annahmen vorrangig im Rahmen der Beschreibung wirtschaftlicher bzw. technischer Wandlungsprozesse herangezogen. Diese Anwendung der Evolutionstheorie ist als dezidierte Abgrenzung von Ansätzen der neoklassischen Ökonomik zu verstehen, um eine alternative Sichtweise gegenüber Ansätzen der Neoklassik zu bieten, die auf die Erreichung eines Gleichgewichts und die Rationalwahl ausgerichtet sind (vgl. ausführlich: Nelson/Winter 1974). Ein verbreiteter Ansatz zur Anwendung der Evolutionstheorie auf wirtschaftliche Wandlungsprozesse stellt die Arbeit von Nelson und Winter (1982) dar, die die Mechanismen der biologischen Evolutionstheorie (Variation – Selektion – Restabilisierung) auf die Organisationsebene übertragen. Als Objekte werden Wirtschaftseinheiten («business firms») gewählt, die als ein Set an Regeln charakterisiert sind, mit deren Hilfe sie ihre spezifischen Organisationsziele verfolgen. Es wird argumentiert, dass das Verhalten einer Organisation aus Routinen (als Analogie zu den Genen in der biologischen Evolution) besteht, die die Replikation der ökonomischen Aktivitäten erlauben. Variationen erfolgen aus Veränderungen im Organisationsverhalten und Selektionsmechanismen ergeben sich aus den kompetitiven Strukturen des Marktes und dem stimulierenden Feedback, das Unternehmen aus dem Markt erhalten (z. B. Nelson/Winter 1982: 42, 142ff.). Mit diesem Modell verfolgen die Autoren das Ziel, wirtschaftliche Wandlungsprozesse als nicht vollständig rationalisierbares, probabilistisches Ergebnis verschiedener Strategien zu erfassen und deren Abhängigkeit von Mechanismen marktlicher und nicht-marktlicher Selektionsumwelten zu modellieren. Die evolutionäre Ökonomik hat sich mittlerweile als eigenständiger Forschungszweig innerhalb der Wirtschaftswissenschaften etabliert und verfolgt die Analyse wirtschaftlicher Fragestellungen unter der Annahme nicht-linearer und nicht-rationaler Grundannahmen (vgl. für eine Übersicht: Witt 2001).

In der soziologischen Forschung wird für die Anwendung evolutionstheoretischer Annahmen insbesondere Luhmanns «Theorie der Evolution sozialer Systeme» aufgegriffen (vgl. u. a. John 2012, 2005; Roth 2009), mit der er die «Transformation von Unvorstellbarem mit geringer Entstehungswahrscheinlichkeit in Seiendes mit hoher Erhaltungswahrscheinlichkeit» (Luhmann 1993: 41) erklärt. Wie auch bei Nelson und Winter (1982) greift Luhmann für die Beschreibung von Wandlungsprozessen sozialer Systeme auf die drei Evolutionsmechanismen Variation, Selektion und Restabilisierung zurück. Die Phase der Variation beschreibt das Entstehen von Alternativen zu bestehenden Routinen der Strukturreproduktion, die als Irritation bzw. Krise wahrgenommen werden. Wiederholte Irritationen können dann bestehende Kopplungen von Systemelementen aufheben und eine Strukturkrise auslösen (vgl. John 2005: 58). In der Phase der Selektion wird entschieden, ob solche Variationen künftig als Routine implementiert werden – damit entscheidet sich, ob eine Irritation als Neuheit angenommen oder als Abweichung abgelehnt wird (vgl. Luhmann 1999: 55). Der systeminterne Strukturwandel zeigt sich schließlich als veränderte Erwartungen bei der Realisierung von Systemoperationen, die aus einer positiven Selektion resultieren. Um diese Auswahl eines Strukturelements schließlich zu festigen, bedarf es der Restabilisierung, in der das Einfügen der neuen Struktur mit Hilfe von Anpassungen vollzogen wird. Mit dieser Anwendung der Evolutionstheorie versucht die soziologische Forschung die Kontingenz gesellschaftlicher Wandlungsprozesse einer Beobachtung zugänglich zu machen, da auf Basis der drei Evolutionsmechanismen unterschiedliche Analysemomente im Rahmen von Wandlungsprozessen festgesetzt und untersucht werden können (vgl. John 2012, 2005).

In techniksoziologischen Betrachtungen wird auf die Evolutionstheorie zur Erklärung technischer Entwicklungsprozesse zurückgegriffen (vgl. u. a. Rammert 2008; Weyer 2008: 150ff.; Hughes 1987). Als wesentlicher Anknüpfungspunkt wird die von evolutionsökonomischen Ansätzen verfolgte Abkehr vom Modell des rational kalkulierenden homo oeconomicus und die Darstellung der Entwicklung von Technikentwicklung als Aushandlungsprozess verschiedener Akteure unter Berücksichtigung institutioneller Rahmenbedingungen genannt. Diese Übertragung evolutionstheoretischer Annahmen ermöglicht es, unbeabsichtigte Nebenfolgen intendierter Handlungen zu erfassen. Techniksoziologische Arbeiten zeigen, dass häufig zufällige, überraschende Entwicklungen wesentlich für die Herausbildung neuer Techniken sind, sodass Handlungstheorien mit ihrem Fokus auf (intentionalem) Akteurshandeln zu kurz greifen (vgl. Rammert 1993: 172).

2.2 Anwendung der Evolutionstheorie in der Kommunikationswissenschaft

Einige kommunikationswissenschaftliche Arbeiten beziehen sich bei der Analyse medialer bzw. kommunikativer Wandlungsprozesse auf die Evolutionstheorie (vgl. u. a. Görke 2012; Stöber 2008, 2003; Probst 2004; Löffelholz/Schlüter 2003; Merten 1994) wobei insbesondere die von Luhmann (z. B. 1999, 1993) ausgeführte Theorie der Evolution sozialer Systeme aufgegriffen wird.

Eines der ersten Konzepte zur Beschreibung der Medienentwicklung auf Basis der Evolutionstheorie liegt mit der Arbeit von Merten (1994) zur «Evolution der Kommunikation» vor. Basierend auf der Evolutionstheorie sozialer Systeme leitet er ab, dass die Evolution der Medien zu einer Leistungssteigerung führe, die bei steigender Komplexität aus Systemsicht erforderlich sei und eine notwendige Voraussetzung für die Evolution von Gesellschaften darstelle (vgl. ebd.). Diese These belegt er empirisch anhand der quantitativen Zunahme von Medien und Medienkommunikation mit der Zeit. Seinem Modell liegt damit eine Beschreibung des Medienwandels als stetige Steigerung der Kommunikationsmöglichkeiten und der Beschleunigung der Medienentwicklung zugrunde. Diese Ausrichtung auf eine Höherentwicklung wird jedoch in der Literatur als ein wesentlicher Kritikpunkt an der Evolutionstheorie genannt (vgl. z. B. Baldus 2002).

Auch mediengeschichtliche Arbeiten wie beispielsweise von Stöber (2008, 2003: 9f.) und Arnold (2008) beziehen sich in ihren (historischen) Analysen zur Entwicklung von Medien auf die Evolutionstheorie. Sie bewerten die Evolutionstheorie als gute Möglichkeit, um die Medienentwicklung als (historischen) Ausdifferenzierungsprozess zu beschreiben. Stöber hebt in diesem Zusammenhang hervor, dass die biologische Evolution und die Entwicklung neuer Medien mehrere Gemeinsamkeiten teilen: beide sind als zeitabhängige und offene Prozesse zu charakterisieren, die nicht vorhersagbar sind, jedoch ex-post folgerichtig erscheinen, beide sind durch endogene und exogene Faktoren beeinflusst (vgl. Stöber 2008: 152). Der Vorteil der Übertragung der Evolutionstheorie auf die Medienentwicklung wird dabei in ihrer komplexitätsreduzierenden Funktion gesehen: die Evolutionstheorie biete einen «überschaubare[n] Satz von Regeln, mit denen sich komplexe Muster über Kommunikations- und Medienentwicklung erläutern lassen» (Stöber 2008: 139). In ihrem Ergebnis kommen beide Autoren jedoch zu der Einschätzung, dass die Evolutionstheorie alleine keine ausreichende Grundlage zur Erklärung von Mechanismen und Einflussfaktoren im Kontext der Entwicklung neuer Medien darstellt, was insbesondere auf den geringen Erklärungsbeitrag für die Analyse von Einflussfaktoren und generalisierbare Mechanismen für die Beschreibung der Medienentwicklung zurückzuführen ist.

Als Ergänzung schlagen die Autoren deshalb die Berücksichtigung von Theorien mittlerer Reichweite vor. Arnold (2008) diskutiert handlungstheoretische Ergänzungen der Systemtheorie. Demgegenüber nennt Stöber in seiner Monographie zur Mediengeschichte noch Rogers Diffusionstheorie als geeignete Theorie mittlerer Reichweite (vgl. Stöber 2003: 9), greift jedoch in späteren Beiträgen auf Schumpeters Innovationstheorie zurück. Insbesondere die Differenzierung zwischen der Inventions- und Innovationsphase bestimmt er als geeignete Annahmen, um die fehlende Berücksichtigung intentionalen Handelns und damit das zentrale Manko der Evolutionstheorie zu beheben (vgl. Stöber 2008: 149). Konkret verbindet Stöber die Evolutions- mit der Innovationstheorie, indem er die beiden von Schumpeter (1934) unterschiedenen Phasen der Invention (Erfindung) und Innovation als gesellschaftliche Anwendung der Erfindung als Analogie zu der in der (neueren) Evolutionstheorie beschriebenen zweistufigen Funktionsverbesserung (Adaption und Exaptation) darstellt. Während Adaption langfristige, umweltgesteuerte Anpassungsvorgänge von Organismen bezeichnet, wird unter Exaptation der Einsatz älterer Merkmale, die ursprünglich anderen Zwecken dienten (und dazu evolvierten) für neue Funktionen verstanden (vgl. z. B. Dew et al. 2004: 70f.). Diese beiden Funktionen überträgt Stöber auf den Innovationsprozess von Medien. Die Adaption bezeichnet er dabei als die erste Funktion und setzt sie mit dem Begriff der Invention gleich. Dieser Prozess zeichne sich durch eine Verbesserung alter Medien aus – im Falle der Drucktechnik beispielsweise die Verbesserung des Schreibens. Demgegenüber stelle die Exaptation die zweite Funktion dar und entspräche der Phase der Innovation bei Schumpeter. Der Prozess der Innovation ist wiederum durch die Emergenz neuer Medien gekennzeichnet, wie beispielsweise die Entwicklung der seriellen Presse als Folge der Drucktechnik (vgl. Stöber 2008: 151). Doch auch dieses Konzept der Exaptation kann die Kritikpunkte an der Übertragung der biologischen Evolution auf soziale Phänomene nicht ausräumen, da weiterhin jegliche Intentionalität ausgeblendet wird und wichtige Analysedimensionen wie z. B. hinderliche oder förderliche Rahmenbedingungen, interessengeleitetes Handeln, Aspekte wie Macht, Finanz- oder politische Durchsetzungsstärke systematisch nicht berücksichtigt werden.

Auch Probst (2004) greift für die Analyse der Entwicklung der Telegrafie auf die Mechanismen der (biologischen) Evolutionstheorie zurück und versucht trotz gravierender Unterschiede eine «Brücke» zwischen Evolutionstheorie und Medienentwicklung zu schlagen (vgl. ebd.: 59f.). Ihm zufolge biete die Evolutionstheorie vorrangig die Möglichkeit, sich von der Einheit «Einzelmedium» zu lösen und den Wandel von Medien in Bezug auf ihre Bestandteile hin zu untersuchen. Mit Bezug auf einen mehrdimensionalen Medienbegriff basierend auf

Saxer (1999) diskutiert Probst unterschiedliche Varianten der Telegraphie (vgl. ebd.: 79ff.) und zeigt, dass sich vor dem Hintergrund von Selektionsprozessen lediglich einige Varianten durchsetzen konnten.

In eine ähnliche Richtung argumentiert der Entwurf einer Evolutionstheorie öffentlicher Kommunikation von Görke (2012), der ebenfalls auf die Evolutionsmechanismen, jedoch vorrangig basierend auf Luhmann (1997) zurückgreift und zunächst ebenfalls an dem identifizierten Technikzentrismus in Bezug auf die Analyse medialer Wandlungsprozesse ansetzt. Im Gegensatz zu dem von Probst (2004) entwickelten mehrdimensionalen Medienbegriff leitet er ein der Techniksoziologie entlehntes sozialwissenschaftliches Technikverständnis ab, das es ermöglicht, Medienwandel als Ergebnis von Wechselwirkung zu verstehen und wendet dies schließlich auf öffentliche Kommunikation bzw. Journalismus an.

In eine ähnliche, wenn auch weniger ausgearbeitete Richtung deutet der Beitrag von Löffelholz und Schlüter (2003), die auf die drei Evolutionsmechanismen zurückgreifen, um zu beschreiben, dass mediale Wandlungsprozesse als Zusammenspiel zwischen technischen, ökonomischen und nutzerspezifischen Dynamiken entstehen. Während technische Innovationen für Variationen sorgen, ist deren Selektion überwiegend von ökonomisch geprägten Selektionsprozessen abhängig bis zuletzt die nutzerspezifische Stabilisierung über die Institutionalisierung der Medien entscheidet (vgl. ebd. 2003: 100). Ähnlich wie Arnold (2008) schlagen die Autoren die Ergänzung evolutionstheoretischer Annahmen mit handlungstheoretischen Perspektiven, vorrangig der Strukturationstheorie von Giddens (1984) zur Verbindung struktur- und handlungstheoretischer Annahmen vor, die jedoch nur begrenzt ausgeführt wird (vgl. Löffelholz/Schlüter 2003: 103).

3 Grenzen der Übertragung der Evolutionstheorie auf sozialwissenschaftliche Phänomene

Sowohl im Rahmen benachbarter sozialwissenschaftlicher Disziplinen als auch der Kommunikationswissenschaft bestehen somit einige Versuche der Übertragung evolutionstheoretischer Annahmen. Trotz gegenstandsbezogener Anpassungen gelingt es diesen Beiträgen jedoch nur begrenzt, die Unterschiede zwischen biologischer und sozialer Evolution auszuräumen, sodass Grenzen in der Anwendung der Evolutionstheorie zur Erklärung sozialer (kommunikativer) Wandlungsprozesse bestehen bleiben.

Wesentliche Kritikpunkte in der Anwendung der Evolutionstheorie auf sozialwissenschaftliche Phänomene betreffen die fehlende Berücksichtigung intentional handelnder Akteure sowie die ex-post Orientierung evolutionstheoretischer Analysen, die den Erklärungsbeitrag evolutionstheoretischer Ansätze erheblich einschränken. Hinzu kommen Differenzen zwischen biologischer und sozialer Evolution, wie die Bedeutung der Wissensaneignung und Lernen als aktivem Prozess sowie die fehlende Anerkennung machtvollen Handelns (z. B. Akteure, die Wandlungsprozesse vorantreiben bzw. behindern). Während die biologische Evolution auf (passiven) Mechanismen der Anpassung (genetische Vererbung) beruht, basiert die soziale Evolution auf dem Aneignen von Wissen als aktivem Prozess, da Wissen nicht vererbbar ist und von jeder Generation neu angeeignet werden muss (vgl. u. a. Weyer 2008: 157). Weiterhin ist die in der biologischen Evolution angelegte Trennung von Selektion und Variation nur begrenzt auf soziale Prozesse anwendbar: Während das Auftreten von Varianten (z. B. durch Mutationen) in der Natur völlig unabhängig von deren Selektion ist («blind variation»), lässt sich diese Prämisse für soziale Veränderungsprozesse nicht aufrechterhalten. Legt man beispielsweise Innovationen als eine Form gesellschaftlicher Veränderungsprozesse zugrunde, ist zu berücksichtigen, dass Akteure deren Selektionsmechanismen zumindest partiell kennen und mitgestalten können (vgl. dazu u. a. Schot et al. 1994). Auch mit Bezug zu Rogers (2003) Adoptionsforschung lassen sich beispielsweise adoptionsfördernde und hemmende Einflussfaktoren identifizieren, die Innovationsprozesse mitprägen. So lassen sich beispielsweise unternehmensbezogene Marktforschung, Werbung und Marketing, aber auch Lobbying (z. B. in Form von Anstrengungen, die spezifische Formen der Medienregulierung vorantreiben) als mögliche Formen der Mitgestaltung der Selektionsumwelt von Unternehmen einordnen.

Diese Limitationen begrenzen die Übertragbarkeit evolutionstheoretischer Annahmen und bedingen die Suche nach geeigneten theoretischen Perspektiven, um diese Einschränkungen zu bearbeiten. Techniksoziologische Beiträge greifen deshalb auf konstruktivistische Ansätze zurück, um evolutionäre Mechanismen mit Elementen aktiver, akteursgesteuerter Konstruktion von Innovationen zu ergänzen (vgl. z. B. Tushman/Rosenkopf 1992). In Anlehnung an die drei Mechanismen der Evolutionstheorie werden in der Techniksoziologieforschung Phasen der Technikentwicklung differenziert, die sich durch unterschiedliche soziale Mechanismen und Akteurskonstellationen auszeichnen (vgl. z. B. Weyer 2008: 186ff.). Während sich die Phase der Entstehung neuer Techniken beispielsweise durch eine hohe interpretative Flexibilität auszeichnet, ist die Phase der Stabilisierung durch soziale Schließungsprozesse gekennzeichnet. Im Rahmen der Durchsetzungsphase wird das dominante Design der Technik entwickelt sowie mögliche Verwendungskontexte konstruiert und Nachfragestrukturen geschaffen. Wesentlich ist, dass hier auch völlig neue Anwendungsformen und -kontexte der Technik entstehen können. Diese Beschreibung des Entwicklungsprozesses von Techniken lehnt sich zwar an die Evolutionstheorie an, berücksichtigt jedoch, dass Akteure zumindest an verschiedenen Punkten die Entwicklung der Innovation, im Rahmen gegebener technischer, sozialer und politischer Bedingungen, aktiv gestalten können (vgl. Weyer 2008: 186f.).

Eine ähnliche Argumentation mit Anwendung auf die Entwicklung von Medien liegt mit dem Zyklusmodell zur Evolution neuer Medien von Lehman-Wilzig und Cohen-Avigdor (2004) vor, in dem die Autoren sowohl evolutionstheoretische, als auch sozialkonstruktivistische Annahmen verbinden. Dabei berücksichtigen die Autoren beispielsweise, dass die Entwicklung neuer Medien durch soziale Konstruktionsprozesse, wie die Anpassung an verschiedene Verwendungskontexte und schließlich die Herausbildung eines einzigartigen Charakters zur Abgrenzung gegenüber bestehenden Medien, gekennzeichnet ist.

4 Anwendung der Evolutionstheorie für die Analyse (langfristigen) Wandels von Medienstrukturen

Trotz der berechtigten Kritik an der Übertragung evolutionstheoretischer Anleihen auf soziale Wandlungsprozesse im Allgemeinen und die Medienentwicklung bzw. den Medienwandel im Speziellen lassen sich einige Aspekte herausstellen, die eine (wenn auch eingeschränkte) Anwendung als sinnvoll erscheinen lassen. Nachfolgend wird vor diesem Hintergrund diskutiert, welchen Beitrag die Evolutionstheorie für die Analyse des Wandels von Medienstrukturen leisten kann. Zwei Aspekte werden hierbei in den Vordergrund gestellt: Die Charakterisierung des Wandels von Medienstrukturen als zeitlich andauernde und begrenzt planbare sowie wechselseitige Prozesse.

Mit Bezug auf die Analyse der Entstehungsprozesse von Medien lässt sich herausstellen, dass der Wandel von Medien als zeitintensiver Prozess beschrieben werden kann, der auf sozialen Institutionalisierungsprozessen basiert (vgl. u. a. Stöber 2004, 2003; Dröge/Kopper 1991). Versteht man medienbezogene Entwicklungs- bzw. Wandlungsprozesse nicht als vorrangig technikbezogene Veränderungen, sondern legt ein institutionelles Verständnis von Medien als Kommunikationssysteme zugrunde (vgl. u. a. Saxer 1999; Kubicek et al. 1997) bestätigen Analysen der Mediengeschichte die Charakterisierung von Medienentwicklung als durch soziale Aushandlungsprozesse getragenem Vorgang. Die Veränderung von Medienstrukturen schließt somit insbesondere Prozesse sozialer Bedeutungszuweisung und die Herausbildung von Nutzungskontexten und -praktiken ein. Der Wandel von Medienstrukturen lässt sich damit durch die Beteiligung heterogener Akteure, insbesondere auch Nutzende charakterisieren und entzieht sich der vollständigen Planbarkeit einzelner (machtvoller) Akteure (z. B. Medienorganisationen). Daneben erweist sich als weiterer Aspekt die Einbettung medienbezogener Wandlungsprozesse in gesellschaftliche Rahmenbedingungen, deren Beziehung sich durch Wechselwirkungen auszeichnet als relevant für die Analyse des Wandels von Medien(strukturen). Die Beschreibung der Medienentwicklung als «multifaktorielles Gefüge» (Hickethier 2003: 50) sowie der Verweis auf Wechselwirkungen sozialer, wirtschaftlicher, technischer und politischer Art (vgl. u. a. Schmidt 2003; Steinmaurer 2003: 114) legt es nahe, den Wandel von Medienstrukturen als interdependenten Prozess zu untersuchen um einseitige Kausalitäten beispielsweise technischer oder ökonomischer Entwicklungslogiken zu vermeiden.

Während die Charakterisierung medienbezogener Wandlungsprozesse als langfristige, komplexe Prozesse eine Übertragbarkeit evolutionstheoretischer Annahmen nahelegt, fassen die Evolutionsmechanismen Variation, Selektion und Stabilisierung diesen Prozess jedoch nicht zufriedenstellend, da sie ausblenden, dass sehr wohl Akteure Einfluss auf den Wandel von Medien(-strukturen) ausüben können und im Rahmen ihrer jeweiligen Interessen und jeweiligen Macht deren Verlauf mitgestalten können. Sozialkonstruktivistische Perspektiven aufgreifend kann die Medienentwicklung somit als mehrstufiger Prozess bewusster Aushandlungen sowie unbewusster Rückwirkungen charakterisiert werden. In dieser Hinsicht erweist sich die Darstellung des Wandels von Medienstrukturen als Ko-Evolution als geeignetere Beschreibung, um die begrenzte Steuerbarkeit und die komplexen Wechselwirkungen mit gesellschaftlichen Kontextfaktoren im Rahmen der Medienentwicklung zu erfassen. In der biologischen Evolution bezeichnet dieses Konzept die Dynamik verknüpfter Entwicklungsprozesse unterschiedlicher Arten (vgl. Townsend et al. 2009: 310). Ko-Evolution beschreibt dabei einen wechselseitigen Anpassungsdruck, sodass die Entwicklung zweier Arten sich gegenseitig vorantreibt. Die Dynamik von Beute und Feind sowie das Wettrüsten von Pflanzen und Insekten bilden Anwendungsfelder für eine Untersuchung dieser Prozesse (vgl. ebd.: 309ff. sowie für ein Beispiel: Ehrlich/Raven 1964). Wesentlich für die Übertragbarkeit auf die Beschreibung des Wandels von Medienstrukturen ist, dass auch das Konzept der Ko-Evolution bereits im Rahmen sozialwissenschaftlicher Analysen, etwa im Kontext der Analyse wirtschaftlicher und technischer Wandlungsprozesse aufgegriffen wurde und beispielsweise herangezogen wird, um die wechselseitige Entwicklung neuer Technologien und den Wandel von Industriestrukturen (vgl. Abernathy/Utterback 1978) oder die Entstehung von Institutionen im Kontext neuer Technologien zu untersuchen (vgl. Nelson 1995, 1994). Mit Bezug auf unterschiedliche Technologien, deren Entwicklung durch die Entstehung «begleitender» Institutionen geprägt ist (in Bezug auf Medientechniken z. B. Standardisierungen, Regulierung der Frequenzvergabe) stellt Nelson etwa heraus:

«the evolution of institutions relevant to a technology or industry may be a very complex process, involving not only the actions of private firms, but also organizations such as industry associations, technical societies, universities, courts, government agencies, legislatures, etc.» (Nelson 1995: 177).

Diese Komplexität beteiligter Akteure, Organisationen und Institutionen legt es nahe, deren Zusammenspiel als koevolutionären Prozess zu untersuchen. Eine ähnliche Sichtweise vertreten techniksoziologische Arbeiten, die Technikgeneseprozesse aufgrund wechselseitiger Entwicklungen von Technik und Gesellschaft als Ko-Evolution charakterisieren (vgl. u. a. Weyer 2008: 34; Dolata/Werle 2007: 16; Werle 2007; Schot et al. 1994: 1063).

Die Charakterisierung medienbezogener Wandlungs- bzw. Entwicklungsprozesse als Ko-Evolution bietet die Möglichkeit, diese nicht einseitig als kausale Prozesse zu modellieren, sondern ihre Einbettung in gesellschaftliche Kontextfaktoren und daraus abgeleitet Entwicklungsdynamiken (z. B. sozialer, politischer, ökonomischer, regulativer Art) zu erfassen sowie den Wandel von Medienstrukturen als kollektiven Prozess zu untersuchen, der heterogene Akteure umfasst, die wechselseitig Anpassungsdruck aufeinander ausüben.

5 Ausblick

Während die Analyse des Wandels von Medienstrukturen als koevolutionärer Prozess den Blick für wechselseitig vorangetriebene Veränderungen in Bezug auf Medientechniken, -organisationen und -institutionen öffnet, hält diese Perspektive nur begrenzt Erklärungsansätze bereit, um beobachtbare Formen des Strukturwandels zu erklären. Als Ergänzung lassen sich vor diesem Hintergrund Ansätze heranziehen, die eine Basis bieten um die «Richtung» einzelner Wandlungsprozesse zu erklären. Insbesondere das mit dem Ko-Evolutionskonzept in enger Verbindung stehende Teilgebiet der Popluationsökologie, das Wechselwirkungen unterschiedlicher Populationen zum Gegenstand hat, bietet theoretische Ansätze, um Einflussfaktoren in Bezug auf die Entstehung, Vielfalt und Verteilung biologischer Populationen zu untersuchen (vgl. Rockwood 2006: 5). Dieser Ansatz wurde über den biologischen Entstehungskontext hinaus insbesondere im Rahmen der Organisationsforschung angewendet (vgl. u. a. Hannan/Freeman 1977; Carroll 1984) und untersucht beispielsweise Zusammenhänge zwischen Gründungsraten sowie dem «Sterben» von Organisationen und Umweltveränderungen (vgl. Preisendörfer 2008: 134f.). Neben der Identifikation von Einflussfaktoren auf den Erfolg bzw. das Scheitern von Organisationen (z. B. liability of newness/adolescence, vgl. Hannan/Freeman 1984: 157f.) bieten insbesondere Teilkonzepte wie die Nischentheorie, die das Auftreten von bestimmten Organisationspopulationen erklärt (vgl. u. a. Hannan/Freeman 1977: 946ff., in Bezug auf Medienorganisationen: Dimmick 2003) mögliche Erklärungsansätze für die Analyse des Wandels von Medienstrukturen (siehe hierzu ausführlich den Beitrag von Studer, Künzler und Jarren in diesem Band).

Für die Anwendung evolutionstheoretischer Perspektiven ist es zudem wesentlich herauszustellen, dass diese aufgrund der Orientierung auf die Makro-Ebene insbesondere in Bezug auf die Analyse des Wandels von Medienstrukturen als Mehrebenenprozess eine geeignete Ergänzung darstellen. In Bezug auf eine Beschreibung und Untersuchung des Wandels von Medienstrukturen ist vor diesem Hintergrund der Bedarf an Ansätzen herauszustellen, die Akteurs-, Organisations- und Strukturebene miteinander verbinden und deren Wechselwirkungen erfassen. Eine mögliche Perspektive bilden hierbei theoretische Zugänge, die eine Verbindung aus der Berücksichtigung intentional handelnder Akteure und der Einbettung medienbezogener Veränderungsprozesse in gesellschaftliche Rahmenbedingungen herstellen und auch für evolutionstheoretische Anleihen anknüpfungsfähig ist wie beispielsweise die Analyse medienbezogener Veränderungsprozesse auf Basis des Innovationskonzeptes (vgl. z. B. Dogruel 2012) oder die Erfassung von Interessen als akteursorientierte Kategorie neben anderen Dynamiken (technischer, politischer Art) im Kontext der Medienentwicklung bzw. des Medienwandels (vgl. Dröge/Kopper 1991: 96ff.).

Literatur

Abernathy, William J./Utterback, James M. (1978): Patterns of Industrial Innovation. In: Technology Review, 80, Nr. 7, S. 40-47.

Arnold, Klaus (2008): Kommunikationsgeschichte als Differenzierungsgeschichte. Integration von system- und handlungstheoretischen Perspektiven zur Analyse kommunikationsgeschichtlicher Prozesse. In: Arnold, Klaus/Behmer, Markus/Semrad, Bernd (Hrsg.): Kommunikationsgeschichte. Positionen und Werkzeuge. Ein diskursives Hand- und Lehrbuch. Berlin: LIT Verlag, S. 111-134.

Baldus, Bernd (2002): Darwin und die Soziologie. Kontingenz, Aktion und Struktur im menschlichen Sozialverhalten. In: Zeitschrift für Soziologie, 3, Nr. 4, S. 316-331.

Behmer, Markus/Krotz, Friedrich/Stöber, Rudolf/Winter, Carsten (Hrsg.) (2003): Medienentwicklung und gesellschaftlicher Wandel. Beiträge zu einer theoretischen und empirischen Herausforderung. Wiesbaden: Westdeutscher Verlag.

Buss, David (2004): Evolutionäre Psychologie. München: Pearson Studium.

Carroll, Glenn R. (1984): Organizational Ecology. In: Annual Review of Sociology, 10, S. 71-93.

Dew, Nicholas/Sarasvathy, Saras D./Venkataraman, Sankaran (2004): The Economic Implications of Exaptation. In: Journal of Evolutionary Economics, Nr. 14, S. 69-84.

Dimmick, John (2003): Media Competition and Coexistence: The Theory of the Niche. Mahwah, N.J.: Lawrence Erlbaum.

Dogruel, Leyla (2012): Medieninnovationen und die Bestimmung des Wandels von Kommunikation. In: Bormann, Inka/John, René/Aderhold, Jens (Hrsg.): Innovation als Sozialtechnologie oder Sozialmethodologie. Wiesbaden: VS Verlag, S. 99-118.

Dolata, Ulrich/Werle, Raymund (2007): «Bringing technology back in»: Technik als Einflussfaktor sozioökonomischen und institutionellen Wandels. In: Dolata, Ulrich/Werle, Raymund (Hrsg.): Gesellschaft und die Macht der Technik. Sozioökonomischer und institutioneller Wandel durch Technisierung. Frankfurt/New York: Campus Verlag, S. 15-43.

Dröge, Franz/Kopper, Gerd G. (1991): Der Medien-Prozess. Zur Struktur innerer Errungenschaften der bürgerlichen Demokratie. Opladen: Westdeutscher Verlag.

Ehrlich, Paul R./Raven, Peter H. (1964): Butterflies and Plants: A Study in Coevolution. Evolution, 18, Nr. 4, S. 586-608.

Giddens, Anthony (1984): The Constitutions of Society. Berkley: University of California Press.

Görke, Alexander (2012): Woher, Weshalb, Wohin. Auf dem Weg zu einer Evolutionstheorie öffentlicher Kommunikation. In: Quandt, Thorsten/Scheufele, Bertram (Hrsg.): Ebenen der Kommunikation. Mikro-Meso-Makro-Links in der Kommunikationswissenschaft. Wiesbaden: VS Verlag, S. 55-84.

Hannan, Michael T./Freeman, John (1984): Structural Inertia and Organizational Change. In: American Sociological Review, 49, Nr. 2, S. 149-164.

Hannan, Michael T./Freeman, John (1977): The Population Ecology of Organizations. In: American Journal of Sociology, 82, Nr. 5, S. 929-964.

Hickethier, Knut (2003): Gibt es ein medientechnisches Apriori? Technikdeterminismus und Medienkonfiguration in historischen Prozessen. In: Behmer, Markus/Krotz, Friedrich/Stöber, Rudolf/Winter, Carsten (Hrsg.): Medienentwicklung und gesellschaftlicher Wandel. Beiträge zu einer theoretischen und empirischen Herausforderung, S. 39-52.

Hughes, Thomas P. (1987): The Evolution of Large Technological Systems. In: Bijker, Wiebe E./Hughes, Thomas P./Pinch, Trevor J. (Hrsg.): The Social Construction of Technological Systems. New Directions on the Sociology and History of Technology. Cambridge: MIT Press, S. 51-82.

John, René (2012): Erfolg als Eigenwert der Innovation. In: Bormann, Inka/John, René/Aderhold, Jens (Hrsg.): Indikatoren des Neuen. Innovation als Sozialtechnologie oder Sozialmethodologie. Wiesbaden: Springer, S. 77-97.

John, René (2005): Innovationen als irritierende Neuheiten. Evolutionstheoretische Perspektiven. In: Aderhold, Jens/John, René (Hrsg.): Innovation. Sozialwissenschaftliche Perspektiven. Konstanz: UVK, S. 49-64.

Karmasin, Matthias (2003): Was ist neu an der neuen Kommunikationswissenschaft? In: Löffelholz, Martin/Quandt, Thorsten (Hrsg.): Die neue Kommunikationswissenschaft. Theorien, Themen und Berufsfelder im Internet-Zeitalter - eine Einführung. Opladen: Westdeutscher Verlag, S. 49-57.

Krotz, Friedrich (2007): Mediatisierung. Fallstudien zum Wandel von Kommunikation. Wiesbaden: VS Verlag.

Krotz, Friedrich (2001): Die Mediatisierung des kommunikativen Handelns. Der Wandel von Alltag und sozialen Beziehungen, Kultur und Gesellschaft durch die Medien. Opladen: Westdeutscher Verlag.

Kubicek, Herbert/Schmid, Ulrich/Wagner, Heiderose (1997): Bürgerinformation durch «neue» Medien? Analysen und Fallstudien zur Etablierung elektronischer Informationssysteme im Alltag. Opladen: Westdeutscher Verlag.

Lehman-Wilzig, Sam/Cohen-Avigdor, Nava (2004): The Natural Life Cycle of New Media Evolution. Inter-media struggle for survival in the internet age. In: New Media & Society, Nr.6, S. 707-730.

Lenzen, Manuela (2003): Evolutionstheorien in den Natur- und Sozialwissenschaften. Frankfurt am Main: Campus Verlag.

Löffelholz, Martin/Schlüter, Carsten (2003): Die Zukunft im Blick. Wie Evolution und Perspektiven medialer Kommunikation analysiert werden. In: Löffelholz, Martin/Quandt, Thorsten (Hrsg.): Die neue Kommunikationswissenschaft. Theorien, Themen und Berufsfelder im Internet-Zeitalter - eine Einführung. Opladen: Westdeutscher Verlag, S. 89-111.

Luhmann, Niklas (1999): Gesellschaftsstruktur und Semantik. Band 3. Frankfurt a. M.: Suhrkamp.

Luhmann, Niklas (1997): Die Gesellschaft der Gesellschaft. Frankfurt a. M.: Suhrkamp.

Luhmann, Niklas (1993): Gesellschaftsstruktur und Semantik. Band 1. Frankfurt a. M.: Suhrkamp.

Merten, Klaus (1994): Evolution der Kommunikation. In: Merten, Klaus/Schmidt, Siegfried J./Weischenberg, Siegfried (Hrsg.): Die Wirklichkeit der Medien. Opladen: Westdeutscher Verlag, S. 141-162.

Nelson, Richard (1995): Coevolution of Industry Structure, Technology and Supporting Institutions, and the Making of Comparative Advantage. In: International Journal of the Economics of Business, 2, Nr. 2, S. 171-184.

Nelson, Richard (1994): The Coevolution of Technology, Industrial Structure, and Supporting Institutions. In: Journal of Industrial and Corporate Change, 3, Nr. 1, S. 47-63.

Nelson, Richard R./Winter, Sidney G. (1982): An Evolutionary Theory of Economic Change. Cambridge, London: Belknap Press.

Nelson, Richard R./Winter, Sidney G. (1974): Neoclassical vs. Evolutionary Theories of Economic Growth: Critique and Prospectus. In: Economic Journal, 84 , Nr. 336, S. 886-905.

Preisendörfer, Peter (2008): Organisationssoziologie: Grundlagen, Theorien und Problemstellungen. Wiesbaden: VS Verlag.

Probst, Daniel (2004): Evolution der Medien. Kommunikationswissenschaftliche Überlegungen am Beispiel der Telegraphie. Stuttgart: ibidem.

Rammert, Werner (2008): Technik und Innovation. In: Maurer, Andrea (Hrsg.): Handbuch der Wirtschaftssoziologie. Wiesbaden: VS Verlag, S. 291-319.

Rammert, Werner (1993): Wer oder was steuert den technischen Fortschritt? Technischer Wandel zwischen Steuerung und Evolution. In: Rammert, Werner (Hrsg.): Technik aus soziologischer Perspektive. Forschungsstand, Theorieansätze, Fallbeispiele. Ein Überblick. Opladen: Westdeutscher Verlag, S. 65-177.

Rockwood, Larry L. (2006): Introduction to Population Ecology. Oxford: Blackwell Publishing.

Rogers, Everett M. (2003): Diffusion of Innovations. New York: Free Press.

Roth, Steffen (2009): New for whom? Initial images from the social dimension of innovation. In: International Journal of Innovation and Sustainable Development, 4, Nr. 4, S. 231-252.

Saxer, Ulrich (1999): Der Forschungsgegenstand der Medienwissenschaft. In: Leonhard, Joachim-Felix/Ludwig, Hans-Werner/Schwarze, Dietrich/Straßner, Erich (Hrsg.): Medienwissenschaft. Ein Handbuch zur Entwicklung der Medien und Kommunikationsformen. Berlin u.a.: de Gruyter, S. 1-14.

Schmidt, Siegfried J. (2003): Medienentwicklung und gesellschaftlicher Wandel. In: Behmer, Markus/Krotz, Friedrich/Stöber, Rudolf/Winter, Carsten (Hrsg.): Medienentwicklung und gesellschaftlicher Wandel. Beiträge zu einer theoretischen und empirischen Herausforderung. Wiesbaden: Westdeutscher Verlag, S. 135-150.

Schot, Johan W./Hoogma, Remco/Elzen, Boelie (1994): Strategies for Shifting Technological Systems. The Case of the Automobile System. In: Futures, 26, S. 1060-1076.

Schumpeter, Joseph Alois (1934): The Theory of Economic Development. New Brunswick, New Jersey: Transaction Publishers.

Schurz, Gerhard (2011): Evolution in Natur und Kultur. Eine Einführung in die verallgemeinerte Evolutionstheorie. Heidelberg: Spektrum Akademischer Verlag.

Steinmaurer, Thomas (2003): Medialer und gesellschaftlicher Wandel. Skizzen zu einem Modell. In: Behmer, Markus/Krotz, Friedrich/Stöber, Rudolf/Winter, Carsten (Hrsg.): Medienentwicklung und gesellschaftlicher Wandel. Beiträge zu einer theoretischen und empirischen Herausforderung. Wiesbaden: Westdeutscher Verlag, S. 103-134.

Stöber, Rudolf (2008): Innovation und Evolution: Wie erklärt sich medialer und kommunikativer Wandel? In: Winter, Carsten/Hepp, Andreas/Krotz, Friedrich (Hrsg.): Theorien der Kommunikations- und Medienwissenschaft. Grundlegende Diskussionen, Forschungsfelder und Theorieentwicklungen. Wiesbaden: VS Verlag, S. 139-156.

Stöber, Rudolf (2004): What Media Evolution is. A Theoretical Approach to the History of New Media. In: European Journal of Communication, 19, Nr. 4, S. 483-505.

Stöber, Rudolf (2003): Mediengeschichte. Die Evolution «neuer» Medien von Gutenberg bis Gates. Eine Einführung. Band 1: Presse - Telekommunikation. Wiesbaden: Westdeutscher Verlag.

Townsend, Colin R./Begon, Michael/Harper, John L. (2009): Ökologie. Heidelberg u.a.: Springer.

Tushman, Michael L./Rosenkopf, Lori (1992): Organizational Determinants of Technological Change. Toward a Sociology of Technological Evolution. In: Research in Organizational Behavior, 14, S. 311-347.

Werle, Raymund (2007): Zur Interdependenz von Innovation. In: Hof, Hagen/Wengenroth, Ulrich (Hrsg.): Innovationsforschung. Ansätze, Methoden, Grenzen und Perspektiven. Hamburg: LIT Verlag, S. 31-40.

Weyer, Johannes (2008): Techniksoziologie. Genese, Gestaltung und Steuerung soziotechnischer Systeme. Weinheim/München: Juventa Verlag.

Witt, Ulrich (2001): Evolutionary Economics: An interpretative survey. In: Dopfer, Kurt (Hrsg.): Recent Economic Thought Series. Norwell, MA: Kluwer Academic Publishers, S. 45-88.

Witt, Ulrich (Hrsg.) (2008): Recent Developments in Evolutionary Economics. Aldershot: Edward Elgar.

Zrzavý, Jan/Storch, David/Mihulka, Stanislaw (2009): Evolution. Ein Lese-Lehrbuch. Deutsche Ausgabe herausgegeben von Hynek Burda und Sabine Begall. Heidelberg: Spektrum Akademischer Verlag.

Langfristiger Medienwandel und ökonomischer Wandel: Eine institutionelle und regulative Perspektive

Andrea Grisold

1 Einleitung

Epistemologische Grundannahme des vorliegenden Beitrages ist, dass der Wandel der Medienstrukturen vor dem Hintergrund genereller ökonomisch-gesellschaftlicher Transformationsprozesse gesehen werden muss. Eine Verknüpfung des Medienwandels mit der ökonomischen und gesellschaftlichen Entwicklung ist daher notwendig und sinnvoll. Dies gilt gleichsam in beide «Richtungen»: Medien können sich von wirtschaftlicher Entwicklung nicht abschotten (z. B. prozyklische Werbeeinnahmen), Medien befördern ihrerseits aber auch die Ökonomie (etwa über die Ausweitung von Märkten).

Die Frage nach dem langfristigen[1] Wandel von Medienstrukturen, die nicht in der Partialanalyse verhaftet bleibt, wirft methodische Probleme auf, deren Spannungsbogen sich von Komplexitätsreduktion (und nachfolgend der Gefahr des «Weglassens» wichtiger Bestimmungs- und Veränderungsfaktoren) einerseits bis - im anderen Extrem - zu einem «Datenfriedhof» und der Unübersichtlichkeit der Begründungen und Zusammenhänge erstreckt.

Dieser Beitrag nimmt zwei Schulen der (in Großtheorien durchaus bewanderten) Ökonomik zum Anlass und zur Grundlage, eben diesen «Gefahren» zu begegnen und auf Basis einer Mesoebene (zwischen Mikro- und Makrobereich angesiedelt) aussagekräftige Befunde zum langfristigen Medienwandel zu erzielen. Die eine dieser Schulen ist die Regulationstheorie, mit ihrem epistemologischen Interesse am Zusammenspiel von politischen, marktlichen und gesellschaftlichen Regulierungen als einem zentralen Element der Funktionsweisen von Ökonomie.

---

1   Es sei hier daran erinnert, wie kontrovers «langfristig» in der ökonomischen Theorie diskutiert wird, und mit wie weitreichenden (wirtschaftspolitischen) Konsequenzen Keynes Aussage: «In the long run we are all dead» als Rechtfertigung für ein schnelles Eingreifen in Krisenzeiten fungiert. Marktkräfte würden, so die Argumentation, viel zu zeitverzögert reagieren. Dies widerspricht der Idee der schnellen Anpassung an geänderte Rahmenbedingungen in ein neues Marktgleichgewicht bei neoklassischen Makromodellen.

Neben den vielfältigen Regulierungsformen werden sowohl angebotsseitige Elemente der Veränderung (z. B. Technologie, Marktstrukturen, Arbeitsbedingungen) als auch nachfrageseitige (wie Demografie oder Lifestyles) inkludiert und in ihren gegenseitigen Abhängigkeiten analysiert. Die andere der beiden herangezogenen Schulen ist jene des Institutionalismus, waren es doch deren Vertreter, die Kultur und Ökonomie erstmals in der modernen ökonomischen Theorie integral zu verbinden trachteten und die zentrale Bedeutung von institutionellen Settings, Normen und Werten analytisch fassen konnten. Beide Theoriestränge, das sei hier gleich vorneweg festgehalten, denken für ihre Theoriebildung zwar die Bedeutung von Kommunikation im weitesten Sinne für ihre Theorie an, aber Kommunikationskanäle und Medien, insbesondere Massenmedien werden in die konkrete Analyse nicht mit einbezogen. Dieses Manko wird im hier vorgeschlagenen Beitrag zu beseitigen gesucht.

So könnte dieser Beitrag auch ganz anders ansetzen: Die Ökonomik (die Volkswirtschaft in gesamtwirtschaftlicher Betrachtung) denkt Medien als Bestimmungselement der Ökonomie nicht mit, und die Medienwissenschaft interessiert sich wenig bis gar nicht für makroökonomische Zusammenhänge, bleibt in ihrer ökonomischen Analyse der Medien in der betriebswirtschaftlichen Ausrichtung verhaftet. Solch eine Partialanalyse nach Wissenschaftsdisziplinen stellt eine Leerstelle dar, die auch die Analyse des langfristigen Wandels von Medienstrukturen erschwert.

Und noch ein weiterer, dritter Zugang ist möglich: Es war ein glücklicher historischer Zufall, welcher in jenen Massenmedien, die ökonomisch gut «aufgestellt» waren, d. h. genügend finanzielle Mittel zur Verfügung hatten (Werbeeinnahmen und Verkaufseinnahmen), Qualitätsjournalismus hervorbrachte (vgl. Scott 2009). Dies verändert sich in den letzten Jahren. Die Krise der gängigen Geschäftsmodelle traditioneller Massenmedien engt diesen (Qualitäts-)Spielraum immer weiter ein. Gleichzeitig ändert sich der Konsumentenzugang zu Massenmedien, die Gratis-Mentalität dominiert zusehends. Einerseits sind es Gratiszeitungen ebenso wie Privatrundfunkveranstalter, andererseits aber auch die neue Kultur der Social Media, die suggerieren, dass Inhalte (neuerdings hauptsächlich Content genannt) frei und gratis floaten. Es bleibt hier oft unerkannt, dass dieses «Gratis» keineswegs ohne Kosten ist, dass gute journalistische Arbeit aufwändig, zeitintensiv und daher (mit Ausnahme des Liebhaberei-Journalismus) kostenintensiv ist. Was wir (zumindest jene, die aus Professionsgründen «genauer hinsehen») letztendlich jedoch diagnostizieren müssen, ist der Rückgang des Qualitätsjournalismus.

Die gängigen Businessmodelle funktionieren nicht mehr, heißt es dann in der Betriebswirtschaft. Neue Businessmodelle werden gesucht, heißt es ebenso. Der vorliegende Beitrag beschäftigt sich mit der übergeordneten Frage, wie es zu diesem Einbruch des gängigen Businessmodells kam, und er tut dies mit makroökonomischem Hintergrund, nicht mit dem mikroökonomischen des unternehmerischen Businessmodells. Medienwandel ist von ökonomischen Erfordernissen begleitet, und zwar von den ad hoc und einhellig einsehbaren (wie Finanzierungserfordernissen), aber auch den nicht so eindeutig quantifizierbaren, etwa die Rolle der Medien für die Beförderung und Ausweitung von Märkten. Wie Harold Innis überzeugend darlegte, wurden durch moderne Kommunikationsmedien immer weitere Teile der Gesellschaft in ein Marktsystem einbezogen, die Etablierung von Massenmärkten daher überhaupt erst möglich gemacht. Mehr als ein halbes Jahrhundert nach dessen Erscheinen ist Innis' Buch (1951) immer noch aktuell: Es beschreibt die Rolle von Massenmedien für die Weiterentwicklung des Kapitalismus. Bereits vor dem Siegeszug des Fernsehens beschrieb Innis die Funktionsmechanismen, die dieses neue Massenmedium so prominent machen sollten, und es wäre durchaus interessant (wenn auch für diesen Beitrag zu weit führend), die Schriften und Thesen Innis' auf das zeitgenössische Massenphänomen der Social Media zu übertragen.

Doch zurück zum Analysegegenstand des vorliegenden Beitrages: Die Regulationstheorie, ausgehend von Aglietta (1979), setzt sich mit langfristigen Veränderungen von Wirtschafts- und Gesellschaftssystemen auseinander, mit Blüte und Scheitern des Fordismus, mit Postfordismus und Neoliberalismus. In Grisold (2004) wird näher dargelegt, wie die Rolle der Medien in eben diesen Ansatz integriert werden kann. Die Kulturindustrie Fernsehen, *die* Medientechnologie der zweiten Hälfte des 20. Jahrhunderts, kann als *das* Leitmedium des Fordismus bezeichnet werden, und dies nicht nur aufgrund der oben beschriebenen Beförderung von Massenmärkten, sondern auch, um nur einige Punkte zu nennen, aufgrund der massiven Regulation des TV-Marktes (inklusive stark regulierter Produktionsbedingungen) oder der Ausdifferenzierung von Konsumgewohnheiten. Wenn im Folgenden der langfristige Wandel der Medienstrukturen exemplarisch an Hand der Kulturindustrie Fernsehen abgehandelt wird, so nicht zuletzt auch deshalb, weil sich anhand der TV-Industrie die langfristigen Veränderungen der ökonomischen und regulativen Konfigurationen auf Medienstrukturen in besonderer Deutlichkeit demonstrieren lassen.

2 Zwei sozio-ökonomische Schulen: Institutionalismus und Regulationstheorie

Die beiden dem Beitrag zugrundeliegenden Theoriestränge, die Institutionelle Schule und die Regulationstheorie, werden im folgenden Unterkapitel vorgestellt. Sie wurden ausgewählt, da sie unterschiedliche Ebenen der langfristigen Betrachtung von ökonomischem Wandel abbilden, und werden in diesem Artikel auf ihre Aussagekraft in Bezug auf den langfristigen Medienwandel hin fokussiert untersucht. Sieht die Regulationstheorie ihre Aufgabe darin, ökonomisch-gesellschaftliche Transformationsprozesse abzubilden, fragt die Institutionelle Schule nach den Grundvoraussetzungen sozioökonomischen Handelns.

2.1 Institutionalismus: Das Zusammenspiel von Kultur und Ökonomie

Die Beziehungen zwischen Marktinstitutionen und anderen institutionellen Arrangements - sei dies innerhalb des legislativen Rahmens, in Sitten und Gebräuchen und/oder im ethischen Verhalten - werden explizit in die Analyse der institutionalistischen Schule[2] einbezogen. Die Rolle des Marktmechanismus wird nicht in Frage gestellt, sondern als *ein* Transmissionsmechanismus von den Machtbeziehungen zu den distributiven und allokativen Ergebnissen gesehen. «What they insist is that a broader set of explanatory variables than those normally included in demand and supply analysis is necessary to understand such outcomes» (Foster 1991: 211). Soziale Institutionen werden definiert als rechtliche oder traditionelle Beschränkungen, die langlebige und routinisierte Verhaltensmuster bewirken (vgl. Hodgson 1988). Damit zeichnen sich die Institutionalisten durch einen pragmatischen Zugang zur empirischen Ökonomie aus. Für Forschungsvorhaben aus institutioneller Perspektive ist demzufolge eine genaue Kenntnis der relevanten institutionellen Strukturen und ihrer historischen Entwicklung notwendig. Institutionalisten diagnostizieren interaktive, also sich gegenseitig bedingende Beziehungen zwischen Marktinstitutionen und anderen institutionellen Bedingtheiten einer Gesellschaft. Daher ist in der institutionalistischen Theorie implizit auch eine Regulierungstheorie enthalten: Nachdem der Preismechanismus des Marktes ein Transmissionsmechanismus von den Machtbeziehungen zu den distributiven und allokativen Ergebnissen der Ökonomie ist, werden in dieser Theorie Institutionen die vorrangige Regulierungskraft zuge-

---

2 Es muss hier noch klargelegt werden, dass in diesem Artikel die «Alte», nicht die «Neue» Institutionelle Schule behandelt wird.

schrieben. Gesellschaftliche Konventionen sind es, sichtbar geworden in gesetzlichen Rahmenbedingungen, über Sitten und Gebräuche und über tradiertes Verhalten, die die Regulation der Ökonomie vornehmen. Auch die Pfadabhängigkeit ist zentral für die Institutionalisten: Wie sich ein ökonomisches System zukünftig entwickelt, ist vom Weg abhängig, den es in der Vergangenheit eingeschlagen hat. Daher können historische Entwicklungsprozesse in einer ökonomischen Betrachtung nicht ausgespart bleiben.

2.2 Institutionalismus und Mediensektor

Dass Institutionen eine wichtige Rolle bei der Bestimmung von ökonomischen Aktivitäten bilden, ist nicht zuletzt am Beispiel des Mediensektors gut zu demonstrieren. Im Folgenden wird exemplarisch dargestellt, welche unterschiedlichen Bereiche innerhalb des TV-Sektors als Institution analytisch zu erfassen sind.

In den Arbeiten der institutionellen Schule kann, mit Ausnahme der Beiträge von Galbraith (1983, 1970), den Kulturindustrien und besonders dem Massenmediensektor höchstens eine indirekte Relevanz zugeschrieben werden. Es gibt in der neueren Literatur der Alten Institutionellen Schule kaum Werke, die sich explizit mit den Kulturindustrien auseinandersetzen[3], weder aus einer theoretischen noch empirischen Perspektive. Die Anwendbarkeit des institutionellen Ansatzes auf die Bereiche der Kulturindustrie und der Massenmedien darin zu adressieren, wird hier vorgenommen, um den Zusammenhang von langfristigem Medienwandel und ökonomischem Wandel zu thematisieren.

Zentrale Aussage der Institutionalisten ist, dass kulturelle Werte und Normen auch für ökonomische Akteure essentiell, daher keineswegs vernachlässigbar sind. Und, so muss aus medienökonomischer Perspektive ergänzt werden, sie werden durch Massenmedien geformt, verstärkt oder auch abgeschwächt.

Wenden wir uns zuvor der Frage zu, in welcher Weise Massenmedien, besonders das Fernsehen, als *Institution* zu bezeichnen ist:

TV als Institution stellt ein zentrales zeitliches Strukturierungsmuster dar. Täglich sieht eine Person in der westlichen Welt durchschnittlich zwischen 2,5 und 3 Stunden fern. Ein institutionelles Umfeld, bestimmte Normen und Werte werden jedenfalls über das Fernsehen vermittelt, transportiert und gleichsam «angeboten»; wieweit sie tatsächlich auch angenommen werden, ist Gegenstand höchst widersprüchlicher Debatten der Medienwirkungsforschung. Klar scheint

---

3 Coyne und Leeson (z. B. 2009) stellen hier eine Ausnahme dar, sie beschäftigen sich mit Massenmedien als Motor des institutionellen Wandels.

jedoch, dass ein wie immer gewichteter Einfluss auf unsere Perzeption gegeben ist, darauf, wie wir die Welt (nicht zuletzt auch die ökonomische Welt) sehen und begreifen (vom generellen Menschenbild über Familiengestaltung bis hin zu Arbeitsbeziehungen). Nehmen wir das Beispiel der Sprache als Institution: Die Dominanz der großen gegenüber den kleinen Staaten kommt darin beispielhaft zum Ausdruck (bundesdeutsche Synchronisation und ihre Auswirkung auf österreichisches Deutsch; BBC-Gebrauch als Norm der englischen Hochsprache). Wenn nun diese formalisierte und hoch reglementierte Sprache von TV-Konsumenten zumindest in Teilen übernommen wird, so kann wohl schwerlich argumentiert werden, dass TV in all seinen sonstigen Aspekten neutral sei, oder anders formuliert, dass nicht auch analog zur Sprache bestimmte Ideologien und Sichtweisen der Welt wenigstens teilweise angenommen würden.

Innerhalb des TV-Sektors wäre die Abfolge der Nachrichten, der Einsatz von Filmen, wie generell der Aufbau von TV-Programmen (ähnlich dem Aufbau von Zeitungen, um ein anderes Beispiel aus den Kulturindustrien zu nennen) ebenso in den Bereich der Institutionen einzuordnen. So möchte ich die Fülle an Institutionen, die der wissenschaftlich-ökonomische Diskurs kennt und anführt, in Bezug auf mein Thema um solche Institutionen erweitern, die den Massenmedien, respektive dem Fernsehen, inhärent sind. Dabei soll stets im Blick behalten werden, dass Institutionen ebenso Ideen wie sozioökonomische Strukturen sein können. Die Institution der TV-Abendnachrichten strukturierte seinerzeit den Tagesablauf; Fußballspiele werden zunehmend zu TV-genehmen Zeiten angesetzt; Politiker beugen sich den Anfordernissen der Massenmedien nicht nur bei der Festlegung und der Präsentation ihrer Themen, immer häufiger wird bereits die Auswahl der KandidatInnen nach vorwiegend medienrelevanten Kriterien getroffen.

Informationen über Alltagsgeschehen, über politische wie kulturelle wie soziale Ereignisse, werden über Massenmedien vermittelt und transportiert; im Fernsehen noch dazu mit der Macht der Bilder, die Realität und Echtzeit suggerieren. Auch wenn die Cultural Studies in ihrer derzeitigen Forschungsausrichtung immer wieder betonen, dass Rezipienten das Gesehene durchaus widerständig zu interpretieren imstande seien und keineswegs alles unhinterfragt akzeptierten, was im Fernsehen gezeigt wird, so ist es doch die Macht der Repetition, die ein gewisses Menschenbild ebenso wie generelle «Bilder der Welt» verstärkt, Fragmentarisches und Kontingentes neu zusammensetzt und somit neu schafft.

Habituelles Verhalten, aber auch Präferenzstrukturen werden unterstützt durch Medienmacher, wie Bowles (1998: 100) es lapidar nennt. Dies ist auch ganz explizit gewünscht, ansonsten wäre Werbung unnötig.[4] Bei Hodgson (1994: 66) wird das Beispiel der Anschnallpflicht beim Autofahren herangezogen, welches - über legale Regelungen - zu einer Änderung des Verhaltens der Individuen führt; aber auch bei nichtrechtlichen (und damit nicht klar festgeschriebenen) Regelungen kann ähnliches geschehen. Dies wären dann auch Regeln, die vom System der Massenmedien vorgegeben über Symbole vermittelt werden. Solche Symbole, via Massenmedien transportiert, sind viel schwieriger zu fassen, aber nicht minder wirksam als rechtliche Regeln, besonders über längere Zeiträume hinweg.

Gerade im Zusammenhang mit Medien steht die Institution *Eigentum* zur Debatte, vollzog sich doch bei der Institution der Eigentumsrechte am Rundfunksektor ein radikaler Wandel, wie er zurzeit ja generell unter dem Label der «Privatisierung» festzustellen ist. Von volkswirtschaftlicher Seite ist dies nicht klar positiv abzuhandeln, kommt es doch im Rundfunkbereich zu Produzentensouveränität über die Einnahmenseite, da der Preismechanismus im Sinne der Neoklassik nicht greift. Daher kann mit Galbraith (1958) durchaus von öffentlicher Verwahrlosung bei vermehrter Privatisierung gesprochen werden. Eine folgerichtige Konklusion an dieser Stelle kann dementsprechend sein, dass kulturindustriellen Institutionen bzw. Massenmedien im Speziellen auch für die Betrachtung innerhalb der institutionellen Ökonomie weitaus größere Beachtung geschenkt werden müsste.

Informationen aus den Massenmedien sind es nicht zuletzt, die ein bestimmtes Weltbild mitprägen; über Massenmedien wird Komplexität reduziert. Dass dies zum Beispiel bei Nachrichtensendungen über alle Maßen passieren kann, das heißt bis zur bewussten Nichtinformation, ist der Medaille andere Seite: Die Abwägung zwischen: «Jeder muss uns verstehen können» sowie «Nachrichten müssen unterhaltsam sein» und dem Informationsauftrag scheint zunehmend zugunsten von ersterem auszugehen.

2.3   Zwischen Zähmung und Entfaltung: Der regulationstheoretische Ansatz

Den Hintergrund genereller ökonomisch-gesellschaftlicher Transformationsprozesse abzubilden, sieht die Regulationstheorie als ihre Aufgabe. Regulationstheorie ist eine Makrotheorie und fragt nach den Faktoren, die den Wandel markt-

---

4   Wer entgegnen möchte, dass Werbung reine Informationsfunktion und nicht Manipulationsfunktion habe, dem darf ich «Persil wäscht weißer» neben den «Faserschmeichlern» und «Richtige Männer nehmen Pitralon» entgegnen. Diese Auswahl lässt, dessen bin ich mir bewusst, auf mein Alter schließen, vielleicht aber auch - als Selbstversuch - auf diejenige Lebensperiode, in der Werbung am besten greift.

wirtschaftlicher Systeme vorantreiben, wobei auf unterschiedliche (z. B. nationale) Voraussetzungen eingegangen wird. Sie geht davon aus, dass die Effizienz sozialer Organisationen in der Stabilität ihrer internen Regeln liegt und dass die institutionellen Kompromisse nur dann Unsicherheit reduzieren, wenn diese Regeln befolgt werden. Überschneidungen zum Institutionalismus gibt es, da jegliches ökonomisches Handeln kulturell bedingt ist. Über ein System von Werten, Normen und Verhaltensweisen wird definiert, wie ökonomisches Handeln erfolgt. Es sind – und dies keineswegs zuletzt – kulturelle Praktiken und Symbolebenen (gesellschaftliche Konventionen ebenso wie tradierte, habituelle Verhaltensweisen), die ökonomische Prozesse entscheidend formen und mitprägen.

Spätestens nach dem Zusammenbruch des Realsozialismus und dem «Verschwinden» der Alternativen zum Kapitalismus sind die kritischen, nicht auf den Markt als alleiniges Steuerungsinstrument rekurrierenden Theorien drastisch knapper geworden. Die Regulationstheorie stellt eine mögliche Alternative zu diesen Entwicklungen vor, umso mehr, als sie von einem Konzept widerstrebender, um Dominanz ringender Interessenslagen ausgeht und nicht einen natürlichbesten Zustand postuliert, wie dies neoklassischen Analysen oftmals eingeschrieben ist.

Die Regulationstheorie thematisiert, auf John Maynard Keynes, Michal Kalecki und Karl Marx aufbauend, die Problematik der Veränderung von Makrostrukturen in modernen kapitalistischen Ökonomien und in langfristigen Zusammenhängen; sie geht mithin der Frage nach, wie sich im Kontext weitreichenden Wandels die Zusammensetzung und Funktionsweise moderner Ökonomien verändert. Dabei attestiert sie der Rolle von Institutionen (von denen der Marktmechanismus lediglich einen Aspekt darstellt) zentralen Stellenwert. Der Kapitalismus trägt sowohl zerstörerische Potentiale wie auch kreative, den Fortschritt befördernde Elemente in sich, die sich entweder in Richtung Zähmung oder in Richtung Entfaltung des Kapitalismus entwickeln können.

Eben diese zerstörerischen Potentiale können gemäß der Regulationstheorie keinesfalls systemimmanent, also der Eigenlogik des kapitalistischen Systems folgend, gelöst werden. Dieses ist prinzipiell krisenanfällig; es besitzt keine natürliche Tendenz zum Gleichgewicht, wie die Mainstream-Ökonomie gerne postuliert. Für die Regulationstheorie stellt sich die Frage nach den Perspektiven und Optionen der Stabilisierung des Kapitalismus in seinen unterschiedlichen Ausprägungen. Sie hat dabei sehr wohl den Anspruch, eine integrative *Grand Theory* zu sein, allerdings weniger als voll ausgereiftes Konzept, sondern vielmehr als Forschungsprogramm. Die Hypothese, die dem Regulationsansatz zugrunde liegt, lautet, dass der Kapitalismus eine Kraft zum Wandel in sich trägt, welchem kein inhärentes Regulationsprinzip zugeordnet ist. Dieses Prinzip muss vielmehr von einem Set an sozialen Mediationsmechanismen bereitgestellt werden, das die Akkumulation des Kapitals in Richtung sozialem Ausgleich leitet.[5]

Am Anfang der Entwicklung der Regulationstheorie stand die Thematik von Blüte und Scheitern des fordistischen Akkumulationsregimes. Federführend vorgenommen von Aglietta (1979), ging es um die analytische Bestimmung der Herausbildung einer Lohngesellschaft, die Massenkonsum ermöglichte und über (industrielle) Massenproduktion ein Wachstumsregime entwickelte, welches nachfrageseitig agierte. Im Wege stabiler Regulationen, besonders auch der industriellen Beziehungen, wurden kontinuierliche Beschäftigungsverläufe ebenso gesichert wie «garantierte» Profite im Rahmen von oligopolistisch eingeschränktem Wettbewerb. Nach der Great Depression der 1930er Jahre, in Europa auch nach Jahrzehnten der Bürgerkriege, des Faschismus und des 2. Weltkrieges, wurde somit eine Stabilisierung der Gesellschaften und hoher ökonomischer Fortschritt erreicht, das System war für einige Jahrzehnte äußerst erfolgreich, dann aber offensichtlich in zunehmendem Maße nicht mehr gesellschaftlich konsensfähig. Die Regulationstheorie setzt den Periodisierungsbemühungen von keynesianischen wie marxistischen Ansätzen (Stadientheorie, Theorie der langen Wellen) ein weitergefasstes Konzept entgegen, indem sie in historisch unterschiedliche Akkumulationsregimes und jeweils zugehörige, unterschiedliche Regulationsformen differenziert. Ihr Regulationsbegriff unterscheidet sich sowohl vom Konzept der Selbstregulation in der Neoklassik wie auch vom keynesianischen Begriff der Intervention und Reglementierung, welcher sich auf den Einfluss aktiver Politik bezieht.[6]

Akkumulationsweisen und Wachstum in entwickelten Ökonomien werden daher ebenso von sozialer Regulation gesichert, wie sie es von ökonomischer Regulation werden (vgl. Grisold 2009a; Kohlmorgen 2004). Jede historische Epoche ist gekennzeichnet durch ein spezielles Akkumulations- und ein spezielles, ihm entsprechendes Regulationsregime. Die Regulation beruht auf der «Gesamtheit institutioneller Formen, Netze und expansiver oder impliziter Normen, die die Vereinbarkeit von Verhaltensweisen im Rahmen eines Akkumulationsregimes sichern» (Lipietz 1985: 112). Die einzelnen Wachstumsperioden sind so-

---

5   Hier sei auf die Diskussionen der volkswirtschaftlichen Bedeutung von Verteilungsfragen von Einkommen und Vermögen verwiesen (vgl. Stiglitz 2012; Atkinson 2010; Wilkinson/Pickett 2009).

6   An dieser Stelle sei auch die Unterscheidung der beiden Begriffe «Regulierung» und «Regulation» angesprochen (vgl. Grisold 1996: 78ff.). Während unter Regulierung zumeist staatliche Eingriffe in marktwirtschaftliche Systeme verstanden werden, benennt «Regulation» die Gesamtheit institutionalisierter Normen und Regeln, die den Prozess der Produktion und der Nachfrage determinieren.

mit als Akkumulationsregimes charakterisiert, die eine Übereinstimmung von Produktions- und Konsumptionsnormen sichern. Die spezifischen Regulierungsformen - des Lohnverhältnisses, des Warenverhältnisses, der Staatsintervention - stellen eine Kohärenz zwischen Formen der ökonomischen und der institutionellen Organisation einer Gesellschaft her, welche sich in bestimmten Regulationsweisen ausdrückt.[7]

Die Dynamik der Akkumulation kann entlang dreier Achsen unterteilt werden (vgl. Becker 2002: 67): produktive/finanzgetriebene Akkumulation, extensive/intensive Akkumulation und introvertierte/extrovertierte Akkumulation. Unter dem extensiven Akkumulationsregime wird Wachstum über die Verlängerung des Arbeitstages, die quantitative Ausweitung der Arbeiterschaft etc. realisiert, die Produktionsmethoden unterliegen keiner gravierenden Veränderung, das Produktivitätswachstum bleibt. Das intensive Akkumulationsregime hingegen beruht auf Investitionen in fixes Kapital, die technischen Fortschritt nach sich ziehen, d. h. eine Erhöhung von Produktivität und Massenkonsum; die Produktionsbedingungen werden drastisch verändert und das Produktivitätswachstum ist hoch. Gleichzeitig bedingt eine geänderte Form des Lohnverhältnisses, dass sich die Löhne am Produktivitätswachstum orientieren und zunehmend für kapitalistisch produzierte Waren aufgewendet werden, was wiederum in einer Erhöhung der Absatzmöglichkeiten resultiert (vgl. Grahl/Teague 2000: 164). Letzteres kennzeichnet in charakteristischer Weise den Fordismus, der auch von einer produktiven Akkumulation gekennzeichnet war, die sich im Neoliberalismus dann zu einer finanzgetriebenen Akkumulation hin verschoben hat (vgl. Boyer 2000, Stockhammer 2004). Ebenso gab es eine Hinwendung zur extrovertierten Akkumulation, d. h. einer Exportorientierung, welche die erhöhten Absatzmöglichkeiten über höhere Löhne im Inland nicht mehr benötigt.

Das Regulationsregime ist verantwortlich dafür, die aus dem Prozess der Akkumulation erwachsenden Widersprüche zu minimieren und in ein kohärentes System überzuführen, es wird daher auch als institutionalisierte Erwartung bezeichnet (vgl. Boyer 1990). Die Regulierungsformen stellen sich folgenderma-

---

7   Der Begriff der Regulation ist zwei Wissenschaftsdisziplinen entnommen. Erstens der Kybernetik und Systemtheorie. Deren Grundannahme besagt, dass Systeme nur Bestand haben, wenn sie die wichtigsten Voraussetzungen ihrer Struktur selbst schaffen. Die Systemumwelt setzt nur minimale, aber rigide Grenzen. Zweitens der Ökonomie. Regulationseigenschaften waren schon immer ein Erkenntnisinteresse der ökonomischen Theorie (vgl. Hübner/Mahnkopf 1988: 14ff.). Hatten die Klassiker der politischen Ökonomie wie Adam Smith, Jean Baptiste Say oder David Ricardo noch Zweifel an den selbstregulierenden Eigenschaften von kapitalistischen Systemen, so sieht die Neoklassik dann die Herstellung eines Gleichgewichtes durch die Selbstregulation des ökonomischen Systems gewährleistet.

ßen dar. Die Muster, denen das Wirtschaftswachstum folgt, werden festgemacht an institutionellen Strukturen, die Inter- und Intra-Firmenbeziehungen regeln, ebenso die Beziehungen zwischen unterschiedlichen Kapitalformen wie auch die Beziehungen zwischen Kapital und Arbeit. Die kompetitive Regulation ist bestimmt über die Kontrolle der Arbeit und die wettbewerbliche Herausbildung von Preisen und Löhnen. Die monopolistische Regulation hingegen beinhaltet wissenschaftliches Management, oligopolistische Preissetzung und die Festsetzung von Löhnen über ein komplexes System von sozialpartnerschaftlichen Verhandlungen. Die Funktionsweisen dieser Regulationsprozesse sind überaus vielschichtig, da rahmengebende Konfigurationen sowohl kulturelle Stile wie politische Praxen inkludieren, welche von sozialen Erwartungen bis zu den formalen Traditionen des Staates (z. B. neoliberal, keynesianischen; siehe Jessop 2007) reichen.

Das Regulationsregime ist jenes Set an Normen, Werten, an Organisationen, die notwendig sind, um das Akkumulationsregime zu stabilisieren (vgl. Lipietz 1998). Das heißt, dieser Regulationsbegriff ist wesentlich breiter als der Regulierungsbegriff, der traditionellerweise in der ökonomischen und politologischen Literatur (z. B. Stigler 1971) zur Anwendung kommt. Der Regulierungsbegriff besagt: Wenn Märkte nicht funktionieren, so muss der Staat eingreifen. Die Regulation im Unterschied dazu beschreibt komplexe soziale Prozesse der Stabilisierung. Stabilität herrscht dann, wenn die Akkumulationsstrategien mit den unterschiedlichen Regulationen, seien sie ökonomisch, sozialpolitisch, kulturell, «zusammenpassen» und sich in dauerhaften Handlungsmustern niederschlagen. Als Vermittlungsinstanz sind Mediationen angeführt, die helfen, Akkumulation und Regulation konsensfähig zu akkordieren.

In meiner Studie «Kulturindustrie Fernsehen» (Grisold 2004), in der ich mich mit dem Wechselverhältnis von Massenmedien und Ökonomie auseinandergesetzt habe, wurde die Regulationstheorie als methodisch-theoretischer Rahmen herangezogen, um sowohl ökonomische Determinanten, die auf Massenmedien wirken, als auch umgekehrt die Wirkungsweisen von Massenmedien auf die Ökonomie auszuleuchten.

3   Medienwandel: Regulationstheorie und Massenmedien

Aus regulationstheoretischer Sicht ist zu analysieren, wie unterschiedliche Medien auf die vorherrschenden ökonomischen Akkumulations- und Regulationsweisen reagieren bzw. diese inkorporieren können.

3.1 Akkumulationsregime und Leitmedium

Hier sind noch einmal tabellarisch die wesentlichen Bestimmungsmomente aufgelistet, welche die Kulturindustrie Fernsehen zu DEM Leitmedium des Fordismus werden ließen:

Leitmedium des Fordismus: TV
- *Produktionsweisen*: Durch Massenmedium TV wird Massenproduktions-Absatz unterstützt
- *Arbeitsbeziehungen*: Stabile Arbeitsbedingungen im TV
- *Unternehmensstrukturen:* Gesicherte Absatzmärkte durch Regulierung des Marktzuganges
- *Wirtschaftspolitik*:
- Vielfältige Regulierungen: Öffentliche Finanzierung, wenig Werbung, ...
- TV großteils als öffentliche Unternehmen organisiert
- «Richtige» *Lebensweisen* werden aufgezeigt
- Ausdifferenzierung der *Konsumgewohnheiten*
- *Innovation* durch Sicherheit

Im Fordismus befördert die Kulturindustrie Fernsehen die Ausweitung der Märkte für massenproduzierte Waren, die Regulierung des TV-Sektors nimmt Bedacht auf die Marktbedingungen, beschränkt daher das Angebot an TV-Stationen, der Wettbewerb zwischen den (nationalen) TV-Stationen ist demnach gering. Die TV-Unternehmen finden gesicherte Absatzmärkte vordefiniert, Beschäftigte finden in TV-Stationen gesicherte Arbeitsbedingungen vor, was in den Creative Industries eine Ausnahme darstellt. Fernsehen wird als öffentliches Gut betrachtet und auch so finanziert. Somit verfügen TV-Stationen über hinreichende finanzielle Mittel, um Programm nach damaligen Standards qualitativ hochwertig gestalten zu können. Das Leitbild des Fordistisch-Egalitären setzt sich im für alle gleichermaßen zugänglichen Massenmedium Fernsehen adäquat fort, es werden einheitliche Lebensverläufe, stabil in vorgegebenen Bahnen verlaufend, propagiert.

Betrachten wir den derzeitigen Akkumulationsverlauf in hochentwickelten Volkswirtschaften bzw. Wirtschaftssystemen, so stoßen wir sehr bald an die engen Grenzen früherer Akkumulationsregime aus Gründen der Verlagerung der Produktionsschwerpunkte. Nicht mehr der Industrieproduktion kommt der Status des wirtschaftlichen Leitsektors zu, vielmehr machen die Dienstleistungen einen überwiegenden Teil der ökonomischen Aktivitäten aus. Damit sind einer Produktivitätssteigerung über intensive Akkumulation aber enge Grenzen gesetzt (wie Baumol mit der «Cost Disease» schon vor Jahrzehnten zu zeigen imstande war[8]), auch im Wege exzessiver Akkumulation öffnet sich kein großes Wachstumspotential. Viele Menschen sind bereits in den Arbeitsprozess integriert, eine Rückkehr zu 14-Stunden Arbeitstagen ist – so steht zu hoffen – nicht zu erwarten, sodass erhöhte Produktion nur mehr im Wege einer weiteren Verlängerung der Lebensarbeitszeit zu erreichen wäre, was aber sowohl den Interessen der jungen Arbeitsuchenden als auch denen der Arbeitgeber und eines Teils der Arbeitnehmer zuwiderzulaufen scheint.

Auf Regulationsseite kann daher eine Gegensteuerung vermittels gesteigerter Ausbeutung der Entwicklungsländer versucht werden, oder aber eine Verankerung einer intensiveren kompetitiven Regulation in den Köpfen der Menschen (was in der Tat seit geraumer Zeit unternommen wird, nicht zuletzt auch über Medieninhalte, siehe dazu Hofmann (2010) für eine systemtheoretische Perspektive dieser Entwicklung der *Contestants*, des Menschenbildes des Wettbewerbers). Wie bereits die Segmentationstheorie in den 1980er Jahren für Arbeitsmärkte schlüssig belegen konnte, ist analog auch im derzeitigen Regulationsregime eine Zweiteilung zu konstatieren: Für monopolähnliche Unternehmen und für deren Management gilt weiterhin monopolistische Regulation, für den großen Rest der Unternehmen und der Arbeitnehmer hingegen die kompetitive Regulation (zunehmend auch für die vormals «geschützten» Arbeitsbereiche der öffentlich Bediensteten, die verstärkt ausgegliedert, flexibilisiert und marginalisiert werden, siehe Flecker/Hermann 2012).

Aus ökonomischer Perspektive ist die Marktöffnung ein zentrales Element der Transformation zum Neoliberalismus, sowohl auf Basis des freien Warenverkehrs (Handelsunionen, Zollreduzierung) wie auch der Öffnung der Finanzmärkte und des freien Kapitalverkehrs. Diese globalen Phänomene verändern die Unternehmensstrukturen tiefgreifend. Es gibt größere Unsicherheit, eine stärker wettbewerbliche Orientierung, der klassentranszendierende Konsens («ihr habt gesicherte Absatzmärkte, dafür haben wir auch klar definierte Lohnabschlüsse») bricht auf. Von Seiten staatlicher Akteure wird eine weitgehende Rücknahme politischer Gestaltbarkeit als gegeben angenommen, es erfolgt somit ein Rück-

---

8   Hauptpunkt des «Cost Disease»-Konzeptes ist es, die im Zeitablauf steigenden Kosten für Dienstleistungen und kulturelle Güter zu begründen: Die Arbeitskosten wachsen um die gleiche Rate wie in anderen Industrien, die Möglichkeiten, arbeitssparende technische Neuerungen einzusetzen, sind aber sehr gering bis nicht existent (vgl. Baumol/Baumol 1984).

zug staatlicher Aktivität auf die Ermöglichung von Märkten. Dies folgt neoliberalen Prämissen: Wenn noch staatlich reguliert wird, dann nur dahingehend, den Wettbewerb zu fördern. Die Privatisierung möglichst aller Wirtschaftszweige ist demnach ein signifikantes Charakteristikum des Neoliberalismus, mit dem die Diskreditierung öffentlicher Güter einhergeht (vgl. auch Engartner 2008, Grisold 2004, Raza 2003).

Neoliberalismus und Fernsehen
- Liberalisierung des TV-Sektors
- Atypisierung der Arbeitsverhältnisse
- Größerer Wettbewerb am Werbe- und Publikumssektor
- Individualität proklamiert, Programm aber einheitlicher und konformer
- Wettbewerb und Selbstregulierung auch für Massenmedium TV propagiert
- Ermöglichung von Marktbedingungen aufgrund der spezifischen Situation am TV-Markt nicht befriedigende Ergebnisse, aber:
- Diskreditierung der öffentlichen Gut-Eigenschaften von TV

Den neoliberalen Transformationsprozessen ist eine starke kulturelle Komponente und kulturelle Normveränderung eigen; dass sie in dieser Form eben auch eine Veränderung der Regulationsregime im Sinne anerkannter Normen und Werte bewirkt, ist ein zusätzlicher, mit den Prozessen der Normenveränderung auf das Engste verknüpfter Aspekt (vgl. Kohlmorgen 2004). Lutz Musner, Vizedirektor des IFK Wien (Internationales Forschungszentrum Kulturwissenschaften), hat dies einmal als «Zurichtung der menschlichen Psyche auf die Akkumulationsweise» bezeichnet. Ihre Intention ist es, die Flexibilisierung der Beschäftigung, unsichere Beschäftigungsformen nicht nur zu rechtfertigen, sondern, mit Schlagworten wie «Leistung muss sich wieder lohnen» belegt, als erstrebenswert zu postulieren.[9] Waren auch im Fordismus die Einkommen nicht wirklich egalitär verteilt, so musste man zu neoliberalen Zeiten feststellen, dass dieser Gap sich noch um ein Vielfaches auseinanderentwickeln kann (vgl. Atkinson/Piketty 2010; Harvey 2005). Die stärkere Betonung der Individualität, die Vorstellung, jeder sei «seines Glückes Schmied», entspricht perfekt dem neuformulierten Wertekanon. So auch das Schlagwort der Selbstregulation: Wenn von Seiten der Politik die möglichst friktionsfreie Etablierung der Rahmenbedingungen einer Selbstregulation der Märkte propagiert wird, so bleibt tunlichst unerwähnt, welch

---

9   In diesem Kontext passt sich hervorragend die steigende Wertigkeit der Creative Industries ein, die ebensolchen Idealen nachhängt (vgl. Miklautz 2011).

enormes Ausmaß an staatlicher Regulation dafür notwendig ist (vgl. Grisold et al. 2010).

Des Weiteren, und in unserem Kontext durchaus folgenschwer, werden öffentliche Güter diskreditiert und immer weiter abgebaut (vgl. Pelizzari 2001); die Idee eines «kollektiven Mehrwerts» ist beinahe schon auf den Status eines Schimpfwortes verwiesen. Dafür ist das schnelle Glück, das sozialdarwinistisch inspirierte Überleben im (realen wie imaginären) Dschungel und dergleichen mehr, abgebildet und vorgeführt im Fernsehen in Reality und Game Shows (der Verzehr von Würmern durch die Contestants inklusive), en vogue geworden. Nicht immer ist es schön, was getan werden muss, vielleicht auch entwürdigend, aber dem Schnellen, Unerschrockenen, Geschickten und Kämpfenden winken Ruhm, Ehre und ... natürlich Geld. Schnelles Geld, das nicht an die mühselige Produktion von Gütern und Dienstleistungen gekoppelt ist.

3.2 Die Mediationsfunktion des Fernsehens

Setzen wir den Fernsehsektor in Bezug zur Regulation, so kann der enge Konnex zwischen Ökonomie und Kultur im Übergang vom Fordismus zum Neoliberalismus gleichsam exemplarisch erläutert werden. Dem wirksamsten neuen Medium der zweiten Hälfte des 20. Jahrhunderts, dem Fernsehen, kommt dabei Mediationsfunktion in dem Sinne zu, als es dem Wirtschafts- und Gesellschaftssystem Stabilität zu verleihen imstande ist. In einer Zeit der Erosion der traditionellen sozialen Mediationsmechanismen des fordistischen Zeitalters ist das Fernsehen Mediation an sich, und zwar in zweifacher Hinsicht (vgl. Grisold 2004: 225): Zum einen kommt ihm die Funktion der Kanalisierung individueller Interessen und der Herstellung symbolischer Verbundenheit in einer immer stärker individualisierten Gesellschaft zu. Zum anderen wird Rundfunk zu einem immer wichtigeren Werbeträger, forciert dieserart Wettbewerb über Marktanteilsausweitung und zugleich soziale Identifikation mit den Produkten und Gütern des Massenkonsums.

Andererseits ist festzustellen: Wenn Gesellschaften sich immer weiter ausdifferenzieren, wenn alte soziale Strukturen sich auflösen (betriebliche, gewerkschaftliche), bleibt Fernsehen längere Zeit als Strukturierungselement zwar noch erhalten, verliert aber an Kraft, wird zunehmend aufgelöst im Regime der ausschließlichen Marktlogik, damit auch tendenziell unattraktiv für das Publikum, was sich an sinkender Reichweite insbesondere in der jüngeren Bevölkerung zeigt (für die gewöhnlich das Alternativangebot des Internets verantwortlich gemacht wird, und tatsächlich ja eine weitreichende Technologietransformation stattgefunden hat). Staatliche/Öffentliche Regulierungen von Märkten werden sukzessive diskreditiert, als im besten Sinne unnötig, im extremsten Sinne kontraproduktiv angesehen. Diese Entwicklungen erfassen auch öffentlich finanzierte Unternehmen, z. B. den öffentlich-rechtlichen Rundfunk. Mehr und mehr ist dessen Selbstverständnis das eines privatwirtschaftlichen Unternehmens, er agiert als solches, wird als solches beraten und entwickelt eine Unternehmenskultur, die dies verstärkt. Im Wettbewerb mit privaten Rundfunkstationen entsteht eine Aura der Marktlichkeit, gleichzeitig bringt der zunehmende Wettbewerb auch die Notwendigkeit marktwirtschaftlicher Aktivitäten mit sich; Ausstrahlungsrechte für attraktives Programm sind ebenso wettbewerblich zu erlangen wie Werbeeinnahmen.

3.3   Deregulierung als Prämisse oder: Stirbt das Fernsehen?

Vom Fordismus als umfassendes soziales Regulationssystem verändert sich das Gesellschafts- und Wirtschaftssystem hin zu einem verstärkt konkurrenzgeleiteten Individualismus. Diese Transformation wurde durch Fernsehinhalte mit befördert. Die These dieses Artikels ist: Die Liberalisierung des Rundfunksektors in den letzten drei Jahrzehnten hat die Mediationsfunktion des Fernsehens verstärkt, gleichzeitig aber auch den Niedergang des Fernsehens befördert. Eine Abhandlung zur TV-Industrie würde heute daher wohl besser mit: «How television is dying» überschrieben. Als gängige Erklärung für diesen Befund gilt die Entwicklung bzw. der Durchbruch neuer Medien, der sogenannten Social Media. Darüber hinaus ist aber auch eine andere, immanente Logik zu identifizieren, die der Deregulierung und den daraus resultierenden Marktkräften geschuldet ist. Anders ausgedrückt: Die Kulturindustrie Fernsehen ist für neoliberale Wettbewerbsmärkte nicht geschaffen, das Auseinanderklaffen von Idee und Praxis des Wettbewerbs generiert Medienwandel, aber nicht im Sinne von Schumpeters «kreativer Zerstörung», sondern durch die Wahl der Regulationsweise und den daraus resultierenden ökonomischen Veränderungen in der Kulturindustrie Fernsehen selbst.

Ausgangspunkt ist die Geschichte der De-(oder Re-)Regulierung der letzten drei Jahrzehnte, die «Liberalisierung» des Rundfunkmarktes, wie sie forciert durch die Politik der EU seit den 1980er Jahren durchgeführt wurde und als «kontrolliertes Experiment» bezeichnet werden könnte. «Experiment» deswegen, weil die als solche angenommenen Vorzüge der Marktwirtschaft in dieser Industrie getestet werden konnten, und «kontrolliert», weil es mit einer Änderung, nicht aber Aufhebung der bis dato in Funktion befindlichen Regulationsweisen einherging. Die «Liberalisierung» des Fernsehmarktes konnte – zwar nicht im perfekten *ceteris paribus*, aber doch unter näherungsweise vorfindbaren Bedingungen – in alltäglicher Praxis der Frage nachgehen, welche Funktionen denn der Markt erfülle, und welche Veränderungen der Produkte, der Inhalte der Kulturindustrie Fernsehen damit korrespondieren würden.

Ein immer wieder ins Treffen geführtes Argument für die Liberalisierung des Rundfunkmarktes war die inhaltliche Vielfalt, die mit einer Ausweitung des Angebotes zu erreichen wäre. Wenn wir nun das Paradox konstatieren müssen, dass der Anstieg des Wettbewerbs letztlich zu weniger vielfältigem Output geführt hat, so sind die Erklärungen dazu an anderer Stelle detaillierter erörtert (Grisold 2009b, 2004; Lange 2008; McChesney 2008). Die spezifischen Kostenstrukturen in der Produktion, die Wiederverwertungsmöglichkeiten, die Nichtexistenz von Konsumentensouveränität ebenso wie die ökonomische Logik von Unternehmenskonzentration führen zu Produktstandardisierungen, die die Inhalte des Massenmediums Fernsehen auch zunehmend weniger attraktiv werden lassen.

4 Einige Anmerkungen zur Methodik

Bislang in diesem Artikel Festgestelltes kann analytisch abgeleitet, in Teilen auch empirisch nachgewiesen werden. Während die Datenlage in jenen Bereichen, die für den Verkauf von Werbezeiten notwendig sind (Reichweiten) und in jenen, die rechtlich reguliert werden (Änderungen der Regulierungsvorschriften) als relativ gut bezeichnet werden darf, stehen in anderen Bereichen, z. B. bei den Kostenstrukturen, bestenfalls «stylized facts» zur Disposition. Schwieriger noch gestaltet sich die Datenlage zur längerfristigen Veränderung von TV-Programmen. Selbst die Messung von Quantitäten nach Programmgenres ist als durchaus interpretierbar zu bezeichnen (z. B. die Diffizilität, was denn der Kategorie «Informationssendung» zuzurechnen sei), Qualitätsveränderungen sind in letzter Instanz nicht objektiv messbar. Trotzdem ist eine große Linie erkennbar: Die Programmstrukturen der sich mehrenden TV-Stationen werden einander ähnlicher, sind mit sich ausweitenden Werbesendungen durchdrungen, neue Formate stellen die Ausnahme dar, die Übernahme bereits erfolgreicher wird der Entwicklung neuer Formate vorgezogen (siehe dazu den Artikel von Seufert in diesem Band).

Von Seiten der Institutionalistischen Schule, die Normen und Werte als konstitutiv für ökonomisches Handeln ansieht, wird als methodische Empfehlung für konkrete Forschungsvorhaben eben die bereits benannte Mesoebene vorgeschlagen, die Untersuchung konkreter Fragestellungen in räumlich, branchenmäßig und historisch festgelegten empirischen Abschnitten, um ein komplexes Setting an Annahmen über einen Methodenmix noch handhabbar zu halten. Für die hier aufgezeigte Fragestellung nach der Interdependenz zwischen Regulierung und medienökonomischer Entwicklung in ihrem gegenseitigen Durchdringen und Bedingen scheint ein Analyserahmen sinnvoll, der zeitlich, medienspartenmäßig und geografisch eingegrenzt ist, z. B. zeitlich die letzten drei Jahrzehnte, die Konzentration auf die Kulturindustrie Fernsehen und ein komparatistischer Ansatz. Das Thema des langfristigen Medienwandels zeigt aber ein weiteres Mal, dass die quantitative Perspektive des Zählens und Messens nicht ausreicht, komplexe langfristige Veränderungen zu erfassen. Qualitative Veränderungen sind zwar sichtbar, aber schwer empirisch zu fassen; nichtsdestotrotz dürfen sie in einer soliden wissenschaftlichen Analyse keinesfalls vernachlässigt werden.

5 Resümee: Langfristiger Medienwandel anhand der Kulturindustrie Fernsehen

Der vorliegende Artikel diskutiert den Wandel von Medienstrukturen vor dem Hintergrund genereller ökonomisch-gesellschaftlicher Transformationsprozesse. Er zieht dazu die Kulturindustrie Fernsehen heran, die am Beispiel der regulationstheoretischen Verortung in ihrer Hochblüte wie ihrem Niedergang exemplifiziert wird.

Der Institutionalismus vermag die Kulturindustrie Fernsehen als Institution zu verorten. Indem die Sphären des Ökonomischen und des Kulturellen, des Materiellen und des Symbolischen integrativ zusammengedacht werden (ganz im Sinne seines Begründers Thorstein Veblen), bietet er methodische Vorschläge zur Analyse auf der Mesoebene.[10]

Die Regulationstheorie hingegen zeigt, dass Regulationen unterschiedlich gesetzt werden können; sie können entweder zur Zähmung oder zur Entfaltung des Kapitalismus wirksam werden, es gibt keine Zwangsläufigkeit in Richtung Wettbewerb. Die letzten beiden Jahrzehnte standen ganz im Zeichen der Entfaltung weitgehend deregulierter Märkte. Wie die Ereignisse im Gefolge des drastischen globalen Marktversagens der Finanzkrise ab 2007 allerdings so anschaulich vor Augen geführt haben, scheint die Zeit für eine Mobilisierung der Kräfte der Zähmung erneut und dringlich gegeben.

---

10 Die in Grisold (2002) umgesetzt wurden, um eine empirische Analyse von vier europäischen Ländern durchzuführen.

Literatur

Aglietta, Michel (1979): A Theory of Capitalist Regulation. The US Experience. London: Verso.

Atkinson, Anthony B. (Hrsg. 2010): Income and living conditions in Europe. Eurostat, European Commission. Luxembourg: Publications Office of the European Union.

Atkinson, Anthony/Piketty, Thomas (2010): Top Incomes - A Global Perspective. Oxford: OUP.

Baumol, Hilda/Baumol, William (1984): The Mass Media and the Cost Disease. In: Hendon, William/Shaw, Douglas/Grant, Nancy (Hrsg.): The Economics of Cultural Industries. Cambridge, Mass.: Akron, S. 109-123.

Becker, Joachim (2002): Akkumulation, Regulation, Territorium. Zur kritischen Rekonstruktion der französischen Regulationstheorie. Marburg: Metropolis Verlag.

Bowles, Samuel (1998): Endogenous Preferences. The Cultural Consequences of Markets and other Economic Institutions. In: Journal of Economic Literature, March, S. 75-111.

Boyer, Robert (2000): Is a Finance-Led Growth Regime a Viable Alternative to Fordism? In: Economy and Society, No. 29 (1), S. 111-145.

Boyer, Robert (1990): The Regulation School: A Critical Introduction. New York: Columbia University Press.

Coyne, Christopher J./Leeson, Peter T. (2009): Media as a Mechanism of Institutional Change and Reinforcement. In: Kyklos, 62, Nr.1, Oxford: Blackwell Publishing Ltd, S. 1-14.

Engartner, Tim (2008): Privatisierung und Liberalisierung – Strategien zur Selbstentmachtung des öffentlichen Sektors. In: Butterwegge, Christoph/Lösch, Betina/Ptak, Ralf (Hrsg.): Kritik des Neoliberalismus.Wiesbaden: VS Verlag, S. 87-134.

Flecker, Jörg/Hermann, Christoph (Hrsg. 2012): Privatization of Public Services. Impacts for Employment, Working Conditions, and Service Quality in Europe. London: Routledge.

Foster, John (1991): The Institutionalist (Evolutionary) School. In: Mair, Douglas/Miller, Anne (Hrsg.): A Modern Guide to Economic Thought. Hants, S. 207-232.

Galbraith, John Kenneth (1983): The Anatomy of Power. Boston: Houghton Mifflin.

Galbraith, John Kenneth (1970): Economics as a System of Belief. In: The American Economic Review, 60, Nr.2, S. 469-478.

Galbraith, John Kenneth (1958): The Affluent Society. Cambridge Mass: The Riverside Press.

Grahl, John/Teague, Paul (2000): The Regulation School, the Employment Relation and Financialization. In: Economy and Society, No. 29(1), S. 160-178.

Grisold, Andrea/Maderthaner, Wolfgang/Penz, Otto (Hrsg.) (2010): Neoliberalismus und die Krise des Sozialen. Das Beispiel Österreich. Wien, Köln, Weimar: Böhlau Verlag.

Grisold, Andrea (2009a): Regulationstheorie und Kulturtheorie. In: Zeitschrift für Kulturwissenschaften, S. 117-120.

Grisold, Andrea (2009b): Zur politischen Ökonomie der Medien. Eine heterodoxe Erweiterung. In: Becker, Joachim/Grisold, Andrea/Mikl-Horke, Gertraude/Pirker, Reinhard/Rauchenschwandtner, Hermann/Schwank, Oliver/Springler, Elisabeth/Stockhammer, Engelbert (Hrsg.): Heterodoxe Ökonomie. Wien: Metropolis Verlag, S. 147-176.

Grisold, Andrea (2004): Kulturindustrie Fernsehen: zum Wechselverhältnis von Ökonomie und Massenmedien. Wien: Löcker Verlag.

Grisold, Andrea (2002): Was haben Pavarotti und Fordismus gemein? Produktionsbedingungen in den Kulturindustrien am Beispiel Fernsehen. Wien: WUW.

Grisold, Andrea (1996): Regulierungsreformen am Mediensektor. Der ‚Fall' Österreich. Wien, Frankfurt a. Main, New York: Lang Verlag.

Harvey, David (2005): A Brief History of Neoliberalism. Oxford: Oxford University Press.

Hodgson, Geoffrey (1994): The Return of Institutional Economics. In: Smelser, Neil J./Swenberg, Richard (Hrsg.): The Handbook of Economic Sociology. Princeton, New York: Princeton University Press, S. 58-76.

Hodgson, Geoffrey (1988): Economics and Institutions. A Manifesto for a Modern Institutional Economics. Cambridge: Polity Press.

Hofmann, Martin (2010): Der Contestant und das Fernsehen. Die Konstituierung des neoliberalen Menschenbildes in systemtheoretischer Analyse. Wien: Diplomarbeit.

Hübner, Kurt/Mahnkopf, Birgit (1988): École de la Regulation. Eine kommentierte Literaturstudie. In: WZB-discussion papers, Berlin.

Innis, Harold A. (1951): The Bias of Communication. Toronto: University of Toronto Press.

Jessop, Bob (2007): Kapitalismus, Regulation, Staat. Ausgewählte Schriften. Hamburg: Argument Verlag.

Kohlmorgen, Lars (2004): Regulation, Klasse, Geschlecht – Die Konstituierung der Sozialstruktur im Fordismus und Postfordismus. Münster: Westfälisches Dampfboot.

Lange, Bern-Peter (2008): Medienwettbewerb, Konzentration und Gesellschaft. Interdisziplinäre Analyse von Medienpluralität in regionaler und internationaler Perspektive. Wiesbaden: Verlag für Sozialwissenschaften.

Lipietz, Alain (1998): Nach dem Ende des «Goldenen Zeitalters». Regulation und Transformation kapitalistischer Gesellschaften. Ausgewählte Schriften. Hamburg: Argument Verlag.

Lipietz, Alain (1985): Akkumulation, Krisen und Auswege aus der Krise: Einige methodische Überlegungen zum Begriff «Regulation». In: PROKLA 58, S. 109-137.

McChesney, Robert (2008): The Political Economy of Media: Enduring Issues, Emerging Dilemmas. New York: Monthly Review Press.

Miklautz, Elfie (2011): Creative Industries - eine antiökonomische Ökonomie? In: Mikl-Horke, Gertraude (Hrsg.): Soziöokonomie. Die Rückkehr der Gesellschaft in die Wirtschaft. Marburg: Metropolis S. 349-367.

Pelizzari, Alessandro (2001): Die Ökonomisierung des Politischen. New Public Management und der neoliberale Angriff auf die öffentlichen Dienste. Konstanz: UVK Verlag.

Raza, Werner (2003): Politische Ökonomie und Natur im Kapitalismus. Skizze einer regulationstheoretischen Konzeptualisierung. In: Brand, Ulrich/Raza, Werner (Hrsg.): Fit für den Postfordismus? Münster: Verlag Westfälisches Dampfboot, S. 158-174.

Scott, Ben (2009): Interview in Washington DC.

Stigler, Georg (1971): The Theory of Economic Regulation. In: Bell Journal of Economics, Nr. 2, S. 3-21.

Stiglitz, Joseph E. (2012): The Price of Inequality: How today's divided society endangers our future. New York: Norton.

Stockhammer, Engelbert (2004): Financialisation and the Slowdown of Accumulation. In: Cambridge Journal of Economics, 28, S. 719-741.

Wilkinson, Richard G./Pickett, Kate (2009): The Spirit Level: Why More Equal Societies Almost Always Do Better. London: Lane.

Krisenhafte kapitalistische Produktionsweise als Triebkraft für Restrukturierungen und Transformationen (in) der Medienindustrie

Erklärende Theorieelemente einer Kritik der politischen Ökonomie der Medien

Manfred Knoche

Ziel dieses Beitrags ist es, auf der Basis von Theorieelementen einer Kritik der politischen Ökonomie der Medien empirisch identifizierbare Phänomene von langfristigen Restrukturierungen und Transformationen (in) der Medienindustrie theoretisch-wissenschaftlich zu erklären. Untersuchungsgegenstand sind dabei – über die „klassischen" Massenmedien hinausführend – Veränderungsprozesse (in) einer „erweiterten" Medien- und Kommunikationsindustrie (vgl. Knoche 1999: 151ff.).

Als grundlegendes Erklärungs-Modell dient die kapitalistische Produktionsweise[1] als primäre Triebkraft[2] für strategisches Handeln von Medienunternehmen als den hauptsächlich aktiven «Strukturwandlern». Die kPw umfasst als dominante Produktionsweise der durch sie gekennzeichneten kapitalistischen Gesellschaftsformation auch die dominante Distributions-, Konsumtions- und Lebensweise der Gesellschaftsmitglieder. Insofern ist die kPw auch eine «Triebkraft» mit Erklärungskraft für das Verhalten und Handeln von Werbetreibenden, Politikern/Staat, Banken, Informationslieferanten, tendenziell der gesamten Bevölkerung. Deswegen wird der kPw auch eine generelle theoretische «Erklärungskraft» zuerkannt.

In Anwendung der in der Marx'schen Kritik der Politischen Ökonomie entwickelten dialektischen Denkweise und Analysemethode (vgl. Marx 1970, 1962/ 1989, 1961) und ihren aktuellen Weiterentwicklungen einer «Neuen Marx-

---

1 im folgenden Text als «kPw» abgekürzt.
2 Die Metapher «Triebkraft» wird hier im Sinne von Antrieb, Impuls, Movens, Motor, Motivation, tendenziell als Notwendigkeit/Zwang für unternehmerisches und individuelles/kollektives Handeln verwendet. Kapitalistische Medienunternehmen treiben als «getriebene Treibende» mittels «Antreiben» der abhängig Arbeitenden den «Medienwandel» bewusst im Interesse der Kapitaleigner voran.

Lektüre» (vgl. insbesondere Haug 2013, Bonefeld/Heinrich 2011, Harvey 2011, Heinrich 2011b, Hoff 2009, Elbe 2008) wird die kPw als *grundsätzlich widersprüchlich* und *krisenhaft* gesehen[3]. Folglich wird kein linear-monokausal-deterministisches Erklärungs-Grundmodell angewandt, sondern widersprüchliche Elemente der krisenhaften kPw werden als grundlegende Bestimmungsfaktoren für das Verhalten und Handeln von Akteuren gesehen.

1 „Medien(struktur)wandel" in der Kommunikationswissenschaft

1.1 Kritik der gebräuchlichen Denkweise

Der dominante Gebrauch des Begriffs «Medien(struktur)wandel» signalisiert eine spezifische gebräuchliche Denkweise mit dafür typischen Aussagen wie *sich wandelnde Medienwelt*, *sich* ausdifferenzierendes Mediensystem. Wandel bekommt damit die Weihe von etwas «Natürlich-Übernatürlichem», einem «deus ex machina», verdinglicht als ein fast unerklärliches Naturereignis, welches quasi schicksalhaft geschieht oder *sich* vollzieht. Entsprechend wird die irrige Vorstellung verbreitet, Unternehmen seien vom Wandel «betroffen», müssten sich diesem «anpassen». Kontinuierlich durchgeführte Restrukturierungsmaßnahmen erscheinen somit als «Reaktion» auf Wandel. Durch diese Umkehrung wird verdeckt, dass «Medienstrukturwandel» in Wirklichkeit *Ergebnis* von zielgerichtetem (strategischem) unternehmerischem Restrukturierungs-Handeln ist.

Bei vielem, was bislang in der Kommunikationswissenschaft vorschnell als «Strukturwandel» – oftmals beschränkt auf einen technischen Wandel[4] – bezeichnet wird, handelt es sich in Wirklichkeit nur um (zyklisch) verlaufende Veränderungen von Oberflächenphänomenen als Erscheinungsformen.

1.2 Denkweise auf Basis einer Kritik der politischen Ökonomie der Medien

Zur Beantwortung der Grundsatzfrage, welche Veränderungen mit welchem Realitätsgehalt als «Medienstrukturwandel» gelten können, ist die Festlegung eines höheren Abstraktionsniveaus der wissenschaftlichen Analyse zielführend.

---

3 Meine nachfolgenden Überlegungen sind im vorgegebenen Rahmen nur als Einstieg in eine meines Erachtens die Diskussion um «Medienstrukturwandel» anregende kapitalismuskritische Literatur aus Nachbardisziplinen konzipiert, die innerhalb der Kommunikationswissenschaft bislang nicht zur Kenntnis genommen wurde.

4 Technischer Wandel wird sogar oftmals fälschlicherweise als *verursachender Akteur* dargestellt, was in gebräuchlichen Formulierungen wie «Das Internet bewirkt/verlangt» oder «Verlage müssen auf das Internet reagieren/sich anpassen» zum Ausdruck kommt.

Veränderungen können dadurch in ihrer unterschiedlichen Qualität als mehr oder minder substantielle, grundlegende Entwicklungsphasen/-etappen, Umbrüche, Übergänge, Substitution oder als langfristige Tendenzen wahrgenommen werden. Hierzu werden im Folgenden vorwiegend empirisch identifizierbare *Restrukturierungen* in der Medienindustrie auf dem Abstraktionsniveau der Marx`schen Kategorien der kPw betrachtet. In Verbindung damit können auch *grundlegende Restrukturierungen* zur Veränderung der *Machtverhältnisse* als *Transformationen* (in) der Medienindustrie gekennzeichnet werden.

Auf einer höheren Abstraktionsebene ist die prinzipielle Möglichkeit einer (partiellen) *Transformation der Produktionsweise* der privatwirtschaftlichen profitorientierten Medienindustrie in eine nicht-kapitalistische Medienproduktion und -distribution einzustufen. Hierzu gehören auch gesellschaftlich relevante Transformationen hinsichtlich der gegenwärtig herrschenden Produktionsverhältnisse mit dem Antagonismus von Produktionsmittel-Eigentümern und lohnabhängigen oder «freien» Arbeitskräften.

Schließlich ist es Gegenstand einer kritischen Analyse, in welchen Bereichen *keine* oder *kaum* Veränderungen zu beobachten sind, zum Beispiel hinsichtlich der Produktionsverhältnisse mit spezifischen Eigentums-, Aneignungs- und Verfügungsformen. Die Identifizierung und Erklärung von relevanten *Nicht*-Veränderungen ist meines Erachtens für Wissenschaft und Praxis bedeutsamer als die übliche Dokumentation einer verwirrenden Vielzahl von weniger relevanten «Wandel»-Phänomenen. Ein derartiges wissenschaftliches Erkenntnisinteresse könnte zum Beispiel eine Forschung mit dem Ziel stimulieren, den Ideologiegehalt von vielfältigen «Strukturwandel»-Thematisierungen im Sinne von interesseorientierter Legitimierung, Ablenkung oder Irreführung zu erkennen.

Zwar hat Marx keine «Kritik der politischen Ökonomie der Medien» vorgelegt, in den Werken von Marx und Engels sind hierfür jedoch viele geeignete wissenschaftliche Grundlagen zu finden (vgl. Fuchs 2011: 135ff, 2009 a, b). Die Spezifik einer zugleich stofflichen und nicht-stofflichen Form der Medienproduktion sowie die Spezifik der Vielzahl an Erlösquellen rechtfertigen bzw. erfordern die Entwicklung einer tendenziell eigenständigen Kritik der politischen Ökonomie der *Medien*. Diese Medienspezifik ist auch deshalb erforderlich, weil die Medienwirtschaft elementare gesamtwirtschaftliche und politisch-ideologische Funktionen erfüllt. (vgl. Knoche 2002, 2001)

Die diesem Theorieansatz zugrundeliegende wissenschaftliche Denkweise kann in ihrer allgemeinsten Form so charakterisiert werden: «Alle Wissenschaft wäre überflüssig, wenn die Erscheinungsform und das Wesen der Dinge unmittelbar zusammenfielen» (Marx 1962/1989: 825). Dem entspricht die generelle Zielsetzung, die Vielfalt von Erscheinungsformen auf höherem Abstraktionsniveau als «Wesentliches» in einem systematisch-theoretischen Zusammenhang zu analysieren und zu erklären. Grundsätzlich wird dabei das Marx'sche Werk nicht als Zitierquelle für «unumstößliche ewige Wahrheiten» genutzt, sondern als wertvolle Anregung zum kritischen Weiterdenken im Bewusstsein, dass die höchst elaborierte Marx'sche Theorie einige Inkonsistenzen als Zeichen ihrer Unvollendetheit enthält (vgl. Heinrich 2011a).

Eine kritische Anwendung der Marx'schen wissenschaftlichen Analysemethode dient der *theoriegeleiteten empirischen Analyse und Erklärung* von Medienproduktion, -distribution und -konsumtion. Eine Kritik der politischen Ökonomie der Medien kann bei der Anwendung der Marx'schen Methode als Einheit einer historisch ausgerichteten Form-, Struktur-, Handlungs-, Akteurs-, Prozess- und Funktionsanalyse den Anspruch einer Basistheorie der Kommunikationswissenschaft erfüllen. Strengen Ansprüchen einer konventionellen empirischen Fundierung und Kontextualisierung gerecht zu werden, ist dabei allerdings – wie generell im Kapitalismus – vor allem wegen der exzessiven Inanspruchnahme des «Betriebsgeheimnisses» der kapitalistischen Unternehmen als gesetzlich geschützte «Privatheit» fast unmöglich. Stattdessen stützen sich die theoretischen Erklärungsversuche auf eine *strukturelle Empirie* in Form (kapital-)logischer Verknüpfung von empirisch identifizierbaren strukturellen Veränderungsphänomenen und -prozessen.[5]

2 Erklärungsmodelle

2.1 *Krisenhafte kapitalistische Produktionsweise*

Zwar sind grundsätzlich das individuelle strategische Verhalten und Handeln von Unternehmen im Interesse der Kapitaleigner im Zusammenwirken mit staatlichen Akteuren die hauptsächlich aktiven Verursacher als «Auslöser» von Restrukturierungs- und Transformationsprozessen. Durch diese kann folglich ein Strukturwandel *unmittelbar* erklärt werden. Aber diese Verhaltens- und Handlungsweisen werden durch die strukturellen und sozialen gesellschaftlichen Bedingungen und Ausgangskonstellationen der krisenhaften kPw[6] *vermittelt* und *präformiert, generell bedingt* und *bestimmt,* damit jedoch *nicht im Einzelnen determiniert.*

---

5 Anhänger des Popper'schen Falsifikationsprinzips mögen daher meine theoretischen Erklärungsversuche als Hypothesen nehmen, die solange Gültigkeit beanspruchen können, bis sie empirisch falsifiziert sind.
6 Krise ist ein *dauerhaft wesentliches* Element der kPw. Krise und Wandel bedingen sich in einem permanenten Prozess gegenseitig. Es ist deshalb wissenschaftlich recht kurzsichtig, fragend Medienwandel *oder* Medienkrise gegenüberzustellen und die Medienkrise verkürzt hauptsächlich als Finanzierungskrise oder gar nur als Tageszeitungsfinanzierungskrise darzustellen (vgl. Jarren et al. 2012: 11ff, 165ff).

Aufgrund ihrer konstanten Zielsetzung der profitmaximierenden Kapitalverwertung per Mehrwertproduktion auf Basis privaten Eigentums an Produktionsmitteln als «eigentlichem Sinn» der Unternehmung bleibt kapitalistischen Medienunternehmen allerdings unter dem Druck von strukturell bedingten Mechanismen widersprüchlicher «Bewegungsgesetze des Kapitals» und vor allem unter dem Druck der Konkurrenz als wesentlichem Element der Triebkraft der kPw in der Regel im Grundsatz wenig Handlungsspielraum. Marx hat gezeigt,

> «wie die Produktionsprozesse in der kapitalistischen Gesellschaft unter dem Einwirken der Haupttriebkraft dieser Gesellschaft, der Kapitalakkumulation, unaufhörlich umgestaltet werden» (Braverman 1977: 17).

Als hauptsächliche *Triebkräfte* und damit als wissenschaftliche *Erklärungs-Komponenten* können auf allgemeiner Ebene unterschieden werden:
- dauerhaft grundlegende Einflusselemente der kPw, denen die Medienindustrie im Grundsatz in gleicher Weise wie andere Industrien unterworfen ist,
- spezifische, nach jeweiliger historischer Ausgangslage bei den einzelnen Medienunternehmen modifiziert wirksam werdende Einflussfaktoren von Krisen der kPw mit Verwertungsproblemen des Medienkapitals, verbunden mit den dauerhaften Restrukturierungsprozessen im Kapitalismus,
- Strategien von Unternehmen, die bislang außerhalb der Medienindustrie agierten, die jedoch gezielt wegen der günstigen Aussichten auf Profitmaximierung in einer digitalisierten Medienindustrie in Konkurrenz zu etablierten Medienunternehmen als neue Medienunternehmen aufgebaut wurden,
- Strategien der werbungtreibenden Wirtschaft,
- Zusammenwirken mit den «Entfesselungsleistungen» staatlicher (Medien)Wirtschaftspolitik (Privatisierung, Deregulierung, Konzentrationsförderung, Rechtspolitik etc.).
- Verhaltensweisen von Gesellschaftsmitgliedern als Konsumenten oder Produzenten mit je verschiedener Zielsetzung: bislang einer dominanten Mehrheit, die an einen «Strukturwandel» auf Basis der kPw teil hat oder teilhaben möchte („Sharing", „Prosumenten"), oder eine Minderheit, die nicht-kapitalistische Elemente einbringt (nicht-kommerzielle Produktion und Distribution, z. B. als öffentliche Güter, Allmende, creative commons).

Grundsätzlich wird durch die Spezifik von Elementen einer Produktionsweise die Spezifik einer Gesellschaftsformation charakterisiert (vgl. Resch/Steinert 2011: 41ff). Marx hat die Charakteristika der kPw in erster Linie zur Unterscheidung von *Epochen* verschiedener dominanter Gesellschaftsformationen gegenüber anderen historischen Produktionsweisen (antike, asiatische, feudale) abgegrenzt. In dieser Sichtweise erscheint die kPw als Charakteristikum des Kapitalismus weitestgehend *konstant/invariant*. Er hat aber auch Hinweise auf eine *Pe-*

riodisierung (Stadien, Phasen) *innerhalb* des Kapitalismus auf Basis von bedeutsamen *Veränderungen* der kPw gegeben, die in der aktuellen kapitalismuskritischen Diskussion teilweise sogar im Hinblick auf die Möglichkeiten eines *Übergangs* zu einer nicht-kapitalistischen Produktionsweise per Transformation (Transzendenz) oder Revolution erörtert werden (vgl. Haug 2008).

Abbildung 1: Kapitalistische Produktionsweise in der Medienindustrie

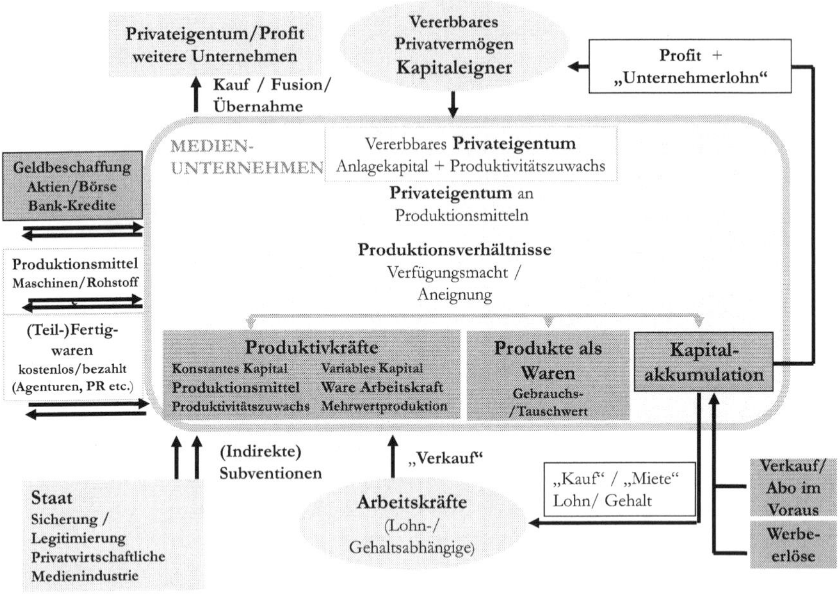

Quelle: eigene Darstellung

Aus der Sicht der Kapitaleigner kommt es deshalb auch elementar darauf an, durch geeignete *Modifikationen* der kPw gegen ihre Interessen gerichtete Transformationen zu *verhindern*. Sie initiieren stattdessen grundsätzlich nur Restrukturierungen und Transformationen, mittels derer die Kapitalverwertung optimiert sowie das Kapitalverhältnis und die kapitalistische Gesellschaftsformation gesichert werden. Vorangetrieben wird damit der Prozess der formellen und reellen Subsumtion der Gesellschaft unter das Kapital (vgl. Brandt 1990: 181ff., 254ff., Schmiede 1989, Mendner 1975, Marx 1970: 45ff., Marx 1962/1989: 533).

Als bestimmende Einflussfaktoren (Triebkräfte) für langfristiges Restrukturierungs- und Transformationshandeln sind folgende, weitgehend *konstante* Elemente (vgl. Abbildung 1) der grundsätzlich krisenhaften kPw hauptsächlich wirksam:

- das grundgesetzlich geschützte (vererbbare) Privateigentum an Produktionsmitteln mit dem daraus abgeleiteten Zweck der Produktion, die Kapitalakkumulation mit dem Ziel der Profitmaximierung,
- die Produktionsverhältnisse als Herrschaftsverhältnisse von Kapitaleignern über Arbeitende (Verfügungsmacht über Arbeitskraft als Ware und Aneignung des produzierten Mehrwerts),
- das Recht der alleinigen Bestimmung der Produktionsziele und des entsprechenden Kapitaleinsatzes,
- die Aneignung der Produkte durch Kapitaleigner.

Als vorrangig *variable*, grundsätzlich krisenhafte Elemente der kPw wirken
- der widersprüchliche Zusammenhang von Produktivkräften und Produktionsverhältnissen,
- innerhalb der Produktivkräfte der widersprüchliche Zusammenhang von konstantem (Produktionsmittel) und variablem Kapital (Arbeitskräfte),
- die Widersprüchlichkeit von Gebrauchs- und Tauschwerten der Waren,
- die Mehrwert- und Tauschwertrealisierung (Akkumulations- und Profitrate/-masse),
- die Stabilisierung der Produktionsweise durch das Zusammenwirken von Kapitaleignern und Staat.

Wesentlicher Bestandteil der kPw ist die Triebkraft *Konkurrenz*, welche alle Unternehmen zwingt, grundlegende umfangreiche Restrukturierungen und Transformationen als bedeutsames Mittel im permanenten verschärften Konkurrenzkampf aktiv voranzutreiben, vor allem mittels Restrukturierung der Produktivkräfte.

2.2 Dialektik von Produktivkräften und Produktionsverhältnissen

Kennzeichnend für die kPw ist ein dynamisches wechselseitiges Wirken von historisch spezifischen Produktivkräften und Produktionsverhältnissen. Aufgrund unklarer und mehrdeutiger Aussagen von Marx (z. B. 1952: 130) ist es umstritten, welchem von beiden Elementen der «Primat» der gegenseitigen Beeinflussung und darüber der Entwicklung der kPw und des Kapitalismus als Gesellschaftsformation zukommt. Die Marx'sche Betonung des Primats der materiellen Produktivkräfte hat teilweise die umstrittene Vorstellung eines «Automatismus» zur Revolution beim Erreichen einer bestimmten Entwicklungsstufe der Produktivkräfte hervorgerufen:

> «Auf einer gewissen Stufe ihrer Entwicklung geraten die materiellen Produktivkräfte der Gesellschaft in Widerspruch mit den vorhandenen Produktionsverhältnissen oder, was nur ein juristischer Ausdruck dafür ist, mit den Eigentumsverhältnissen, innerhalb deren sie

sich bisher bewegt hatten. Aus Entwicklungsformen der Produktivkräfte schlagen diese Verhältnisse in Fesseln derselben um. Es tritt dann eine Epoche sozialer Revolution ein.» (Marx 1961: 9).

Demgegenüber werden hier die Produktionsverhältnisse als Herrschaftsverhältnisse und darauf basierendes Handeln im Interesse der Kapitaleigner als bestimmende Triebkraft für die Entwicklung der Produktivkräfte (Produktionsmittel und Arbeit) gesehen. Die Produktivkräfte werden im Kapitalismus regelmäßig in der Art entwickelt, dass die technologische Entwicklung der Produktionsmittel ein wesentliches *Mittel* für die Steigerung der *Arbeitsproduktivität* ist. Auf Basis der Produktionsmittel wird die Restrukturierung des Produktionsprozesses in Form von Reorganisation und Kontrolle des Arbeitsprozesses, darüber vor allem eine Steigerung der Arbeitsintensität ermöglicht. Grundsätzlich wird darüber auch eine Modifikation der Produktionsverhältnisse in Form von Veränderungen der Herrschafts- und Machtverhältnisse zwischen Kapitaleignern und Arbeitskräften bewirkt. Derartige Veränderungen können, je nach Art und Ausmaß von Machtzuwachs und -verlust[7], schließlich auch als relevante Modifikationen der kPw und darüber als Modifikation der Gesellschaftsformation (Transformation des Kapitalismus) gesehen werden.

2.3 Innovations- und Produktionszwang: Strukturelle Überakkumulation, Überkapazitäten und Überproduktion

Zumeist reichlich akkumuliertes Kapital («Überakkumulation») zwingt die Unternehmen im Konkurrenzkampf zu Innovation und Produktion, um die stets (zumindest latent) drohende Krise der Mehrwert- und Profitraten-Reduzierung und damit der Kapitalentwertung oder -vernichtung zu vermeiden. Unabhängig davon werden Innovationsstrategien zum gezielten Vorantreiben von Kapital- und Marktkonzentration eingesetzt[8].

Probleme struktureller Überakkumulation bestehen regelmäßig darin, dass *zu viel* Kapital angehäuft wird, welches sich insofern als «überschüssig» erweist, als es nicht mit einer «angemessenen» Profitrate verwertet werden kann. Unternehmen der Medienindustrie konnten in den Jahrzehnten nach 1989 durch expansive «Landnahme» in den ehemaligen sozialistischen Ländern zwar ihre akuten Überakkumulationsprobleme mindern. Aber gleichzeitig wurden diese Probleme wegen der dadurch gesteigerten Kapitalvermehrung auf einem höheren Niveau verstärkt. Strukturelle Überakkumulation (vgl. Kisker 1997) – auch durch Überka-

---

7 Hier können auch die Diskussionen über «Autonomie» oder «Abhängigkeit» von Journalisten eingeordnet werden.
8 Gebräuchliche Mittel, um Überakkumulationsprobleme zu lösen bzw. erst gar nicht entstehen zu lassen, sind der An- und Verkauf von Unternehmen und Unternehmensbeteiligungen, Konzentrationsmaßnahmen sowie das Erschließen von neuen Geschäftsfeldern.

pazitäten und Überproduktionen gekennzeichnet – ist Ausdruck der grundsätzlichen Widersprüchlichkeit der kPw.

Abbildung 2: **Immanente Dauerkrise strukturelle Überakkumulation: Innovations- und Produktionszwang am Beispiel der Digitalisierung**

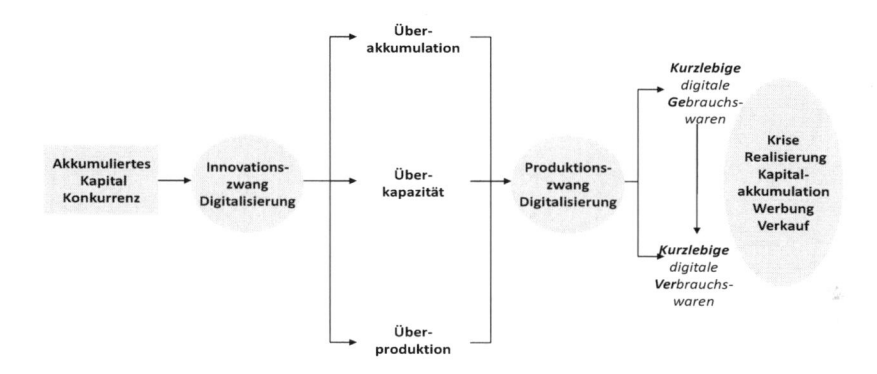

```
                              Über-
                              akkumulation
                                                    Kurzlebige
                                                    digitale
                                                    Gebrauchs-
                                                    waren
                                                              Krise
Akkumuliertes   Innovations-           Produktions-           Realisierung
Kapital      → zwang        → Über-  → zwang        →        Kapital-
Konkurrenz      Digitalisierung  kapazität  Digitalisierung   akkumulation
                                                              Werbung
                                                              Verkauf
                                                    Kurzlebige
                                                    digitale
                                                    Verbrauchs-
                                                    waren
                              Über-
                              produktion
```

Quelle: Knoche 2005 (leicht überarbeitet)

Unter dem darüber vermittelten Druck eines Innovations- und Produktionszwangs (vgl. Abbildung 2) werden in der gesamten Medienindustrie zu viele möglichst kurzlebige digitale Gebrauchs- und Verbrauchswaren produziert, so dass es zwangsläufig für einzelne Medienunternehmen in unterschiedlichem Ausmaß zu Krisen der Realisierung der Kapitalakkumulation durch mangelnde Erlöse aus Verkauf und/oder Werbung kommt.

3 Restrukturierungen in der Medienindustrie

Die im Rahmen einer Kritik der politischen Ökonomie der Medien angestrebten theoretischen Erklärungen auf Basis von Elementen der kPw beziehen sich unter Anwendung des Marx'schen Begriffs- und Kategoriensystems auf grundlegende Prozesse eines langfristigen «Strukturwandels» (in) der Medienindustrie in Form von Restrukturierungen[9] und Transformationen. Diese werden im Folgenden *sys-*

---

9   Betriebswirtschaftlich/-wissenschaftlich wird Restrukturierung als «nicht krisenverursachte, geplante und zielgerichtete Veränderung von Organisationsstrukturen, -prozessen

tematisch-abstrahierend als *substantielle Form- und Formationsveränderungen* eingeordnet, welche kontinuierlich hauptsächlich von strategisch handelnden Medienunternehmen «als schrittweiser und diversifizierter Restrukturierungsprozess» (Dolata/Schrape 2013: 8) vorangetrieben werden. Einen Schwerpunkt gegenwärtiger Veränderungen in der Medienindustrie bilden Prozesse, die als «nachholende Industrialisierung und als Tendenzen zur Taylorisierung geistiger Arbeitsprozesse» (Teschner/Hermann 1981: 129) gekennzeichnet werden können.[10]

Meine Analyse derartiger langfristiger *Übergangs*-Prozesse konzentriere ich zunächst auf drei durch die kPw bedingte, miteinander verbundene wesentliche *unternehmerische Restrukturierungskomplexe:* eine kontinuierliche hauptsächlich Technikvermittelte Restrukturierung der *Produktivkräfte*, verbunden mit modifizierenden Restrukturierungen der *Produktionsverhältnisse* und der *kapitalistischen Produktionsweise* im Kapitalverwertungsinteresse. Medieneigentümer betreiben diese Übergangs-Prozesse in individueller Konkurrenz zu gleichgerichteten Interessen aller Kapitaleigner aller Industrien und Branchen, gleichzeitig aber auch in partieller Kooperation im gemeinsamen Gesamtinteresse aller Kapitaleigner (zum Beispiel gegenüber Lohnabhängigen, Konsumenten und dem Staat).

3.1 Produktivkräfte: universale Informatisierung/Automatisierung

Die Triebkraft der kPw wird vorrangig der für die Kapitaleigner existenznotwendigen ständigen kontinuierlichen Restrukturierungen der Produktivkräfte (Produktionsmittel und Arbeitsweise von Arbeitskräften) sichtbar. Diese sind ein elementares Mittel zur Steigerung der Produktivität von Produktion, Distribution und Konsumtion im Kapitalinteresse. Oftmals wird deshalb auch die Entwicklung der Produktivkräfte als Hauptindikator für die Unterscheidung von periodischen Entwicklungsstufen der kPw gesehen. Dies kommt auch in Bezeichnungen wie «Hochtechnologische Produktionsweise» (vgl. Haug 2005, Ohm/Haug 2004) oder «High-Tech-Kapitalismus» (vgl. Haug 2012, 2008, 2003) zum Ausdruck.

Ebenso beispielhaft hierfür ist der «Entwurf einer Produktivkrafttheorie der Medien» (vgl. Smudits 2002: 73ff.), womit die Entwicklung von Kommunikationstechnologien als Produktivkräfte für Kommunikation (Kunst, Kultur, Medien) in ihrer (zeitlichen) Abfolge von Transformationen in Formveränderungen grafischer, elektronischer und digitaler «Mediamorphosen» unterteilt wird. Da-

 und -systemen verstanden, um Effektivität und Effizienz zu steigern» (http://www.daswirtschaftslexikon.com/d/restrukturierung/restrukturierung.htm (16.4.13)). Der Begriff Restrukturierung ist umfassender als der ebenso gebräuchliche Begriff Reorganisation.
10 Dementsprechend gibt es auch eine «nachzuholende Industrialisierung» im kommunikationswissenschaftlichen Erkenntnisprozess und im Bewusstsein von «Medienarbeitern».

mit verbunden wird ein Prozess der fortschreitenden Industrialisierung des «Kulturschaffens» gesehen, der mit einem Übergang von einer (nur) formellen zu einer reellen Subsumierung unter die kPw einhergeht (vgl. Smudits 2002, 146ff.).

Gesamtgesellschaftlich, so auch in der Medienindustrie, ist in den vergangenen Jahrzehnten ein Prozess der Entwicklung der «Informatisierung als Produktivkraft» (Boes/Kämpf 2012) zu erkennen, das heißt die Restrukturierungen von Produktions- und Arbeitsprozessen basieren auf der integrierten Nutzung von Mikroelektronik und Internet (vgl. Sauer 2006: 89). Dieser Prozess wird in der deutschen Arbeits- und Industriesoziologie teilweise sogar «als eine Strukturveränderung der Produktionsweise gesehen» (Schmiede 1996: 15). Mit dem Begriff der Informatisierung wird eine gesellschaftliche Produktivkraftentwicklung gekennzeichnet, in deren Verlauf geistige Tätigkeiten (Kopfarbeit) per Computerisierung mit Client-Server-Konzepten in Verbindung mit dem Internet als weltumspannendem «Informationsraum» dem industriellen kapitalistischen Produktions- und Verwertungsprozess in Form einer «reellen Lohnarbeit» unterworfen werden, kennzeichnend für eine «neue Phase des Kapitalismus» (Boes/Kämpf 2012: 317, 326).

Gegenüber der vorangegangenen Periode der Maschinisierung wird dabei die Trennung von Hand- und Kopfarbeit tendenziell wieder rückgängig gemacht. Kopfarbeit wird nicht mehr gemäß dem individuellen qualifizierten Arbeitsvermögen organisiert, sondern in Computer-software-gestützte Prozesse integriert (Computerisierung der Kopfarbeit). Dadurch werden auch neuartige Möglichkeiten der Arbeitskontrolle, der Steuerung des Produktionsprozesses und vor allem der Marktorientierung der Produktion eröffnet, die sich in einer verwertungsorientierten flexiblen Standardisierung der Produkte per Automatisierung (vgl. Benz-Overhage et al. 1982) niederschlagen. Dabei werden «Subjektleistungen, die sich bisher dem kapitalistischen Kontrollzugriff entzogen, auf Basis einer neuartigen Produktivkraftstruktur in neuer Qualität in kapitalistische Verwertungsprozesse integriert. » (Boes/Kämpf 2012: 330).

Schließlich dient die Restrukturierung der technischen Produktivkraft auch als Mittel der Stabilisierung bzw. der Veränderung der Produktionsverhältnisse als Herrschafts- und Abhängigkeitsverhältnisse. Infolge der durch den Einsatz der Computer als universaler Maschine mit weitgehender Automatisierung der Produktion bewirkten Entindividualisierung sowie Ent- oder Dequalifikation der Arbeitskräfte (vgl. Schmiede 1996: 44f.) werden im Kontext der Arbeitsmarktsituation mit dem tendenziellen «Überflüssigwerden» von Journalisten und dementsprechend großer «industrieller Reservearmee» (Arbeitslosigkeit, Prekariat) die Machtverhältnisse erheblich zuungunsten der lohnabhängig arbeitenden und «freien» Journalisten verändert.

Abbildung 3: Restrukturierung der Produktivkräfte für Medienproduktion, -distribution und -konsumtion

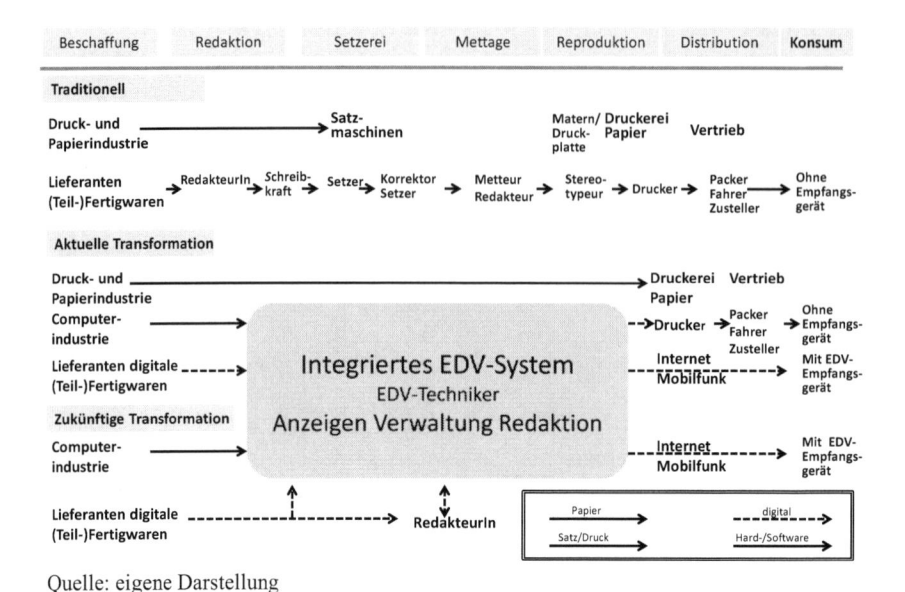

| Beschaffung | Redaktion | Setzerei | Mettage | Reproduktion | Distribution | Konsum |

Traditionell

Druck- und Papierindustrie → Satzmaschinen → Matern/Druckplatte Druckerei Papier → Vertrieb

Lieferanten (Teil-)Fertigwaren → RedakteurIn → Schreibkraft → Setzer → Korrektor Setzer → Metteur Redakteur → Stereotypeur → Drucker → Packer Fahrer Zusteller → Ohne Empfangsgerät

Aktuelle Transformation

Druck- und Papierindustrie
Computerindustrie
Lieferanten digitale (Teil-)Fertigwaren

→ **Integriertes EDV-System**
EDV-Techniker
Anzeigen Verwaltung Redaktion

→ Druckerei Papier Vertrieb
--→ Drucker → Packer Fahrer Zusteller → Ohne Empfangsgerät
Internet Mobilfunk --→ Mit EDV-Empfangsgerät

Zukünftige Transformation

Computerindustrie

Lieferanten digitale (Teil-)Fertigwaren ----→ RedakteurIn

Internet Mobilfunk ----→ Mit EDV-Empfangsgerät

| Papier → | digital --→ |
| Satz/Druck → | Hard-/Software → |

Quelle: eigene Darstellung

Die Restrukturierung der Produktivkräfte wird deshalb von den Presseverlagen schon seit den 1970er Jahren systematisch-strategisch in einem kontinuierlichen Prozess, zunächst nur *unternehmensintern* vorangetrieben. Weischenberg (1982) hat diesen Prozess in seiner Anfangsphase als «technologischen Medienwandel» mit den Kennzeichen Mechanisierung, Automation, Informatisierung, Rationalisierung und Tayorisierung frühzeitig systematisch beschrieben. Diese Restrukturierung verlief in mehreren Etappen, anfangs noch gegen den vergeblichem Widerstand von Setzern, Druckern und Journalisten. In Abbildung 3 sind abstrahierend drei Restrukturierungsetappen dargestellt:

- Erstens die Ausgangssituation der traditionellen Produktionsmittel und Arbeitsorganisation: nur stoffliche Produktion mit Setzerei, Mettage, Reproduktion (Druck und Papier) und Vertrieb. Die Produktionsmittel wurden von der Druck- und Papierindustrie bestimmt.
- Zweitens die Restrukturierung als Übergangsphase, in der die Produktionsmittel von der Druck- und Papierindustrie *und* von der Computerindustrie bestimmt werden. In einer Anfangsphase wurde die traditionelle stoffliche Produktion zwar schon schrittweise weitestgehend digitalisiert (nur noch plattenloses Drucken und Vertrieb als «Reste» stofflicher Produktion), die Produktion wurde jedoch weiterhin auf stoffliche Presseprodukte beschränkt. Dabei wurden allerdings schon viele Arbeitskräfte aus traditionellen Berufen

der stofflichen industriellen Produktion sowie die entsprechenden Arbeitsschritte «abgebaut». Im weiteren Verlauf dieser Restrukturierungsetappe wurden stoffliche und nicht-stoffliche (digitale) Produktion auf Basis von weitgehend noch getrennten[11] Produktionsprozessen komplementär betrieben.

- Drittens die schon absehbare zukünftige Transformation der Produktivkräfte, die durch den vollständigen Abbau der traditionellen Produktionsmittel und den Übergang zur ausschließlich nicht-stofflichen Produktion gekennzeichnet ist. Allein die Computerindustrie bestimmt die Produktionsmittel. Einige Medienunternehmen haben diesen Übergang für einige Produktionen schon vollzogen, die übrigen treiben derzeit zunächst die Integration von stofflicher und nicht-stofflicher Produktion voran.

3.2 Produktionsverhältnisse: Universal-reelle Subsumtion der Arbeit unter das Kapital

Die «Triebkraft» der kPw kommt in dem kontinuierlichen Bestreben der Kapitaleigner zum Ausdruck, mittels Restrukturierung der Produktivkräfte die reelle Subsumtion der Arbeit unter das Kapital voranzutreiben. Das heißt, Produktions- und Arbeitsprozesse werden verstärkt an den Verwertungsinteressen des Kapitals ausgerichtet. Im Rahmen dieser kontinuierlichen expansiven Kapitalisierung der Medienindustrie (vgl. Knoche 2001) wird auch die formelle und reelle Subsumtion unter das Kapital von bislang nur marginal formell oder nicht subsumierten Bereichen von Kunst und Kultur (Malerei, Bildhauerei, Fotografie, Theater, Oper, Konzert, Tanz, Museum etc.) (vgl. Smudits 2002: 146ff.) sowie der Telekommunikation, des Internets und der Individualkommunikation (auch «Social Media») vorangetrieben.

Marx unterscheidet in formelle und reelle Subsumtion[12], um einerseits die kPw von vorkapitalistischen (feudalen) Produktionsweisen abzugrenzen und andererseits Entwicklungsstufen der kPw aufzuzeigen. Erst mit der reellen Subsumtion ist für ihn die «spezifisch kapitalistische Produktionsweise» erreicht (vgl. Marx 1970, 45ff.). Teilweise problematisch sind die Kriterien, die Marx für seine Unterscheidung von formeller und reeller Subsumtion angewandt hat, insbesondere die Unterscheidungen in absolute (Verlängerung der Arbeitszeit) und relative (Arbeitsintensivierung) Mehrwertproduktion sowie in die Produktivkraftentwicklung der Manufaktur und der (großen) Maschinerie. Für Mendner

---

11   Derzeit wird bei vielen Medienunternehmen eine Integration von stofflicher und nicht-stofflicher Produktion vorangetrieben.
12   Subsumtion bedeutet unmittelbare Unterordnung/Unterwerfung der Arbeit bzw. der Arbeitskräfte als Lohnabhängige, generell des Produktions- und Arbeitsprozesses, unter die Verwertungsbedingungen des Kapitals (Mehrwertproduktion).

«zeigt sich deutlich, daß die reelle Subsumtion der Arbeit unter das Kapital von Anbeginn seiner Geschichte betrieben wurde und nicht erst mit der technischen Adäquanz der Produktionsmittel in Gestalt der Maschinerie gesetzt ist. Die reelle Subsumtion vollzieht sich also nicht erst in der Phase mit vorwiegend relativer Mehrwertproduktion.» (1975: 33)

Folgerichtig unterscheidet Mendner lediglich zwei Phasen der reellen Subsumtion anhand der Entwicklung der Produktivkräfte: eine Phase der Mechanisierung und eine Phase der Automation.

Herkommer/Bierbaum (1979: 159) machen dagegen einerseits darauf aufmerksam, «daß formelle Subsumtion selbst immer Grundlage der kapitalistischen Produktion bleibt», und stellen andererseits fest: «Die Verlängerung des Arbeitstages als Methode der Abpressung von (absolutem) Mehrwert ist darüber hinaus keineswegs beschränkt auf die sog. Phase der formellen Subsumtion.»

Das Marx'sche Theorem der formellen/reellen Subsumtion war in den 1970er und 1980er Jahren Grundlage umfangreicher industriesoziologischer theoriegeleiteter empirischer Forschung am Frankfurter Institut für Sozialforschung[13] (vgl. Eichler et al. 2010, Brandt 1990, 1984, Schmiede 1989, Institut für Sozialforschung 1981). Bezug genommen wurde vor allem auf die Modifikation dieses Theorems von Sohn-Rethel (1972, 1970). Allerdings wurde dieser Theorieentwurf mehrfach auf Basis empirischer Untersuchungen grundlegend revidiert, auch theoretisch von Sohn-Rethel selbst, insbesondere hinsichtlich der ursprünglichen «revolutionstheoretischen» Annahme einer «alternativen und systemtranszendierenden Formgesetzlichkeit» (Brandt 1981: 46).

In Anwendung des Theorems der formellen/reellen Subsumtion auf die Anfangsphase (1970er Jahre) der Restrukturierung der Produktivkräfte bei den Presseunternehmen, der computerisierten stofflichen Produktion mittels *rechnergesteuerter Textsysteme (RTS)*, bleibt für Schütt die Subsumtion der journalistischen Arbeit unter das Pressekapital nur *formell*, da sie «keine qualitativen(sic!), sondern lediglich eine organisatorische Veränderung des Arbeitsprozesses» (Schütt 1981: 99) hervorbringe. Der journalistische Arbeitsprozess werde «aufgrund seiner stofflichen Charakteristika vornehmlich durch das subjektive Arbeitsvermögen des Journalisten bestimmt» (ebda). Er geht dabei in traditioneller Weise von einem Gegensatz von geistiger und materieller Produktion aus. Obwohl er in Verbindung mit der Einführung rechnergesteuerter Textsysteme viele Merkmale beschreibt, die gemäß den Marx'schen Kriterien Kennzeichen einer reellen Subsumtion sind, sieht er keinen Übergang zur reellen Subsumtion. Zu dieser Einordnung konnte er deshalb gelangen, weil er nicht alle im Vorange-

---

13 Diese Periode der am Marx'schen Werk orientierten wissenschaftlichen Arbeit des Frankfurter Instituts für Sozialforschung, in der Gerhardt Brand als Nachfolger Theodor W. Adornos von 1972 bis 1984 Direktor des Instituts war, wird in den verfügbaren umfangreichen Darstellungen zur Geschichte der «Frankfurter Schule» gänzlich «ausgespart» (vgl. Eichler et al. 2010: 164).

gangenen benannten relevanten Merkmale einer reellen Subsumtion berücksichtigte, sondern sich auf das Merkmal «handwerkliche Produktionsweise/Manufaktur» beschränkte, welches Marx neben anderen als Kennzeichen formeller Subsumtion benannt hat.

Dagegen sieht Jansen (1983: 216, 236, 252, 256) durch die Einführung der RTS immerhin «Momente der reellen Subsumtion» als gegeben an, und zwar aufgrund der damit verbundenen Produktivitätssteigernden Umstrukturierung des journalistischen Arbeitsprozesses (Integration von Kopf- und Handarbeit) mit der Produktion von relativem Mehrwert.

Nach dem relevantesten Kriterium der *unmittelbaren* Subsumtion unter die Kapitalverwertungsbedingungen beginnt die reelle Subsumtion von journalistischer Arbeit unter das Kapital im Grunde mit dem Beginn der Lohnabhängigkeit von Journalisten und ihrer Einordnung in den arbeitsteilig-industriellen kapitalistischen Produktions- und Verwertungsprozess. Seitdem können drei Etappen der *graduellen Intensivierung* der reellen Subsumtion nach dem Kriterium der fortschreitenden Informatisierung (Automatisierung, Abstraktifizierung der Arbeit) der journalistischen Produktion beobachtet werden. In diesen drei Etappen ist jeweils die Restrukturierung bzw. Transformation der technischen Produktionsmittel ein entscheidendes *Mittel* zur «Umwälzung» der Produktivkräfte (mit Erhöhung der Arbeitsproduktivität) und damit verbunden der Produktionsverhältnisse (Arbeitsorganisation und -kontrolle):

- 1970er Jahre: elektronische unternehmensinterne «Rechnergesteuerte Textbearbeitungssysteme» (RTS) und unternehmensübergreifende «Elektronische Rechnergesteuerte Nachrichtenvermittlungsanlage» (ERNA) der Deutschen Presse-Agentur (dpa),
- 1980er Jahre: mikroelektronische unternehmensübergreifende integrierte Content-Management-Systeme (CMS) (Workflow-Steuerung für Redaktion, Anzeigen, Technik, Controlling, Marketing, Zulieferer, Absatzkontrolle, Total-Quality-Management etc.),
- ab 1990er Jahre: Internetbasierte mikroökonomische unternehmensübergreifende integrierte Content-Management-Systeme (CMS) mit automatisiertem[14] Cross-Media-Publishing, Dynamic Publishing, Digital Publishing, Multi-Format Publishing etc.

Auch die scheinbar vorkapitalistische Produktionsweise scheinbar «Selbständiger» oder «Freier» als «Produktionsmittelbesitzer» und individuelle «freie Warenverkäufer» ist bei «nur» formeller Subsumtion kein Vorteil, da diese durch Einbindung in das Content-Managementsystem quasi-reell unter das Kapital

---

14 In den USA wird bereits «Roboter-Journalismus» als maschinengenerierte Textproduktion mit Programmen wie «Narrative Science» für die Sparten Sport, Finanzen und Immobilien erprobt (vgl. FAZ vom 4.4.2012 – http://www.faz.net/-hbj-6yw8g (15.4.13))

101

subsumiert sind. Sichtbar ist eine Doppelstrategie des Medienkapitals: einerseits die Vorteile reeller Subsumtion einer variablen, ständig verminderten «Kernbelegschaft» nutzen, andererseits per outsourcing/offshore die für Kapitaleigner tendenziell nachteiligen Aspekte der reellen Subsumtion vermeiden (Tarifverträge, Betriebsräte, evtl. Bewusstseinsprozesse der Arbeitenden, Solidarisierungen, kollektive Aktionen etc.). Diese Kombination von formeller und reeller Subsumtion, auf Basis der universalen Computertechnologie eine Form *universal-reeller* Subsumtion, ist die Grundlage für optimale Kapitalverwertung, insbesondere auf Basis der darüber möglichen Kostenreduzierung durch Minimierung von Entlohnung bzw. Honorierung der abhängigen und «freien» Arbeit.

3.3 Kapitalistische Produktionsweise: Dialektik von universal-reeller Subsumtion unter das Kapital und «Befreiungspotential»

Die geschilderten Restrukturierungsprozesse mit dem Ergebnis einer universal-reellen Subsumtion der Arbeit unter das Kapital bilden zwar in erster Linie die Grundlage für gesteigerte Prosperität etablierter und neuer Medienunternehmen und für weitere Konzentrationsprozesse. Aber es zeigen sich auch prinzipielle Widersprüche der Entwicklung, die als «Befreiungspotenzial»[15] im Sinne einer partiellen Überwindung der kPw gesehen werden können. Hierzu zählen:

- ein Abbau des strukturellen Produktions- und Distributions-Monopols kapitalistischer Medienunternehmen durch Separierung von «nicht-kommerzieller», «freier», «alternativer» Medienproduktion und -distribution auf Basis der Miniaturisierung, Verbilligung und Vereinheitlichung von digitalen Produktions- Distributions- und Konsumtionsmitteln sowie der damit erreichbaren enormen Kostenreduzierungen (fixe und variable Kosten) für Produktion und Distribution; damit Abbau der Abhängigkeit von Anlage-Kapital (nicht mehr angewiesen auf kapitalintensive «große Maschinerie» in traditionellen Mediensektoren),
- ein Abbau des strukturellen «Gatekeeper»-Monopols kapitalistischer Medienunternehmen mittels direkter Kommunikation mit den Konsumenten unter Umgehung von Medienunternehmen durch Nachrichten-, PR- und Werbeagenturen, Unternehmen, Parteien, staatliche Institutionen, gesellschaftliche Organisationen etc.

---

15   etwas ausführlicher zum «Befreiungspotenzial» vgl. Knoche 2013.

4 Transformation der Medienindustrie

Über die genannten Restrukturierungen hinausgehend können substantielle, grundlegende Restrukturierungen auch als substantielle qualitative Transformationen charakterisiert werden. Diese sind vorrangig hinsichtlich der Veränderungen von *Medienproduktform*, *Kapitalverwertungsform* und der *Medienformation* erkennbar. Hierbei kommen auch Besonderheiten der Entwicklung der Medienindustrie im Vergleich zu anderen Industrien zum Ausdruck. Im Interesse der dominanten Kapitaleigner werden diese Transformationen strategisch in einer langfristigen Übergangsphase nur als *partielle* Transformationen gestaltet, solange mit komplementären Kapitalverwertungsformen auf Basis von komplementären Produktformen insgesamt höhere Profite erzielt werden können als auf Basis einer vollständigen Transformation.[16]

4.1 Medienproduktform: universale Entstofflichung, Entzeitlichung und Enträumlichung

Die technisch vermittelte generelle Formveränderung der Medienprodukte per Digitalisierung ist von grundsätzlicher Natur, sodass eine Charakterisierung dieser Veränderung als über Restrukturierungen hinausgehende Transformation als gerechtfertigt erscheint. Allerdings ist es entgegen dem ausufernden, zumeist irreführenden ideologischem Gebrauch der Begriffe «immateriell» oder «Entmaterialisierung» für Arbeit, Produktion, Güter oder sogar für die gesamte Ökonomie (vgl. kritisch hierzu Haug 2003: 97ff.) notwendig, das spezifisch Andersartige veränderter Medienproduktformen im Vergleich zu traditionellen Formen aufzuzeigen.

Die inhaltliche Produktion von Texten, Musik etc. war als «geistige» Produktion schon immer «immateriell», verändert wird nur die Form ihrer materiellen Reproduktion/Vervielfältigung als Materialisierung auf «Träger» wie Papier, CD etc. Eine Loslösung von Trägern wurde schon seit Beginn für Radio und Fernsehen vorgenommen. Allerdings blieb die Notwendigkeit der Materialisierung als Bedingung für die Konsumtion «immaterieller» Produkte grundsätzlich bestehen. Diese wurde beschränkt auf die Nutzungsgeräte.

Im Grunde ist deshalb die aktuelle Transformation der Medienproduktformen für die traditionellen Trägermedien Buch, Presse, Audio, Video und Film in ers-

---

16 Die Inszenierungen einer aufgeregten Suche nach «neuen Geschäftsmodellen» als angebliches Hauptproblem des «Medienstrukturwandels» sind insofern irreführend (von Verlegerseite) und irregeleitet (bei denen, die daran glauben und es nachbeten) (vgl. Knoche 2013).

ter Linie nur eine «nachholende Entwicklung» gegenüber Radio und Fernsehen mit der Konsequenz, dass die Übertragung auf materielle (Zwischen-)Träger und damit die Stofflichkeit der Produkte entfallen und die Materialisierung/Vergegenständlichung, für Buch und Presse neuartig, auf Nutzungsgeräte konzentriert ist.

Das grundlegend Anders-/Neuartige von veränderten Medienproduktformen ist, auch für die elektronischen Medien Radio und Fernsehen, in ihrer über die Digitalisierung erreichten Universalisierung und der damit verbundenen Formen der Entstofflichung, Entzeitlichung und Enträumlichung zu sehen. Auf dieser Basis werden auch neuartige Formen der «immateriellen» Arbeit (zum Beispiel «Online-Journalismus», «Prosumer») und neuartige Konsumtionsformen («Interaktivität») über die Materialisierung in neuartigen Nutzungsgeräten entwickelt. Das grundsätzlich Neuartige zeigt sich vor allem auch in den mit dieser Transformation veränderten Kapitalverwertungsbedingungen, zu dessen Zweck die Transformation der Medienproduktformen betrieben wird, zum Beispiel auf Basis von:

- Konvergenz der bislang separierten Kommunikations*formen* Text, Audio, Bild, Ton, Sprache, Audiovision zu universalen Kommunikationsformen mit Nutzung der zusätzlichen komplexeren Html-basierten Kommunikationsformen (Blogs, Postings, Links, Animation, Interaktivität etc.),
- Aufhebung der Unterscheidung von Presseprodukten nach Erscheinungsintervallen (täglich, wöchentlich etc.) und Publikationsarten (Zeitungen, Zeitschriften etc.), stattdessen für alle gleichermaßen permanenter orts- und zeitunabhängiger «24-Stunden-Echtzeitjournalismus», wie bisher schon bei Nachrichtenagenturen,
- Automatisierte Produktion für diverse universale Nutzungsgeräte (PC, Smartphone, Tablet etc.) «ohne Stoffwechsel», das heißt ohne kostenintensive jeweils Trägerspezifische separate stoffliche Vervielfältigung und Distribution.

Die grundlegende Bedeutung der Transformation der Medienproduktform für die Medienunternehmen kommt in besonderer Weise hinsichtlich der Einzigartigkeit der darauf basierenden erweiterten Kapitalverwertungsmöglichkeiten zum Ausdruck: Es wird lediglich ein Original als universale digitale «Urkopie» produziert. Beim «Verkauf» dieses Originals erfolgt kein Eigentümer- oder zeitlich eingeschränkter Besitzerwechsel wie beim Verkauf bzw. bei Verleih/Vermietung stofflicher (Medien-)Produkte, sondern dieses Original verbleibt auch bei beliebig häufiger Vervielfältigung (über Downloads) im Eigentum des produzierenden Medienunternehmens, wird also nicht «veräußert» und nicht «verbraucht».

4.2 Kapitalverwertungsform: systemische Rationalisierung und Kapitalakkumulation mit veränderter Medienproduktform

Kennzeichnend für die jüngste Entwicklung des Kapitalismus ist eine allgemeine Entwicklungstendenz *systemischer Rationalisierung* als Etappe permanenter Unternehmensreorganisationen, die durch Flexibilisierung, Integration und Vernetzung auf Basis einer umfassenden Informatisierung von Produktions- und Distributionsprozessen gekennzeichnet ist (vgl. Sauer 2006). Der Einsatz von entwickelten Informations- und Kommunikationstechnologien dient dem zentralen Zweck, durch *systemische Rationalisierung* eine radikale Reduzierung der Produktionskosten und eine Stabilisierung/Steigerung der Profitrate/-masse zu erreichen. Dies wird maßgebend durch eine technikbasierte Restrukturierung der Arbeitsweise und -organisation mit dem Ergebnis der Produktivitätssteigerung realisiert.

Mittels integrierter Content-Management-Systeme als Computer-, Internet- und Mobilnetzbasierten *universalen* Produktions-, Steuerungs- und Kontrollinstrumenten werden stärker als bisher die «Markterfordernisse» als Orientierung für eine optimal marktgerechte inhaltliche Gestaltung der Medienprodukte, auch hinsichtlich der Einhaltung der politischen und kulturellen «redaktionellen Linie» in Form von automatisierten «Sachzwängen» eingebracht. Auch Journalisten werden damit stärker als bisher zur systemintegrierten «Triebkraft des Verwertungsprozesses» (Baukrowitz 2006: 112), können aber weiterhin ihr traditionelles Bewusstsein von subjektiver Freiheit, Autonomie, Selbstorganisation oder sogar Kritikfähigkeit beibehalten.

Mit dem Einsatz von Computertechnologien gelingt es im Bereich der Medienindustrie, im *substantiellen Unterschied* zur übrigen Industrie, mit der Herstellung von «nicht-stofflichen» Online-Produkten sowohl die Beschaffungs-, Produktions- und Distributionskosten (fixe und variable Stückkosten gegen Null) als auch das konstante Anlagekapital für die Produktionsmittel radikal zu senken (durch Wegfall von Druck/Vervielfältigung und Vertrieb stofflicher Produkte). Darüber hinaus ist auch eine strukturelle Veränderung in der organischen Zusammensetzung des (Anlage-)Kapitals realisierbar, durch Vergrößerung des Anteils von Produktionsmitteln als konstantem Kapital im Verhältnis zu demjenigen von Arbeitskräften als variablem Kapital. Dies wird in der Regel durch Einsparung von Arbeitskräften erreicht, deren Arbeitsleistung von Produktionstechnologien substituiert wird. Insgesamt wird damit eine im Vergleich zu allen Industrien mit stofflicher Produktion (z. B. Automobilindustrie) *einzigartige* Basis für die Steigerung von Profitrate und -masse geschaffen.

Die ökonomische und politische Notwendigkeit von Transformationen in Form von *systemischer Rationalisierung* besteht derzeit insbesondere für spezialisierte Unternehmen in den Mediensektoren der «klassischen» Trägermedien Presse und Buch, in abgeschwächter Form auch für die Trägermedien Audio,

Video und Film, in nochmals abgeschwächter Form für die schon weitgehend digitalisierten elektronischen Übertragungsmedien Hörfunk und Fernsehen.

Wegen der notwendigerweise hohen Bedeutung der angewandten Medientechnologien als Instrumente der Rationalisierung geht dauerhaft ein elementar starker Druck von der ebenfalls von der Triebkraft der kPw angetriebenen profitmaximierenden Produktionsmittelindustrie aus, die in der Form universal digitalisierter Medientechnologie Produktionsmittel für die Medienunternehmen sowie gleichartige Produktions- und Konsumtionsmittel für Produzenten und Konsumenten produziert, *einheitlich universal* für alle Bereiche der Gesellschaft. Darin ist eine Haupttendenz der Transformation der Medienindustrie zu sehen.

Insofern kommt dem Handeln der ebenfalls von der kPw angetriebenen Produktions-, Distributions- und Konsumtionsmittelindustrie ein hoher Erklärungswert als reale «Triebkraft» für das Handeln der Medienunternehmen zu. Insbesondere die Printmedienunternehmen sehen dabei berechtigterweise eine große Chance, mittels Technikbasierten Restrukturierungen der Produktivkräfte und der Produktionsverhältnisse ihre akuten bzw. vorhersehbaren Kapitalverwertungsprobleme nicht nur durch enorme Kostenreduzierungen[17] (für Anlagekapital, fixe Produktionskosten und insbesondere variable Kosten der Reproduktion und Distribution), sondern auch durch – bislang noch nicht im angestrebten Ausmaß realisierte – immense Erlössteigerungen optimal zu lösen.[18] Weitere Mittel der Profistabilisierung bzw. -steigerung sind insbesondere

- eine enorme Intensivierung der Arbeit von Journalisten in Form der Erhöhung des in einer bestimmten Zeit verausgabten Arbeitsquantums durch technikvermittelte Steigerung der Arbeitsgeschwindigkeit und veränderte Arbeitsorganisation (vgl. Fuchs 2005), teilweise auch durch unbezahlte «Überstunden»,
- eine radikale Verkürzung der Produktionszeit sowie der Waren- und Kapital-Zirkulationszeit,
- eine Integration von eCommerce, Marketing, Werbung und Social Media (Marketing und Prosumer),
- eine Umschichtung von Distributionskosten von den Medienunternehmen zu den Konsumenten (Kosten für Gerätetechnik mit kurzfristigen Innovationsintervallen, Übertragungskosten für Internet- und Mobilkommunikation) auf Basis einer vereinheitlichten universalen digitalen Technologiearchitektur für Produktion, Distribution und Konsumtion,

---

17 Aktuelle Klagen von Presseverlegern über Umsatzrückgänge sind deshalb keineswegs ein Indikator für Gewinnrückgänge.
18 Die von den Unternehmen der erweiterten Medienindustrie aktiv betriebenen Technikbasierten Modifikationen der kPw wirken somit auch als Antrieb für das Betreiben von neuartigen ertragreichen «Geschäftsmodellen» (vgl. Knoche 2013).

- eine Umwandlung von bislang langfristigen *Ge*brauchswaren (Medientechnik und Medieninhalte) zu kurzfristigen *Ver*brauchswaren mittels Beschränkung der Zugangsrechte (z. B. Streaming, kurzfristiges automatisches Löschen von Downloads, Kopierverbot u. ä.) und Strategien der kurzlebigen Produktinnovation in Verbindung mit *geplanter Obsoleszenz* (vgl. Knoche 2005), eine Umwandlung von Bündelwaren (Zeitung, Zeitschrift, CD, DVD etc.) zu *Stückwaren* (Textbeiträge/Artikel, Musiktitel etc.) im Einzelverkauf/mit Einzelnutzungsrecht.

4.3 Medienformation: universale Produktions-, Distributions- und Konsumtionsform / Universalisierung der Medienindustrie

Die Transformation der Medienformation wird von den Medienunternehmen in Form einer Universalisierung der Medienindustrie (Knoche 1999: 164ff.) betrieben, die mit der Umstrukturierung bzw. dem Abbau traditionell separierter Mediensektoren, insbesondere von Trägermedien verbunden ist. Der Abbau betrifft Teile des Kaufmanns- und Handelskapitals für bisherige Distribution von Trägermedien (Pressegrosso, Buchhandel, CD-Handel, Verleih etc.), einhergehend mit der Subsumtion von bislang für das Medienindustriekapital unproduktiver, weil nicht unmittelbar Mehrwert erzeugender Arbeit, damit «Verwandlung» in produktive Arbeit (vgl. Braverman 1977: 311ff., Marx 1970: 64ff.).

In der gegenwärtigen Übergangsphase wird die Universalisierung der Medienindustrie in Form einer sukzessiven Umstrukturierung «klassischer» Medienkommunikation von traditionellen Träger- und Übertragungsmedien (Produktion, Distribution, Konsumtion) auf *universale* Online- und Mobil-Kommunikation vorangetrieben (vgl. Abbildung 4). Die Distribution der einheitlich universal digitalisierten Medienprodukte erfolgt gleichermaßen über diverse *universale* Übertragungsnetze (digital-elektronische Breitbandkabel- und Funk-Übertragungsnetze, insbesondere Internet und Mobilfunk). Die Konsumtion erfolgt über damit kombinierte diverse *universale* Konsumtionsgeräte (Internet-TV, PC/Notebook, Tablet und Smartphone).

Diese Integration der Sektoren der Medien- und Kommunikationsindustrie mittels *partieller* Universalisierung auf der Produktions-, Distributions- und Konsumtionsebene wird in der Übergangsphase der Komplementarität (Mehrfachverwertung) traditioneller und universaler Mediensektoren hin zur Etablierung von zentralen weltweiten *Universalmedien* in Form von Medienportalen bzw. Plattformen als *Substitution* der Trägermedien Buch, Presse, Audio, Video, Film betrieben. Die etablierten Großunternehmen, die schon seit längerem zu Multi-Medien-Konzernen restrukturiert wurden, müssen diesen Universalisierungsprozess in verstärktem Konkurrenzkampf untereinander und mit bereits universalisierten kapitalstarken neuen Großunternehmen vorantreiben.

Abbildung 4: Transformation der Medienformation: partielle Universalisierung der Medienindustrie

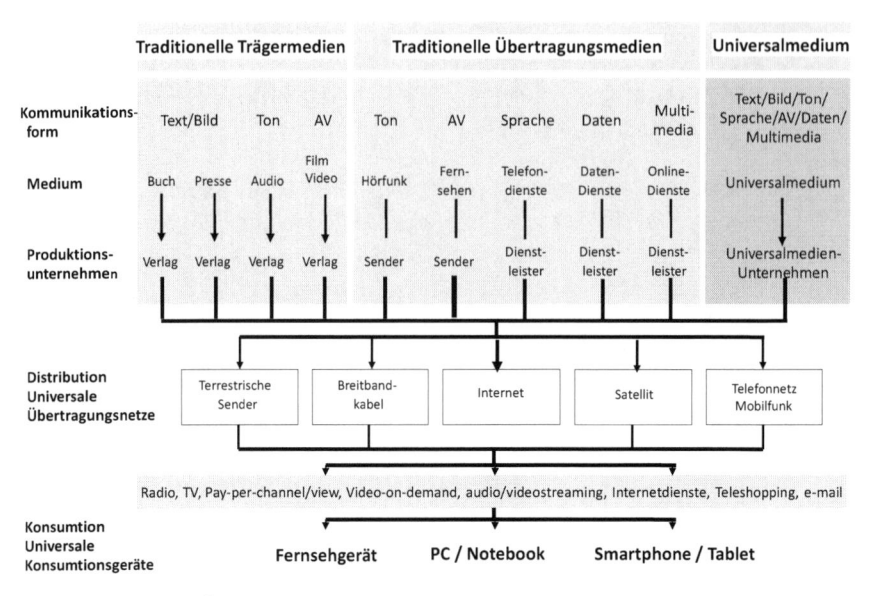

	Traditionelle Trägermedien				Traditionelle Übertragungsmedien				Universalmedium
Kommunikationsform	Text/Bild	Ton	AV		Ton	AV	Sprache	Daten	Multimedia	Text/Bild/Ton/Sprache/AV/Daten/Multimedia
Medium	Buch	Presse	Audio	Film Video	Hörfunk	Fernsehen	Telefondienste	Datendienste	Onlinedienste	Universalmedium
Produktionsunternehmen	Verlag	Verlag	Verlag	Verlag	Sender	Sender	Dienstleister	Dienstleister	Dienstleister	Universalmedien-Unternehmen

| Distribution Universale Übertragungsnetze | Terrestrische Sender | Breitbandkabel | Internet | Satellit | Telefonnetz Mobilfunk |

Radio, TV, Pay-per-channel/view, Video-on-demand, audio/videostreaming, Internetdienste, Teleshopping, e-mail

Konsumtion Universale Konsumtionsgeräte: Fernsehgerät — PC / Notebook — Smartphone / Tablet

Quelle: eigene Darstellung

Literatur

Baukrowitz, Andrea (2006): Informatisierung und Reorganisation. Zur Rolle der IT jenseits der Automatisierung. In: Baukrowitz, Andrea/Berker, Thomas/Boes, Andreas/Pfeiffer, Sabine/Schmiede, Rudi/Will, Mascha (Hrsg.): Informatisierung der Arbeit – Gesellschaft im Umbruch. Berlin: Sigma, S. 98-115.

Benz-Overhage, Karin/Brandt, Gerhard/Papadimitriou, Zissis (1982): Computertechnologien im industriellen Arbeitsprozess. In: Schmidt, Gert/Braczyk, Hans-Joachim/Knesebeck, Jost von dem: Materialien zur Industriesoziologie. Opladen: Westdeutscher Verlag, S. 84-104.

Boes, Andreas/Kämpf, Tobias (2012): Informatisierung als Produktivkraft: Der informatisierte Produktionsmodus als Basis einer neuen Phase des Kapitalismus. In: Dörre, Klaus/Sauer, Dieter/Wittke, Volker (Hrsg.): Kapitalismustheorie und Arbeit. Neue Ansätze soziologischer Kritik. Unter Mitarbeit von Peter Bescherer. Frankfurt a. M./New York: Campus, S. 316-335.

Bonefeld, Werner/Heinrich, Michael (Hrsg.) (2011): Kapital & Kritik. Nach der „neuen" Marx-Lektüre. Hamburg: VSA.

Brandt, Gerhard (1990): Arbeit, Technik und gesellschaftliche Entwicklung. Transformationsprozesse des modernen Kapitalismus. Aufsätze 1971-1987, hrsg. von Daniel Bieber und Wilhelm Schumm. Frankfurt a. M.: Suhrkamp.

Brandt, Gerhard (1984): Marx und die neuere deutsche Industriesoziologie. In: Leviathan, Jg. 12, S. 195-215.

Brandt, Gerhard (1981): Ansichten kritischer Sozialforschung 1930–1980. In: Institut für Sozialforschung: Gesellschaftliche Arbeit und Rationalisierung. Neuere Studien aus dem Institut für Sozialforschung in Frankfurt am Main. Leviathan Sonderheft 4/1981.Opladen: Westdeutscher Verlag, S. 9-56.

Braverman, Harry (1977): Die Arbeit im modernen Produktionsprozess. Frankfurt a. M./New York: Campus.

Dolata, Ulrich/Schrape, Jan-Felix (2013): Medien in Transformation. Radikaler Wandel als schrittweise Rekonfiguration. In: Dolata, Ulrich/Schrape, Jan-Felix (Hrsg.): Internet, Mobile Devices und die Transformation der Medien. Radikaler Wandel als schrittweise Rekonfiguration. Berlin: sigma, S. 9-33.

Eichler, Lutz/Kocyba, Hermann/Menz, Wolfgang (2010). Gesellschaftstheoretischer Anspruch und die Beharrlichkeit des Besonderen. Theorie und Empirie in den industriesoziologischen Arbeiten des Instituts für Sozialforschung. In: Pongratz, Hans J./Trinczek, Rainer (Hrsg.): Industriesoziologische Fallstudien. Entwicklungspotenziale einer Forschungsstrategie. Berlin: sigma, S. 163-201.

Elbe, Ingo (2008): Marx im Westen. Die neue Marx-Lektüre in der Bundesrepublik seit 1965. Berlin: Akademie Verlag.

Fuchs, Christian (2011): Foundations of Critical Media and Information Studies. London/New York: Routledge.

Fuchs, Christian (2009a): Grundlagen der Kritik der Politischen Ökonomie der Medien. In: Fleissner, Peter/Wanek, Natascha (Hrsg.): Bruchstücke. Kritische Ansätze zu Politik und Ökonomie im globalisierten Kapitalismus. Berlin: Trafo, S. 97-111.

Fuchs, Christian (2009b): Some Theoretical Foundations of Critical Media Studies: Reflections on Karl Marx and the Media. International Journal of Communication 3 (2009), S: 369-402.

Fuchs, Christian (2005): Intensivierung/Extensivierung der Arbeit. In: Haug, Wolfgang Fritz (Hrsg.): Historisch-kritisches Wörterbuch des Marxismus (HKWM) 6/II. Hamburg: Argument, Spalten 1332-1337.

Harvey, David (2011): Marx' «Kapital» lesen. Ein Begleiter für Fortgeschrittene und Einsteiger. Hamburg: VSA.

Haug, Wolfgang Fritz (2013): Das «Kapital» lesen – aber wie? Materialien zur Philosophie und Epistemologie der marxschen Kapitalismuskritik. Hamburg: Argument.

Haug, Wolfgang Fritz (2012): Hightech-Kapitalismus in der Großen Krise. Hamburg: Argument.

Haug, Wolfgang Fritz (2008): Kapitalistische Produktionsweise. In: Haug, Wolfgang Fritz (Hrsg.): Historisch-kritisches Wörterbuch des Marxismus (HKWM) 7/I. Hamburg: Argument, Spalten 292-316.

Haug, Wolfgang Fritz (2005): Kapitalismus + Computer = ? Dimensionen der hochtechnologischen Produktionsweise. In: Kaindl, Christian (Hrsg.): Kritische Wissenschaften im Neoliberalismus. Marburg: BdWi, S. 107-123.

Haug, Wolfgang Fritz (2003): High-Tech-Kapitalismus. Analysen zu Produktionsweise – Arbeit – Sexualität – Krieg & Hegemonie. Hamburg: Argument.

Heinrich, Michael (2011a): Entstehungs- und Auflösungsgeschichte des Marxschen «Kapital». In: Bonefeld, Werner/Heinrich, Michael (Hrsg.): Kapital & Kritik. Nach der «neuen» Marx-Lektüre. Hamburg: VSA, S. 155-193.

Heinrich, Michael (2011b): Die Wissenschaft vom Wert. Die Marxsche Kritik der politischen Ökonomie zwischen wissenschaftlicher Revolution und klassischer Tradition. 5. Auflage. Münster: Westfälisches Dampfboot.

Herkommer, Sebastian/Bierbaum, Heinz (1979): Industriesoziologie. Bestandsaufnahme, Kritik, Weiterentwicklung. Stuttgart: Ferdinand Enke.

Hoff, Jan (2009): Marx global. Zur Entwicklung des internationalen Marx-Diskurses seit 1965. Berlin: Akademie Verlag.

Institut für Sozialforschung (1981): Gesellschaftliche Arbeit und Rationalisierung. Neuere Studien aus dem Institut für Sozialforschung in Frankfurt am Main. Leviathan Sonderheft 4/1981. Opladen: Westdeutscher Verlag.

Jansen, Ulrich (1983): Strukturveränderungen des journalistischen Arbeitsprozesses und deren Auswirkungen auf das beruflich vermittelte Bewußtsein. Frankfurt a. M.: Haag+Herchen.

Jarren, Otfried/Künzler, Matthias/Puppis, Manuel (Hrsg.) (2012): Medienwandel oder Medienkrise? Folgen für Medienstrukturen und ihre Erforschung. Baden-Baden: Nomos.

Kisker, Klaus Peter (1997): Strukturelle Überakkumulation und Krise der Erwerbsarbeit. In: Z – Zeitschrift für Marxistische Erneuerung, 8, Nr. 31, S. 61-68.

Knoche, Manfred (2013): Befreiung von kapitalistischen Geschäftsmodellen. Entkapitalisierung von Journalismus und Kommunikationswissenschaft aus der Sicht einer Kritik der politischen Ökonomie der Medien. In: Lobigs, Frank/Nordheim, Gerret von (Hrsg.): Journalismus ist kein Geschäftsmodell. Aktuelle Studien zur (Nicht-)Ökonomie des Journalismus. Baden-Baden: Nomos (im Erscheinen).

Knoche, Manfred (2005): Entwicklung von Medientechniken als „Neue Medien" aus der Sicht einer Kritik der Politischen Ökonomie der Medien. In: Arnold, Klaus/Neuberger, Christoph (Hrsg.): Alte Medien – neue Medien. Theorieperspektiven, Medienprofile, Einsatzfelder. Wiesbaden: VS, S. 40-62.

Knoche, Manfred (2002): Kommunikationswissenschaftliche Medienökonomie als Kritik der Politischen Ökonomie der Medien. In: Siegert, Gabriele (Hrsg.): Medienökonomie in der Kommunikationswissenschaft. Bedeutung, Grundfragen und Entwicklungsperspektiven. Münster u. a.: LIT, S. 101-109.

Knoche, Manfred (2001): Kapitalisierung der Medienindustrie aus politökonomischer Perspektive. Medien & Kommunikationswissenschaft, 49, Nr. 2, S. 177-194.

Knoche, Manfred (1999): Das Kapital als Strukturwandler der Medienindustrie – und der Staat als sein Agent? Lehrstücke der Medienökonomie im Zeitalter digitaler Kommunikation. In: Knoche, Manfred/Siegert, Gabriele (Hrsg.): Strukturwandel der Medienwirtschaft im Zeitalter digitaler Kommunikation. München: Reinhard Fischer, S. 149-193.

Marx, Karl (1970): Resultate des unmittelbaren Produktionsprozesses. Das Kapital. I. Buch. Der Produktionsprozess des Kapitals. VI. Kapitel, 2. Auflage. Frankfurt a. M.: Neue Kritik.

Marx, Karl (1962, 1989): Das Kapital. Kritik der politischen Ökonomie. 3 Bände. MEW 23-25. Berlin: Dietz.

Marx, Karl (1961): Zur Kritik der politischen Ökonomie. MEW 13. Berlin: Dietz.

Marx, Karl (1952): Das Elend der Philosophie. Antwort auf Proudhons «Philosophie des Elends». Berlin: Dietz.

Mendner, Jürgen H. (1975): Technologische Entwicklung und Arbeitsprozess. Zur reellen Subsumtion der Arbeit unter das Kapital. Frankfurt a. M.: Fischer.

Ohm, Christof/Haug, Frigga (2004): Hochtechnologische Produktionsweise. In: Haug, Wolfgang Fritz (Hrsg.): Historisch-kritisches Wörterbuch des Marxismus (HKWM) 6/I. Hamburg: Argument, Spalten 435-450.

Resch, Christine/Steinert, Heinz (2011): Kapitalismus: Porträt einer Produktionsweise. 2. Auflage. Münster: Westfälisches Dampfboot.

Sauer, Dieter (2006): Von der systemischen Rationalisierung zur permanenten Reorganisation. Lange und kurze Wellen der Unternehmensorganisation. In: Baukrowitz, Andrea/Berker, Thomas/Boes, Andreas/Pfeiffer, Sabine/Schmiede, Rudi/Will, Mascha (Hrsg.): Informatisierung der Arbeit – Gesellschaft im Umbruch. Berlin: Sigma, S. 84-97.

Schmiede, Rudi (2006): Wissen und Arbeit im «Informational Capitalism». In: Baukrowitz, Andrea/Berker, Thomas/Boes, Andreas/Pfeiffer, Sabine/Schmiede, Rudi/Will, Mascha (Hrsg.): Informatisierung der Arbeit – Gesellschaft im Umbruch. Berlin: Sigma, S. 457-490.

Schmiede, Rudi (1996): Informatisierung, Formalisierung und kapitalistische Produktionsweise. Entstehung der Informationstechnik und Wandel der gesellschaftlichen Arbeit. In: Schmiede, Rudi (Hrsg.): Virtuelle Arbeitswelten. Arbeit, Produktion und Subjekt in der «Informationsgesellschaft». Berlin: Sigma, S. 15-47.

Schmiede, Rudi (1989): Reelle Subsumtion als gesellschaftstheoretische Kategorie. In: Schumm, Wilhelm (Hrsg.): Zur Entwicklungsdynamik des modernen Kapitalismus. Beiträge zur Gesellschaftstheorie, Industriesoziologie und Gewerkschaftsforschung. Symposium für Gerhard Brandt. Frankfurt a. M./New York: Campus, S. 21-38.

Schütt, Bernd (1981): Vom Tagesschriftsteller zum technischen Redakteur? Versuch einer logisch-historischen und empirischen Analyse journalistischer Tätigkeit. Frankfurt a. M.: Haag+Herchen.

Smudits, Alfred (2002): Mediamorphosen des Kulturschaffens. Kunst und Kommunikationstechnologien im Wandel. Wien: Braumüller.

Sohn-Rethel, Alfred (1972): Die ökonomische Doppelnatur des Spätkapitalismus. Darmstadt/Neuwied: Luchterhand.

Sohn-Rethel, Alfred (1970): Geistige und körperliche Arbeit. Zur Theorie der gesellschaftlichen Synthesis. Frankfurt a. M.: Suhrkamp.

Teschner, Eckart/Hermann, Klaus (1981): Zur Taylorisierung technisch-geistiger Arbeit. Empirische Befunde und theoretische Überlegungen. In: Institut für Sozialforschung (1981): Gesellschaftliche Arbeit und Rationalisierung. Opladen: Westdeutscher Verlag, S. 118-135.

Weischenberg, Siegfried (1982): Journalismus in der Computergesellschaft. Informatisierung, Medientechnik und die Rolle der Berufskommunikatoren. New York u. a.: Saur.

Teil II:
Wandel von Medienstrukturen, Mediennachfrage und Medienangebot

Analyse des Einflusses von Veränderungen der Marktgröße, der Anbieterkonzentration und des Kostenniveaus auf das TV-Angebot in Deutschland

Wolfgang Seufert

1 Welche Faktoren beeinflussen Umfang und Struktur des Medienangebotes?

Aktuell verändern sich Umfang und Struktur des medialen Gesamtangebotes weltweit vor allem durch die zusätzlichen WWW-Angebote, die die Internettechnologie seit Mitte der 1990er Jahre ermöglicht hat. Sie beeinflussen das Mediennutzungsverhalten der Rezipienten und das Werbeverhalten der Werbungtreibenden und haben damit auch Auswirkungen auf das Angebot aller traditionellen Medienteilbranchen – unabhängig davon, ob es sich primär um periodisch bzw. kontinuierlich erscheinende Medienprodukte mit aktuellen Informationen (TV- und Radioprogramme, Zeitungen und Zeitschriften) oder um Unikate (Kino- und Videofilme, Tonträger und Bücher) handelt. Umfang und inhaltliche Struktur des traditionellen Medienangebotes haben sich in den letzten Jahrzehnten allerdings nicht nur infolge dieses intermedialen Wettbewerbs, sondern auch aufgrund von branchenspezifischen Eigendynamiken verändert.

Dies gilt insbesondere für das Fernsehangebot: Während vor 30 Jahren ein TV-Haushalt in Deutschland im Durchschnitt nur 3,5 TV-Kanäle empfangen hat, waren es 2012 über 80 Kanäle. Dabei besteht mittlerweile rund drei Viertel des deutschsprachigen Angebotes aus TV-Spartenkanälen, die man vor 30 Jahren nur aus den USA kannte. Kontinuierlich durchgeführte Programmbeobachtungen zeigen zudem, dass sich in den letzten Jahrzehnten auch die Genrestruktur der TV-Vollprogramme verändert hat.

In der kommunikationswissenschaftlichen Literatur werden sowohl die starke *Ausweitung* des TV-Angebots als auch ihre inhaltliche *Ausdifferenzierung* vor allem auf zwei Entwicklungen zurück geführt (vgl. McQuail 2012; Stöber 2003; Wilke 1999): auf den Übergang zu einem dualen Rundfunksystem aus privaten und öffentlichen Anbietern Mitte der 1980er Jahre («Deregulierung», «Liberalisierung», «Kommerzialisierung») sowie auf die Ablösung analoger TV-Produktions- und der TV-Distributionstechniken durch digitale («Medienkonvergenz», «Digitalisierung»). Als weitere Ursache für die zunehmende inhaltliche Vielfalt des TV-Gesamtangebotes wird auch eine stärkere soziale Ausdifferenzierung der Gesellschaft in Milieus bzw. Lebensstilgruppen und die daraus resultierende «Fragmentierung» des Publikums genannt (vgl. Handel 2000; Holz-Bacha/Peiser 1999).[1]

Die Zulassung privater gewinnorientierter TV-Veranstalter wird auch als Ursache für eine *Absenkung im Qualitätsniveau* des TV-Angebotes gesehen: Nach dem Ende der 1990er Jahre formulierten Konvergenzhypothese hat die veränderte intermediale Wettbewerbssituation auch Rückwirkungen auf das Angebotsverhalten der öffentlich-rechtlichen Rundfunkanstalten, indem diese sich an die Reichweitenmaximierungsstrategien der privaten Konkurrenz anpassen. Dies zeige sich insbesondere in einer stärkeren Unterhaltungsorientierung des öffentlichen TV-Angebotes (vgl. Bruns/Marcinkowski 1996; Schatz et al. 1989). Insgesamt komme es so zu einer «Ökonomisierung» des TV-Angebotes (vgl. Altmeppen 2011, Meier/Jarren 2001).

Angebotsveränderungen wären damit also die Folge von veränderten rechtlichen, technischen und wirtschaftlichen Rahmenbedingungen. Generell lässt sich feststellen, dass es sich bei den kommunikationswissenschaftlichen Aussagen zu den Determinanten des Medienangebotes und speziell des TV-Angebotes meist um die Postulierung langfristiger Entwicklungstrends auf der Strukturebene handelt («Ökonomisierung», «Deregulierung», «Fragmentierung» etc.). Erklärungen, wie diese das Anbieterverhalten im Einzelnen beeinflussen, finden sich hingegen kaum.

Innerhalb der medienökonomischen Literatur dominiert dagegen eine mikrotheoretisch ausgerichtete komparativ-statische Betrachtungsweise, die genau diesen Zusammenhang von Rahmenbedingungen und Anbieterverhalten in den Mittelpunkt ihrer Analysen stellt. Dass das TV-Programmangebot zu einem bestimmten Zeitpunkt einen bestimmten Umfang, einen bestimmten Grad an Vielfalt oder ein bestimmtes Qualitätsniveau erreicht, ist danach auf eine spezifische Kombination von Handlungsrestriktionen zurückzuführen, die das Anbieterverhalten in eben diese Richtung lenkt (vgl. u. a. Budzinski/Lindstädt 2010; Dewenter 2007; Waterman 2006; Picard 1989; Wieland 1980). Veränderungen im Umfang und in der Struktur des TV-Angebotes sind diesen wirtschaftstheoretischen Überlegungen zufolge entweder auf *Präferenzänderungen* der TV-Nachfrager, auf *technischen Fortschritt* und dadurch möglich gewordene Kostensenkungen oder auf eine veränderte *Wettbewerbsintensität* auf den Absatz- und Beschaffungsmärkten der TV-Anbieter zurückzuführen.

Sowohl nach den kommunikationswissenschaftlichen als auch nach den medienökonomischen Erklärungsansätzen sind langfristige Angebotsveränderungen

---

1 Vergleiche auch den Beitrag von Brigitte Stark in diesem Band.

auf Medienmärkten also ein Ergebnis der Anpassungsreaktionen von Medienunternehmen an einen veränderten strukturellen Handlungsrahmen, wobei in der Kommunikationswissenschaft stärker die Veränderungen des Handlungsrahmens im Fokus der Analyse stehen und in der Wirtschaftswissenschaft stärker die dadurch ausgelösten Verhaltensreaktionen.

Zur Beschreibung und Erklärung der Dynamik langfristiger Veränderungsprozesse leisten beide Forschungstraditionen damit jeweils nur einen eingeschränkten Beitrag. Aufgrund ihrer komparativ-statischen Methodik kann die mikroökonomisch orientierte Forschung keine genaueren Aussagen über das Tempo dieser Anpassungsprozesse machen. Weil die kommunikationswissenschaftliche Forschung bislang keine eigenständige Theorie zur Erklärung des Medienangebotes entwickelt hat, die Strukturveränderungen mit konkreten Verhaltensveränderungen von Medienunternehmen verknüpft, bleibt die relative Bedeutung von Veränderungen des rechtlichen, technischen oder wirtschaftlichen Handlungsrahmens auf das Medienangebot unbestimmt.

Der folgende Beitrag hat das Ziel, auf Grundlage einer Sekundäranalyse von Daten über die TV-Angebotsentwicklung und die Entwicklung der Strukturbedingungen für TV-Anbieter das relative Gewicht der einzelner Strukturparameter für die Entwicklung des TV-Angebotes und die zeitliche Dynamik dieses Prozesses in den letzten Jahrzehnten in Deutschland zu untersuchen.

Nach der Entwicklung eines Akteursmodells für Medienanbieter, das Verhaltenskategorien mit Kategorien des strukturellen Handlungsrahmens verknüpft, wird zunächst das methodische Vorgehen bei der Quellenauswahl und der Operationalisierung einzelner Konstrukte beschrieben. Die anschließend präsentierten empirischen Ergebnisse beziehen sich alle auf den Zeitraum nach 1995. Dies hat zum einen pragmatische Gründe, da die Datenlage vor allem für die privaten TV-Anbieter seit Mitte der 1990er Jahre weniger lückenhaft ist als für die Zeit davor. Gleichzeitig ist es damit aber auch möglich, Angebotsveränderungen und deren Determinanten in einer Periode zu untersuchen, in der es in Deutschland so gut wie keine wesentlichen Veränderungen der rechtlichen Rahmenbedingungen für Rundfunkanbieter gegeben hat. Im Fokus der Analyse stehen also technische und wirtschaftliche Veränderungen des Handlungsrahmens: die der Marktgröße (Rezipientennachfrage und Werbenachfrage), der Anbieterkonzentration sowie der Höhe der durchschnittlichen Produktions- und Distributionskosten und ihre Auswirkungen auf das TV-Angebot.

Der Beitrag endet mit Überlegungen zu möglichen Erweiterungen des entwickelten Modells zum Zusammenhang zwischen Strukturbedingungen und Akteurshandeln von Medienanbietern sowie zur generellen Übertragbarkeit der entwickelten Analysemethodik auf andere Medienbranchen und andere Länder.

2 Verändertes Angebotsverhalten als Folge eines veränderten strukturellen Handlungsrahmens

2.1 Zusammenhang zwischen Struktur- und Verhaltensebene

Ausgangspunkt der theoretischen Überlegungen über die wesentlichen Einflussfaktoren auf das Medienangebot ist das in der Rational Choice-Tradition stehende «Wannenmodell», das Akteursverhalten auf der Mikroebene mit Strukturbedingungen auf der Makroebene verknüpft (vgl. Quandt/Scheufele 2011: 15, Lindner-Braun 2007: 59; Esser 1996: 91; Coleman 1991: 10). Danach sind Veränderungen auf der Makroebene letztlich nur als Ergebnis der Summe des Akteursverhaltens erklärbar, wobei diese Strukturbedingungen wiederum das mögliche Spektrum alternativer Handlungsmöglichkeiten für alle Akteure oder für einzelne Akteursgruppen beschränken. Zur theoretischen Beschreibung dieses Mikro-Makro-Zusammenhangs bedarf es zunächst einer angemessenen Erfassung des Verhaltens individueller und kollektiver Akteure und der für das Verhalten wesentlichen Strukturparameter. Zudem müssen Annahmen getroffen werden, wie diese Strukturbedingungen die Auswahl der Akteure zwischen verschiedenen Handlungsalternativen beeinflussen («Brückenhypothesen»), sowie Annahmen darüber, ab wann das Akteursverhalten in der Summe wiederum zu einer Veränderung des strukturellen Handlungsrahmens führt («Aggregationsregeln» bzw. «Transformationsregeln»).

Mit diesem in der Soziologie entwickelten Rahmenkonzept ist das in der Ökonomie weit verbreitete «S-C-P-Modell» kompatibel, das den strukturellen Handlungsrahmen und das Entscheidungsverhalten von Marktakteuren ebenfalls analytisch trennt (vgl. u. a. Bester 2010; Scherer 1970). Es geht davon aus, dass das Marktverhalten («conduct») von Unternehmen (ihre Entscheidungen über Preise, Produktgestaltung, Forschungs- und Entwicklungsaufwand etc.) entscheidend von der Marktstruktur («structure») abhängt (Zahl der Wettbewerber, Höhe der Marktzutrittsschranken für Newcomer etc.). Die Marktstruktur bestimmt damit letztlich auch das Marktergebnis, das sich aus dem Zusammenwirken aller Unternehmen eines Marktes ergibt («performance»). Es ist gleichzeitig Basis normativer Bewertungen und entsprechender Handlungsempfehlungen für Marktstruktureingriffe des Staates. Der in der Ökonomie übliche Bewertungsmaßstab für die Marktergebnisse bzw. für staatliche Eingriffe ist die Wohlfahrtsmaximierung bzw. die Summe der bei Produktion und Konsum einzelner Güter entstehenden Produzenten- und Konsumentenrente (vgl. Dewenter/Haucap 2009). Grundsätzlich sind in einem solchen S-C-P-Ansatz aber auch andere Bewertungsmaßstäbe anwendbar. Auf Medienmärkten liese sich beispielsweise das

Marktergebnis auch über die Vielfalt und die Qualität der produzierten Medieninhalte beurteilen (vgl. McQuail 1992: 90).

Als zentrale handlungsbeeinflussende Strukturgröße im S-C-P-Modell gilt üblicherweise die Zahl der Anbieter bzw. der Grad der wirtschaftlichen Konzentration. Da das Modell aber letztlich eine Erweiterung der mikroökonomischen Produktionstheorie darstellt (vgl. Schwalbach 2008), geht es implizit von zusätzlichen strukturellen Handlungsrestriktionen aus. So ist eine der Grundannahmen der Produktionstheorie, dass Unternehmen mit dem Ziel der Gewinnmaximierung agieren. Von allen denkbaren Produktionsvarianten (Art des oder der produzierten Güter, Outputmenge etc.) wird vom Unternehmen immer diejenige Alternative gewählt, bei der die Differenz zwischen Kosten je Outputeinheit und Erlösen je Outputeinheit am größten ist. Die Kosten pro Outputeinheit hängen dabei von zwei Einflussfaktoren ab: von den Preisen für die zur Herstellung des Gutes notwendigen Produktionsfaktoren (unterschiedlich qualifizierte Arbeitskräfte, Produktionsmittel etc.) und vom Stand des technischen Wissens, das sich in den jeweiligen Faktorproduktivitäten niederschlägt, d. h. im Mengenverhältnis zwischen Faktorinput und Güteroutput. Bei Konsumgütern werden die Erlöse pro Outputeinheit wiederum von den individuellen Präferenzordnungen der einzelnen Konsumenten bestimmt. Sie ergeben in der Summe die Zahlungsbereitschaft nach einem Gut bzw. die Marktnachfragemenge in Abhängigkeit vom Produktpreis.

Das S-C-P-Modell kennt also auf der Strukturebene außer der Anbieterkonzentration vier weitere handlungsrelevante Einflussfaktoren: die Marktgröße (Präferenzen bzw. Zahlungsbereitschaften), den Stand des technischen Wissens über effiziente Produktions- und Distributionsverfahren, die relative Knappheit und damit den Preis der technisch notwendigen Produktionsfaktoren, sowie die wirtschaftliche Konzentration auf den Beschaffungsmärkten für Produktionsinputs, die ebenfalls die Höhe der Faktorkosten beeinflusst. Zudem nimmt es gewinnmaximierendes Verhalten als gegeben an.

Während die mikroökonomisch orientierte Ökonomik in ihren Analysen die Handlungsparameter der Unternehmen sehr eng fasst und meist auf die Wahl der Produktionstechnik sowie die Entscheidung über die Größe der Outputmenge und über die Höhe des Angebotspreises reduziert, betrachtet die betriebswirtschaftliche Forschung ein sehr viel breiteres Verhaltensspektrum. So geht beispielsweise der Marketingansatz davon aus, dass Anbieter die Nachfrage nach den von ihnen produzierten Gütern nicht nur über die Produkteigenschaften und den Preis beeinflussen können, sondern auch über Instrumente, die seine Bekanntheit erhöhen und seine Erreichbarkeit verbessern. Die Unternehmen optimieren zur Nachfragebeeinflussung deshalb ihren *Marketing-Mix* aus Produkt-, Preis-, Kommunikations- und Distributionspolitik (vgl. Kotler et al. 2007).

Auch beschreibt die Betriebswirtschaftslehre mit dem Konzept des *Geschäftsmodells* die Zusammenhänge zwischen Produktionsorganisation, Produkteigenschaften und Erlösströmen differenzierter als die Mikroökonomik. Profitable Geschäftsmodelle sind danach jeweils als Kombination eines spezifischen Erlösmodells (Art der Erlöse, die mit einem bestimmten Produkt generierbar sind) und eines spezifischen Produktionsmodells (Art der Kombination von internen Produktionsprozessen mit den extern bezogenen Vorleistungen und Produktionsfaktoren) zu verstehen (vgl. Wirtz 2011).

2.2 Ein Akteursmodell für Medienunternehmen

Überträgt man diese verschiedenen wirtschaftstheoretischen Konzepte zur Verknüpfung von Entscheidungsverhalten und strukturellen Handlungsrestriktionen, so lässt sich das in Abbildung 1 dargestellte Akteursmodell für Medienunternehmen, die mediale Inhalte anbieten, entwickeln:

Abbildung 1: Akteursmodell für Medienunternehmen

Medien-Angebot	Akteursmodell (Medienunternehmen)		Strukturbedingungen
Medieninhalt Genrestruktur Erstausstrahlungsanteil etc. **Verbreitungsweg** technische Reichweite **Marktkommunikation** Bekanntheit **Preis** Verkaufspreis Werbepreis	**Zielfunktion** Profit/Non-Profit /Invest **Erlösmodell** Art der Finanzierung Produkteigenschaften **Produktionsmodell** a) Produktionskosten Inhalt Vorleistungen (make or buy) Arbeitsqualifikationen Produktionsorganistation b) Distributionskosten Vorleistungen (make or buy) Arbeitsqualifikationen Vertriebsorganisation	**Marktgröße** Zahlungsbereitschaften Nachfragemengen **Anbieterkonzentration** Wettbewerbsintensität **Ressourcenverfügbarkeit** Arbeit Fremdkapital Vorleistungen **Technisches Wissen** Produktionstechniken Distributionstechniken	**(Rundfunk-)** **Regulierung** Gewinnvorschriften Qualitätsvorschriften Werbevorschriften Konzentrationsgrenzen Quotenregelungen Förderprogramme usw.

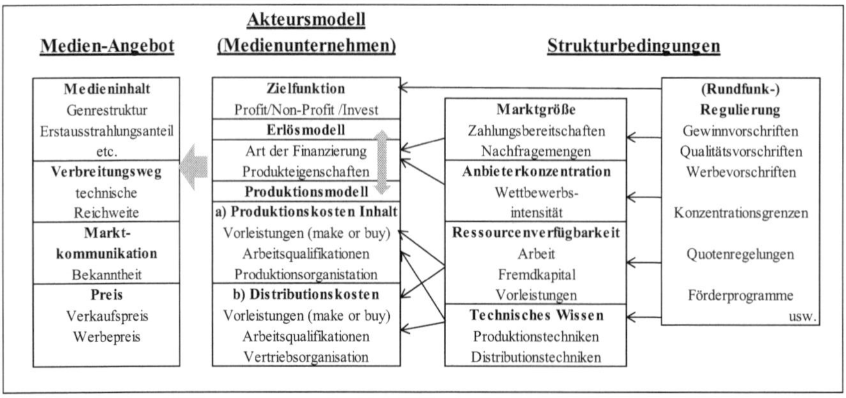

Quelle: eigene Darstellung

- Es enthält als erste Komponente eine *Zielfunktion*, nach der der jeweilige Anbieter Entscheidungsalternativen priorisiert. Auf Medienmärkten und insbesondere auf TV-Märkten agiert nur ein Teil der Anbieter nach einem Profit-Kalkül. Die öffentlichen TV-Veranstalter folgen in der Regel einem Non-Profit-Kalkül, d. h. sie wollen (dürfen) keine Gewinne erzielen, sollen aber auch keine Defizite machen. Nicht zu vernachlässigen ist zudem ein drittes Anbieterkalkül bei der Produktion von Medieninhalten, das bewusst Defizite in Kauf nimmt. Diese Anbieter sehen die Defizite als Investition in Kommunikationsmaßnahmen an, mit denen Rezipienten beeinflusst und dadurch mittelbar wirtschaftliche oder gesellschaftliche Ziele erreicht werden. Ein Beispiel für derartige TV-Angebotesind Missionskanäle von Religionsgemeinschaften, die nicht auf Werbe- oder Verkaufserlöse sondern auf Mitgliederzuwächse und Spendeneinnahmen abzielen.

• Die zweite Komponente des Akteursmodells umfasst das *Spektrum möglicher Verhaltensalternativen,* das mithilfe des betriebswirtschaftlichen Konzeptes von Geschäftsmodellen, wie oben erläutert, gut systematisiert werden kann. Beim Erlösmodell lassen sich für Medienunternehmen folgende Formen der Finanzierung unterscheiden: Paid Content, Werbefinanzierung, Mischfinanzierungsformen aus Pay- und Werbeerlösen, Formen der Quersubventionierung durch andere wirtschaftliche Aktivitäten der Unternehmen oder staatliche Subventionen. Beim Produktionsmodell sind die Produktionsprozesse für die Gestaltung der Medieninhalte und für ihre Verbreitung zu unterscheiden. Je nachdem wie diese beiden Leistungserstellungsprozesse organisiert werden, haben TV-Anbieter ein unterschiedliches Verhältnis von TV-Produktionskosten und TV-Distributionskosten je Outputeinheit.

TV-Anbieter lassen sich damit sowohl im Hinblick auf die Wahl ihrer Zielfunktionen als auch im Hinblick auf die Wahl ihrer Erlös- und Produktionsmodelle unterscheiden bzw. typisieren. Das Ergebnis der Auswahlentscheidung hat Auswirkungen auf das Angebot des jeweiligen Medienanbieters. Wie oben erläutert, würde eine Systematisierung des TV-Angebotes allein nach inhaltlichen Kategorien (Programmumfang, Genrestruktur, Anteil von Erst- und Wiederholungsausstrahlungen etc.) sowie nach dem Produktpreis zu kurz greifen. Wesentlich sind auch die Größe des Verbreitungsgebietes (nationale, regionale, lokale Angebote), die unter anderem von der Wahl der Distributionstechnik abhängt, sowie die jeweilige Bekanntheit des Angebotes, die von den Maßnahmen des Anbieters im Bereich der Marktkommunikation beeinflusst wird.

2.3 Strukturbedingungen des Anbieterverhaltens

Der strukturelle Handlungsrahmen schränkt entweder alle Anbieter oder einzelne Teilgruppen von Anbietern gleichermaßen ein. Er lässt sich analytisch in zwei Faktorenbündel trennen: solche, die sich eher diskontinuierlich und solche, die sich eher schrittweise in längeren Zeiträumen verändern. Der regulative Handlungsrahmen unterliegt aufgrund konträrer medienpolitischer Interessen der politischen Akteure und wechselnder politischer Mehrheiten häufig diskontinuierlichen Veränderungen. Handlungsbeschränkungen, die sich aus der Summe des Verhaltens der anderen Marktakteure ergeben, ändern sich dagegen eher kontinuierlich. Dies gilt auch für technische Innovationen, die nie sofort von allen Anbietern übernommen werden können, so dass sich das Akteursverhalten auch nicht plötzlich, sondern über einen längeren Zeitraum verändert.

Regulative Beschränkungen können sowohl die Wahl der Zielfunktion betreffen (beispielsweise durch das rechtliche Verbot der Zulassung profitorientierter Anbieter bis Mitte der 1980er Jahre) als auch die Auswahl von Geschäftsmodellen (beispielsweise durch die mit einzelnen rechtlichen Regeln ausgehenden Einflüsse auf die Höhe von Produktions- und Distributionskosten und auf Erlöspotenziale). Der regulative Rahmen von TV-Anbietern ist in Deutschland wie in den meisten Ländern Europas wegen der existierenden dualen Rundfunkordnungen vergleichsweise komplex (vgl. Seufert/Gundlach 2012). Er umfasst nicht nur unterschiedliche Finanzierungs-, Konzentrations- oder Verhaltensvorschriften für private und öffentliche TV-Anbieter (z. B. Quotenregelungen für bestimmte Programmelemente oder Werbebeschränkungen). Vielmehr wird das Anbieterverhalten auch von Vorschriften und Förderprogrammen beeinflusst, die sich speziell an Unternehmen aus Nachbarbranchen oder an alle Unternehmen richten (Urheberrecht, allgemeines Werberecht, Förderprogramme zum Ausbau der Telekommunikationsinfrastruktur etc.).

Die handlungsbeschränkenden Wirkungen des aggregierten Verhaltens anderer Marktakteure lassen sich auf Grundlage der mikroökonomischen Produktionstheorie systematisieren: Anbieterkonzentration, Marktgröße, Knappheit von Produktionsfaktoren und der Stand des technischen Wissens beeinflussen jeweils Erlöse und Kosten und damit die Rentabilität einzelner Geschäftsmodelle.

Abbildung 2 verdeutlicht, dass für Medienunternehmen starke Kostendegressionseffekte charakteristisch sind. Aufwändig produzierte Inhalte mit hohen absoluten Kosten je Programmminute können deshalb –wenn sie auf eine große Publikumsresonanz stoßen – rentabel sein, während vergleichsweise kostengünstig produzierte TV-Programme wegen fehlender Nachfrage die Rentabilitätsschwelle verfehlen.

Bei einer aggregierten Betrachtung des Gesamtangebotes wird deshalb dessen inhaltliche Vielfalt umso größer sein, je größer der Gesamtmarkt ist: In bevölkerungsreichen Ländern lassen sich viele Spezialangebote refinanzieren, die in kleineren Ländern auf keine ausreichenden Rezipientenzahlen kommen. Eine größere inhaltliche Ausdifferenzierung ist dort meist nur auf zwei Wegen möglich: durch Programmimporte, die weniger kosten als Eigenproduktionen aber aufgrund ihrer Qualität dennoch eine ausreichende Nachfrage generieren, oder eine öffentliche Subventionierung von Angeboten, für die es zwar nur eine geringe Rezipientennachfrage gibt, die aber als gesellschaftlich wünschenswert erachtet werden, wie beispielsweise nationale Filmproduktionen oder Regionalinformationen (vgl. Puppis 2010: 81).

Abbildung 2: Kostenniveau, Marktgröße und Rentabilität von Medienangeboten

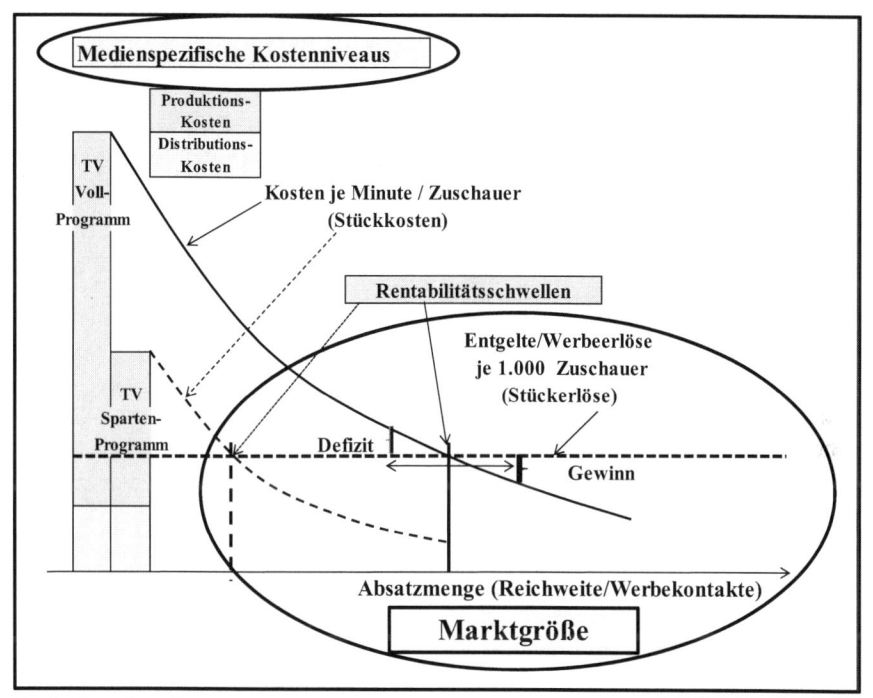

Quelle: eigene Darstellung

Die Qualität von Medienangeboten kann aus mikroökonomischer Sicht als eine Variante der Produktdifferenzierung betrachtet werden, so dass der generelle Zusammenhang zwischen Marktgröße, Kostenniveau und Rentabilitätsschwelle auch für Programme mit unterschiedlichem Qualitätsniveau gilt. Es gibt allerdings in der Ökonomie zwei Dimensionen des Qualitätsbegriffs (vgl. Pfeifer/Schmitt 2010):

- Qualität im Sinne von Geschmacksdifferenzen ist mit Varianten des TV-Angebotes in Form unterschiedlicher Themen oder Genres vergleichbar. Sofern bestimmte Produkteigenschaften einem Teil der Rezipienten besser gefallen als den übrigen Rezipienten (z. B. aktuelle Nachrichten), führt dies letztlich zu einer unterschiedlich großen Nachfrage nach TV-Programmen, in denen diese Inhalte einen unterschiedlich großen Anteil am Gesamtinhalt ausmachen.
- Qualität im Sinne von Niveauunterschieden wird dagegen in der Ökonomie mit einem unterschiedlich großen Produktionsaufwand in Verbindung ge-

bracht, d. h. für qualitativ höherwertige Angebote werden teurere Vorprodukte verarbeitet oder die Verarbeitung erfolgt sorgfältiger und deshalb auch mit einem höheren Personalaufwand je Outputeinheit. Ein höheres Qualitätsniveau von TV-Informationssendungen würde dann beispielsweise durch einen Zugang zu exklusiven Informationen oder durch ein größeres Redaktionsteam mit einer besseren Recherchekapazität zustande kommen.

Die erste Art von Qualitätsunterschieden ist rein subjektiv, die zweite Form ist bis zu einem gewissen Grad objektiv messbar. Allerdings bedeutet letzteres nicht, dass alle Nachfrager immer die höchste Angebotsqualität nachfragen. Teilweise sind die Qualitätsniveauunterschiede nicht für alle Nachfrager erkennbar oder ein Teil der Rezipienten gibt sich bewusst mit einem niedrigeren Qualitätsniveau zufrieden, weil sie nicht bereit sind, die höheren Preise der aufwändiger produzierten Qualitätsprodukte zu bezahlen. Aus der Sicht gewinnmaximierender Anbieter gibt es deshalb ein Qualitätsoptimum, an dem sich das eigene Angebotsverhalten orientiert (vgl. Seufert 2006). Eine Erhöhung des Produktionsaufwandes rentiert sich nur solange, wenn er durch zusätzliche Erlöse (durch mehr Rezipienten) oder durch zusätzliche Kosteneinsparungen (durch den damit verbundenen Fixkostendegressionseffekt) gedeckt wird. Eine geeignete Entscheidungsgrundlage über den Produktionsaufwand sind die Tausenderkontaktkosten (TKK), bei denen die Kosten pro Programmminute auf die Zahl der erreichten Zuschauer bezogen werden. Das Qualitätsoptimum aus der Sicht des Anbieters entspricht dann dem TKK-Minimum.

Bei aggregierter Betrachtung ist der Anteil von Qualitätsmedien am Gesamtangebot also von den Qualitätspräferenzen der Rezipienten abhängig bzw. von deren Fähigkeit, objektive Qualitätsunterschiede überhaupt zu bemerken. Der Anteil des Medienangebotes mit einem hohen Qualitätsniveau wird unter ansonsten gleichen Rahmenbedingungen also ebenfalls mit zunehmender Marktgröße und/oder mit sinkendem allgemeinem Kostenniveau ansteigen und umgekehrt (vgl. u. a. Lacy/Simon 1993).

2.4 Hypothesen zu den Einflussfaktoren auf das TV-Anbieterverhalten

Das entwickelte Modell zur Verknüpfung von Strukturbedingungen und Akteursverhalten geht damit von folgenden Brückenhypothesen aus: der (a) Regulierungsrahmen, (b) die vom Stand der Technik beeinflussten Kostenniveaus, (c) die Marktgröße und (d) die Anbieterkonzentration, sind die wesentlichen Einflussgrößen auf die Auswahl der (e) Zielfunktionen sowie der (f) Erlös- und Produktionsmodelle, und damit letztlich auch auf den Umfang und die Struktur des TV-Gesamtangebotes, das über die vier Dimensionen (g) Produktgestaltung

(Zahl der Angebote und ihre inhaltliche Differenzierung), (h) Preis, (i) Verbreitungsgebiet und (k) Markenbekanntheit beschrieben werden kann.

Die in der medienökonomischen Literatur diskutierten Wirkungen zwischen Marktgröße, Anbieterkonzentration und Kostenniveaus auf Umfang und Struktur des Medienangebotes sind in Abbildung 3 modellhaft zusammengefasst. Das Modell enthält auch Vermutungen über die Determinanten dieser Strukturbedingungen sowie Beispiele für mögliche Operationalisierungen der Konstrukte auf der Struktur- und Verhaltensebene. Im Einzelnen lassen sich – von medienökonomischen Überlegungen ausgehend – folgende Hypothesen über Richtung und Stärke von Wirkungszusammenhängen formulieren:

- H1: Umfang und inhaltliche Ausdifferenzierung des TV-Gesamtangebotes nehmen mit der Marktgröße zu, d. h. mit einer steigenden Zuschauernachfrage und/oder einer steigenden Nachfrage nach TV-Werbeleistungen.
- H2: Umfang und inhaltliche Ausdifferenzierung des TV-Gesamtangebotes nehmen mit sinkendem Niveau der TV-Produktionskosten und/oder der TV-Distributionskosten zu.
- H3: Mit zunehmender Anbieterkonzentration steigt die Marktmacht von TV-Veranstaltern gegenüber den Nachfragern nach TV-Werbeleistungen, so dass das Niveau der Tausenderkontaktpreise steigt[2].
- H4: Der Grad der Anbieterkonzentration nimmt kontinuierlich zu.
- H5: Das Niveau der der TV-Distributionskosten geht aufgrund des technischen Fortschritts kontinuierlich zurück.
- H6: Das Niveau der TV-Produktionskosten je Outputeinheit geht aufgrund technischen Fortschritts weniger stark zurück als im Durchschnitt der Gesamtwirtschaft.[3] Produktivitätserhöhungen in der TV-Produktion sind vielmehr überwiegend Folge von Veränderungen in der Struktur der angebotenen TV-Inhalte.

---

2   Eine zunehmende Anbieterkonzentration erhöht auch die Marktmacht der großen Anbieter auf den Märkten für Produktionsinputs (Übertragungsrechte, Auftragsproduktionen etc.) und führt dort zu niedrigeren Preisen, sofern die Marktgegenseite nicht ebenfalls hoch konzentriert ist. Hierzu liegen allerdings keine umfassenden Informationen für alle Anbieter von Free-TV-Programmen vor, so dass dieser Zusammenhang im Folgenden nicht überprüft wird.

3   Die These, dass in Dienstleistungsbranchen generell ein geringeres Rationalionalisierungspotenzial durch technischen Fortschritt besteht und diese deshalb höhere Kostensteigerungen als der Durchschnitt der Gesamtwirtschaft haben, ist auch als «Baumols Cost Disease» bekannt (Kiefer 2005: 165ff.). Anbieter in der Medienindustrie sind deshalb zu überdurchschnittlichen Preissteigerungen gezwungen, wenn sie ihren Anteil am Gesamtangebot aller Güter halten wollen, oder sie müssen ihr Leistungsangebot einschränken.

Abbildung 3: Vermutete Wirkungszusammenhänge zwischen strukturellem Handlungsrahmen und TV-Anbieterverhalten

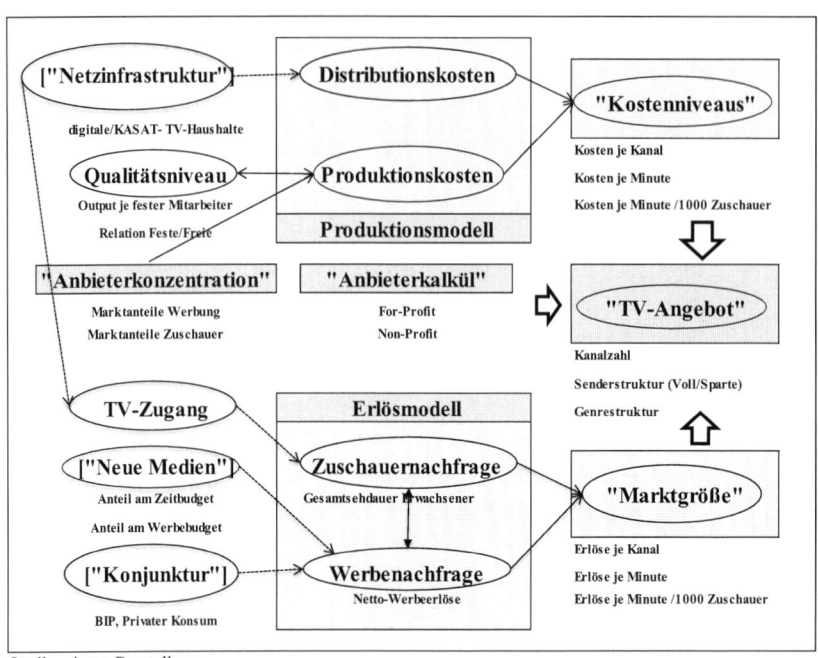

[Diagramm mit folgenden Elementen:

- ["Netzinfrastruktur"] → Distributionskosten
  - digitale/KAS AT- TV-Haushalte
- Qualitätsniveau ↔ Produktionskosten
  - Output je fester Mitarbeiter
  - Relation Feste/Freie
- Produktionsmodell
- "Anbieterkonzentration"
  - Marktanteile Werbung
  - Marktanteile Zuschauer
- "Anbieterkalkül"
  - For-Profit
  - Non-Profit
- TV-Zugang
- Erlösmodell
- ["Neue Medien"] → Zuschauernachfrage
  - Anteil am Zeitbudget
  - Anteil am Werbebudget
  - Gesamtsehdauer Erwachsener
- ["Konjunktur"] → Werbenachfrage
  - BIP, Privater Konsum
  - Netto-Werbeerlöse
- "Kostenniveaus"
  - Kosten je Kanal
  - Kosten je Minute
  - Kosten je Minute /1000 Zuschauer
- "TV-Angebot"
  - Kanalzahl
  - Senderstruktur (Voll/Sparte)
  - Genrestruktur
- "Marktgröße"
  - Erlöse je Kanal
  - Erlöse je Minute
  - Erlöse je Minute /1000 Zuschauer]

Quelle: eigene Darstellung

- H7: Die Größe des TV-Marktes für werbefinanzierte TV-Angebote wächst mit der gesamtwirtschaftlichen Wertschöpfung (BIP) sowie der Zuschauernachfrage (Sehdauer).
- H8: Ein sinkendes (steigendes) Qualitätsniveau des TV-Angebotes gemessen an den Produktionskosten je Outputeinheit führt zu einer zunehmenden (abnehmenden) Zuschauernachfrage.
- H9: Die Entwicklung des Anbieterverhaltens der öffentlichen TV-Veranstalter unterscheidet sich im Hinblick auf Umfang und inhaltliche Struktur aufgrund der anderen Finanzierungsform (kostenorientierte Gebührenfinanzierung) und der anderen Zielfunktion (Non-Profit-Kalkül) signifikant von dem der privaten TV-Veranstalter.

3 Sekundäranalyse zur langfristigen Veränderung des TV-Angebotes und seiner Determinanten

Die Dynamik langfristiger Veränderungen von Strukturbedingungen und Akteurshandeln lässt sich mithilfe einer retrospektiven Datenerhebung – etwa auf Basis von Experteninterviews – nur ungenügend erfassen, da subjektive Verzerrungen in den Erinnerungen oft zu einer systematischen Über- oder Unterschätzung einzelner Einflussgrößen führen (vgl. Wilke 2003: 158). Optimal sind Informationen, die im gesamten Analysezeitraum mit der gleichen Messmethodik erhoben wurden. Ihre Verwendung führt allerdings zu einem Grundproblem aller Sekundäranalysen: die Daten werden in der Regel mit einer anderen Zielsetzung erhoben und sind somit als Indikatoren nicht immer im selben Maße geeignet, wie es Daten auf Basis eines eigenen Erhebungsprogrammes wären. Für den Aussagegehalt von Sekundäranalysen ist insofern von zentraler Bedeutung, dass es gelingt diejenigen Datenquellen zu erschließen, deren Informationen den eigenen Zielsetzungen am Nächsten kommen und deren Messmethode reliable Ergebnisse liefern.

Grundsätzlich lassen sich langfristige Veränderungsprozesse auch auf Basis von Daten analysieren, die zu verschiedenen Zeitpunkten in einem längeren zeitlichen Abstand voneinander erhoben werden, im Extremfall am Beginn und am Ende des gewählten Untersuchungszeitraums. Es besteht dann allerdings die Gefahr, dass zu einem dieser Messzeitpunkte Sondereffekte aufgetreten sind, und damit das Ausmaß von Niveauveränderungen (z. B. Veränderungen in der Zahl angebotener TV-Kanäle) oder von Strukturveränderungen (z. B. Veränderungen der Marktanteile einzelner Anbieter am Gesamtangebot) unter- oder überschätzt wird. Je größer die Zahl der Messzeitpunkte im gewählten Untersuchungszeitraum, desto geringer ist diese Gefahr. Gleichzeitig verbessert sich die Möglichkeit, mithilfe statistischer Verfahren der Zeitreihenanalyse lineare oder nichtlineare Trendentwicklungen von zyklischen Effekten, die konjunktur- oder saisonbedingt sind, zu unterscheiden. Im Idealfall stehen vollständige Zeitreihen für einen ausreichend langen Zeitraum zur Verfügung, um auch kurzfristig auftretende Wechselbeziehungen zwischen mehreren Variablen, beispielsweise zwischen Veränderungen von Angebots- und Nachfragestrukturen, auf Basis von Kreuzkorrelationen untersuchen zu können (vgl. Neusser 2010; Mossmüller 2004; Scheufele 1999).

Für die folgende Analyse der Entwicklung des deutschen TV-Marktes seit 1995 wurden für alle verwendeten Kennziffern Daten aus vier Jahren (1995, 2000, 2005 und 2010) verglichen, um mittel- und langfristige Entwicklungstrends erfassen zu können. Zur besseren Interpretation wurden entsprechende Indexwerte (1995 =100) und die «Compound Average Growth Rate» (CAGR) für

den Gesamtzeitraum berechnet.[4] Es wurden folgende Datenquellen genutzt, die für den Zeitraum ab 1995 kontinuierlich mit einer einheitlichen Messmethodik enthalten:
- im Auftrag der *Arbeitsgemeinschaft Fernsehforschung (AGF)* erhobene Daten zur Fernsehtagesreichweite und zur durchschnittlichen Sehdauer von Erwachsenen sowie zur Genrestruktur im TV-Angebot und bei der TV-Nutzung (vgl. zuletzt: Media Perspektiven: Daten 2013),
- im Auftrag *Landesmedienanstalten (DLM bzw. ALM)* erhobene Daten zu den Erlösen und Kosten privater und öffentlicher TV-Veranstalter einschließlich von Informationen zur Erlös-, Kosten- und Beschäftigtenstruktur sowie zur Anzahl der angebotenen TV-Kanäle (vgl. zuletzt: die Medienanstalten/ALM 2012),
- von der *Kommission zur Ermittlung der Konzentration im Medienbereich (KEK)* veröffentlichte Daten zu den Zuschauermarktanteilen und Werbemarktanteilen der einzelnen TV-Kanäle und zur wirtschaftlichen Verflechtung ihrer jeweiligen Eigentümer (vgl. zuletzt: KEK 2012),
- vom *Zentralverband der Werbewirtschaft (ZAW)* veröffentlichte Daten zu den Netto- und Bruttowerbeerlösen (vgl. zuletzt: ZAW 2013),
- vom *Statistischen Bundesamt (Destatis)* erhobene Daten zur gesamtwirtschaftlichen Entwicklung, zur Bevölkerungsentwicklung und zur allgemeinen Preis- und Lohnentwicklung (www.destatis.de).

Aufbauend auf die industrieökonomische Forschungstradition lassen sich die meisten, der im oben entwickelten Kausalmodell des TV-Marktes enthaltenen Konstrukte mittels wirtschaftlicher Kennziffern in geeigneter Weise operationalisieren. Sofern als Kennziffern Wertgrößen (Umsatz, Kosten) verwendet werden, ist zu beachten, dass deren Veränderungen im Zeitablauf immer das Ergebnis von Preisänderungen und von Mengenänderungen sind. Bei den Preisveränderungen ist zudem zu berücksichtigen, dass es einen allgemeinen Inflationstrend gibt. Um nominale und reale Veränderungen von Wertgrößen unterscheiden zu können, werden deshalb üblicherweise die nominalen Wertentwicklungen mit sektoralen Preisindizes deflationiert bzw. sektorale Preis- oder Lohntrends werden mit den durchschnittlichen Preis- bzw. Lohnentwicklungen in der Gesamtwirtschaft verglichen.

Für eine angemessene Operationalisierung der Angebotsmengen von Medienunternehmen sind Produktionsumfang (gemessen in Seiten, Sendeminuten

---

4   Die CAGR ist eine aus Ausgangs- und Endwert der Untersuchungsperiode errechnete fiktive durchschnittliche jährliche Wachstumsrate. Aus dem Vorzeichen lässt sich erkennen, ob der Wachstumstrend einer Kennziffer in diesem Zeitraum positiv oder negativ war (Schulze 2007: 241).

etc.) und der Umfang der Kontakt- bzw. Werbeleistung zu unterscheiden. Wie oben erläutert, kommen Erlöskennziffern, die die Einnahmen je Outputeinheit auf 1.000 Zuschauerkontakte beziehen («Tausenderkontaktpreise») dem Rentabilitätskalkül gewinnorientierter Anbieter näher als die Größe «Einnahmen je Anzeigenseite» oder «Einnahmen je ausgestrahlter Werbeminute». Entsprechend ist die Outputmenge eines TV-Anbieters auf dem Werbemarkt (seine quantitative Werbeleistung) das Produkt aus der Zeitdauer der ausgestrahlten Werbespots und den dabei jeweils erreichten Zuschauerkontakten.

Durchschnittskosten der Programmproduktion und -distribution können ebenfalls prinzipiell als «Kosten je TV-Kanal» (bzw. als «Kosten je ausgestrahlter Sendeminute») oder als Kosten je Sendeminute bezogen auf 1.000 erreichte Zuschauer («Tausenderkontaktkosten») operationalisiert werden. Diese sind für Unternehmensentscheidungen ebenfalls relevanter als die Kosten je Outputeinheit. Letztere sind allerdings als Qualitätsindikator, der die Zuschauernachfrage beeinflusst, von großer Bedeutung.

4 Entwicklung des Free-TV-Marktes in Deutschland seit 1995

4.1 Entwicklung des dualen Systems bis 1995

Zur besseren Einordnung der Analyseergebnisse werden zunächst die wesentlichen Veränderungen des TV-Angebotes im Jahrzehnt nach der Zulassung der ersten bundesweit ausgestrahlten privaten TV-Programme im Jahr 1984 skizziert (vgl. u. a. Rott 2003; Seufert 1992).

Bis 1995 hat sich nicht nur die Zahl der bundesweiten privaten Free-TV-Programme auf 16 erhöht, auch die Zahl der bundesweit verbreiteten öffentlich-rechtlichen TV-Programme hat von 2 auf 14 zugenommen. Letzteres hatte mehrere Ursachen: (a) die schrittweise Entscheidung aller ARD-Anstalten ihre Dritten Programme auch über Satellit zu verbreiten, so dass diese auch in die meisten der neu entstehenden TV-Breitband-Kabelnetze eingespeist wurden, (b) die Ausstrahlung zusätzlicher analoger TV-Spartenkanäle über Satellit (u. a. *ARD1plus*), sowie (c) die Errichtung von zwei neuen ARD-Anstalten (*MDR*, *ORB*) in den neuen Bundesländern im Jahr 1992. Die Zahl der in einem TV-Haushalt durchschnittlich empfangbaren Programme hat sich einschließlich lokaler und fremdsprachiger Programme im Zeitraum von 1984 bis 1995 auf 35 mehr als verzehnfacht.

Zu den 16 privaten Free-TV-Programmen im Jahr 1995 gehörten auch die sechs TV-Vollprogramme, auf die auch heute noch die größten Zuschaueranteile entfallen (*RTL, Sat.1, Pro7, Kabel 1, RTL2 und Vox*) sowie zehn TV-

Spartenprogramme. Hiervon gingen die meisten erst 1992/93 auf Sendung, nachdem der Reichweitenengpass der privaten TV-Programme durch die wachsende Zahl der Kabel- und Satelliten-Haushalte überwunden worden war, so dass die Nachfrage nach TV-Werbung zu Beginn der 1990er Jahre stark zunahm. Allein von 1990 bis 1994 verdoppelten sich die Nettoerlöse aus TV-Werbung auf 2,9 Mrd. EUR.

4.2 Entwicklung des Free-TV-Angebotes seit 1995

Aus den Daten von Tabelle 1 wird deutlich, dass sich die Zahl der Free-TV-Programme von 1995 bis 2010 noch einmal um das 2,5-fache auf insgesamt 75 erhöht hat. Dabei ist dieser Anstieg allein auf zusätzliche TV-Spartenprogramme zurückzuführen. Nicht berücksichtigt sind Teleshopping-Kanäle, die rundfunkrechtlich zu den Telemedien gezählt werden. Die Ausweitung des Spartenangebotes durch die öffentlich-rechtlichen Rundfunkanstalten war bis 2000 abgeschlossen. Darunter waren auch sechs Digitalprogramme (je drei von *ARD* und *ZDF*), die erst nach dem kompletten Umstieg auf digitale terrestrische Verbreitung und digitale Satellitenverbreitung von einer größeren Zahl von TV-Haushalten empfangen werden konnten. Dagegen hat sich die Zahl der privaten TV-Spartenprogramme auch nach 2000 noch einmal fast verdreifacht.

Tabelle 1: Umfang und Struktur des Free-TV-Angebotes in Deutschland 1995-2010

	1995	2000	2005	2010	2000	2005	2010	CAGR*
Deutschsprachige TV-Programme		Anzahl				1995 = 100		(10/95)
Free-TV bundesweit gesamt	30	37	48	75	123	160	250	6,3
Free-TV-Vollprogramme gesamt	17	16	16	17	94	94	100	0,0
Free-TV-Spartenprogramme gesamt	13	21	32	58	162	246	446	10,5
Öffentlich-rechtlich gesamt	14	22	22	22	157	157	157	3,1
Öffentlich-rechtlich Vollprogramme	11	10	10	10	91	91	91	-0,6
Öffentlich-rechtlich Spartenprogramme	3	12	12	12	90	200	460	9,7
Privates Free-TV bundesweit gesamt	16	15	26	53	94	163	331	8,3
Private Free-TV Vollprogramme**	6	6	6	7	100	100	117	1,0
Private Free-TV Spartenprogramme	10	9	20	46	90	200	460	10,7
nachrichtlich:								
Teleshopping-Kanäle	1	2	8	16	200	800	1600	20,3
TV-Empfang		Anzahl				1995 = 100		(10/95)
TV-Programme je TV-Haushalt gesamt	35	38	52	78	109	149	223	5,5
mit terrestrischem Empfang	13	9	21	30	69	162	231	5,7
mit Kabelempfang	30	36	46	58	120	153	193	4,5
mit Satellitendirektempfang	60	49	66	107	82	110	178	3,9

*Durchschnittliche jährliche Wachstumsrate 1995/2010; ** nur deutschsprachig;

Quellen: AGF; ALM-Jahrbücher, Media Perspektiven: Daten; eigene Berechnungen.

Die Zahl der von einem TV-Haushalt durchschnittlich empfangenen TV-Programme hat sich parallel zur Angebotsentwicklung auf 78 im Jahr 2010 erhöht. Der unterschiedliche Entwicklungsverlauf für die drei Empfangsarten Terrestrik, Kabel und Satellit zeigt dabei das unterschiedliche Digitalisierungstempo. Auch 2010 hatte noch knapp über die Hälfte aller TV-Haushalte (62 Prozent der Kabelhaushalte und 20 Prozent der Satellitenhaushalte) in Deutschland analogen Empfang.

Tabelle 2: Struktur des Free-TV-Angebotes in Deutschland 1995-2010

	1995	2000	2005	2010	2000	2005	2010	CAGR*
TV-Programm-Genre-Struktur (GfK)*	Prozent				1995 = 100			(10/95)
Information	35	40	44	44	114	126	126	1,5
Unterhaltungsformate gesamt	43	41	34	37	95	79	86	-1,0
Fiktion	33	30	24	27	91	73	82	-1,3
Non-fiktionale Unterhaltung	10	11	10	10	110	100	100	0,0
Sport	7	9	8	7	129	114	100	0,0
Sonstige Sparten	9	1	4	3	11	44	33	-7,1
Werbung	6	9	10	9	150	167	150	2,7
TV-Programm-Genre-Struktur (Größte 5)*	Prozent				1995 = 100			(10/95)
Information	24	28	32	28	115	135	115	0,9
Unterhaltungsformate gesamt	49	47	45	52	94	91	105	0,3
Fiktion	41	32	28	32	78	68	78	-1,7
Non-fiktionale Unterhaltung	8	15	17	20	174	201	238	6,0
Sport	4	5	3	4	145	82	97	-0,2
Sonstige Sparten insgesamt	13	11	8	8	83	61	60	-3,4
Musik	2	1	1	1	69	57	36	-6,6
Kinder-/Jugendsendungen	8	6	3	3	74	37	38	-6,3
Sonstige Sparten	3	4	4	4	114	122	126	1,5
Werbung	10	10	12	9	97	118	93	-0,5

*Durchschnittliche jährliche Wachstumsrate 1995/2010; ** GfK-Codierung; *** Codierung nach Krüger (Das Erste, ZDF Hauptprogramm, RTL, SAT.1, Pro7)

Quellen: Media Perspektiven: Daten; Krüger (2013); eigene Berechnungen.

Die langfristigen Veränderungen der inhaltlichen Struktur des Free-TV-Angebotes nach Genres können auf der Basis von drei kontinuierlich durchgeführten Programmanalysen untersucht werden (Tabelle 2). Üblicherweise werden dabei im Auftrag der ARD/ZDF-Medienkommission (zuletzt Krüger 2013) oder der ALM (zuletzt ALM 2012) verwendet. In beiden Fällen werden aber nur die Inhalte der wichtigsten TV-Vollprogramme einzelnen TV-Genre-Kategorien zugeordnet. Seit 1993 gibt es auch ein Programm-Codierungssystem der AGF, das die von der GfK erhobenen TV-Nutzungsdaten um Daten über den Inhalt des genutzten TV-Angebotes verbindet. Der Nachteil liegt darin, dass die einzelnen TV-Veranstalter die Codierung ihres Programmes selbst vornehmen, so dass eine teilweise abweichende Zuordnung wahrscheinlich ist. Der Vorteil besteht aber darin, dass auch die wichtigsten TV-Spartenprogramme mit erfasst werden und dass die Daten zur inhaltlichen Struktur des TV-Angebotes direkt mit Daten zur Genre-Struktur der TV-Nutzung verglichen werden können (zuletzt: Gerhards et al. 2013). Auf Basis dieser AGF-Daten fallen von 1995 bis 2010 zwei Veränderungen auf: zum einen hat der Anteil der Informationssendungen am Angebot deutlich zugenommen (neben Nachrichten und sonstigen aktuellen Informationssendungen werden hierzu auch Dokumentationen gerechnet), zum anderen ist der Anteil der fiktionalen Unterhaltungsprogramme deutlich zurückgegangen. Diese Entwicklung zeigt sich vor allem bei den drei größten privaten Free-TV-Vollprogrammen, wenn man die Programmanalysen von Krüger zugrunde legt.

4.3 Entwicklung der Marktgröße seit 1995

Für die deutliche Zunahme der angebotenen privaten Free-TV-Spartenprogramme nach 1995 gibt es drei mögliche Erklärungen: (a) eine Vergrößerung des Gesamtmarktes, der es neuen Anbietern erlaubt, zusätzliche Nischenangebote rentabel anzubieten, (b) eine Verschiebung der Nachfrage und in der Folge der Werbeerlöse von den TV-Vollprogrammen zu den TV-Spartenprogrammen, oder (c) eine Senkung des Kostenniveaus, die ebenfalls eine höhere Zahl von Nischenprogrammen rentabel macht. Natürlich können auch alle drei Entwicklungen gleichzeitig eintreten. Zunächst soll die Entwicklung der Nachfrage von Werbungtreibenden und Rezipienten seit 1995 betrachtet werden.

Aus Tabelle 3 lässt sich entnehmen, dass die Gesamterlöse aller Anbieter bundesweiter TV-Programme in Deutschland von 1995 bis 2010 um 60 Prozent zugenommen haben. Auch wenn man den allgemeinen Inflationstrend berücksichtigt bleibt real noch ein Zuwachs von 50 Prozent. Nicht überraschend ist, dass der Erlöszuwachs der privaten Anbieter (plus 95 Prozent) deutlich über denen der öffentlich-rechtlichen Rundfunkanstalten (plus 45 Prozent) gelegen hat, und dass die Werbeerlöse von ARD und ZDF dabei seit 1995 zurückgegangen sind. Bemerkenswert ist aber, dass die Werbeerlöse der privaten Free-TV-Anbieter im Jahr 2010 nur um 30 Prozent (real um 20 Prozent) über denen des Jahres 1995 gelegen haben. Dies entspricht rechnerisch einem linearen Anstieg pro Jahr von weniger als 2 Prozent. Dabei lässt sich der Zeitraum seit 1995 in zwei Phasen unterteilen. Bis 2000 setzte sich der starke Nachfrageanstieg nach TV-Werbung fort, der Anfang der 1990er Jahre eingesetzt hatte. Danach gab es aber einen Rückgang der TV-Werbeerlöse um 15 Prozent. Die Entwicklung wäre für die privaten Free-TV-Anbieter noch kritischer gewesen, wenn es nicht gelungen wäre, den Preis für 1000 TV-Werbekontakte von 2000 bis 2010 deutlich anzuheben.

Dies bedeutet letztlich, dass die Zahl der privaten Free-TV-Spartenprogramme nicht in der Phase eines Marktwachstums sondern in einer Schrumpfungsphase stark angestiegen ist. Die schwache Entwicklung der TV-Werbenachfrage nach 2000 lässt sich nicht mit einem Rückgang der Zuschauernachfrage erklären. Im Gegenteil haben seit 2000 nicht nur die tägliche Sehdauer von Erwachsenen sondern auch die Anzahl der Bevölkerung über 14 Jahre zugenommen. Das Werbekontaktpotenzial des Werkträgers Fernsehen hat sich damit von 2000 bis 2010 insgesamt um fast 30 Prozent vergrößert.

Die Daten zur Genrestruktur der TV-Nutzung zeigen schließlich, dass weder die Erhöhung des Anteils der Informationssendungen am Angebot noch die Reduzierung des Anteils fiktionaler Unterhaltungsprogramme durch Nachfrageveränderungen ausgelöst wurden. In beiden Fällen geht der Nachfragetrend nach 1995 eher in die andere Richtung.

Tabelle 3: Größe des TV-Marktes in Deutschland 1995-2010

	1995	2000	2005	2010	2000	2005	2010	CAGR*
BIP-Deflator (2005=100)	94	95	100	105	101	107	111	0,7
Erlöse der Anbieter bundesweiter TV-Programme	Mio. EUR				1995 = 100			(10/95)
TV bundesweit gesamt**	7.107	10.444	10.816	11.341	147	152	160	3,2
Gebühreneinnahmen/Pay-TV-Erlöse	3.037	4.206	5.480	5.887	138	180	194	4,5
Netto-Werbeerlöse	3.243	4.709	3.930	3.954	145	121	122	1,3
Öffentlich-rechtlich gesamt**	3.855	4.669	5.198	5.558	121	135	144	2,5
Gebühreneinnahmen***	2.812	3.591	4.356	4.603	128	155	164	3,3
Netto-Werbeerlöse	331	372	260	278	112	79	84	-1,2
Privates TV bundesweit gesamt**	3.252	5.775	5.618	5.783	178	173	178	3,9
Pay-TV-Erlöse	225	615	1.124	1.284	395	511	584	12,5
Netto-Werbeerlöse	2.897	4.442	3.930	3.695	153	136	128	1,6
darunter: private TV-Spartenprogramme	196	444	339	489	227	173	250	6,3
nachrichtlich:								
Teleshopping-Kanäle	10	437	1.226	1.546	4270	11989	15119	39,7
Werbepreise	EUR je 1000 Kontakte				1995 = 100			(10/95)
TKP Fernsehen (je 30 Sekunden-Spot netto)	7,26	10,35	10,24	12,82	143	141	177	3,9
TV-Nutzungsdauer [Werbekontaktpotenzial]	Mrd. Minuten				1995 = 100			(10/95)
TV Nutzung gesamt (Mrd. Min.)	11,7	13,0	14,7	16,7	111	125	143	2,4
Sehdauer pro Tag 14 Jahre und älter (Min.)	186	203	226	237	109	122	127	1,6
Bevölkerung 14 Jahre und älter (Mio.)	63,0	63,8	64,9	70,5	101	103	112	0,8
Größe der TV-Teilmärkte (Sehdaueranteile)	Prozent				1995 = 100			(10/95)
Öffentlich-rechtlich gesamt	40,1	43,1	43,9	43,1	107	109	107	0,5
Privates Free-TV bundesweit gesamt	59,3	55,8	53,8	55,4	94	91	93	-0,3
Free-TV-Vollprogramme gesamt	91,4	86,1	83,6	82,2	94	91	90	-0,7
Free-TV Spartenprogramme gesamt	8,0	12,8	14,1	16,3	160	176	204	4,9
darunter: private TV-Spartenprogramme	6,9	10,0	10,8	12,1	145	157	175	3,8
TV-Nutzungsdauer nach Genre-Struktur****	Prozent				1995 = 100			(10/95)
Information	35	30	33	32	86	94	91	-0,6
Unterhaltungsformate gesamt	43	51	49	49	119	114	114	0,9
Fiktion	33	37	33	34	112	100	103	0,2
Non-fiktionale Unterhaltung	10	14	16	15	140	160	150	2,7
Sport	7	10	7	8	143	100	114	0,9
Sonstige Sparten	9	0	3	3	0	33	33	-7,1
Werbung	6	9	8	8	150	133	133	1,9

*Durchschnittliche jährliche Wachstumsrate 1995/2010; ** einschließlich sonstige Erlöse (Rechteverkauf etc.); *** Fernsehgebühr; **** GfK-Codierung

Quelle: AGF; ALM, Destatis; Media Perspektiven: Daten; ZAW; eigene Berechnungen

4.4 Entwicklung der Anbieterkonzentration seit 1995

Erklären lässt sich der Anstieg der Tausenderkontaktpreise trotz zusätzlicher Free-TV-Programme mit der hohen wirtschaftlichen Konzentration, die den beiden dominierenden Sendergruppen (*RTL-Group* und *ProSiebenSAT.1 Media AG*) eine entsprechend große Preissetzungsmacht auf den Beschaffungs- und Absatzmärkten gibt (Tabelle 4).

Die für Wettbewerbsanalysen üblicherweise verwendeten Kennziffern zur Messung horizontaler Marktkonzentration (vgl. Bruckmann 2008) - Konzentrationsraten bzw. Hirschmann-Herfindahl-Index (HHI) - sind von 1995 bis 2010 wegen der neuen Anbieter zwar jeweils leicht zurückgegangen. Die wirtschaftliche Konzentration auf dem TV-Werbemarkt war jedoch auch 2010 mit einem HHI-Wert von 3400 außerordentlich hoch und lag weit über dem als kritisch angesehenen Grenzwert von 1800. Wegen der Werbezeitbegrenzung von ARD und ZDF auf 20 Minuten an Werktagen vor 20 Uhr abends, d. h. auf Zeiten, die weitgehend außerhalb der Primetime mit den höchsten Reichweiten im Tagesverlauf liegen, entfallen auf die beiden großen privaten Anbietergruppen zusammen 80 Prozent des Marktanteils (berechnet auf Basis der Nettowerbeerlöse).

Tabelle 4: Konzentration des TV-Marktes in Deutschland 1995-2010

	1995	2000	2005	2010	2000	2005	2010	CAGR*
Nettowerbemarktanteile Sendergruppen	Prozent				1995 = 100			(10/95)
ARD	4,6	4,1	4,0	3,9	88	87	83	-1,2
ZDF	5,3	3,8	2,6	3,2	72	49	60	-3,4
RTL-Group	36,9	42,8	42,5	39,0	116	115	106	0,4
Pro7Sat.1 Media AG	47,8	44,4	42,5	41,3	93	89	86	-1,0
Sonstige Private	5,4	4,9	8,4	12,7	90	156	235	5,9
Werbemarktkonzentration	Prozent / Index				1995 = 100			(10/95)
CR-3** Sendergruppen	90,0	91,0	89,0	84,1	101	99	93	-0,4
CR-5** Sendergruppen	95,7	95,1	95,0	89,6	99	99	94	-0,4
HHI*** Sendergruppen	3.721	3.861	3.704	3.409	104	100	92	-0,6
Sehdaueranteile Sendergruppen	Prozent				1995 = 100			(10/95)
ARD/ZDF	40,1	43,1	43,9	43,1	107	109	107	0,5
RTL-Group	25,1	25,4	25,0	26,1	101	100	104	0,3
Pro7Sat.1 Media AG	27,6	23,9	22,0	21,3	87	80	77	-1,7
Sonstige Private	6,6	6,5	6,8	8,0	98	103	121	1,3
Zuschauermarktkonzentration	Prozent / Index				1995 = 100			(10/95)
CR-3** Sendergruppen	92,8	92,4	90,9	90,5	100	98	98	-0,2
HHI*** Sendergruppen	3.817	3.690	3.596	3.623	97	94	95	-0,3

*Durchschnittliche jährliche Wachstumsrate 1995/2010; **CR-x kumulierter Marktanteile der x größten Gruppen;

***HHI: Summe der quadrierten Marktanteile aller Sendergruppen

Quellen: KEK-Jahresberichte; eigene Berechnungen

Nur geringfügig schwächer ist die Position der beiden privaten Anbietergruppen auf dem Zuschauermarkt und damit indirekt auch auf den Märkten für Vorleistungen (z. B. TV-Übertragungsrechte oder TV-Auftragsproduktionen) oder Produktionsfaktoren (z. B. spezialisierte Mitarbeiter wie TV-Journalisten oder Moderatoren). Zusammen mit dem öffentlich-rechtlichen System kommen sie im gesamten Zeitraum auf bis über 90 Prozent Sehdaueranteil, Der HHI-Wert des Zuschauermarktes liegt deshalb auch über dem des Werbemarktes und ist weniger stark zurückgegangen als auf dem Werbemarkt.

4.5 Entwicklung der Produktions- und Distributionskosten seit 1995

Eine starke Angebotsausweitung von Free-TV-Spartenprogrammen bei stagnierender bzw. nur schwach steigender TV-Werbenachfrage ist letztlich nur mit einer deutlichen Senkung des Kostenniveaus erklärbar. Dabei sind die Produktionskosten der eigen- und auftragsproduzierten bzw. gekauften Programminhalte von den Distributionskosten für die technische Verbreitung der Programme zu unterscheiden. Die im Auftrag der Landesmedienanstalten seit 1995 regelmäßig durchgeführten Vollerhebungen zur wirtschaftlichen Lage der öffentlich-rechtlichen und privaten Rundfunkveranstalter in Deutschland (zuletzt: die Medienanstalten/ALM 2012) erlauben eine langfristige Analyse der Veränderungen von Produktions- und Distributionskosten und deren Ursachen.

Bei TV-Spartenprogrammen liegt der Anteil der Distributionskosten an den Gesamtkosten in der Regel höher als bei den TV-Vollprogrammen, da ein höherer Anteil des Programms aus Wiederholungssendungen besteht, so dass ihr Produktionskostenniveau je Sendeminute niedriger ist. Im Jahr 1995 lag dieser Anteil bei den 10 privaten TV-Spartenprogrammen im Durchschnitt bei 11,5 Prozent und damit dreimal so hoch wie bei den privaten TV-Vollprogrammen, obwohl diese ihre Programme zusätzlich zur Satlitenverbreitung auch noch analog-terrestrisch verbreiteten. Niedrigere Distributionskosten schlagen also bei Free-TV-Programmen entsprechend stärker auf die Gesamtkosten durch.

Die Digitalisierung der TV-Satellitentechnik hat den Zeitraum von 1995 bis 2010 zu einer starken Reduzierung der Distributionskosten je Free-TV-Spartenprogramm um über 60 Prozent geführt, wobei dieser Effekt erst nach 2005 voll zum Tragen kam. Auch die öffentlich-rechtlichen Rundfunkanstalten verzeichneten einen solchen starken Rückgang des Distributionskostenniveaus. Dieser ist aber vor allem auf den Übergang von der analogen zur digitalen terrestrischen Verbreitung zurückzuführen. Da die Aufgabe der Grundversorgung der öffentlich-rechtlichen Anbieter nach den Anforderungen des Bundesverfassungsgerichts eine flächendeckende terrestrische Versorgung aller TV-Haushalte einschließt, haben ARD und ZDF hierfür lange Zeit einen sehr hohen Aufwand betrieben, der mit der Digitalisierung stark zurückging. Die privaten TV-Vollprogramme haben am wenigsten vom technischen Fortschritt bei der TV-Distribution profitiert, da sie wegen der landesweiten Programmfenster (aber auch für ihre Angebote in Österreich und der Schweiz) eine große Zahl von Programmsignalen parallel über Satellit verbreiten (vgl. Künzler 2013). Auch hier hat es nach 2005 zwar einen Rückgang gegeben. Im Vergleich zu 1995 war ihr Distributionskostenniveau 2010 aber fast unverändert.

Tabelle 5: TV-Produktions- und Distributionskostenniveaus in Deutschland 1995-2010

	1995	2000	2005	2010	2000	2005	2010	CAGR*
BIP-Deflator (2005=100)	94	95	100	105	101	107	111	0,7
Gesamtkosten aller Free-TV-Programme		Mio. EUR				1995 = 100		(10/95)
Öffentlich-rechtliche Programme	4.046	5.463	5.739	6.103	135	142	151	2,8
Private Free-TV Vollprogramme** bundesweit	2.637	3.790	3.096	2.753	144	117	104	0,3
Private Free-TV Spartenprogramme bundesweit	496	748	577	650	151	116	131	1,8
Jährl. Distributionskosten je Programm		Mio. EUR				1995 = 100		(10/95)
Öffentlich-rechtliche Programme	29	23	14	12	80	50	41	-5,8
Private Free-TV Vollprogramme** bundesweit	15	15	17	16	98	110	106	0,4
Private Free-TV Spartenprogramme bundesweit	6	7	5	2	131	89	38	-6,2
Produktionskosten je Sendeminute		EUR				1995 = 100		(10/95)
Öffentlich-rechtliche Programme	496	429	469	506	87	95	102	0,1
Private Free-TV Vollprogramme** bundesweit	807	1173	868	682	145	108	84	-1,1
Private Free-TV Spartenprogramme bundesweit	84	144	43	23	172	51	28	-8,1
Jährl. Lohnkosten je fester Mitarbeiter		1000 EUR				1995 = 100		(10/95)
Öffentlich-rechtliche Programme	72,7	77,9	83,6	90,6	107	115	125	1,5
Private Free-TV Vollprogramme** bundesweit	58,6	70,9	79,2	96,4	121	135	164	3,4
Private Free-TV Spartenprogramme bundesweit	67,8	78,9	71,6	75,9	116	105	112	0,7
zum Vergleich:								
Jährl. Arbeitnehmerentgelt je AN in der Gesamtwirtschaft	29,8	31,4	32,9	35,0	105	111	118	1,1
Feste Mitarbeiter insgesamt		Tausend				1995 = 100		(10/95)
Öffentlich-rechtliche Programme	17.478	17.105	16.447	15.968	98	94	91	-0,6
Private Free-TV Vollprogramme** bundesweit	2.496	3.965	4.224	3.771	159	169	151	2,8
Private Free-TV Spartenprogramme bundesweit	700	1.100	1.181	1.384	157	169	198	4,6
Feste Mitarbeiter in der Programmproduktion		Tausend				1995 = 100		(10/95)
Öffentlich-rechtliche Programme	5.984	4.621	5.171	5.021	77	86	84	-1,2
Private Free-TV Vollprogramme** bundesweit	900	0	1.330	1.265	0	148	141	2,3
Private Free-TV Spartenprogramme bundesweit	135	0	620	564	0	459	418	10,0
Jährl. Sendeminuten je fester Mitarbeiter		Minuten				1995 = 100		(10/95)
Öffentlich-rechtliche Programme	421	676	703	724	161	167	172	3,7
Private Free-TV Vollprogramme** bundesweit	1.263	795	747	976	63	59	77	-1,7
Private Free-TV Spartenprogramme bundesweit	7.509	4.300	8.901	17.469	57	119	233	5,8
Relation freie/feste Mitarbeiter		Prozent				1995 = 100		(10/95)
Öffentlich-rechtliche Programme	0,45	0,70	0,94	0,95	156	209	210	5,1
Private Free-TV Vollprogramme** bundesweit	0,33	0,30	0,22	0,20	91	66	60	-3,3
Private Free-TV Spartenprogramme bundesweit	0,46	0,45	0,43	0,29	99	93	64	-2,9

*Durchschnittliche jährliche Wachstumsrate 1995/2010; **nur deutschsprachige

Quellen: ALM-Jahrbücher, ALM: Wirtschaftliche Lage des Rundfunks (1996-2012); eigene Berechnungen

Das Potenzial für Kostensenkungen durch technischen Fortschritt ist bei den Programmproduktionskosten vergleichsweise gering. Der Anteil der Technikkosten ist im Vergleich zu den der Personalkosten niedrig, da Fernsehproduktionen vor allem eine Kombination vieler unterschiedlicher Spezialqualifikationen (im redaktionellen aber auch im technischen Bereich) sind (vgl. Zabel 2009). Produktionskostensenkungen können jedoch durch eine Reihe anderer Maßnahmen erzielt werden: Senkung des Personalkostenniveaus durch billigere Arbeitskräfte (z. B. Ersetzung von festen durch freie Mitarbeiter) sowie durch Arbeitsverdichtung (z. B. höherer Programmoutput je Mitarbeiter durch mehr Wiederholungsausstrahlungen) oder durch Bezug kostengünstiger Vorleistungen (z. B. Ersetzung fiktionaler Auftragsproduktion durch fiktionale Kaufprogramme oder durch andere, kostengünstigere TV-Programmgenres). Bei all diesen Maßnahmen besteht allerdings die Gefahr, dass die Zuschauer dies als Qualitätsminderung des Programms wahrnehmen, so dass den damit erzielten Kosteneinsparungen gleichzeitig Erlösminderungen durch eine niedrigere Zuschauernachfrage gegenüberstehen.

Eine besondere Stellung haben TV-Angebote, die mit einem hohen Produktionsaufwand für andere Länder produziert wurden und dann über Satellit in weiteren Ländern ausgestrahlt werden. Die damit verbundenen Zusatzkosten sind aufgrund der gesunkenen Distributionskosten gering und die Adaptionskosten der Inhalte an einen zusätzlichen nationalen Markt können ebenfalls sehr niedrig sein, wenn es sich um Länder des gleichen Sprachraums handelt bzw. ein hoher Bevölkerungsanteil über entsprechende Fremdsprachenkompetenzen verfügt. Auch eine Synchronisation oder Untertitelung bereits produzierter TV-Programme zur Überwindung von Sprachbarrieren erfordert weniger Kosten als die Produktion von TV-Programmen mit neuen Programminhalten.

Im deutschen Sprachraum profitieren vor allem die deutschen privaten TV-Vollprogramme von dieser Strategie, indem sie in Österreich und der Schweiz das gleiche Programm wie in Deutschland, aber mit eigenen nationalen Werbefenstern ausstrahlen. In Österreich haben die deutschen Programme aktuell einen sehr hohen TV-Werbemarktanteil erreicht (Seufert 2012). In einzelnen Fällen gilt dies aber auch umgekehrt. So versucht beispielsweise der österreichische TV-Sender *Servus TV* seit einigen Jahren durch Übertragung von Spielen der deutschen Eishockeyliga für deutsche Zuschauer attraktiv zu werden und so zusätzliche Werbeerlöse in Deutschland zu erzielen.

Die in Tabelle 5 zusammengestellten Daten verdeutlichen, dass es von 1995 bis 2010 nicht nur zu einer Senkung des Distributionskostenniveaus, sondern auch zu einer Senkung des Produktionskostenniveaus der Free-TV-Programmanbieter gekommen ist, wobei dies für die öffentlich-rechtlichen Rundfunkanstalten am wenigsten gilt. Hier konnten bis 2000 durch die Ausweitung der Zahl von Spartenprogrammen mit einem teilweise hohen Wiederholungsanteil zwar die Produktionskosten je Sendeminute deutlich gesenkt werden. Von 2000 bis 2010 stiegen die Kosten dann jedoch wieder an, obwohl die Zahl der festen Mitarbeiter um fast 10 Prozent abgebaut wurde. Eine Ursache liegt in einem im Vergleich zum privaten Free-TV höheren Eigenproduktionsanteil. Dieser zeigt sich auch in der Zahl der jeweils beschäftigten festen Mitarbeiter. Die Zahl der dem Fernsehen zurechenbaren Mitarbeiter von ARD und ZDF ist dreimal so hoch wie die aller privaten Free-TV-Anbieter, die ihre Programme in deutlich stärkerem Umfang mit Auftragsproduktionen und Programmkäufen gestalten.

Bei den privaten Vollprogrammen hat es von 1998 bis 2000, d. h. in der Phase einer stark expandierenden Werbenachfrage einen starken Anstieg der Produktionskosten je Sendeminute um 45 Prozent gegeben. Mit dem Rückgang der Werbenachfrage nach 2000 kam es dann zu starken Kostensenkungen, so dass das Produktionskostenniveau im Jahr 2010 unter dem des Jahres 1995 lag. Dies wurde unter anderem durch eine starke Reduzierung der Sportübertragungen und die Ersetzung fiktionaler durch nonfiktionale Unterhaltung erreicht. Ein niedrigeres Lohnkostenniveau spielt dagegen keine Rolle. Es ist dort mittlerweile höher als im öffentlich-rechtlichen Rundfunk.

Besonders stark ist seit 2000 das Produktionskostenniveau der privaten TV-Spartenprogramme gesunken. Im Durchschnitt hat sich dadurch der Programmoutput je festen Mitarbeiter seit 2000 mehr als vervierfacht. Dies erklärt sich wenig dadurch, dass die bis dahin vorhandenen Programme starke Kostenreduzierungen vorgenommen hätten. Vielmehr produzieren die seitdem in Deutschland zugelassenen Programme kaum selbst. Es handelt sich entweder um deutschsprachige Ableger ausländischer Programme oder um Angebote, deren Inhalte zu sehr niedrigen Kosten produziert werden können (beispielsweise Religions- oder Erotikprogramme).

4.6 Vergleich der Entwicklung der Free-TV-Programmtypen

Zwei Fragen standen bei der Analyse der Entwicklung des deutschen Free-TV-Marktes seit 1995 im Vordergrund: nach dem relativen Einfluss von Veränderungen der Marktgröße, der Anbieterkonzentration und der Kostenniveaus auf Umfang und Struktur des TV-Angebotes sowie nach der zeitlichen Dynamik dieser Entwicklungen. Letztere konnte mithilfe eines Vergleichs von vier Jahren (1995, 2000, 2005 und 2010) zumindest grob erfasst werden.

Die bereits 1995 hohe Anbieterkonzentration auf dem Zuschauer- und TV-Werbemarkt hat sich kaum verändert, so dass der Zuwachs in der Anzahl bundesweit verbreiteter Free-TV-Programme und Änderungen in der Genrestruktur nur durch Veränderungen bei den Erlösen und/oder bei den Kosten (d.h. mittelbar durch technischen Fortschritt oder Programmstrukturänderungen) erklärbar ist. Für die drei unterschiedlichen Anbietertypen wird deren Einfluss anhand ausgewählter Kennziffern zusammenfassend betrachtet:

a) *Private Free-TV-Spartenprogramme*

Die Zahl der privaten Free-TV-Spartenprogramme ist bis 2000 fast gleich geblieben und hat sich danach bis 2010 verfünffacht. Aus Abbildung 4 wird deutlich, dass die Werbeerträge, im gleichen Zeitraum «lediglich» um das 2,5 fache zugenommen haben. Dies entspricht auch der Entwicklung des Werbekontaktpotenzials der Free-TV-Spartenprogramme (tägliche Sehdauer aller Erwachsenen). Dabei hat die Nachfrage von Zuschauern und Werbungtreibenden schon vor 2000 deutlich zugenommen. Dies war vermutlich ein Grund für den anschließenden Marktzutritt einer großen Zahl zusätzlicher Anbieter mit Nischenangeboten.

Abbildung 4: Private Free-TV-Spartenprogramme 1995-2010

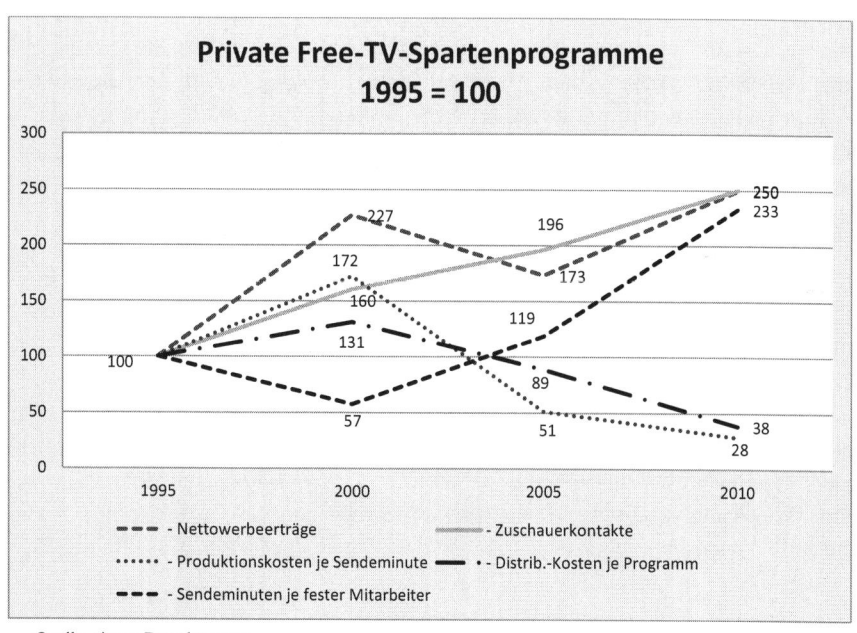

Quelle: eigene Berechnungen

Der unterschiedliche große Zuwachs bei Programmzahl und Werbenachfrage lässt auf eine gleichzeitige Senkung des Kostenniveaus schließen. Tatsächlich sind nicht nur die Distributionskosten je Programm sondern auch die Produktionskosten je Sendeminute stark gesunken, wobei dieser Effekt erst nach 2000, d. h. mit dem Marktzutritt neuer Free-TV-Spartenprogramme einsetzte. Bis dahin waren die durchschnittlichen Produktionskosten deutlich, wenngleich weniger stark als die Werbeerträge, angestiegen. Die Entwicklung der Kennziffer «Sendeminuten je fester Mitarbeiter» lässt darauf schließen, dass die nach 2000 gestarteten Free-TV-Angebote überwiegend mit einer geringen Mitarbeiterzahl arbeiten. Wie bereits oben diskutiert, ist dies u. a. darauf zurückzuführen, dass bereits für andere Länder produzierte Angebote nun auch in Deutschland verbreitet werden. Die Senkung der Kosten für die Satellitendistribution und die Verbreitung des digitalen Empfangs in den TV-Haushalten hat einerseits die Marktzutrittskosten für solche Free-TV-Spartenprogramme deutlich reduziert und gleichzeitig ihr Erlöspotenzial vergrößert.

b) *Private Free-TV-Vollprogramme*

Dagegen hat es bei den privaten Free-TV-Vollprogrammen seit 1995 nur einen Marktzutritt (*DMAX*) gegeben.[5] Ein Grund hierfür ist die oligopolistische Anbieterstruktur und das insgesamt hohe Produktionskostenniveau der deutschen privaten TV-Vollprogramme, die das finanzielle Erfolgsrisiko selbst für kapitalkräftige Medienkonzerne aus dem Ausland sehr hoch werden lassen.[6] Für die existierenden privaten Vollprogramme haben sich nach 1995 aber Veränderungen in der Genrestruktur (Ersetzung fiktionaler durch non-fiktionale Unterhaltung) ergeben. Auch diese lassen sich auf die – von den Spartenprogrammen abweichenden – Veränderungen bei Erlösen und Kosten zurückführen (vgl. Abbildung 5).

Bei den Werbeerlösen der Vollprogramme können, wie bereits oben diskutiert, zwei Phasen unterschieden werden: Einer starken Expansion bis 2000 folgte ein deutlicher Rückgang bis 2010. Der Verlauf der Kostenkennziffern macht deutlich, dass die privaten Anbieter der TV-Vollprogramme ab 2000 mit deutlichen Kostensenkungen reagiert haben. Sie wurde durch eine Umstrukturierung des Programms hin zu kostengünstigeren Programmformaten (Tabelle 3), aber auch durch einen starken Abbau der Zahl fester Mitarbeiter (Tabelle 5) möglich. Dies zeigt sich auch im Anstieg der Sendeminute je Mitarbeiter. Insgesamt lag das Produktionskostenniveau der privaten Vollprogramme 2010 dennoch um rund 10 Prozent über dem von 1995. Da das Niveau der Werbeerlöse im gleichen

---

5   Das Programm *DMAX* hat allerdings nur einen geringen Nachrichtenanteil.
6   Der Versuch der *News Corporation*, das Spartenprogramm *tm3* nach 1995 zum Vollprogramm auszubauen, scheiterte im Jahr 2000 unter hohen Verlusten.

Zeitraum aber um fast 20 Prozent angestiegen ist, sind die deutschen privaten TV-Vollprogramme mittlerweile hoch profitabel.[7]

Abbildung 5: Private Free-TV-Vollprogramme 1995-2010

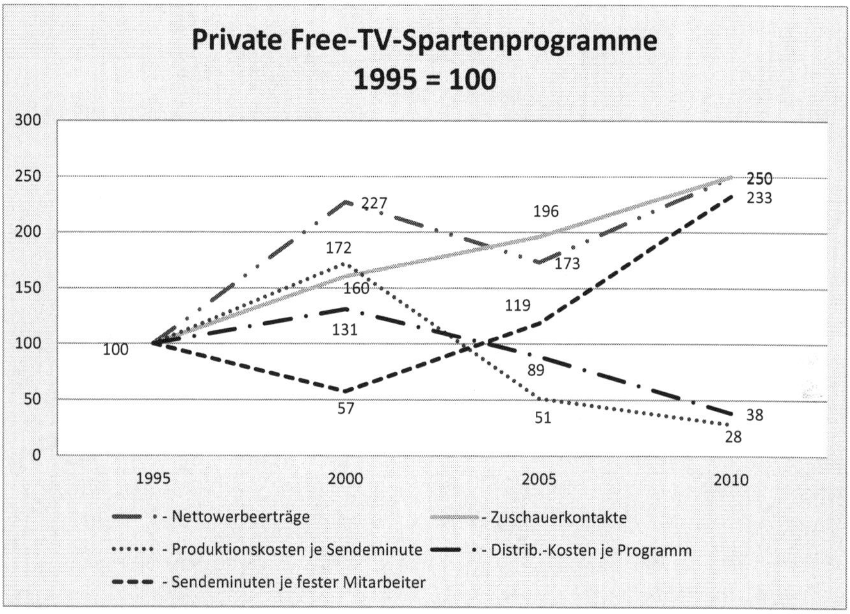

Private Free-TV-Spartenprogramme 1995 = 100

[Chart showing the following data points:
- 1995: 100 (all series)
- 2000: 227, 172, 160, 131, 57
- 2005: 196, 173, 119, 89, 51
- 2010: 250, 233, 38, 28

Legend:
— · - Nettowerbeerträge
— - Zuschauerkontakte
······ - Produktionskosten je Sendeminute
— · · - Distrib.-Kosten je Programm
— — — - Sendeminuten je fester Mitarbeiter]

Quelle: eigene Berechnungen

c) *Öffentlich-Rechtliche Programme*

Wie gesehen, kam die Erhöhung der Zahl öffentlich-rechtlicher Free-TV-Programme bereits vor 2000 zu einem vorläufigen Abschluss (Tabelle 1). Aber auch bei der Entwicklung der Erträge und Kosten seit 1995 gibt es deutliche Unterschiede zu den privaten Free-TV-Anbietern (vgl. Abbildung 6).

Aus der Entwicklung der Sendeminuten je fester Mitarbeiter wird deutlich, dass die Ausweitung der Programmzahl bis 2000 ohne Einstellung zusätzlichen Personals erfolgte (vgl. auch Tabelle 5). Seitdem hat sich der Output je festen Mitarbeiter – anders als bei den privaten Anbietern – nur noch geringfügig erhöht. Ermöglicht wurde dieser Verzicht auf massivere Kostensenkungsstrategien durch den kontinuierlichen Zuwachs der Einnahmen aus der Rundfunk- bzw.

---

7   Im Jahr 2010 lag der durchschnittliche Kostendeckungsgrad der privaten TV-Vollprogramme (Erlöse geteilt durch Kosten) bei 135 (die medienanstalten/ALM 2012).

Fernsehgebühr von 1995 bis 2010 um fast 65 Prozent. Anders als bei der TV-Werbenachfrage gab es bei dieser Erlösart seit 2000 keinen Rückgang.

Abbildung 6: Öffentlich-Rechtliche Programme 1995

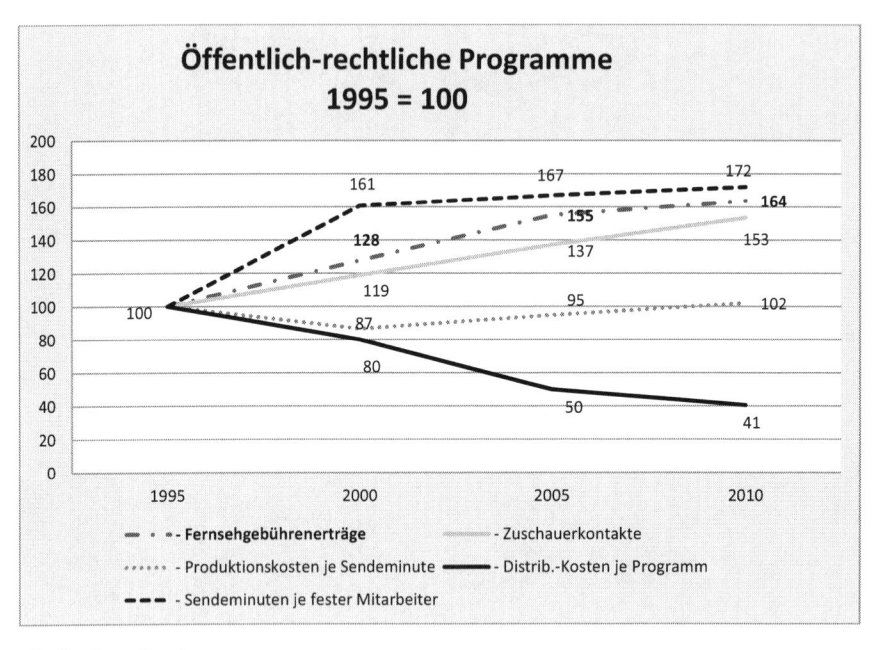

Öffentlich-rechtliche Programme 1995 = 100

Jahr	Fernsehgebührenerträge	Zuschauerkontakte	Produktionskosten je Sendeminute	Distrib.-Kosten je Programm	Sendeminuten je fester Mitarbeiter
1995	100	100	100	100	100
2000	161	119	128	87	80
2005	167	137	155	95	50
2010	172	153	164	102	41

Quelle: eigene Berechnungen

Die Erweiterung des Angebotes und die Bereitstellung des vergleichsweise hohen Produktionskostenniveaus hat sich für ARD und ZDF auf dem Zuschauermarkt bezahlt gemacht. Von 1995 bis 2000 konnten Zuschauermarktanteile dazugewonnen und auch – anders als in den meisten anderen Ländern mit einem dualen System – verteidigt werden. Die tägliche Sehdauer öffentlich-rechtlicher Programme von Erwachsenen stieg in diesem Zeitraum um über 50 Prozent.

4.7 Zusammenfassung der wesentlichen Ergebnisse

Aus den Daten zur Entwicklung der unterschiedlichen Free-TV-Programmtypen und deren technisch-wirtschaftlichen Strukturbedingungen nach 1995 in Deutschland lassen sich folgende generelle Schlussfolgerungen ziehen:
- Der erwartete generelle Wirkungszusammenhang zwischen Veränderungen der Marktgröße (H1) und des Kostenniveaus (H2) auf die Programmzahl und die inhaltliche Struktur von Free-TV-Programmen hat sich bestätigt.

- Die erwarteten Unterschiede im Verhalten von privaten und öffentlich-rechtlichen Anbietern (H9) sind ebenfalls empirisch feststellbar, allerdings sind sie vor allem auf die regulativ begründeten Unterschiede bei der Entwicklung der wirtschaftlichen Rahmenbedingungen (rückgängige Werbenachfrage versus stabil zunehmendes Fernsehgebührenaufkommen) zurückzuführen.
- Wie in H3 vermutet, ist es den marktmächtigen privaten Sendergruppen gelungen in einem schrumpfenden TV-Werbemarkt hohe Werbepreise durchzusetzen.
- Wie in H6 erwartet, gibt es keinen technisch bedingten kontinuierlichen Rückgang der Produktionskosten von TV-Programmen. Eine Erhöhung der Arbeitsproduktivität bei der TV-Produktion ist weitgehend eine Folge von Veränderung der Programminhalte (Anteil von Erstausstrahlungen, Anteil von eigenproduzierten Programmelementen, Anteil der Programmgenres mit hohen bzw. niedrigen Programmkosten). Sie sind in erster Linie Reaktionen auf Veränderungen der Marktgröße.

Gleichzeitig weichen aber auch einige der beobachteten Entwicklungen von den erwarteten Wirkungsrichtungen und -dynamiken ab:
- Anders als in H4 erwartet, hat der Grad der Anbieterkonzentration nach 1995 nicht mehr zu-, sondern sogar geringfügig abgenommen.
- Anders als in H5 erwartet, zeigt sich kein technisch bedingter kontinuierlicher Rückgang des Distributionskostenniveaus zu TV-Programmen. Vielmehr kommt der Umstieg von der analogen zur digitalen Verbreitungstechnik immer erst nach dem vollständigen Umstieg, d. h. nach Beendigung der Simulcast-Phasen, vollständig zum Tragen und führt erst dann zu starken Kostensenkungen.
- Anders als in H7 vermutet, hat sich die TV-Werbenachfrage nach 2000 von der gesamtwirtschaftlichen Entwicklung entkoppelt. Da die TV-Werbenachfrage trotz des gleichzeitigen Zuwachses des Werbekontaktpotenzials zurückgegangen ist, lässt dies auf eine intermediale Konkurrenz zu anderen Werbeträgern schließen, die zu Umschichtungen der Werbebudgets zu Lasten der TV-Werbung geführt haben.
- Anders als in H8 erwartet, hat die Absenkung der Produktionskosten je Sendeminute nach 2000 keinen starken Rückgang von Zuschauermarktanteilen der privaten TV-Vollprogramme zur Folge. Die öffentlich-rechtlichen TV-Anbieter haben ihre Kosten je Sendeminute im gleichen Zeitraum beibehalten. Ihr Produktionskostenniveau hat sich deshalb in Relation zu den privaten Free-TV-Anbietern erhöht. Auch dies hat zu keinen signifikanten Zuschauerreaktionen geführt.

Im Hinblick auf die Frage, ob Veränderungen im Verhalten von Medienanbietern und von Strukturbedingungen länderspezifisch sind oder ob sich länderübergreifende Muster der Veränderungen zeigen, spricht die unterschiedliche Entwicklung der Free-TV-Programmtypen in Deutschland für länderspezifische Entwicklungsprozesse, die auf unterschiedlich rechtliche (Ausgestaltung von Details des dualen Systems, z. B. die Nichtzulassung von Werbeerlösen für öffentlich-rechtliche Anbieter) und wirtschaftlich-technische (Marktgröße, Zeitablauf der Digitalisierung) Rahmenbedingungen rückführbar sind. Die Entkopplung von Werbe- und Zuschauernachfrage für das gesamte Fernsehen deutet zudem auf Substitutionswirkungen des neuen Mediums Internet hin.

5 Übertragbarkeit des Analyseansatzes auf andere Medienmärkte

Das für den deutschen Free-TV-Markt entwickelte Modell, auf dessen Grundlage sich theoretisch abgeleitete Kausalbeziehungen zwischen den Veränderungen technischer und wirtschaftlicher Rahmenbedingungen und Veränderungen im Anbieterverhalten empirisch untersuchen lassen, kann zunächst prinzipiell auf den gesamten TV-Markt ausgeweitet werden, indem Pay-TV-Angebote als weitere Programmform und die wesentlichen Beschaffungsmärkte für TV-Programme detaillierter in die Analyse einbezogen werden. Hierbei müssten zum Teil abweichende Kostenstrukturen (z. B. Investitions- und laufende Betriebskosten von Telekommunikationsnetzbetreibern) und anderer Anbieterstrukturen (z. B. monopolitische Konkurrenz zwischen Angebotsmonopolisten für Kinospielfilmrechte) berücksichtigt und über entsprechende Kennziffern operationalisiert werden.

Würde man den Analysezeitraum nach vorne verlängern, wäre eine Erweiterung des Modells um Komponenten des Regulierungsrahmens notwendig - einschließlich der notwendigen Brückenhypothesen zum Einfluss regulativer Veränderungen auf Marktgröße, Anbieterkonzentration und Kostenniveaus. Andererseits würden ein längerer Analysezeitraum bei einer Auswertung von Jahresdaten detailliertere Aussagen über die statistische Signifikanz der Kausalbeziehungen zwischen den verschiedenen Modellparametern ermöglichen.

Die Grundstruktur des Modells für den TV-Markt lässt sich grundsätzlich auch auf alle anderen aktuellen Medien (Hörfunk, Zeitung, Zeitschrift) sowie auch auf alle nichtperiodisch erscheinenden Medienprodukte wie Bücher, Tonträger oder Kinofilme übertragen. Zu beachten ist hierbei, dass das typische Verbreitungsgebiet nicht immer national sondern zum Teil regional (Hörfunk, Zeitungen) oder international (Kinofilme, wissenschaftliche Fachzeitschriften) ist und sich dadurch die Anforderungen an die Verfügbarkeit von reliablen Zeitreihendaten entsprechend erhöhen.

Die angewandte Analysemethodik lässt sich schließlich prinzipiell auch auf andere Länder übertragen. Wie gesehen, sprechen die Analyseergebnisse für den deutschen Free-TV-Markt zwar für länderspezifische Entwicklungen. Ein kombinierter Länder- und Zeitvergleich könnte dennoch zusätzliche Erkenntnisse bringen. Zum einen wird dann deutlicher, welchen Einfluss bestimmte nationale Besonderheiten (Marktgröße, Regulierungsmaßnahmen) auf Veränderungsprozesse haben, zum anderen lassen sich damit Teilkomponenten des regulativen, technischen oder wirtschaftlichen Handlungsrahmens identifizieren, die bei einer rein nationalen Analyse aus dem Blick geraten, weil man ihre Existenz als unveränderlich ansieht (vgl. u. a. Thomaß/Kleinsteuber 2013).

Literatur

ALM (Hrsg.) (2012): Programmbericht 2011. Fernsehen in Deutschland. Berlin: Vistas.

Altmeppen, Klaus-Dieter (2011): Medienökonomisch handeln in der Mediengesellschaft. Eine-Mikro-Meso-Makro-Skizze anhand der Ökonomisierung der Medien. In: Quandt, Thorsten/Scheufele, Bertram (Hrsg.) (2011): Ebenen der Kommunikation. Mikro-Meso-Makro-Links in der Kommunikationswissenschaft. Wiesbaden: VS, S. 233-258.

Bester, Helmut (2010): Theorie der Industrieökonomik. 5. Auflage. Heidelberg u.a.: Springer.

Bruns, Thomas/Marcinkowski, Frank (1996): Konvergenz Revisited : neue Befunde zu einer älteren Diskussion. In: Rundfunk und Fernsehen 44, Nr. 4, S. 461-477.

Bruckmann, Gerhard (2008): Konzentrationsmessung. In: Bleymüller, Josef/Gehlert, Günther/Gühlicher, Herbert: Statistik für Wirtschaftswissenschaftler. 15. Auflage. München: Vahlen.

Budzinski, Oliver/Lindstädt, Nadine (2010): Neuere Entwicklungen in der Medienökonomik: Das Konzept der mehrseitigen Märkte. In: Wirtschaftswissenschaftliches Studium (WiSt) 39, Nr. 9, S. 436-443.

Coleman, James S. (1991): Grundlagen der Sozialtheorie 1: Handlungen und Handlungssysteme. München: R. Oldenbourg.

Dewenter, Ralf/Haucap, Justus (2009): Ökonomische Auswirkungen von öffentlich-rechtlichen Online-Angeboten. Marktauswirkungen innerhalb von Drei-Stufen-Tests. Baden-Baden: Nomos.

Dewenter, Ralf (2007): Crossmediale Fusionen und Meinungsvielfalt: Eine ökonomische Analyse. In: Fechner, Frank (Hrsg.): Crossmediale Fusionen und Meinungsvielfalt – Juristische und ökonomische Betrachtungen. Ilmenau: Universitätsverlag.

Esser, Hartmut (1996): Soziologie. Allgemeine Grundlagen. 2. Auflage. Frankfurt am Main: Campus.

die medienanstalten/ALM GbR (Hrsg.) (2012): Wirtschaftliche Lage des Rundfunks in Deutschland 2010/2011. Berlin: Vistas.

Gerhards, Maria/Klingler, Walter/Blödorn, Sascha (2013): Sparten- und Formattrends im deutschen Fernsehen. Die Programmjahre 2011 und 2012. In: Media Perspektiven, Nr. 4, S. 202-220.

Handel, Ulrike (2000): Die Fragmentierung des Medienpublikums. Bestandsaufnahme und empirische Untersuchung eines Phänomens der Mediennutzung. Wiesbaden: Westdeutscher.

Holtz-Bacha, Christina/Peiser, Wolfgang (1999): Verlieren die Massenmedien ihre Integrationsfunktion? In: Hasebrink, Uwe/Rössler, Patrick (Hrsg.): Medienrezeption zwischen Individualisierung und Integration. München: Reinhard Fischer Verlag, S. 41–53.

KEK (2012): 15. Jahresbericht. Berichtszeitraum 1. Juli 2007 bis 30. Juni 2008. Auf: http://www.kek-online.de/Inhalte/jahresberichte.html.

Kiefer, Marie-Luise (2005): Medienökonomik. 2.Auflage. München u. a.: R. Oldenbourg

Kotler, Philip/Keller, Kevin L./Bliemel, Friedhelm (2007): Marketing-Management. Strategien für wertschaffendes Handeln. 12. aktualisierte Auflage. München: Pearson Studium.

Krüger, Udo M. (2013): Profile deutscher Fernsehprogramme – Tendenzen der Angebotsentwicklung. Programmanalyse 2012 – Teil 1: Sparten und Formen. In: Media Perspektiven, Nr. 4, S. 221-245.

Künzler, Matthias (2013): Mediensystem Schweiz. Konstanz u.a.: UVK.

Lacy, Stephan/Simon Todd F. (1993): The Economics and Regulation of United States Newspaper Industry. Norwood: Ablex.

Lindner-Braun, Christa (2007): Mediennutzung. Methodologische, methodische und theoretische Grundlagen. Berlin: LIT.

McQuail, Denis (2013): Media Structure and Performance: Reflections on a changed Enviroment. In: Puppis, Manuel/Künzler, Matthias/Jarren, Otfried (Hrsg.): Media Structures and Media Performance. Medienstrukturen und Medienperformanz. RELATION n.s., vol. 4.Wien: ÖAW Verlag, S. 45-66.

McQuail, Denis (1992): Media Performance, Mass Communication and the Public Interest. London u.a.: Sage.

Meier, Werner A./Jarren, Otfried (2001): Ökonomisierung und Kommerzialisierung von Medien und Mediensystem. Einleitende Bemerkungen zu einer (notwendigen) Debatte. In: Rundfunk und Fernsehen 49, Nr. 2, S.145-158.

Moosmüller, Gertrud (2004): Empirische Wirtschaftsforschung. München: Pearson.

Neusser, Klaus (2010): Zeitreihenanalyse in den Wirtschaftswissenschaften. 3.Auflage. Wiesbaden: Vieweg+Teubner.

Picard, Robert G. (1989): Media Economics Concepts and Issues. Newbury Park: SAGE.

Pfeifer, Tilo/Schmitt Robert (2010): Qualitätsmanagement. Strategien-Methoden-Techniken. 4. Auflage., München: Carl Hanser.

Puppis, Manuel (2010): Einführung in die Medienpolitik. 2. Auflage. Konstanz: UVK.

Quandt, Thorsten/Scheufele, Bertram (Hrsg.) (2011): Ebenen der Kommunikation. Mikro-Meso-Makro-Links in der Kommunikationswissenschaft. Wiesbaden: VS.

Rott, Armin (2003): Werbefinanzierung und Wettbewerb auf dem deutschen Fernsehmarkt. Berlin: Duncker&Humblot.

Schatz, Heribert/Immer, Nikolaus/Marcinkowski, Frank (1989): Der Vielfalt eine Chance Empirische Befunde zu einem zentralen Argument für die «Dualisierung» des Rundfunks in der Bundesrepublik Deutschland. In: Rundfunk und Fernsehen 37, Nr. 1, S. 5-24.

Scherer, Frederic M. (1970): Industrial Market Structure and Economic Performance. Chicago: Rand McNally & Co.

Scheufele, Bertram (1999). Zeitreihenanalysen in der Kommunikationsforschung: ein praxisorientierte Einführung in die uni- und multivariate Zeitreihenanalyse mit SPSS for Windows. Stuttgart : Edition 451.

Schulze, Peter M. (2007): Beschreibende Statistik. 6.Auflage. München u.a.: R. Oldenbourg.

Schwalbach, Joachim (2008): Produktionstheorie. 2. überarbeitete Auflage. München: Vahlen.

Seufert, Wolfgang/Gundlach, Hardy (2012): Medienregulierung in Deutschland. Ziele - Konzepte - Maßnahmen. Baden-Baden: Nomos.

Seufert, Wolfgang (2012): Die Fernsehwirtschaft in Österreich. In: Steininger, Christian/ Woelke, Jens (Hrsg.): Fernsehen in Österreich 2011/2012. Konstanz u.a.: UVK, S. 195-210.

Seufert, Wolfgang (2006): Programmaufwand, Qualität und Wirtschaftlichkeit öffentlich-rechtlicher Rundfunkangebote. In: Medien & Kommunikationswissenschaft 54, Nr. 3, S. 365-385.

Seufert, Wolfgang (1992): Die Entwicklung des Wettbewerbs auf den Hörfunk- und Fernsehmärkten in der Bundesrepublik Deutschland. Berlin: Duncker&Humblot.

Stöber, Rudolph (2003: Mediengeschichte: Die Evolution Neuer Medien Von Gutenberg bis Gates. Eine Einführung. Wiesbaden: VS.

Thomaß, Barbara/Kleinsteuber, Hans J. (2013): Vergleich von Mediensystemen: Die europäische Dimension. In: Puppis, Manuel/Künzler, Matthias/Jarren, Otfried (Hrsg.): Media Structures and Media Performance. Medienstrukturen und Medienperformanz. RELATION n.s., vol. 4.Wien: ÖAW Verlag, S. 67-90.

Waterman, David (2006): The Economics of Media Programming. In: Albarran, Alan B./Chan-Olmsted, Sylvia/Wirth, Michael O. (Hrsg.): Handbook of Media Management and Economics. Mahwah, NJ: Lawrence Erlbaum Associates.

Wieland, Bernhard (1980): Programmvielfalt auf einem liberalisierten deutschen Fernsehmarkt? In: Expertenkommission «Neue Medien» Baden Württemberg, Abschlussbericht, Band II, S. 217-246.

Wilke, Jürgen (2003): Kommunikations- und Mediengeschichte. In: Bentele, Günter/Brosius, Hans-Bernd/Jarren, Otfried (Hrsg.): Öffentliche Kommunikation. Handbuch Kommunikations- und Medienwissenschaft. Wiesbaden: Westdeutscher.

Wilke, Jürgen (Hrsg.) (1999): Mediengeschichte der Bundesrepublik Deutschland. Köln: Böhlau.

Wirtz, Bernd W. (2011): Business Model Management: Design - Instrumente - Erfolgsfaktoren von Geschäftsmodellen. Wiesbaden: Gabler.

Zabel, Christian (2009): Wettbewerb im deutschen TV-Produktionssektor. Produktionsprozesse, Innovationsmanagement und Timing-Strategien. Wiesbaden: VS.

ZAW (Hrsg.) (2013): Werbung in Deutschland 2012. Berlin: edition ZAW.

Langfristiger publizistischer Wandel als Folge veränderter Programmierung: Erkenntnispotenziale eines prozessorientierten Analysedesigns illustriert am Beispiel der Nachfrageorientierung

Edzard Schade

1 Publizistische Programmierung von Medienorganisationen

Die Mediengeschichtsforschung begnügt sich bei der Analyse des langfristigen Wandels von Medienstrukturen nicht mit Tendenz- oder Trendaussagen, sie folgt dem Anspruch, theorie- und empiriegeleitet aus dem Langzeitvergleich von Strukturen und Prozessen Kontinuitäten und Diskontinuitäten zu erfassen. Mediengeschichtsschreibung kann sich gerade durch dichte Deskriptionen von Wandel und einer systematischen Ursachensuche auszeichnen. Besonders bedeutsam für das Verständnis von Medienwandel sind Antworten auf die Fragen, wie und weshalb sich Medienorganisationen und die von ihnen angebotenen Medienprodukte entwickeln. Die Geschichte der publizistischen Angebote, seien es Zeitungsausgaben, Radio- und Fernsehsendungen, Live-Ticker, Werbespots oder anderes, bildet das Bindeglied zwischen der Kommunikator- und Rezipientengeschichte (vgl. Lerg 1992).

Das Bild von Medienorganisationen, die auf dem *Rezipientenmarkt* mittels publikumsattraktiver Angebote um Aufmerksamkeit und Publikum buhlen und sich damit auf dem *Werbekundenmarkt* erfolgreich positionieren wollen, ist zur vielverwendeten medienökonomischen Metapher geworden. Etwas genauer betrachtet verweist der Entstehungszusammenhang publizistischer Angebote in vielen Fällen jedoch auf ein deutlich dichteres Geflecht von Akteurs- und Marktbeziehungen. So bewegen sich viele Medienorganisationen auch auf Beschaffungsmärkten für Inhalte («Content») und Produktionstechniken, suchen geeignetes Personal auf Arbeitsmärkten und kämpfen auf bisweilen stark regulierten Märkten um Distributionskanäle (vgl. Wirtz 2013; Heinrich 2010, Porter 2008: 35ff.; Hickethier 2006: 23). Bei einem so erweiterten Blick auf die Geschichte von Medienprodukten rücken Medienorganisationen als multiple Marktakteure und verantwortliche Veranstalter von publizistischen Angeboten ins Zentrum der Mediengeschichtsforschung.

Für die historische Medienforschung bilden Medienorganisationen aus mehreren Gründen eine geeignete Analyseeinheit. Organisationen verfügen in der Regel über eine gewisse Stabilität und Beständigkeit und können als mehr oder weniger koordiniert handelnde soziale Systeme verstanden und analysiert werden: als Akteure, die bestimmte publizistische, politische, ökonomische oder andere Zwecke verfolgen. Organisationen bilden wohl genau deshalb für Medien, Wirtschaft, Politik, Wissenschaft und andere zeitgenössische Beobachter eine wichtige Beobachtungseinheit, sodass sich unter dem Organisationsnamen vielfach reichhaltige Dokumentationen finden lassen (vgl. Schade 2008: 33).

Bei günstigen Rechercheergebnissen zu den für die Analyse ausgewählten Medienorganisationen stellt sich für die historische Medienforschung schließlich die Frage, in welcher Form die Darstellung langfristigen Organisationswandels erfolgen soll. Der Medienhistoriker Hickethier favorisiert das vor allem für Industriebetriebe und KMU verwendete Konzept der *Unternehmensgeschichte* gegenüber der in der Mediengeschichtsschreibung bisher geläufigeren Form der *Institutionsgeschichte*, da es mit der Fokussierung auf das Unternehmen und sein Management den Handlungsaspekt zumindest gleich stark wie den Strukturaspekt (Institutionen) gewichte (vgl. Hickethier 2006: 14f.). Hickethier spricht sich für eine Stärkung der Unternehmens- und Managementperspektive in der Mediengeschichtsforschung aus, denn dies ebne den Weg zur Nutzung des reichen Repertoires an ökonomischen Theorien, Fragestellungen und Analyseinstrumenten. Zugleich warnt er aber vor der Gefahr eines «ökonomischen Reduktionismus», da Medienorganisationen wie Public-Service-Rundfunkanbieter eben nicht wie irgendein Industrieunternehmen als primär gewinnorientiert beschrieben werden können (vgl. Hickethier 2006: 11f.). Diese Überlegungen bedeuten auf die Analyse des langfristigen Wandels von Medienstrukturen angewendet, die Prozesse, aus denen die publizistischen Angebote hervorgehen, ebenfalls gezielt zum Analysegegenstand zu machen.

Bei der Analyse des langfristigen publizistischen Wandels geht es also zugleich um den Wandel von Prozessen und Strukturen. Dementsprechend ergibt sich für die Analyse des langfristigen publizistischen Wandels folgende Kernfrage: Wie wandeln sich die publizistische Produktion und die Angebotsstruktur? Der Beitrag zeigt nachfolgend auf, wie eine *Geschichte der publizistischen Programmierung von Medienorganisationen* darauf empirische Antworten liefern kann. Die Grundlage dazu bildet ein prozessorientiertes Analysedesign, das empirisch beobachtbaren Wandel von Medieninhalten (verstanden als publizistischer Wandel oder als Wandel des publizistischen Angebots) als Folge einer veränderten publizistischen Programmierung von Medienorganisationen betrachtet.

2 Prozessorientiertes Analysedesign

Mit dem prozessorientierten Ansatz der publizistischen Programmierung von Medienorganisationen soll publizistischer Wandel theoretisch und empirisch darauf zurückgeführt werden, dass Medienorganisationen auf unterschiedliche Weise versuchen, ihre publizistische Programmierung als Wertschöpfungsprozess entscheidungsbasiert zu gestalten. Dieses Ziel verfolgt eine vom Schweizerischen Nationalfonds finanzierte Langzeitanalyse der publizistischen Programmierung der Schweizerischen Radio- und Fernsehgesellschaft (SRG). Das Projekt unterteilt die Suche nach Erkenntnisgewinn in zwei Hauptetappen: In einem ersten Schritt wird ein Analysedesign entwickelt, das es erlaubt, den langfristigen publizistischen Wandel von Rundfunkveranstaltern zugleich auf der Ebene ihrer Angebotsstruktur und der Entscheidungsfindung des Managements qualitativ und quantifizierend zu untersuchen und dadurch insbesondere auch Ursachen für den Wandel zu erfassen. In einem zweiten Schritt erfolgt die empirische Anwendung des Analysedesigns – eben im Rahmen der erwähnten SRG-Langzeitanalyse. Für die Untersuchung der publizistischen Programmierung der SRG konnte das Projekt auf die gesamten Geschäftsunterlagen der SRG-Geschäftsleitung der Jahre 1950 bis 2005 und auf die Daten der Publikums- und Programmforschung zugreifen (vgl. Schade 2010).

Die Wahl der publizistischen Programmierung als Analysegegenstand führt zur Frage, wie Entscheidungshandeln im Langzeitverlauf systematisch empirisch untersucht werden kann. Als Lösungsansatz wird ein prozessorientiertes Analysedesign entwickelt, das die publizistische Programmierung von Medienorganisationen als ein Prozessieren von Beobachten, Planen, Ausführen und Kontrollieren modelliert: Das Management beobachtet die Organisation und ihre Umwelt, es fällt Planungsentscheidungen und legt dabei Prämissen für die Planungsausführung in den dafür zuständigen Organisationeinheiten (Redaktionen u.a. Stellen) fest; die Art und Weise der Planungsausführung zeigt sich bei Rundfunkveranstaltern besonders auf der Ebene der publizistischen Produkte (Angebots- und Nachfragestruktur); die Kontrolle in Form von Angebots- und Nachfrageanalysen liefert den Redaktionen und dem Management Hinweise über die Qualität der Ausführung, aber auch über die Angemessenheit der Planung. Das Analysedesign gliedert sich somit in folgende vier Hauptkategorien (vgl. Abbildung 1):

(1) Der *Beobachtungshorizont* der Organisation setzt sich aus allen entscheidungsbezogenen Beobachtungen einer Organisation zusammen. Also aus den strategischen *Planungen* des Managements, aus den zur *Ausführung* der strategischen Planungsvorgaben getroffenen Entscheidungen (Ausführungsplanungen), aus der *Kontrolle* und schließlich den *einfachen Beobachtun-*

gen, die von der Form her weder Entscheidungen noch Kontrollen sind. Auf dieser Analyseebene wird untersucht, was die Medienorganisation in ihrer Umwelt und bei sich selbst beobachtet. Wann wird was zum Thema?

(2) Die strategischen *Planungen* des Managements zeigen an, in welche Richtung eine Organisation geführt wird. Der Planungshorizont wird mit Fragen wie die folgenden erfasst: Wann fällt die Organisationsleitung auf Grund welcher Beobachtungen welche Planungsentscheidungen? Welche Planungsbereiche sind in welche Planungen involviert? Wer ist von der Planung betroffen? Welche Kontrollergebnisse fließen in die Planung ein?

(3) Die publizistischen Angebote bilden als Endergebnis der *Ausführung* von strategischer Planung eine weitere Analyseebene. Die publizistische Angebotsstruktur lässt sich mit ganz unterschiedlichen Kategorien beschreiben.

(4) Die organisationale *Kontrolle* liefert als Vergleich von Soll-Werten (Planungsvorgaben) mit systematisch erhobenen Ist-Werten wichtige Hinweise: Was kontrolliert die Organisation? Welche Strukturen und Prozesse?

Abbildung 1: Das Analysedesign im Überblick

Hauptkategorie	(Haupt-)Analyseeinheit	Quellenbasis für Empirie
Beobachtungshorizont des Managements	• Thema der Beobachtung (alle Beobachtungsformen)	• Unterlagen zu den Geschäftsleitungssitzungen
Planung des Managements	• Thema der Planung • Entscheidungsprämissen (Planungsvorgaben)	• Unterlagen zu den Geschäftsleitungssitzungen
Ausführung in den Unternehmenseinheiten	• Publizistische Angebotsstruktur als Ist-Wert	• Sendestatistiken • Daten zur Angebotsstruktur des Forschungsdienstes
Kontrolle durch das Management	• Thema der Kontrolle • Soll-/Ist-Wert-Vergleiche (u.a. zur Nachfragestruktur des Publikumsmarktes)	• Unterlagen zu den Geschäftsleitungssitzungen • Berichte des Forschungsdienstes

Quelle: eigene Darstellung

Die verschiedenen Formen organisationaler Beobachtung werden mit Hilfe zahlreicher Variablen in ihrer sachlichen, sozialen und zeitlichen Sinndimension untersucht. Auf diese Weise wird der Wandel der publizistischen Programmierung differenziert als Veränderung in sachlicher (Beobachtungsthema, Problembezüge, betroffene Planungsbereiche der untersuchten Organisation, Form der thematisierten Planungsvorgabe bzw. Entscheidungsprämisse u. a.), sozialer (von der

Planung betroffene Organisationseinheiten, Medienteilbereich, Sprachregionen u. a.) und zeitlicher Hinsicht (Dauer und Periodizität der Beobachtung) erfassbar.

3 Nachfrageorientierung beim Public-Service-Rundfunk – ein schwieriger Untersuchungsgegenstand

Die Qualität eines Analysedesigns zeigt sich bei seiner empirischen Anwendung. Nachfolgend wird am Beispiel der *Nachfrageorientierung* von Medienorganisationen aufgezeigt, wie das prozessorientierte Analysedesign vertiefende Ursachenanalysen erlaubt. Die zunehmende Nachfrage- bzw. Marktorientierung der gesamten Rundfunkbranche wurde in der rundfunkwissenschaftlichen Literatur schon bald als schrittweises Zurückdrängen des Konzepts vom angebotsorientierten Public-Service durch eine zunehmend nachfrage- bzw. marktorientierte Planung beschrieben (vgl. Kiefer 1999: 711ff.; Saxer 1999: 33f., Kiefer 1996: 9ff).

Die neuere rundfunkökonomische Literatur befasst sich intensiv mit der Frage, wie Rundfunkorganisationen ihr Marketing, also ihre integrale Marktorientierung, optimal umsetzen können. Als Schlüssel zu einer erfolgreichen Marketingstrategie gilt eine möglichst enge Koordination der Planung der *publizistischen Angebotsstruktur*, der *Beschaffung* und *Produktion*, des *Vertriebs*, der *Unternehmenskommunikation* und der *Kontrolle* (vgl. u. a. Eastman/Ferguson 2013: 16ff.; Wirtz 2013: 128ff., Heinrich 2010: 300f., Albarran 2006: 197ff., Sander 2006: 29ff., Vollert 2006: 324ff., Siegert 2000: 177).

Wie lässt sich nun Marktorientierung bei der publizistischen Programmierung empirisch nachweisen? Bei kommerziellen Rundfunkanbietern ist zu erwarten, dass das Management kaum einen Hehl aus der Orientierung an Einschaltquoten und Werbemarkterfolgen macht und dies auch in den Dokumenten der strategischen Planung und Geschäftsführung formuliert. Für Rundfunkanbieter mit einem Public-Service-Auftrag hingegen ergibt sich eine Gratwanderung, denn sie sollten zugleich Markterfolge erzielen, sich von ihrer Angebotsstruktur her aber auch deutlich von den kommerziellen Anbietern abgrenzen. Von daher ist von Public-Service-Organisationen zu erwarten, dass sie Marktstrategien und Marketingkonzepte eher zurückhaltend kommunizieren und dass ihre Geschäftsdokumente kaum explizite Formulierungen zur Nachfrageorientierung enthalten. Diesem Umstand gilt es bei der Entwicklung des Analysedesigns Rechnung zu tragen. Die Lösung wird hier darin gesucht, dass auf allen Prozessstufen der publizistischen Programmierung nach möglichen Hinweisen auf eine Nachfrageorientierung gesucht wird. Je mehr Hinweise bei der Planung, Ausführung und Kontrolle gefunden werden, desto mehr verdichtet sich das Bild einer Nachfrageorientierung. Die verschiedenen Indikatoren einer Nachfrageorientierung werden dementsprechend den vier analytischen Hauptkategorien Beobachtungshorizont, Planung, Ausführung und Kontrolle zugeordnet (vgl. Abbildung 2).

Abbildung 2: Indikatoren für Nachfrageorientierung

Analyseebene	Indikatoren
Beobachtungshorizont	Vermehrte Thematisierung von Publikums- und Marktforschung, Marketing, kommerziellen Einnahmen, Unternehmenskommunikation, Vermehrung und Ausdifferenzierung der Angebote und Verbreitungskanäle
Planung	Marktforschung, kommerzielle Einnahmen, Vermehrung und Ausdifferenzierung der Verbreitungskanäle und Angebote u.a. vermehrt als Planungsgegenstand; Zunehmende Verknüpfung der Angebotsplanung mit Finanz-, Vertriebs-, Unternehmenskommunikationsaspekten im Sinne eines integralen Marketings
Ausführung	Anpassung der Angebotsstruktur an die Nachfragestruktur
Kontrolle	Vermehrt Ist-/Soll-Wert-Vergleiche von Angebots- und Nachfragestrukturen, aber auch von finanziellen Aspekten (Einnahmen- und Kostenstrukturen u.a.)

Quelle: eigene Darstellung

Ausgehend vom Konzept des integralen Marketings können zahlreiche Indikatoren einer zunehmenden Nachfrageorientierung entwickelt, operationalisiert und untersucht werden. Der Entwicklung von Indikatoren liegt die Annahme zu Grunde, dass sich der *Beobachtungshorizont* von Rundfunkorganisationen, die ihre Programmgestaltung vermehrt am Markt und an der Nachfrage orientieren, verändert. Folgende Verschiebungen bei der Themenstruktur des Beobachtungshorizonts können als möglicher Hinweis auf eine verstärkte Nachfrageorientierung gedeutet werden. Ganz allgemein kann eine vermehrte Beschäftigung mit *Konkurrenz, Marktstrategien* und *Marketing* Ausdruck einer stärkeren Markt- und Nachfrageorientierung sein. Eine wachsende Konkurrenz sorgt meist für mehr Marktdynamik und fordert die etablierten Rundfunkveranstalter heraus. Der Beobachtungshorizont eines Veranstalters kann diverse Hinweise auf die Wahrnehmung einer zunehmenden Marktdynamik liefern. Dies dürfte beispielsweise der Fall sein, wenn sich eine Rundfunkorganisation vermehrt mit der *Vergabe von neuen Sendefrequenzen* und der damit verbundenen *Ausdifferenzierung von Verbreitungskanälen und Programmangeboten* befasst. Der *zeitliche Angebotsausbau* und eine stärkere *Profilierung der publizistischen Angebote* auf bestimmte Zielgruppen hin gelten als verbreitete Strategie im Umgang mit einer wachsenden Marktdynamik (vgl. Wirtz 2013: 1008; Porter 2008: 71ff., Sjurts

2002). Noch direktere Hinweise auf eine wachsende Nachfrageorientierung dürfte eine vermehrte Thematisierung von *kommerziellen Einnahmen* wie Werbung oder Sponsoring liefern. Eine abnehmende Thematisierung von *Gebühreneinnahmen* kann als ein möglicher Hinweis auf eine schwächere Beschäftigung mit dem eher angebotsorientierten Public-Service-Konzept gedeutet werden.

Bei der Themenstruktur der *Planung* sind ähnliche Verschiebungen wie beim gesamten Beobachtungshorizont zu erwarten. Im Zuge einer stärkeren Marktorientierung dürften insbesondere die *Publikums- und Marktforschung*, die Entwicklung von *Marktstrategien und Marketing*, die Realisierung *kommerzieller Einnahmen*, die *Vermehrung und Ausdifferenzierung der Verbreitungskanäle und publizistischen Angebote* vermehrt zum Planungsgegenstand werden. Eine integrale Marktorientierung von Rundfunkorganisation sollte sich auf der Planungsebene in Form einer zunehmenden *Verknüpfung der Angebotsplanung mit Finanz-, Vertriebs-, Unternehmenskommunikationsaspekten* im Sinne eines integralen Marketings beobachten lassen. Das Analysedesign ermöglicht eine entsprechende Auswertung der organisationalen Planungen.

Die *Ausführung* wird auf der Ebene des effektiv verbreiteten Angebots beobachtet. Aus dem Langzeitvergleich der publizistischen Angebotsstruktur mit der vom Forschungsdienst erhobenen Nachfragestruktur ergibt sich ein weiterer Indikator für die Nachfrageorientierung: Wenn sich im Zeitverlauf *Angebots- und Nachfragestrukturen* angleichen, dann kann dies als Hinweis auf eine möglicherweise verstärkte Nachfrageorientierung gedeutet werden.

Die *Kontrolle* ist ein unverzichtbares Instrument bei der Entwicklung und Operationalisierung eines integralen Marketings. Eine systematische Ausrichtung der publizistischen Programmierung an der Publikumsnachfrage kann nur in Verbindung mit Erfolgskontrollen auf der Basis regelmäßig erhobener Nachfragestrukturdaten gelingen. So ist bei einer zunehmenden Marktorientierung zu erwarten, dass vermehrt *Ist-/Soll-Wert-Vergleiche von Angebots- und Nachfragestrukturen*, aber auch *von finanziellen Aspekten* (Einnahmen- und Kostenstrukturen u. a.) vorgenommen werden.

Wie schon die wenigen hier aufgeführten Indikatoren illustrieren, erlaubt das Analysedesign – zumindest theoretisch – Aufschlüsse über den zeitlichen, sachlichen und auch sozialen Verlauf der Thematisierung der Nachfrageorientierung: bei der gesamten Umwelt- und Selbstbeobachtung (Beobachtungshorizont), bei der Planung, Ausführung und Kontrolle.

4 Fallstudie SRG: Differenzierte Nachfrageorientierung des nationalen Public-Service-Veranstalters

Die SRG strebte stets eine qualitative und quantitative Marktführerschaft auf den einheimischen Radio- und Fernsehmärkten an, wie sie in ihren Jahresberichten regelmäßig kommunizierte. Mit der nachfolgenden Darstellung von empirischen Ergebnissen soll exemplarisch nachgezeichnet werden, wie die SRG ihre publizistische Programmierung differenziert an der Nachfrage orientierte.

4.1 Entwicklungsphasen des Beobachtungshorizonts der SRG: intensivierte Umweltbeobachtung als Reaktion auf die Marktliberalisierung

Wie das Beispiel der SRG eindrücklich belegt, kann sich der Beobachtungshorizont einer Geschäftsleitung im Laufe der Jahre allein von der Anzahl der im Rahmen der Geschäftsleitungssitzungen behandelten Beobachtungen stark verändern. Anhand der quantitativen Entwicklung des Beobachtungshorizonts der SRG lassen sich für den Zeitraum von 1950 bis 2005 fünf große Phasen der Organisationsentwicklung ablesen (vgl. Abbildung 3).

Abbildung 3: Beobachtungshorizont der Geschäftsleitung

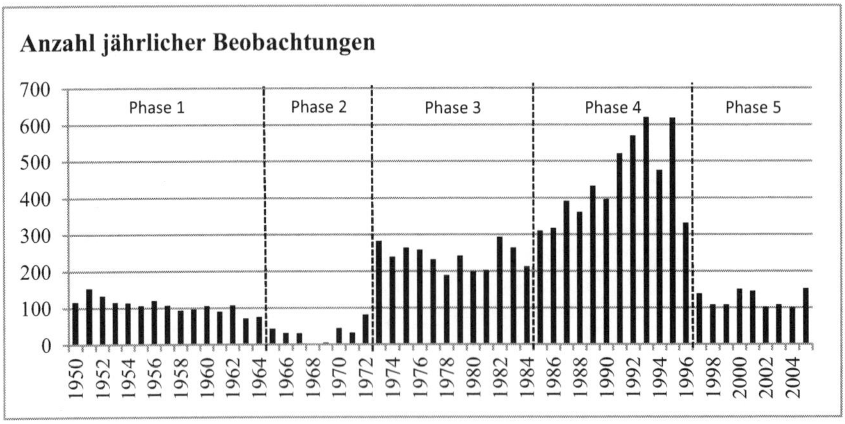

Quelle: eigene Darstellung

- 1950–1964: Die SRG beschritt in diesen 15 Jahren den Weg ins Fernsehzeitalter und erreichte ein insgesamt systematisch geplantes Wachstum. Jährlich

befasste sich die Geschäftsleitung mit rund 100 traktandierten Beobachtungen.
- 1965–1972: Nach der 1965 erfolgten Einführung kommerzieller Fernsehwerbung begann ein enormer Expansionsschub, der auf der Ebene der nationalen Geschäftsleitung in ein Kontrolldefizit und eine Führungskrise mündete. Zwischenzeitlich fanden keine regelmäßigen Geschäftsleitungssitzungen mehr statt. Die Organisation der SRG wurde in der Folge durch die Hayek-Engineering AG von Grund auf neu aufgebaut und auf die Bedürfnisse eines zeitgemäßen Managements ausgerichtet.
- 1973–1984: Mit der Wiederaufnahme regelmäßiger Geschäftsleitungssitzungen begann ein langes Jahrzehnt, in dem die geplante Organisationsentwicklung (neue Organisationsstrukturen, Implementierung von Planungs- und Kontrollinstrumenten usw.) bei restabilisierten Rahmenbedingungen und erhöhter Beobachtungsaktivität schrittweise umgesetzt wurde. Die Geschäftsleitung bearbeitete in ihren Sitzungen jährlich durchschnittlich rund 250 Beobachtungen.
- 1985–1996: Das SRG-Management reagierte auf die sich seit Ende 1983 beschleunigende Marktliberalisierung und -dynamisierung im nationalen Radio- und internationalen Fernsehmarkt mit einer Intensivierung der Umweltbeobachtung. Die Zahl der jährlich traktandierten Beobachtungen stieg nun schrittweise von 300 auf über 600 an. Das Management betrieb einen «Beobachtungsaktivismus» bei einem sich dynamisierenden Marktumfeld.
- 1997–2005 (Ende der Erhebung): Im Laufe der 1990er Jahre zeigte sich immer deutlicher, wie die stark föderalistisch ausgerichtete Führungsstruktur die Handlungsfähigkeit der SRG gegenüber Wirtschaft und Politik begrenzte. Die SRG konsolidierte ihre nationale Führung, indem sich die Geschäftsleitung fortan auf wenige gut elaborierte komplexe Geschäftsvorlagen konzentrierte. Die Zahl der jährlich traktandierten Beobachtungen sank nun wieder auf rund 100, also auf das Niveau der 1950er Jahre.

Die SRG-Geschäftsleitung machte Werbung als Quelle kommerzieller Einnahmen seit Mitte der 1950er Jahre mehr oder weniger regelmäßig zum Beobachtungsgegenstand (vgl. Abbildung 4). Mit dem Sendestart des Fernsehversuchsbetriebes 1953 begann ein längeres Ringen mit den Zeitungsverlegern und Behörden um die Einführung kommerzieller Werbespots, die erst auf 1965 hin erfolgte. Eine stärkere Beschäftigung mit der Werberegulierung setzte in der zweiten Hälfte der 1970er Jahre ein, als die Liberalisierung und Kommerzialisierung des Radiomarktes diskutiert und auf Ende 1983 hin beschlossen wurde. Von Mitte der 1980er Jahre bis zur Jahrtausendwende nahm die Bedeutung der Werbung als Beobachtungsthema deutlich zu. Seither befasst sich rund jedes 30. Sitzungstraktandum mit kommerzieller Werbung als ergänzende Einnahmequelle.

Abbildung 4: Kommerzielle Werbeeinnahmen als Beobachtungsthema

Prozentualer Anteil am gesamten Beobachtungshorizont (gegliedert nach Planungsphasen)

⊠ Thema Werbung (ohne Regulierung)   ■ Thema Regulierung der Werbung

Quelle: eigene Darstellung

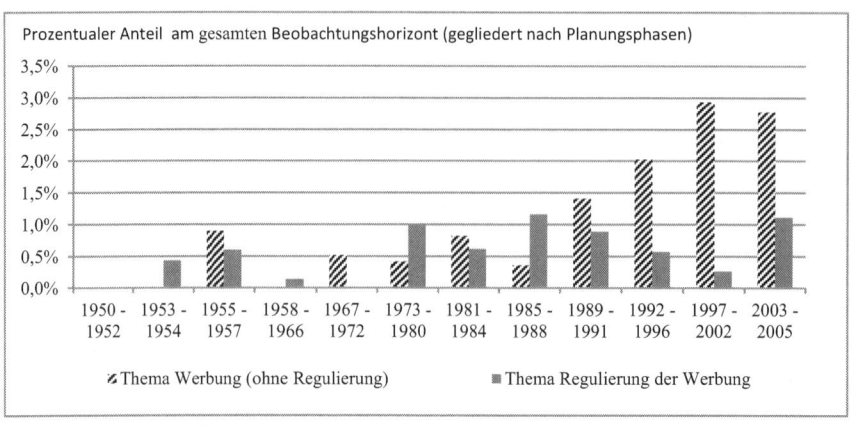

Abbildung 5: Verhältnis zu Konkurrenten als Beobachtungsthema

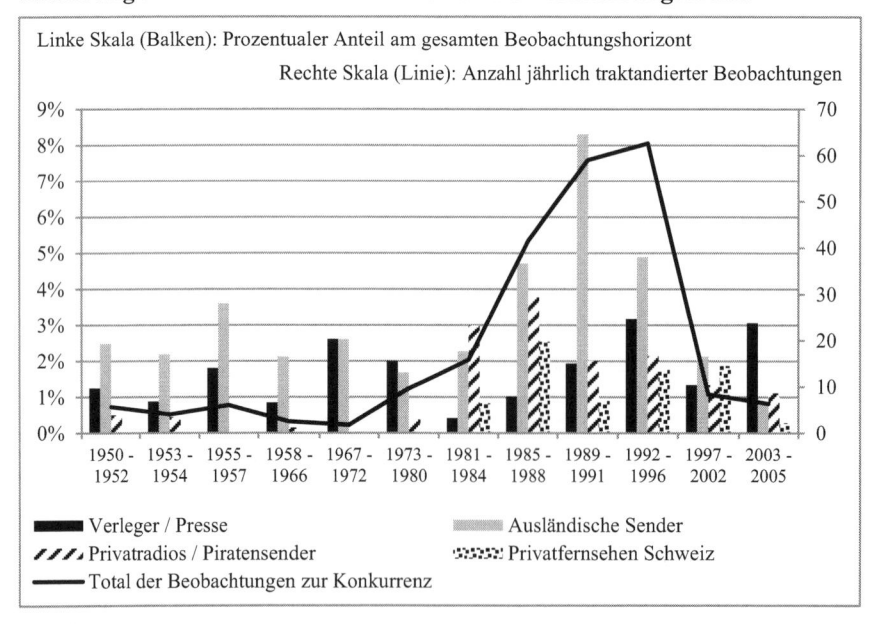

Linke Skala (Balken): Prozentualer Anteil am gesamten Beobachtungshorizont
Rechte Skala (Linie): Anzahl jährlich traktandierter Beobachtungen

■ Verleger / Presse   ▨ Ausländische Sender
╱╱╱ Privatradios / Piratensender   ░░░ Privatfernsehen Schweiz
— Total der Beobachtungen zur Konkurrenz

Quelle: eigene Darstellung

Hinweise auf die von der Geschäftsleitung wahrgenommene Marktdynamik liefert die Langzeitanalyse der Beobachtung der (potenziellen) Konkurrenz (vgl.

Abbildung 5). In den Jahrzehnten vor der Marktliberalisierung und Kommerzialisierung stand das Verhältnis zu den Verlegern und den ausländischen Public-Service-Veranstaltern im Vordergrund. Die ausländischen Veranstalter waren im Kampf um Marktanteile zwar grundsätzlich Konkurrenten, aber die SRG ging mit ihnen in vielen Angebotsbereichen Kooperationen in Form von Gemeinschaftsproduktionen und Programmaustausch ein. Die Konkurrenzsituation begann sich Ende der 1970er Jahre grundlegend zu ändern. Mit der sich abzeichnenden Konzessionierung zahlreicher privater Radio- und Fernsehveranstalter und dem Mitte der 1980er Jahre beginnenden Siegeszug ausländischer kommerzieller Fernsehanbieter intensivierte die SRG-Geschäftsleitung ihre Konkurrenzbeobachtung. Ende der 1980er Jahre beschäftigte sie sich etwa bei jedem zehnten Geschäft direkt mit ihrem Verhältnis zu anderen Radio- und Fernsehveranstaltern. Bei den ausländischen Rundfunkanbietern standen nun häufig auch die kommerziellen Veranstalter im Zentrum der Beobachtung.

Abbildung 6: Ausdifferenzierung der Angebote als Beobachtungsthema

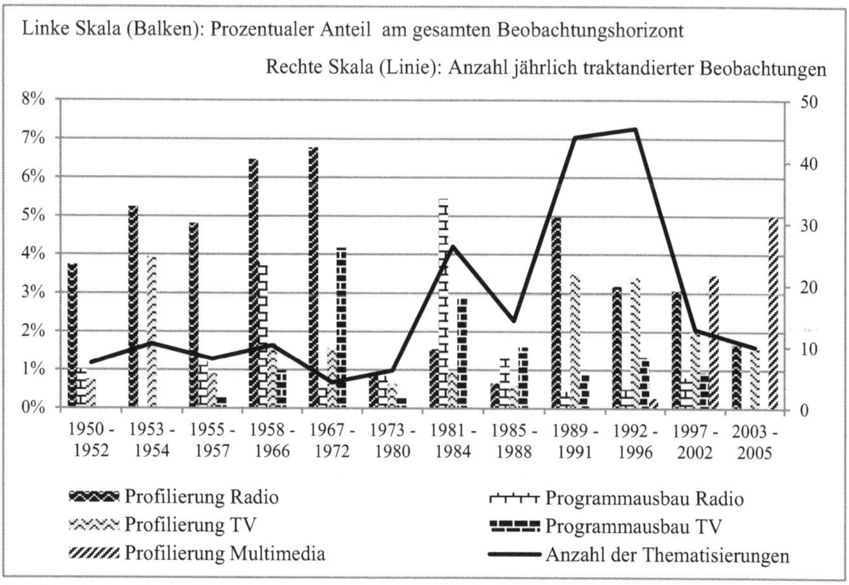

Quelle: eigene Darstellung

Die Profilierung und der Ausbau der bestehenden Angebote bilden für Rundfunkveranstalter in einem sich dynamisierenden Markt eine viel erprobte Strategie zur Absicherung der Marktposition. Mit der Langzeitanalyse des Beobachtungshorizonts des SRG-Managements wird sichtbar, wie sich die SRG mit der schrittweisen Weiterentwicklung ihrer Angebotspalette beschäftigte. Von den

1950er bis Anfang der 1970er Jahre bildete die Profilierung der Radioangebote ein Kernthema an den Geschäftsleitungssitzungen (vgl. Abbildung 6). Das Radio wandelte sich schon vor dem Fernsehzeitalter vom Einschaltmedium mit einem «Gemischtwarenladenangebot» ansatzweise zu einem Spartenangebot (vgl. Schade 2006: 350; Hagen 1999). Als sich die SRG mit der Übernahme des nationalen Fernsehprogrammbetriebes ab 1953 zu einem multimedialen Rundfunkveranstalter entwickelte, befasste sie sich auch intensiv mit der Profilierung und Abgrenzung der beiden Medien zueinander. Das Radio sollte nun mit dem schrittweisen Aufbau einer zweiten Programmkette die Grundlage erhalten, um sich zu deutlich profilierten Begleitprogrammen zu entwickeln.

Die international beobachtbare Dynamisierung der Rundfunkmärkte führte bei der SRG – parallel zur generellen Ausweitung des Beobachtungshorizontes – in den 1980er und 1990er Jahren zu einer viel häufigeren Thematisierung von Ausbau und Profilierung der Angebote. Seit Ende der 1990er Jahre rückten die multimedialen Online-Angebote in den Fokus der Beobachtungen.

4.2 Angebotsplanung vermehrt im Sinne eines integralen Marketings

Nur das, was am organisationalen Beobachtungshorizont erscheint, kann in die Planungsbestrebungen einer Organisation einfließen. Ob etwas zum Planungsgegenstand wird und ob die Planungen dann zum erwarteten Ergebnis führen, sind zwei anschließende Fragen. Antworten auf die erste Frage liefert eine vertiefte Planungsanalyse. Für den Untersuchungszeitraum lassen sich zwölf Planungsphasen der SRG-Geschäftsleitung unterscheiden (vgl. Abbildung 7): Eine Phase beginnt, wenn die anhand der verabschiedeten Planungsgeschäfte und Entscheidungsprämissen gemessene Planungstätigkeit erstmals ansteigt, sie endet, wenn die Planungstätigkeit einen Tiefpunkt erreicht.[1]

---

1   Die Geschäftsleitung verschob eine für 1962 vorgesehene Sitzung aus terminlichen Gründen ins folgende Jahr, was rein statistisch betrachtet 1963 zu einem «Planungshoch» führte.

Abbildung 7: Planungsphasen der SRG-Geschäftsleitung

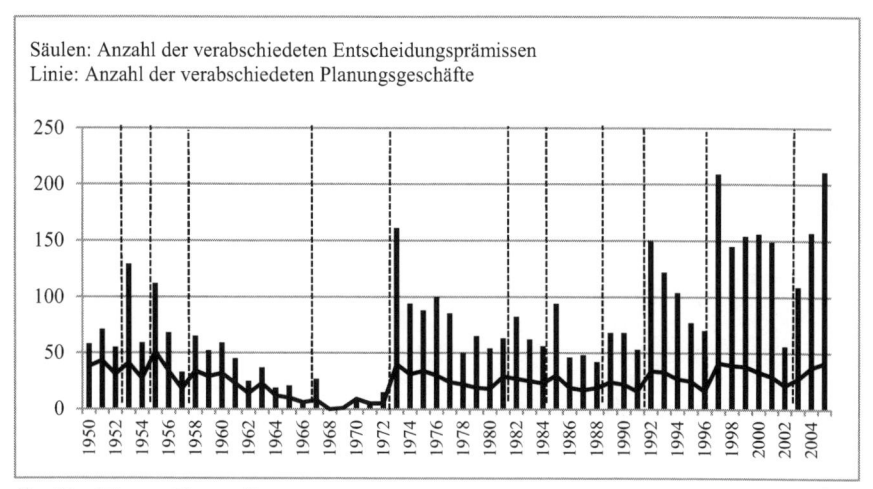

Säulen: Anzahl der verabschiedeten Entscheidungsprämissen
Linie: Anzahl der verabschiedeten Planungsgeschäfte

Quelle: Eigene Darstellung

Einen ersten Überblick über auffällige inhaltliche Veränderungen der Planung liefert die Langzeitanalyse der Planungsthemen. Ein Blick auf die Zusammensetzung der Planungsthemen (vgl. Abbildung 8) zeigt bereits auf der groben Ebene der Themenhauptbereiche langfristig deutliche Verschiebungen. Am augenfälligsten und für die Analyse der Nachfrageorientierung besonders relevant sind folgende Entwicklungen bei der Themenstruktur der Planung:

- Der Anteil der *Finanz- und Investitionsplanung* stieg ab den 1980er Jahren schrittweise von bislang knapp 10 auf gegen 30 Prozent an. Zeitlich fällt diese Themenverschiebung mit der Marktliberalisierung in der Schweiz und im umliegenden Ausland zusammen.
- Ebenfalls einen deutlichen Anstieg ab den 1980er Jahren erfuhren die Planungsthemen *Infrastruktur/Technik* (Produktion und Vertrieb). Die SRG erhielt nun von der Aufsichtsbehörde mehr Handlungsspielraum und suchte intensiv nach neuen und billigeren Vertriebskanälen, um neue Spartenprogramme im Radio- und Fernsehbereich aufbauen zu können.
- Eine deutliche Abnahme zeigt sich bei der Planung der *publizistischen Angebotsstruktur*.

Abbildung 8: Themenstruktur der Planung

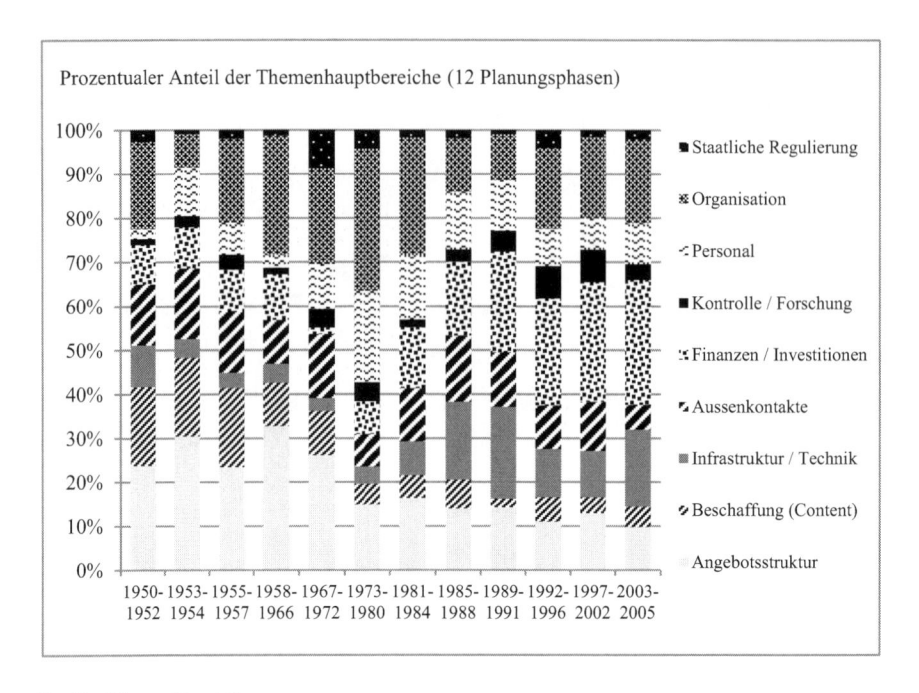

Prozentualer Anteil der Themenhauptbereiche (12 Planungsphasen)

- Staatliche Regulierung
- Organisation
- Personal
- Kontrolle / Forschung
- Finanzen / Investitionen
- Aussenkontakte
- Infrastruktur / Technik
- Beschaffung (Content)
- Angebotsstruktur

1950-1952, 1953-1954, 1955-1957, 1958-1966, 1967-1972, 1973-1980, 1981-1984, 1985-1988, 1989-1991, 1992-1996, 1997-2002, 2003-2005

Quelle: Eigene Darstellung

Eine detailliertere Analyse der Planung erfolgt nun auf der Ebene der verabschiedeten Entscheidungsprämissen. Die organisationale Planung wird dazu analytisch in drei Hauptsektoren und 16 Planungsbereiche eingeteilt: die *Programmplanung* umfasst die Planungsbereiche (1) publizistische Angebotsstruktur, (2) Beschaffung (von Sendeinhalten), (3) Produktion, (4) Vertrieb, (5) Unternehmenskommunikation (Außenkontakte), (6) Investitionen, (7) Finanzen, (8) Kontrolle (Controlling und Forschung); die *Personalplanung* die Planungsbereiche (9) Arbeitsvertragspolitik, (10) Personalbedarfsplanung, (11) Personalauswahl, (12) Personalbetreuung & -entwicklung, (13) Leistungsvergütung; die *Organisationsplanung* die Planungsbereiche (14) Arbeitsteilung, (15) Hierarchie und (16) formale Kommunikationswege.[2]

---

2   Die Themen zur Personal- und Organisationsplanung werden bei den nachfolgenden Auswertungen nicht nach Planungsbereichen weiter unterteilt.

Abbildung 9: Planungsbereich «Finanzen» nach Entscheidungsprämissen

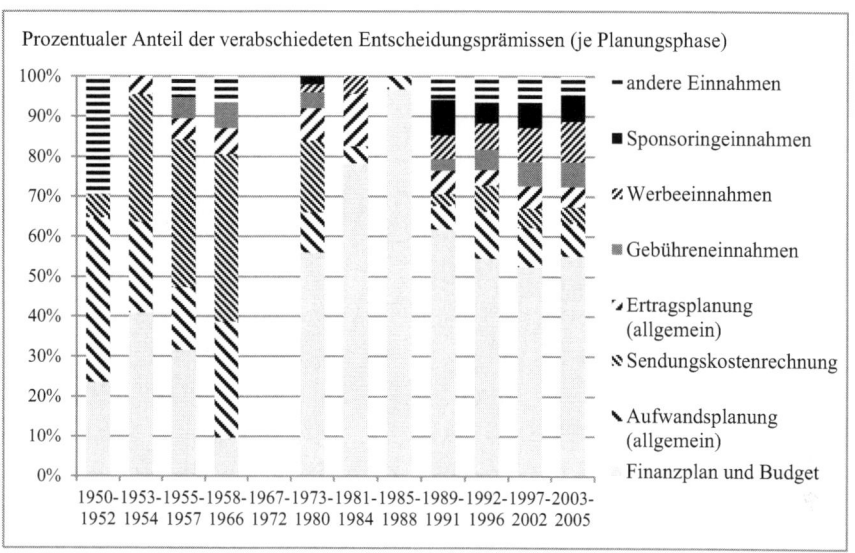

Prozentualer Anteil der verabschiedeten Entscheidungsprämissen (je Planungsphase)

- andere Einnahmen
- Sponsoringeinnahmen
- Werbeeinnahmen
- Gebühreneinnahmen
- Ertragsplanung (allgemein)
- Sendungskostenrechnung
- Aufwandsplanung (allgemein)
- Finanzplan und Budget

Quelle: Eigene Darstellung

Wie bereits erwähnt, beschäftigte sich die SRG-Geschäftsleitung seit den 1970er Jahren immer häufiger mit der *Finanzplanung*. Die qualitativen Veränderungen der Finanzplanung werden aus der Analyse der verabschiedeten Entscheidungsprämissen näher ersichtlich (vgl. Abbildung 9). Augenfällig ist der Planungswandel nach der erfolgreichen Reorganisation anfangs der 1970er Jahre: Erst jetzt waren klare Prozesse der Finanzplanung und der Budgetierung festgelegt, sodass sich die Geschäftsleitung kaum noch mit den Kosten einzelner Sendungen («Sendungskostenrechnung») befassen musste. Eine weitere wichtige Veränderung betrifft die seit Ende der 1980er Jahre offensichtliche Hinwendung zur Planung von (zusätzlichen) Einnahmen, die fortan fast einen Drittel der gesamthaft verabschiedeten Finanzplanungen umfasste. Dabei rückten die Werbe- und Sponsoringeinnahmen immer stärker ins Zentrum: Die SRG sah ihre Position auf dem Fernsehwerbemarkt zusehends geschwächt – wegen wachsender Konkurrenz der ausländischen Werbefenster und wegen der allgemeinen Werbekrise nach der Jahrtausendwende (vgl. Schade 2012).

Bei einer detaillierteren Analyse der *Planung der publizistischen Angebotsstruktur* zeigt sich ein deutlicher Wandel ab den 1980er Jahren (vgl. Abbildung 10): Beschäftigte sich das Management in den 1950er und 1960er Jahren großmehrheitlich mit der Gestaltung einzelner Sendungen und mit der Angebotsstruktur, so rückte die Entwicklung einer spezifischen SRG-Marktstrategie ab Ende der 1960er Jahre stärker ins Zentrum:

Abbildung 10: Planungsbereich «Angebotsstruktur» nach Entscheidungsprämissen

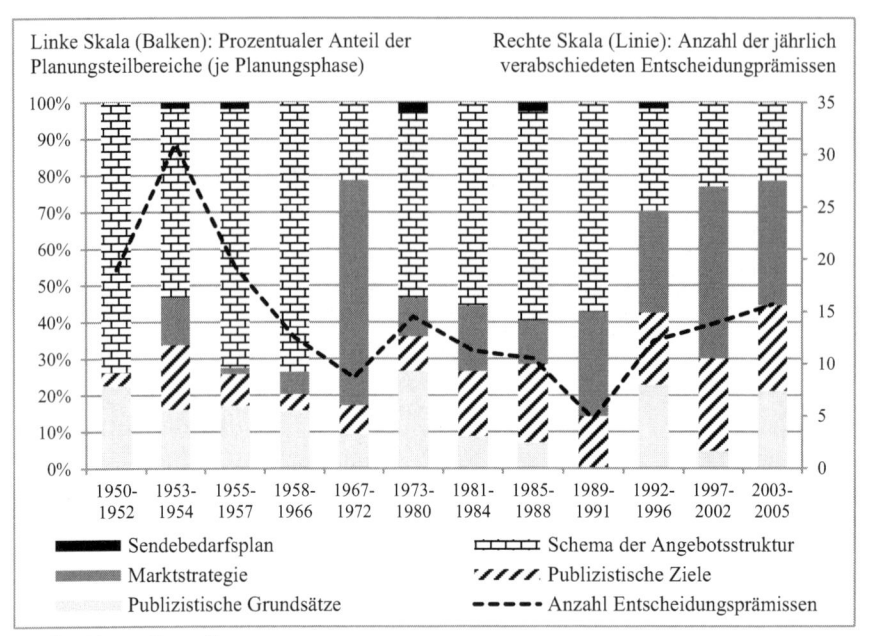

Linke Skala (Balken): Prozentualer Anteil der Planungsteilbereiche (je Planungsphase)	Rechte Skala (Linie): Anzahl der jährlich verabschiedeten Entscheidungprämissen

Zeiträume: 1950-1952, 1953-1954, 1955-1957, 1958-1966, 1967-1972, 1973-1980, 1981-1984, 1985-1988, 1989-1991, 1992-1996, 1997-2002, 2003-2005

- ■ Sendebedarfsplan
- ▓ Marktstrategie
- ░ Publizistische Grundsätze
- ▭ Schema der Angebotsstruktur
- ▨ Publizistische Ziele
- - - - Anzahl Entscheidungsprämissen

Quelle: Eigene Darstellung

- Die erstmalige Dominanz der *Marktstrategie* bei der Angebotsplanung Ende der 1960er und Anfang der 1970er Jahre hängt mit der damaligen Einführung der Publikums- und Programmforschung zusammen. Nun war es für das SRG-Management erstmals möglich, die Marktstrategieentwicklung systematisch forschungsbasiert vorzunehmen. Wie weiter unten dargestellt (vgl. Kapitel 4.3), führte das aber nicht umgehend zu einer radikalen Umstellung der Programmierung auf Nachfrageorientierung.
- Seit den 1990er Jahren bildete die Entwicklung der Marktstrategie den Kernbereich der Angebotsplanung: Die wachsende ausländische Konkurrenz veranlasste das Management, sich ganz grundsätzlich mit der zukünftigen Marktposition und mit gezielten Programmausbauten und -profilierungen zu beschäftigen.

Die SRG widmete als Public-Service-Veranstalter der Pflege ihrer Aussenkontakte stets eine hohe Aufmerksamkeit. Ein Blick auf den Planungsbereich *Unternehmenskommunikation* zeigt zwei markante Entwicklungen, die auf eine stärkere Beschäftigung mit den publizistischen Ansprüchen und Erwartungen der Öffentlichkeit hinweisen (vgl. Abbildung 11):

Abbildung 11: Planungsbereich «Unternehmenskommunikation» nach Entscheidungsprämissen

Prozentualer Anteil der verabschiedeten Entscheidungsprämissen (je Planungsphase)

[Gestapeltes Balkendiagramm mit Jahresintervallen von 1950-1952 bis 2003-2005 auf der x-Achse und 0%–100% auf der y-Achse]

Legende:
- Sponsoring-Plan
- Werbeplan
- Imagepolitik
- Markenpolitik
- Plan der Öffentlichkeitsarbeit
- Kommunikationspolitik
- Unternehmenskommunikation (allgem.)

Jahresintervalle: 1950-1952, 1953-1954, 1955-1957, 1958-1966, 1967-1972, 1973-1980, 1981-1984, 1985-1988, 1989-1991, 1992-1996, 1997-2002, 2003-2005

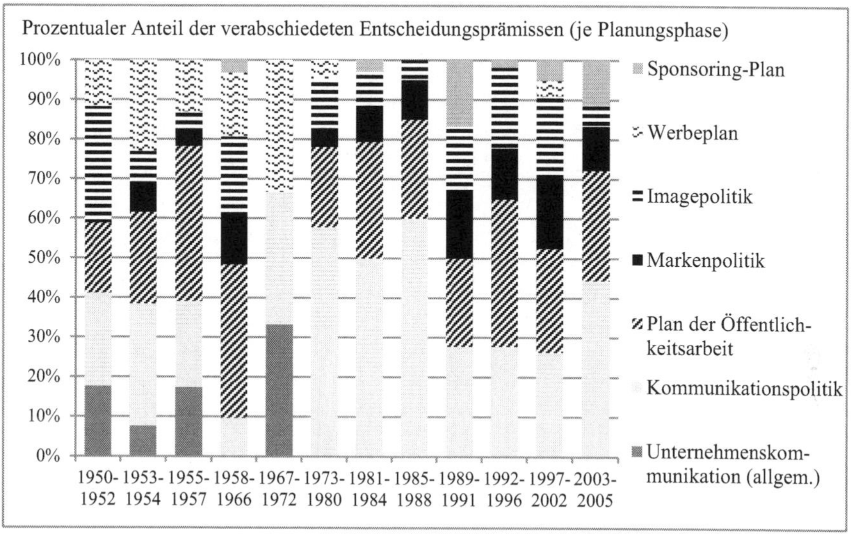

Quelle: Eigene Darstellung

- So befasste sich die SRG-Geschäftsleitung nach der Überwindung ihrer existenziellen Krise in den 1970er und 1980er Jahren viel intensiver als bisher mit ihrer Unternehmenskommunikation. Dabei stand das Festlegen einer eigenen aktiven integralen *Kommunikationspolitik* im Vordergrund – die SRG sah sich damals mit einer bisher ungekannt heftigen öffentlichen Kritik konfrontiert. Die SRG war nun bestrebt, ihren Rückhalt beim Publikum verstärkt zu pflegen (vgl. Schade 2006: 311ff.)
- Eine zweite Planungskonjunktur erlebte der Bereich der Unternehmenskommunikation im Laufe der 1990er Jahre. Nun ging es um die Entwicklung einer auf die Marke *SRG SSR idée suisse* abgestützten Imagekampagne.

Der abschließende Blick auf die Planung befasst sich mit der Komplexität von Planungsgeschäften. Diese wird anhand der Anzahl der pro Planungsgeschäft verabschiedeten Entscheidungsprämissen (Soll-Werte) sicht- und messbar (vgl. Abbildung 12). Bei der Planung der SRG-Geschäftsleitung können grob drei Entwicklungsstufen unterschieden werden:

Abbildung 12: Komplexität der Planung nach der Anzahl von Entscheidungsprämissen

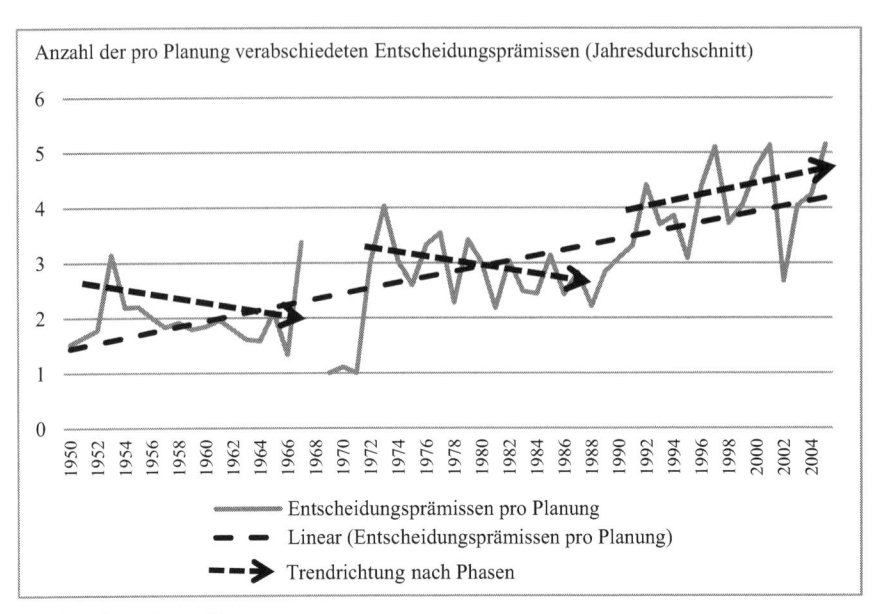

Quelle: Eigene Darstellung

- 1950er und 1960er Jahre mit rund zwei unterschiedlichen Entscheidungsprämissen pro Planungsgeschäft: Anfang der 1950er Jahre begann die SRG sich auf die Übernahme des nationalen Fernsehversuchsbetriebes (Ende 1953) vorzubereiten, was zahlreiche komplexe Planungsgeschäfte nach sich zog. Das erklärt die zwischenzeitlich hohe Planungskomplexität, die dann im Laufe der 1950er und 1960er Jahre wieder absank.
- 1970er und 1980er Jahre mit rund drei unterschiedlichen Entscheidungsprämissen pro Planungsgeschäft: Die bis Anfang der 1970er Jahre eingeleitete radikale Reorganisation der SRG war ein längerfristiges Projekt, das schrittweise alle Unternehmensbereiche und Prozesse erfasste. Mit voranschreitender Projektumsetzung nahm die Planungskomplexität wieder ab.
- Seit den 1990er Jahren durchschnittlich vier unterschiedliche Entscheidungsprämissen pro Planungsgeschäft mit steigender Tendenz: Die Geschäftsleitung reagierte auf die zunehmende Marktdynamik, indem sie ihre Planungsgeschäfte integraler gestaltete (vgl. Abbildung 13) und sich 1996 dementsprechend reorganisierte. Dies wiederspiegelt sich in den empirischen Ergebnissen.

Der zuvor aufgezeigte Anstieg der Finanz- und Investitionsentscheidungen seit Ende der 1980er Jahre (vgl. Abbildung 8) steht in einem direkten Zusammenhang mit der immer konsequenteren Verknüpfung von Planungsgeschäften mit der Finanzierungsfrage. Und eben auch die Angebotsplanung wurde fortan immer stärker mit Finanzaspekten verknüpft – dies im Sinne eines integralen Marketings (vgl. Abbildung 13).

Die Art und Weise, wie sich die SRG-Geschäftsleitung mit der *Planung der publizistischen Angebotsstruktur* befasste, wandelte sich im Laufe der Jahrzehnte in verschiedener Hinsicht. Im Zusammenhang mit dem weiter oben beschriebenen Wechsel hin zu einer marktstrategisch fundierten Angebotsplanung (vgl. Abbildung 10) interessiert schließlich die Frage, inwiefern sich dabei die Planung in Richtung eines *integralen Marketings* entwickelte.

Abbildung 13: Involvierte Planungsbereiche bei Planungen zum Thema «Angebotsstruktur»

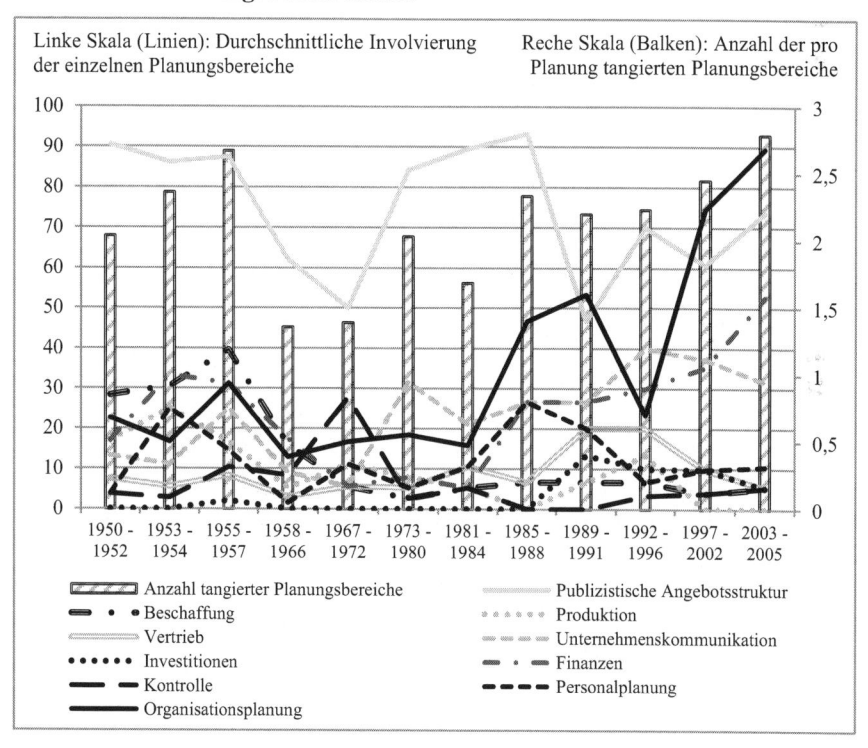

Quelle: eigene Darstellung

Die Langzeitentwicklung der Planungen, bei denen die publizistische Angebotsstruktur ein Hauptthema bildete, erfordert eine differenzierte Interpretation. Die

Planungskomplexität erreichte Mitte der 1950er Jahre bei der Einführung des Fernsehens einen ersten Höchstwert, als pro Planung durchschnittlich fast drei unterschiedliche Planungsbereiche involviert waren. Die verabschiedeten Planungen (Entscheidungsprämissen) befassten sich schwerpunktmäßig mit der Angebotsstruktur selbst (in ca. 90 Prozent der Fälle), aber häufig auch mit der Beschaffung von Sendeinhalten (ca. 30 bis 40 Prozent) und Finanzierungsfragen (ca. 30 Prozent). Hingegen spielten die Aspekte Vertrieb, Kontrolle und Investitionen lediglich eine marginale Rolle (vgl. Abbildung 13).

Mit der definitiven Einführung des Fernsehens (1958) sank die Planungskomplexität im Bereich der Angebotsstruktur markant. Erst ab Mitte der 1980er Jahre näherte sie sich wieder dem Niveau von Mitte der 1950er Jahre und übertraf es nach der Jahrtausendwende erstmals. Nun veränderte sich die Planung auch in inhaltlicher Hinsicht und zeigte immer deutlicher Merkmale eines integralen Marketings. Bei Planungen zum Thema Angebotsstruktur erfolgte ab Mitte der 1980er Jahre bereits in einem Viertel der Fälle eine direkte Verknüpfung mit der *Finanzplanung*, der Wert stieg bis 2005 auf über 50 Prozent. Die Verknüpfung mit der Planung der *Unternehmenskommunikation* nahm in den 1970er Jahren stark zu. Fortan waren zwischen 25 und 40 Prozent der Planungen zum Thema Angebotsstruktur direkt mit der Planung der Unternehmenskommunikation verknüpft. Auch bei der Verknüpfung mit der *Vertriebsplanung* ist ab Ende der 1980er Jahre eine deutliche Zunahme (auf rund 20 Prozent der Planungen) zu beobachten. Die augenfälligste Veränderung erfolgte jedoch bei der Verknüpfung mit der *Organisationsplanung*, die seit den 1980er Jahren stark zunahm, sodass der Verknüpfungsgrad nach der Jahrtausendwende gegen 90 Prozent stieg. Angebots- und Organisationswandel gingen somit Hand in Hand.

4.3   Kein konsequentes Angleichen der Angebots- an die Nachfragestrukturen

Schließlich interessiert die Frage, ob und inwiefern sich die Planungsbemühungen der Geschäftsleitung auf die Entwicklung der Angebote auswirkten. Hier kann nur beispielhaft aufgezeigt werden, welche Hinweise auf Nachfrageorientierung aus dem Langzeitvergleich von Angebots- und Nachfragestrukturen gewonnen werden können.

Die nachfolgenden Beispiele konzentrieren sich auf die Entwicklung des Fernsehangebots seit Mitte der 1980er Jahre – also auf die Zeit nach der Liberalisierung des schweizerischen und europäischen Rundfunkmarktes. Aus der Angebotsstatistik des gesamten sprachregionalen SRG-Fernsehangebotes wird ersichtlich, dass verschiedene quantitative Ausbauschritte erfolgten (vgl. Abbildung 14): der Ausbau der Tagesprogramme ab 1993, der Aufbau von zweiten Programmen in den Sprachregionen ab 1997 und die Lancierung von Spartenangeboten (SF Info) ab 2003.

Abbildung 14: Zusammensetzung des gesamten sprachregionalen SRG-Fernsehangebotes nach Sparten in Stunden

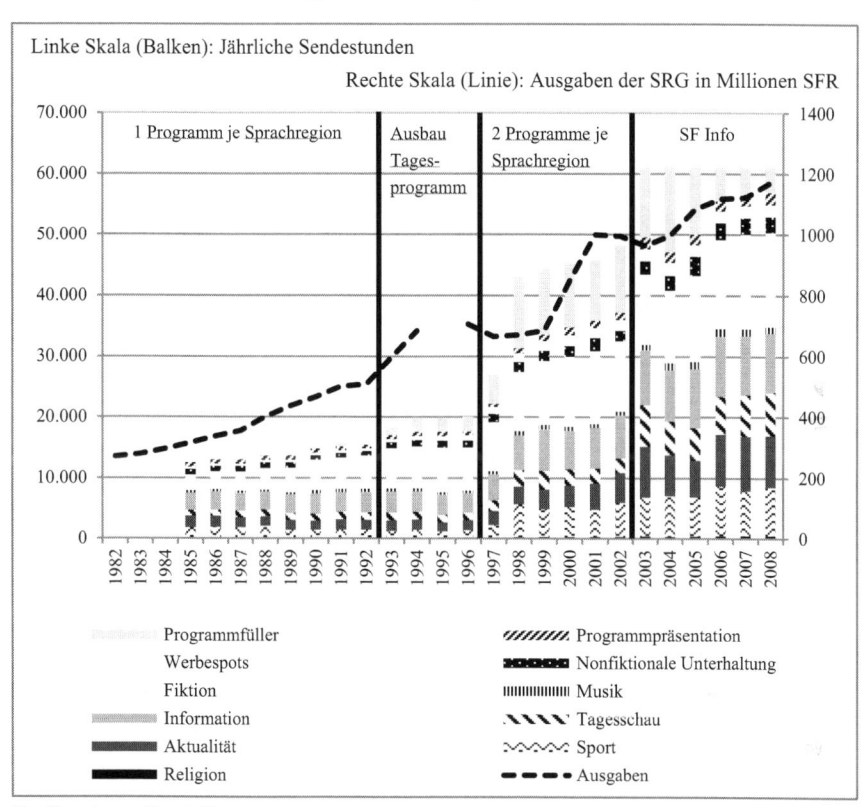

Quelle: eigene Darstellung

Der Ausbau des Fernsehgesamtangebotes erfolgte bis Mitte der 1990er Jahre überwiegend in der Sparte Fiktion. Mit dem Aufbau von zweiten sprachregionalen Programmen setzte jedoch eine Trendumkehr ein (vgl. Abbildung 15). Ein Blick auf die prozentuale Zusammensetzung der Primetime nach Sparten zeigt, dass die Programmverantwortlichen auch in der Hauptsendezeit bis Mitte der 1990er Jahre zunehmend auf fiktionale Angebote setzten. Diese Strategie korrespondierte mit dem damaligen Markterfolg der neuen kommerziellen Fernsehveranstalter im umliegenden Ausland. Die Fiktion hatte von jeher einen überproportional großen Anteil an der Primetime im Vergleich zum Gesamtangebot. Wie lässt sich nun die Trendumkehr Mitte der 1990er Jahre nachvollziehen? Weshalb baute die SRG nun das Sportangebot deutlich aus?

Abbildung 15: Sprachregionales SRG-Fernsehangebot in der Primetime nach Programmsparten

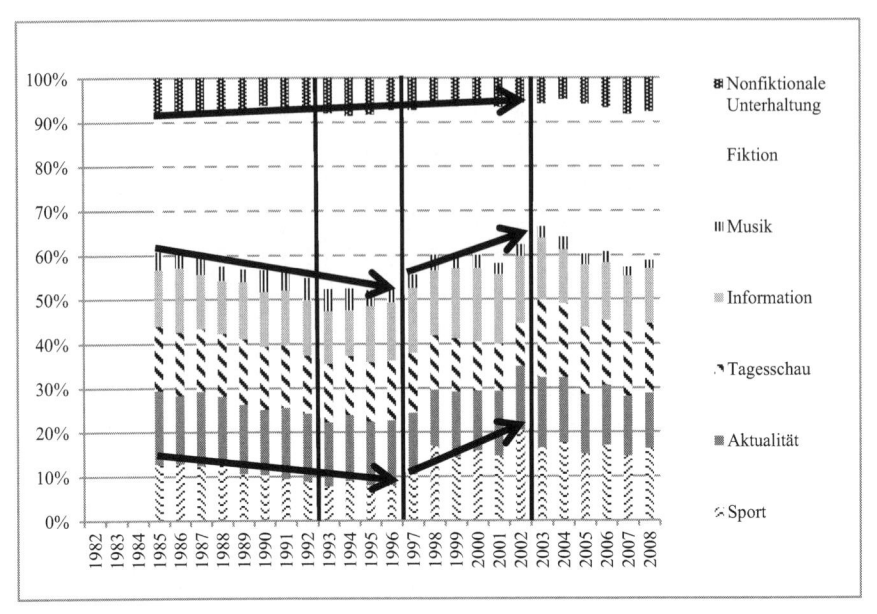

Quelle: eigene Darstellung

Die Dynamik der sprachregionalen Fernsehmärkte in der Schweiz entwickelte sich auf Grund der unterschiedlichen in- und ausländischen Konkurrenz nicht synchron (vgl. Künzler 2013: 175ff.), weshalb vertiefende Marktstrategieanalysen in der Schweiz sprachraumspezifisch erfolgen müssen. Bei einem Blick auf die Marktentwicklung in der Deutschschweiz zeigt der Vergleich der Angebots- mit der Nachfragestruktur in der Primetime vom Schweizer Fernsehen (SF), dass sich bei der Sparte *Fiktion* schon Ende der 1980er Jahre eine fehlende Nachfrageflexibilität andeutete: ein höheres Angebot führte nicht zu einer erhöhten Nachfrage, sie begann nun sogar deutlich zu sinken (vgl. Abbildung 16). Die SRG sah sich damit konfrontiert, dass sie in der Deutschschweiz im fiktionalen Bereich nicht mit den kommerziellen Fernsehanbietern aus Deutschland mithalten konnte. Eine erste Korrektur erfolgte nach 1996 mit der Einführung des zweiten Deutschschweizer Fernsehprogramms. Die Angleichung der Angebots- an die Nachfragestruktur gelang aber erst 2003 mit der Lancierung eines Spartenangebots im Bereich Nachrichten/Aktualität.

Mit einem Blick auf die Sparte *Sport* wird ein grundlegender Wechsel in der Programmierung nach 1996 erkennbar: Der Sport wurde fortan als erfolgversprechender Kernbereich behandelt. Die SRG nationalisierte ihre Sportproduktion und baute das Angebot in allen Sprachregionen rasch aus. Die neue Angebotsstrategie hatte tatsächlich Erfolg, da offenbar eine hohe Nachfrageflexibilität bestand.

Abbildung 16: **Anteil der Programmsparten «Sport» und «Fiktion» am Gesamtangebot und an der Gesamtnachfrage in der Primetime von SF**

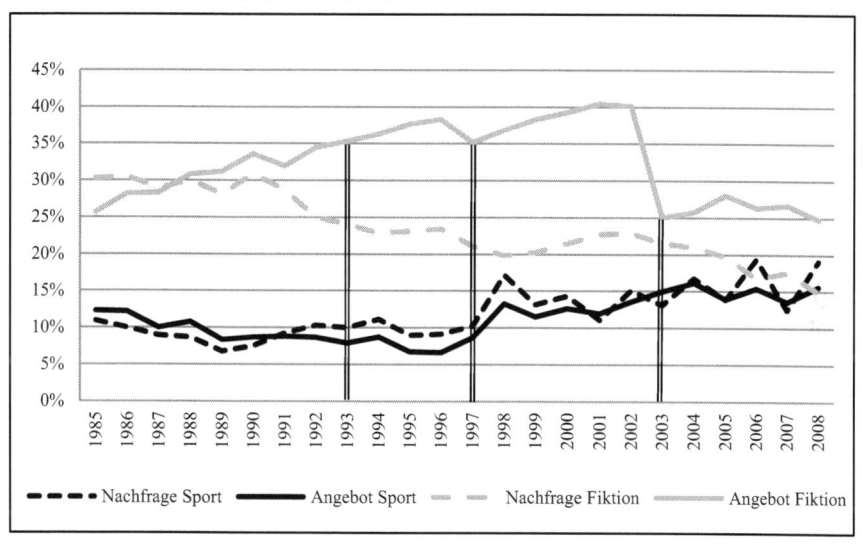

Quelle: eigene Darstellung

Die SRG nutzte die Entwicklung der Angebots- und Nachfragestruktur als wichtige Information, aber sie leitete je nach Situation unterschiedliche Planungskonsequenzen ab. So setzte die SRG in den 1990er Jahren beim Programmausbau auch deshalb vermehrt auf den Einkauf fiktionaler Programmangebote, da ihr die Ressourcen für Eigenproduktionen beispielsweise im Bereich der stark nachgefragten *nonfiktionalen Unterhaltung* fehlten (vgl. Abbildung 17; vgl. Schade 2012). Wohl deshalb reduzierte sie das fiktionale Angebot trotz ausbleibendem Markterfolg nicht umgehend. Beim Sport (vgl. Abbildung 16) und bei der Tagesschau (vgl. Abbildung 17) hingegen sah sie sich in der Lage, das Angebot der Nachfrage anzupassen und auszubauen.

Abbildung 17: Anteil der Programmsparten «Tagesschau» und «Nonfiktionale Unterhaltung» am Gesamtangebot und an der Gesamtnachfrage in der Primetime von SF

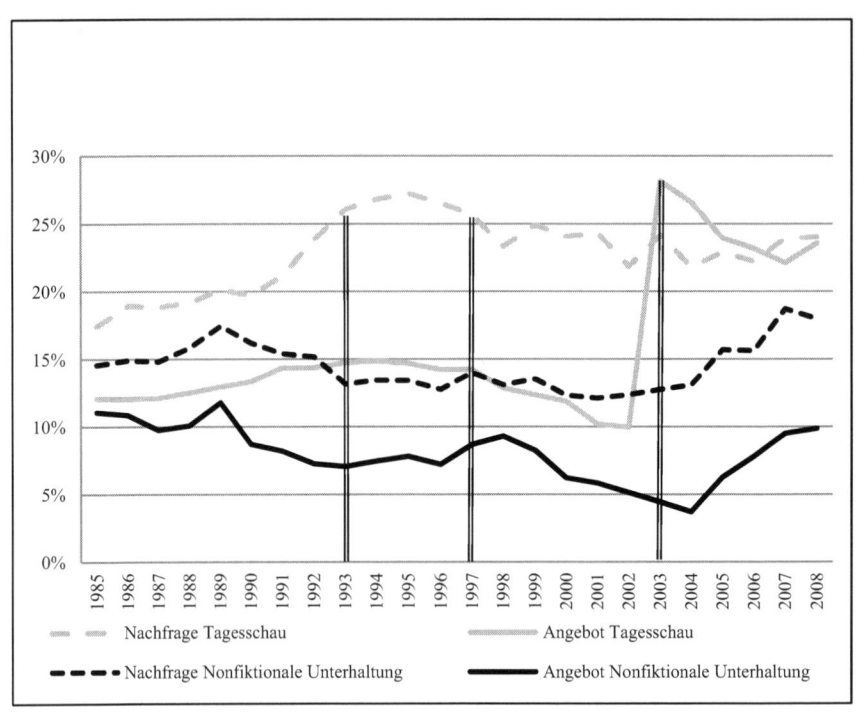

Quelle: eigene Darstellung

Ein abschließender Blick in die französischsprachige Schweiz zeigt, wie sich die SRG stets mit unterschiedlichen Marktsituationen in den Sprachregionen konfrontiert sah. So bestand in der französischsprachigen Schweiz bei der *Fiktion* eine gewisse Nachfrageflexibilität (vgl. Abbildung 18). Mit Erfolg steigerte die Télévision Suisse Romande (TSR) den Anteil des fiktionalen Angebots an der Primetime in den 1980er Jahren von einem Drittel auf 50 Prozent. Damit gelang es ihr, den Anteil dieser Sparte an der Nachfrage leicht auf rund 45 Prozent zu steigern. In der zweiten Hälfte der 1990er Jahre und vor allem beim Aufbau des zweiten Programms setzte die TSR dann verstärkt auf den Bereich der vertiefenden *Informationssendungen* – eben auf einen Kernbereich des Public-Service-Rundfunks. Da – anders als in der Deutschschweiz – auch die Nachfrage stieg, gelang der TSR auf diese Weise der Spagat, gute Einschaltquoten mit klassischen Public-Service-Angeboten zu realisieren.

Abbildung 18: Anteil der Programmsparten «Information» und «Fiktion» am Gesamtangebot und an der Gesamtnachfrage in der Primetime von TSR

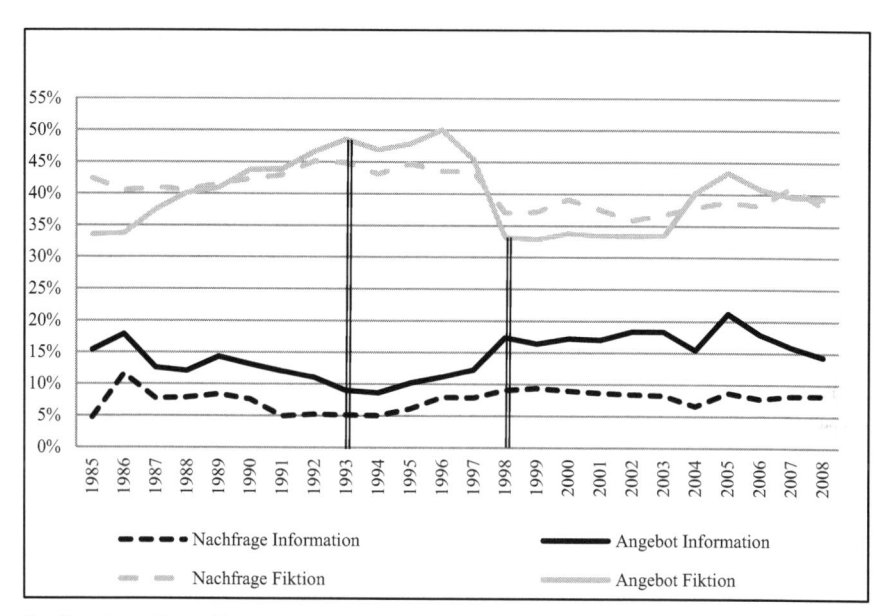

Quelle: eigene Darstellung

5 Fazit

Das mehrdimensionale und prozessorientierte Analysedesign erlaubt es, die Nachfrageorientierung bei der Angebotsplanung von Rundfunkveranstaltern als ein anforderungsreiches Programmierungskonzept zu erfassen. Mit dem Einbezug des organisationalen Beobachtungshorizonts und der gesamten organisationalen Planung in die Analyse wird erkennbar, wie voraussetzungsreich und komplex die konsequente Umsetzung einer systematischen Nachfrageorientierung ist bzw. wäre. Es bedarf dazu unter anderem geeigneter Forschungs- und Kontrollinstrumente (von der Programm- und Publikumsforschung hin zur Balanced Scorecard), um die Angebotsplanung im Sinne eines integralen Marketings entwickeln und umsetzen zu können. Die enge Verknüpfung der verschiedenen Planungsbereiche erfordert zudem ein entsprechendes Managementverständnis. Schließlich benötigen die Planer Kenntnisse über die Nachfrageflexibilität spezifischer Angebote, denn ein beobachteter Nachfrageüberhang liefert keinen zwingenden Hinweis auf die tatsächliche Nachfrageflexibilität. Für valide Informationen benötigen die Planer Geduld und Zeit, die ihnen wohl häufig fehlen. Gerade hier wird das Erkenntnispotential von Langzeitanalysen offensichtlich, denn sie ermöglichen es, den Zusammenhang von Angebots- und Nachfragewandel perspektivenreich auszuleuchten. Und schließlich darf – gerade bei der vorliegenden Fallstudie – nicht übersehen werden, dass eine konsequente Nachfrageorientierung nur bei einer hohen Flexibilität in der Ressourcenplanung umsetzbar ist, denn zur konsequenten Bedienung von Nachfragepotenzialen wäre teilweise ein äußerst hoher Ressourceneinsatz notwendig.

Literatur

Albarran, Alan B. (2006): Management of Electronic Media. Third Edition. Belmont: Wadsworth.

Eastman, Susan T./Ferguson, Douglas A. (2013): Media Programming: Strategies and Practices. International Edition. 9th Edition. Belmont: Wadsworth.

Hagen, Wolfgang (1999): Hörzeit-Formatierung: Vom medialen Verschwinden des Programms aus dem Radio. In: Paech, Joachim/Schreitmüller, Andreas/Ziemer, Albrecht (Hrsg.): Strukturwandel medialer Programme. Vom Fernsehen zu Multimedia. Konstanz: UVK.

Heinrich, Jürgen (2010): Medienökonomie. Band 2: Hörfunk und Fernsehen. 2. Auflage. Wiesbaden: VS Verlag für Sozialwissenschaften.

Hickethier, Knuth (2006): Ist Medienkommunikation ein Marktgeschehen? Zu Kategorien und Modellen einer möglichen Unternehmensgeschichtsschreibung der Medien. In: Derselbe (Hrsg.): Mediengeschichte als Unternehmensgeschichte. Überlegungen zu einem neuen Paradigma, (Hamburger Hefte zur Medienkultur, Bd. 3.) Hamburg: Institut für Medien und Kommunikation des Departements Sprache, Literatur, Medien SLM I der Universität Hamburg, S. 8-28.

Kiefer, Marie Luise (1999): Das Rundfunkpublikum als Bürger und Kunde. In: Schwarzkopf, Dietrich (Hrsg.): Rundfunkpolitik in Deutschland. Wettbewerb und Öffentlichkeit. Band 2. München: dtv, S. 701-744.

Kiefer, Marie Luise (1996): Unverzichtbar oder überflüssig? Öffentlich-rechtlicher Rundfunk in der Multimedia-Welt. In: Rundfunk und Fernsehen, 1, S. 7-26.

Künzler, Matthias (2013): Mediensystem Schweiz. Konstanz: UVK.

Lerg, Winfried B. (1992): Programmgeschichte als Forschungsauftrag. Eine Bilanz und eine Begründung. (Vom Autor aktualisierte Version des gleichnamigen 1982 erschienenen Artikels.). In: Bobrowsky, Manfred/Duchkowitsch, Wolfgang/Haas, Hannes (Hrsg.): Medien- und Kommunikationsgeschichte. Ein Textbuch zur Einführung. Wien: Wilhelm Braumüller.

Porter, Michael E. (2008): Wettbewerbsstrategien. Methoden zur Analyse von Branchen und Konkurrenten. 11. durchgesehene Auflage. Frankfurt a.M.: Campus.

Sander, Marc (2006): Grundlagen der Betriebswirtschaftslehre. In: Altendorfer, Otto/Hilmer, Ludwig (Hrsg.): Medienmanagement. Band 3: Medienbetriebswirtschaftslehre – Marketing. Wiesbaden: VS Verlag für Sozialwissenschaften, S. 21-50.

Saxer, Ulrich (1999): Medien, Rezeption und Geschichte. In: Klingler, Walter et al. (Hrsg.): Medienrezeption seit 1945. Forschungsbilanz und Forschungsperspektiven. 2. überarbeitete Auflage. Baden-Baden, S. 27-35.

Schade, Edzard (2012): Programmgestaltung in einem kommerzialisierten Umfeld. In: Mäusli, Theo/Steigmeier, Andreas/Vallotton, François (Hrsg.): Radio und Fernsehen in der Schweiz. Geschichte der Schweizerischen Radio- und Fernsehgesellschaft SRG 1983-2011. Baden: Hier + Jetzt, S. 271-335.

Schade, Edzard (2010): Die publizistische Programmierung der Schweizerischen Radio- und Fernsehgesellschaft (SRG SSR) bei Radio und Fernsehen 1950 - 2005: Eine Langzeitanalyse der publizistischen Planung, Kontrolle und Angebotsstruktur. Wissenschaftlicher Schlussbericht zu Händen des Schweizerischen Nationalfonds. Universität Zürich: IPMZ.

Schade, Edzard (2008): Wege zur Analyse von Radio- und Fernsehwandel. Publizistische Programmierung von Rundfunkorganisationen. In: Medien & Zeit, 23, Nr. 2, S. 28–43.

Schade, Edzard (2006): Die SRG auf dem Weg zur forschungsbasierten Programmgestaltung. In: Mäusli, Theo/Steigmeier, Andreas (Hrsg.): Radio und Fernsehen in der Schweiz. Geschichte der Schweizerischen Radio- und Fernsehgesellschaft SRG 1958-1983. Baden: Hier + Jetzt, S. 293-364.

Siegert, Gabriele (2000): Medienmanagement als Marketingmanagement. In: Karmasin, Matthias/Winter, Carsten (Hrsg.): Grundlagen des Medienmanagements. München: Wilhelm Fink, S. 173-195.

Sjurts, Insa (2002): Strategien in der Medienbranche. Grundlagen und Fallbeispiele. 2. vollständig überarbeitete und erweiterte Auflage. Wiesbaden: Gabler.

Vollert, Klaus (2006): Marketing – ein integrierter Ansatz. In: Altendorfer, Otto/Hilmer, Ludwig (Hrsg.): Medienmanagement. Band 3: Medienbetriebswirtschaftslehre – Marketing. Wiesbaden: VS Verlag für Sozialwissenschaften, S. 323-339.

Wirtz, Bernd W. (2013): Medien- und Internetmanagement. 8., aktualisierte und überarbeitete Auflage. Wiesbaden: Springer Gabler.

Wandel der Medienlogik als Zusammenspiel aus Strukturen und Akteuren
– eine inhaltsanalytische Annäherung

Steffi Strenger, Markus Thieroff und Michael Meyen

1 Einleitung

Betrachtet man die Berichterstattung über Ereignisse, die immer wiederkehren, so hat man nicht selten den Eindruck, als wäre die Wahrnehmung vor Jahrzehnten eine gänzlich andere gewesen. Fußballspiele von nationaler Bedeutung wurden völlig emotionslos nacherzählt, die Berichte über Generaldebatten im Bundestag verloren sich in politischen Details, die selbst für Experten schwer nachvollziehbar waren, und Events wie der Eurovision Song Contest, dessen Berichterstattung sich heute über Wochen erstreckt, wurden noch in den 1960ern meist nicht einmal in einer Randnotiz erwähnt. Wie lassen sich diese Veränderungen erklären?

Die nächstliegende Erklärung ist sicherlich die, dass einige der Ereignisse gesellschaftlich bedeutsamer geworden sind, während andere an Gewicht verloren haben. Doch kann man wirklich sagen, dass Generaldebatten heute weniger Relevanz haben als noch in den 1970er-Jahren, dass der Eurovision Song Contest heute einfach beliebter ist? Oder ist der Grund für einen Wandel der Berichterstattung nicht außerhalb des Mediensystems zu suchen, sondern vielmehr innerhalb dieses Systems selbst?

Wir gehen in diesem Beitrag davon aus, dass neue Akteure und neue gesetzliche Regelungen die Funktionsweise des Mediensystems verändert haben. Hintergrund ist die Annahme, dass Strukturen wie die rechtlichen Rahmenbedingungen, Akteurkonstellationen und das handelnde Zusammenwirken von Personen und Organisationen die Medienlogik bestimmen. Verändert sich eine dieser Komponenten, sei es, dass neue Gesetze erlassen werden oder ein neues Medium aufkommt, so hat dies Auswirkungen auf das gesamte Mediensystem und führt langfristig zu einem Wandel. Wir schlagen ein theoretisches Modell vor, das die Medienlogik als ein Zusammenspiel aus Akteuren und Strukturen beschreibt und damit eine Landkarte bietet, anhand derer ein Wandel des Mediensystems untersucht werden kann.

Eine Untersuchung des Wandels der Medienlogik ist deshalb von Bedeutung, weil Massenkommunikation mittlerweile zu einem gesellschaftlichen Totalphänomen geworden ist, an das sich andere Teilbereiche wie Sport oder Politik aufgrund ihres Bedarfs an öffentlicher Aufmerksamkeit und demokratischer Legitimation anpassen. Diese Annahme liegt der Medialisierungsforschung zugrunde, die Reaktionen auf den Strukturwandel des Mediensystems in anderen sozialen Funktionssystemen untersucht (Meyen 2009). Bevor jedoch Aussagen über gesellschaftlichen Wandel durch eine Anpassung an die Medienlogik gemacht werden können, muss zunächst die Medienlogik und ihre Entwicklung im Zeitverlauf näher untersucht werden.

Ausgehend von Medienlogik als einem komplexen Konstrukt, das beeinflusst wird von Strukturen und Akteuren, stellt sich die Frage, wie dieser Wandel empirisch messbar ist. Es ist anzunehmen, dass Veränderungen auf Ebene der Strukturen auch Veränderungen der Medieninhalte nach sich ziehen. Neue rechtliche Rahmenbedingungen, veränderte Konkurrenzsituationen oder ein sich wandelndes journalistisches Selbstverständnis beeinflussen die Selektionsroutinen, ermöglichen neue Präsentationsformen und verändern die Interpretationsrahmen von Geschehnissen.

Auf Basis des im nachfolgenden Abschnitt vorgestellten Modells wurde deshalb die Berichterstattung über Themen aus Politik, Sport, Kultur und Unterhaltung mittels quantitativer und qualitativer Inhaltsanalysen von den 1960er- und 1980er-Jahren bis heute untersucht mit dem Ziel, den Wandel der Medienlogik empirisch aufzuzeigen.

2 Theoretisches Modell zur Beschreibung der Medienlogik

2.1 Medienlogik

Der Begriff Medienlogik bringt im Kontext von Medialisierung die Annahme auf den Punkt, dass öffentliche Kommunikation die Gesellschaft entscheidend verändert hat und weiterhin verändert. Egal ob Politik, Kultur oder Sport: Alle sozialen Systeme scheinen sich den Erfolgsbedingungen der Medien unterworfen zu haben (Altheide/Snow 1979; Altheide 2004). Was sich genau hinter dieser Medienlogik verbirgt, ist jedoch umstritten.

Der Begriff wurde erstmals von Altheide und Snow (1979) geprägt und später wie folgt umschrieben: «Mediation (some prefer mediatization) refers to the impact of the logic and form of any medium involved in the communication process» (Altheide/Snow 1988: 10). In den folgenden Jahren blieben die Definitionen nah an Altheide und Snows «way of seeing and interpreting social affairs»

(Altheide/Snow 1979: 9), betonten aber jeweils unterschiedliche Aspekte der Medienlogik mit teils anders gelagerten Schwerpunkten.

Dahlgren (1996: 63) beschreibt Medienlogik als Zusammenspiel aus Produktions- und Rezeptionslogiken, als «the particular institutionally structured features of a medium, the ensemble of technical and organizational attributes which impacts what gets represented in the medium and how it gets done». Unter «Media Logic» schreibt Mazzoleni (2008) in der International Encyclopedia of Communication von einem «specific frame of reference of the production of media culture in general and of the news in particular». Für Strömbäck und Esser (2009) sind die distinkten Kanaleigenschaften prägend für die Medienlogik. Insgesamt bejahen die Definitionen, dass es so etwas wie ein komplexes Konstrukt Medienlogik gibt. Sie bleiben aber vage und zu unkonkret, um sie für empirische Annäherungen fruchtbar machen zu können.

Kritischer als der Mangel einer klaren Definition ist jedoch zu beurteilen, dass alle Definitionsansätze lediglich statische Komponenten des Konstrukts beschreiben, ohne der Komplexität der Medienlogik gerecht zu werden. Denn Medienlogik kann nicht auf einzelne Einflussmechanismen reduziert werden, die singulär neben anderen stehen, sondern muss im dynamischen Zusammenspiel aus mehreren Faktoren betrachtet werden. Die Reduktion auf einzelne Einflusselemente und die dadurch implizierte Kausalität schränkt die Möglichkeit, Wandel durch Medienlogik zu beschreiben, erheblich ein. Wir schlagen daher ein theoretisches Modell vor, das Medienlogik als ein Zusammenspiel aus Akteuren und Strukturen skizziert und Anschluss für empirische Analysen bietet.

2.2 Modell der Medienlogik auf Basis der Akteur-Struktur-Dynamiken von Schimank

Das Modell der Medienlogik wird auf Basis der Akteur-Struktur-Dynamiken von Uwe Schimank (1988, 2010) konzeptionalisiert. Schimanks Theorie hat den Vorteil, dass sie Handlungs- und Systemtheorie verknüpft. Im Zentrum des Ansatzes steht der individuelle oder kollektive Akteur. Dieser agiert nicht im luftleeren Raum, sondern innerhalb eines spezifischen Funktionssystems, das definiert und beeinflusst, welche Interessen er verfolgt, über welche Ressourcen er verfügt und mit welchen Strategien er seine Interessen durchsetzen kann. Die Verbindung aus System- und Handlungstheorie gelingt hier über das theoretische Konstrukt der «Akteurfiktionen» (Schimank 1988): Um in konkreten sozialen Situationen handeln zu können und nicht an der Kontingenz an Möglichkeiten zu scheitern, bedient sich ein Akteur Fiktionen des sozialen Teilsystems, in dem er sich bewegt. So weiß ein Akteur im Mediensystem, dass es um Information/Nicht-Information (Luhmann 1996: 36) geht und nicht um Sieg und Niederlage, um Wahrheit/Unwahrheit oder um Zahlung/Nicht-Zahlung.

Handlungsorientierung bieten ihm dabei Deutungs- und Erwartungsstrukturen. Innerhalb der Deutungsstrukturen summieren sich der binäre Code des Funktionssystems sowie kognitive Wissensstrukturen wie das Wissen darum, was gesellschaftlich akzeptiert ist oder ethisch erwartet wird. Die Erwartungsstrukturen bestimmen, in welchem Rahmen ein Akteur handeln kann. Hierunter fallen gesetzliche Rahmenbedingungen, ethische Prinzipien und Traditionen. Während die Deutungsstrukturen eher Denkorientierungen bieten, sind die Erwartungsstrukturen über Programme wie das Medienrecht oder Pressekodizes realisiert und konkretisiert. Mittels dieser Programme können auch andere soziale Funktionssysteme Einfluss nehmen, beispielsweise die Politik, die festlegt, was zum Schutz der Jugend gezeigt werden darf und was nicht.

Nun bewegt sich der Akteur allerdings nicht isoliert, sondern befindet sich in Konstellationsstrukturen mit anderen Akteuren. Diese können sowohl Konstellationen individueller Akteure sein, wie beispielsweise einzelne Journalisten in einer Redaktion, als auch kollektiver Akteure wie Zeitungen oder Fernsehsender. Immer dann, wenn sich die Interessen zweier Akteure berühren, spricht Schimank von Akteurkonstellationen (2010: 202), in denen jeder Akteur versucht, seine eigenen Interessen durchzusetzen. Der Handlungsrahmen reicht dabei von der Beobachtung anderer Akteure über Beeinflussungsversuche bis hin zu Verhandlungen. Mithilfe der Akteurfiktionen weiß der Akteur folglich zum einen, welche Interessen er zu verfolgen hat, zum anderen aber auch, welche Interessen der jeweils andere verfolgt. Die Konstellationsstrukturen unterliegen ebenso wie die Deutungs- und Erwartungsstrukturen einem ständigen Wandel. Neue kollektive Akteure wie privat-kommerzielle Rundfunkanbieter haben die öffentlich-rechtlichen herausgefordert und dazu geführt, dass sie sich anpassen mussten.

Abbildung 1: Modell der Medienlogik

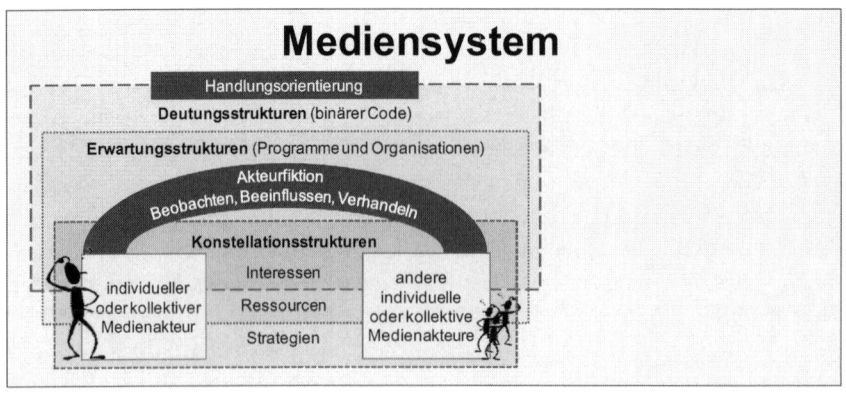

Quelle: eigene Darstellung

Damit sind die Komponenten, die einen Wandel der Strukturen des Mediensystems beeinflussen, benannt. Wenn man die Funktionsweise des Mediensystems als ein Zusammenspiel aus Akteuren und Strukturen (vgl. Abbildung 1) beschreibt, wird deutlich, dass sich Veränderungen einzelner Komponenten auf das gesamte Gefüge auswirken.

Es gibt zwei Möglichkeiten, den Wandel der Handlungslogik des Mediensystems empirisch zu erfassen: Man kann einerseits die veränderten Strukturen und Akteurkonstellationen selbst untersuchen. Möglich ist aber auch, die Veränderung der Medieninhalte im Zeitverlauf zu betrachten. Denn es ist davon auszugehen, dass sich Veränderungen auf Ebene der Strukturen und der Akteurkonstellationen auch auf die Inhalte niederschlagen: Die Möglichkeiten, Ereignisse zur Berichterstattung auszuwählen, werden durch Mediengesetze beschränkt, technische Weiterentwicklungen verbessern die visuelle Aufbereitung und gesellschaftliche Diskurse beeinflussen die journalistische Interpretation von Ereignissen.

Spezifische Merkmale von Medieninhalten, anhand derer journalistische Produkte untersucht werden können, finden sich in Ansätzen bereits bei Altheide und Snow (1979: 10): «how material is organized, the style in which it is presented, the focus of emphasis on particular characteristics of behavior, and the grammar of media communication». Wir schlagen vor, Altheide und Snows Merkmale *selection*, *style*, *focus* und *grammar* auf die Kategorien Selektion, Präsentation und Interpretation zu verdichten.

Über die Erwartungs-, Deutungs- und Konstellationsstrukturen hinaus werden die Inhalte von den einzelnen Medienkanälen gebrochen. Jeder Kanal verfügt über bestimmte Eigenschaften und Ressourcen, die die Möglichkeiten, die Inhalte auszuwählen, aufzubereiten und zu interpretieren, beeinflussen. Gleichzeitig bringen unterschiedliche Medienkanäle auch andere Erwartungen und ein anderes Nutzungsverhalten seitens des Publikums mit sich. Vom Fernsehen erwartet das Publikum ausdrucksstarke Bilder und eingängige Textbeiträge, Artikel in Zeitungen können dagegen sprachlich und inhaltlich komplexer aufbereitet sein, während Online-Nachrichten vor allem der Aktualität Rechnung tragen müssen. Trotz der Unterschiede zwischen den Mediengattungen, die Auswirkungen auf die Inhalte haben, ist ausgehend von dem skizzierten Modell anzunehmen, dass Veränderungen innerhalb der Strukturen auch unabhängig vom Kanal Einfluss auf die Medienlogik haben, wenngleich das Ausmaß und die Art der Veränderungen variiert (vgl. Abbildung 2).

Zunächst soll nur untersucht werden, wie sich die Berichterstattung verändert hat, nach welcher Handlungslogik die Medien Realität konstruieren. Dies ermöglicht es Anhaltspunkte zu identifizieren, wie sich die Strukturen des Mediensystems geändert haben können. Für eine nähere Analyse des Wandels des Mediensystems sind daher zusätzliche Methoden notwendig, beispielsweise Befragungen von Journalisten und Dokumentenanalysen von Redaktionsstatuten.

Abbildung 2: Modell der Medienlogik und Operationalisierung

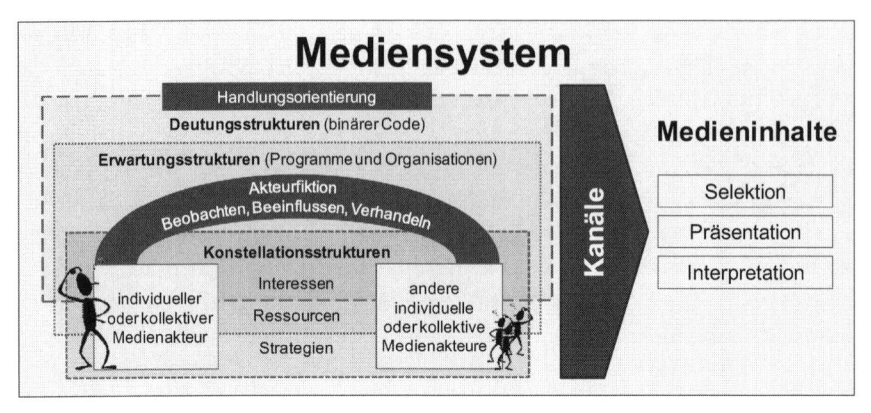

Quelle: eigene Darstellung

Eine Untersuchung der Medieninhalte ist allerdings gerade unter der Annahme von Medialisierung sinnvoll. Ausgehend von den Reaktionen anderer sozialer Funktionssysteme auf die Handlungslogik des Mediensystems stellt sich die Frage, wie der Wandel des Mediensystems für andere Akteure ersichtlich wird: Ohne einen konkreten Einblick ins Mediensystem sind es die Medieninhalte, die Zeitungsartikel, Fernseh- und Hörfunkbeiträge sowie Online-Publikationen, die Akteure aus Politik, Sport oder Wirtschaft wahrnehmen (vgl. Abbildung 3).

3 Untersuchungsdesign

Mit Blick auf den skizzierten Theorierahmen lassen sich empirische Studien zur Medienlogik wie beschrieben auf zweierlei Wegen angehen: Zum einen anhand der Strukturen des Mediensystems mit dem binären Code auf der Makroebene, den Programmen und Organisationen auf der Mesoebene und den individuellen und kollektiven Akteure auf der Mikro-Ebene. Analysiert werden kann der Wandel von Pressegesetzen, Redaktionsstatuten und die Veränderung der Umwelt des Mediensystems durch den Aufstieg neuer Akteure wie privat-kommerziellen Rundfunkanbietern seit den 1980er-Jahren und dem Siegeszug des Internets, das die Bedingungen für die Akteure des Mediensystems nachhaltig verändert hat.

Abbildung 3: Medialisierung

PRODUKTION

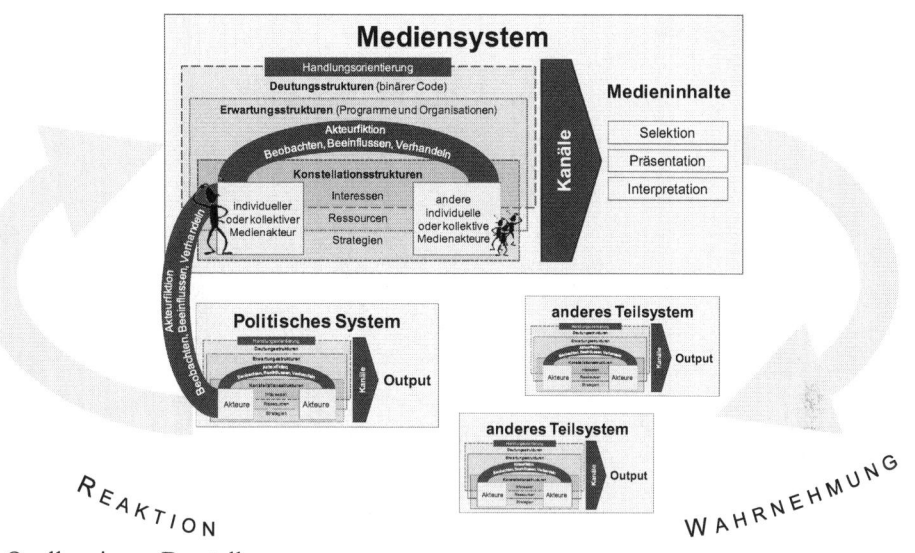

[Diagramm: Mediensystem mit Handlungsorientierung, Deutungsstrukturen (binärer Code), Erwartungsstrukturen (Programme und Organisationen), Akteurfiktion (Beobachten, Beeinflussen, Verhandeln), Konstellationsstrukturen (individueller oder kollektiver Medienakteur, Interessen, Ressourcen, Strategien, andere individuelle oder kollektive Medienakteure), Kanäle, Medieninhalte (Selektion, Präsentation, Interpretation), Politisches System mit Output, andere Teilsysteme mit Output]

REAKTION   WAHRNEHMUNG

Quelle: eigene Darstellung

Zum anderen lässt sich Medienlogik aber auch anhand der Produkte des Mediensystems analysieren: Angesichts der zunehmenden Bedeutung der Medien in anderen sozialen Funktionssystemen und der Ausrichtung dieser Systeme auf die Medienlogik, treten die Medieninhalte und die verschiedenen Kanäle der Massenmedien (Print, TV, Radio, Online) in den Fokus empirischer Untersuchungen. Sie sind im Verhältnis zu anderen Funktionssystemen das zentrale Vehikel der von den Strukturen und Akteuren konstituierten Handlungslogik. Oder anders gesagt: Ohne Medieninhalte können weder die Funktion des Mediensystems nach dem Binärcode von Luhmann (1996: 36), Information/Nichtinformation, noch eine Herstellung von Öffentlichkeit (vgl. Blöbaum 2000: 170) erfüllt werden. Ohne die Liveübertragung der Fußball-Weltmeisterschaft an ein Millionenpublikum vor den Fernsehern könnte ein Sportereignis nicht zu einem «Sommermärchen» werden – es bliebe im gesamtgesellschaftlichen Maßstab unbeachtet. Wenn die Medienrealität der gleichen Ereignisse in der Vergangenheit anders konstruiert wurde, ist eine Rückführung auf einen Wandel der Strukturen nicht nur theoretisch begründbar, sondern auch angesichts der historischen Entwicklung mehr als plausibel: So bewegte sich eine im Vergleich zu heute kleinere Zahl an Akteuren innerhalb des Mediensystems in anderen Konstellations- und Erwartungsstrukturen; gegenüber anderen Funktionssystemen wie der Politik, der Erziehung und der Kultur hatte sich das Mediensystem in den 1950er- und 1960er-Jahren noch nicht vollständig ausdifferenziert. Entsprechend müssen Studien zur Medienlogik im Kontext eines Wandels der Strukturen im Längsschnitt angelegt sein und mindestens zwei verschiedene Messzeitpunkte aufweisen (vgl. Abbildung 4).

Abbildung 4: Messung der Medienlogik im Zeitverlauf

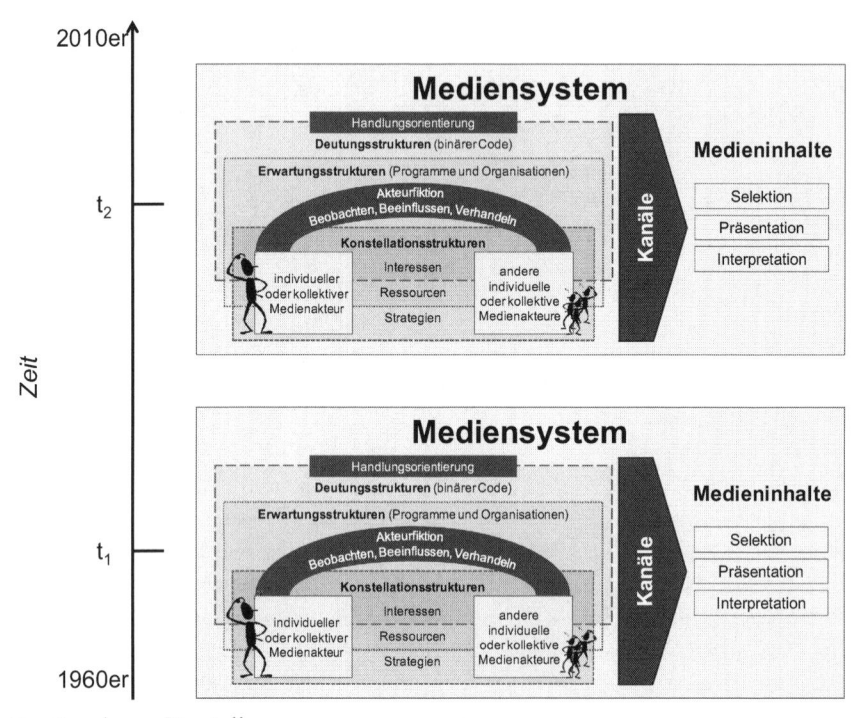

Quelle: eigene Darstellung

Gegenstand der vorliegenden Studie ist das Mediensystem der Bundesrepublik, das in den vergangenen fünfzig Jahren mehreren Veränderungen unterworfen war, darunter die zunehmende Loslösung von der Politik in den 1950er- und 1960er-Jahren und die Einführung des privaten Rundfunks im Jahr 1984 mit dem dadurch beginnenden Wettbewerb von privat-kommerziellen und öffentlich-rechtlichten Rundfunkanbietern. Um es noch einmal zu wiederholen: Wir gehen davon aus, dass der Strukturwandel des Mediensystems die Handlungslogik dieses Systems ändert und damit die Medieninhalte – ein Wandel, der inhaltsanalytisch messbar ist. Entsprechend erstreckt sich der Untersuchungszeitraum auf die Zeit von Anfang der 1960er-Jahre bis heute.

3.1 Operationalisierung von Selektion, Präsentation und Interpretation

Für die empirische Untersuchung wurde ein Kategoriensystem entworfen, das den Wandel der Medienlogik anhand der Selektion, Präsentation und Interpretation von Medieninhalten inhaltsanalytisch nachzeichnet.

Selektion beschreibt, was die Redaktion in der Berichterstattung thematisiert, welche Akteure eine Rolle spielen und auf welche Quellen zurückgegriffen wird. Es ist bekannt, dass sich Journalisten an Nachrichtenfaktoren orientieren (Konflikt, Negativismus, Nähe; vgl. Schulz 1990), die wiederum durch gesellschaftlichen Wandel, durch Schlüsselereignisse oder eben durch Veränderungen im Mediensystem selbst beeinflusst werden (Brosius/Eps 1995; Strömbäck 2008).

Der Begriff *Präsentation* beschreibt, wie das ausgewählte Material gestaltet wird (Umfang und Platzierung, journalistische Darstellungsform, Überschriften, Sprache und Visualisierung), wie also die von Snow (1983: 25) als «grammar» bezeichnete Mediengrammatik zu kennzeichnen ist, «the language which we are socialized in and in which we think».

Interpretation schließlich bezieht sich auf den Deutungsrahmen, den redaktionellen «Dreh» der Berichterstattung. Der Begriff eignet sich aus mehreren Gründen: Zum einen ist er weniger ambivalent als die Vorschläge von Altheide und Snow (1979: 10; Snow 1983: 19), die abwechselnd von «focus», «frame» oder «perspective» gesprochen haben. Zum anderen ermöglicht er Anschluss an die Framing-Forschung (Entman 1993). Die Analysedimension ist mit dem Rollenselbstverständnis von Journalisten verknüpft und ist so auch eine unmittelbare Brücke zu den Akteur-Struktur-Dynamiken innerhalb des Mediensystems. Auf den ersten Blick mag es ungewöhnlich erscheinen, sich den Berufsauffassungen von Journalisten mit Hilfe von Inhaltsanalysen zu nähern, da die Forschung hier normalerweise mit persönlichen Interviews arbeitet (vgl. Hanitzsch 2011). Allerdings ist leicht einzusehen, dass sich die Berufsauffassungen letztlich in den Medieninhalten manifestieren – ganz abgesehen von den methodischen Problemen, die mit Selbstauskünften verbunden sind. Auch der Rezipient hat keine andere Möglichkeit als die Texte selbst, um sich ein Bild von den Absichten des Journalisten zu machen, die sich zum Beispiel über die Verwendung von narrativen Elementen und Bewertungen zum Gegenstand der Berichterstattung ausdrücken.

3.2 Untersuchungsgegenstände

Wie hat sich die Medienlogik gewandelt – konkreter, welche Veränderungen lassen sich empirisch in einzelnen Kanälen und anhand der drei analytischen Dimensionen Selektion, Präsentation und Interpretation feststellen? Hierbei wurden zwei methodische Vorentscheidungen getroffen. Um eine veränderte Berichterstattung als Folge eines Wandels der Medienstrukturen begreifen zu können, wurden erstens Ereignisse ausgewählt, die sich im Untersuchungszeitraum möglichst wenig verändert haben und deshalb vergleichbar sind. Zweitens wurde unter der Annahme einer allgemeingültigen Medienlogik die Berichterstattung zu möglichst vielfältigen Themen unterschiedlicher Ressorts analysiert: Politik, Sport, Kultur und Unterhaltung.

Für das Politiksystem wurde eine quantitative Inhaltsanalyse zur Berichterstattung über die Generaldebatten des Deutschen Bundestags zwischen 1980 und 2012 durchgeführt. Ausgewählt wurden die Qualitätszeitung *Süddeutsche Zeitung* sowie der Boulevardtitel *Bild*. Die normative Bezeichnung «Qualitätszeitung» ist nicht unumstritten, denn zweifelsohne besitzen auch *Bild* oder Regionalzeitungen ihre Qualitäten. In der Journalistik ist der Begriff jedoch verbreitet und wird etwa aufgrund der Auflagenhöhe, einer überregionalen Verbreitung und entsprechenden «redaktionellen Ressourcen in Wissenschaft und öffentlicher Debatte» (Rinsdorf 2011: 222) zugesprochen. Beide Titel befinden sich nach einer auf Bourdieus Feldtheorie aufbauenden Verortung an den Machtpolen des journalistischen Feldes: die *Süddeutsche Zeitung* am intellektuell-autonomen, *Bild* am kommerziellen Pol (Blöbaum 2011: 51). Ein Wandel der Medienlogik sollte bei diesen beiden Titeln deutlich messbar sein.

Der Sport-, Kultur- und Unterhaltungsbereich wurde mit qualitativen Inhaltsanalysen erschlossen, wiederum vorrangig anhand von Printmedien, in einem Fall ergänzt um Fernsehberichterstattung: Die Untersuchung der Berichterstattung des Sportressorts erfolgte anhand einer Analyse von Artikeln der *Süddeutschen Zeitung* zu Finalspielen der UEFA Champions League mit der Beteiligung deutscher Vereine zwischen 1960 und 2010. Zusätzlich wurde die Kommentierung der Fernsehübertragung von Halbfinal- und Finalspielen mit deutscher Beteiligung bei Fußball-Weltmeisterschaften zwischen 1966 und 2010 untersucht. Die Theater- und Filmkritiken der *Süddeutschen Zeitung* in den vergangenen 40 bzw. 50 Jahren waren Gegenstand der Untersuchungen zum Kulturbereich. Als Thema aus dem Unterhaltungsbereich wurde die Berichterstattung zum Eurovision Song Contest (ESC) von *Süddeutscher Zeitung* und *Bild* zwischen 1963 und 2010 ausgewertet (vgl. Abbildung 5).

Abbildung 5: Untersuchungsgegenstände

Gegenstand	N	Untersuchungszeitraum	Stichprobe
Politik: Generaldebatten des Deutschen Bundestags	N=90	1980, 1982, 1984, 1986, 1988, 1990, 1992, 1994, 1996, 1998, 2000, 2002, 2004, 2006, 2008, 2010, 2012	Alle Artikel am Tag nach der Generaldebatte in *Süddeutscher Zeitung* und *Bild*
Sport: Fußball-Champions League-Finals mit deutschen Teams	N=57	1960, 1977, 1987, 1997, 2002, 2010;	Alle Artikel bis zu zwei Tage nach dem Spiel in der *Süddeutschen Zeitung*
Sport: Kommentierung von WM-Final- und Halbfinalspielen mit deutscher Beteiligung	N=111	1966, 1974, 1982, 1986, 1990, 2002, 2010	Kommentierung der Fernseh-Übertragung jeweils von der 15. bis zur 30. Spielminute
Kultur: Theaterkritiken aus dem Feuilleton	N=21	1972, 1973, 1978, 1981, 1983, 1986, 1992, 1993, 1997, 2001, 2003, 2010, 2011	*Süddeutsche Zeitung*: erste Premiere nach Intendantenwechseln sowie «Klassiker»-Premieren (Kleist, Ibsen, Shakespeare, Tschechow) am Bayerischen Staatsschauspiel und den Münchner Kammerspielen
Kultur: Filmkritiken	N=25	1960, 1961, 1965, 1966, 1970, 1972, 1976, 1981, 1986, 1987, 1991, 1996, 2000, 2005, 2006, 2011	*Süddeutsche Zeitung:* herausragende Filme (Oscar, Goldene Palme)
Unterhaltung: Eurovision Song Contest	N=175	1963, 1967, 1969, 1974, 1979, 1982, 1989, 1994, 1998, 2000, 2002, 2004, 2006, 2008, 2010	Alle Artikel einen Monat vor dem Grand Prix und bis 14 Tage danach, *Süddeutsche Zeitung* ab 1967, *Bild* ab 1963, danach Fünf-Jahres-Rhythmus (Ausnahme: 1982 deutscher Sieg), ab 1998 Zwei-Jahres-Rhythmus

4 Ergebnisse

4.1 These 1: Zunehmend werden Aspekte selektiert, die außerhalb des Kernthemas liegen, die Nachrichtenfaktoren Prominenz und Konflikt bedienen und auch deshalb kaum Vor- und Fachwissen voraussetzen.

Über alle Ressorts und Themenfelder hinweg zeigt die Inhaltsanalyse, dass sich das Spektrum der Gegenstände der Berichterstattung stetig erweitert. Dies bezieht sich vor allem auf neue Aspekte eines grundsätzlich gleichen Themenkerns, gewissermaßen Ereignisse «neben der Showbühne» oder «außerhalb des Plenarsaals». Solche Themen setzen wenig Vor- oder Fachwissen voraus und generieren damit Aufmerksamkeit und Interesse.

Beispielsweise war die Berichterstattung über den Eurovision Song Contest bis zum Messzeitpunkt 1987 auf die Geschehnisse des eigentlichen Musikwettbewerbs beschränkt, in *Bild* ergänzt um Portraits der deutschen Teilnehmer. Seit 1998 werden auch Themen aufgegriffen, die sich nicht auf ein konkretes Ereignis beziehen, welches in einem unmittelbaren Bezug zum Grand Prix oder den Künstlern steht. So finden sich in *Bild* eine gesonderte Wettervorhersage zum Tag der Show oder ein Bericht, wie sich «jedermädchen» wie die deutsche Kandidatin Lena Meyer-Landrut kleiden könne (*Bild* vom 09. Mai 1998, S. 1; 29. Mai 2010, S. 4, vgl. Abbildung 6).

Abbildung 6: ESC-Themen «neben der Bühne» in *Bild*

Quelle: *Bild* vom 09. Mai 1998, S. 1; 29. Mai 2010, S. 4

«Normale» wie auch prominente Personen werden häufiger als Aufhänger der Theaterkritiken ausgewählt. Sie liefern Nachrichtenfaktoren, die eine «pure»

Kritik der Inszenierung nicht aufweist – etwa Prominenz und Konflikt. So bieten der Regisseur oder der Intendant die Möglichkeit, einen menschlichen Aspekt der Inszenierung aufzugreifen, ihre Prominenz stellt einen gesonderten Nachrichtenfaktor dar. Woher kommt der Intendant, wie alt ist er, zu wem steht er in Konkurrenz, an welchem Haus wäre er eigentlich gerne Intendant geworden und wie viele Premieren hat er angesetzt? (*Süddeutsche Zeitung* vom 09. Oktober 2010; 08. Oktober 2011; 26. Oktober 2011) – diese Fragen werden seit den 2000er-Jahren durchaus in den ersten Absätzen der Kritik beantwortet.

Analog zu einer Grand-Prix-Berichterstattung «neben der Bühne» behandeln auch die Filmkritiker zunehmend Themen, die nichts mit dem eigentlichen Werk oder den am Film beteiligten Personen zu tun haben. Ohne eine klare lineare Entwicklung feststellen zu können, gewinnen Exkurse im Zeitverlauf an Bedeutung. Zum einen werden sie innerhalb des Kosmos Film geführt, indem auf andere Filme, Filmschaffende, auf die Produktionsbedingungen etc. verwiesen wird. In der Kritik zu «Im Lauf der Zeit» bezog sich der Redakteur auf einen Film von Peter Bogdanovich (*Süddeutsche Zeitung* vom 20. März 1972, S. 11), 1991 wurde anhand von «Der mit dem Wolf tanzt» Kevin Costner mit James Steward und Gary Cooper verglichen (*Süddeutsche Zeitung* vom 21. Februar 1991, S. 16), 1995 zu «Braveheart» über einen Trend zu Mittelalter-Helden im Kino referiert (*Süddeutsche Zeitung* vom 5. Oktober 1995, S. 15). Zum anderen gibt es Exkurse, die sich sogar auf Bereiche außerhalb des Kosmos Film erstrecken und auf Politik, Literatur oder Psychologie Bezug nehmen. In der Kritik zu «Mein Onkel aus Amerika» wurde auf die Literaten Zola, de Balzac und Burroughs sowie auf das Fernsehen und die damit verbundenen Sehgewohnheiten verwiesen; nichts davon kommt im Film explizit vor (*Süddeutsche Zeitung* vom 26. September 1981, S. 16).

4.2   These 2: Die Themen werden facettenreicher und leichter erfassbar präsentiert.

Wie bei der Auswahl von Themen ist auch hinsichtlich der Präsentation zunehmend die Idee erkennbar, dass kein Leser per se durch fehlendes Spezialwissen von der Rezeption ausgeschlossen werden soll. Vielmehr scheint, dass das Interesse eines erweiterten Leserkreises durch eine allgemein verständliche Sprache, vielfältige Darstellungsformen, eine attraktive Bebilderung, aber auch durch eine flexiblere Zeitungs- und Ressortstruktur gewonnen werden soll.

Ein Beispiel für einen Wandel der Sprache stellt die Kommentierung der Fußball-WM-Endspiele dar: Bei der Weltmeisterschaft 1974 gab der Reporter als neutraler (Fach-)Beobachter aus dem Stadion stichwortartig die Spielzüge auf dem Rasen wieder, die auch den Zuschauern an den Fernsehgeräten sichtbar waren. Weder analysierte er den Spielverlauf, noch ging er auf die Taktik der

Teams ein, Schiedsrichterentscheidungen wurden nicht bewertet oder hinterfragt. Beim Finale der Weltmeisterschaft 2002 hingegen stand ein allwissender Kommentator gewissermaßen «über» dem Spielgeschehen. Er analysierte die Spieltaktik und bewertete fast alle Spielhandlungen, sodass sich auch Fußball-Laien ihre Meinung über den Spielverlauf bilden konnten. Der Kommentator lässt den Rezipienten nur sehr selten allein und spricht fast die ganze Zeit.

Nicht nur die Sprache, auch der Aufbau der Artikel wird einfacher. In den Filmkritiken wurden der Inhalt des Streifens und seine Handlungsstruktur von der *Süddeutschen Zeitung* bis zum Messzeitpunkt 1987 ausschließlich in kurzen, abstrakten und über den ganzen Text verteilten Fragmenten skizziert. An diesen knüpfte der Redakteur jeweils die Interpretation des Films an. Um hingegen zu erfahren, worum es in einem Film geht, musste sich der Leser ein aus den einzelnen Fragmenten zusammengesetztes Bild machen. So erlangte er 1966 erst nach zwei Dritteln des Artikels Kenntnis darüber, worum es in «Abschied von gestern» geht (*Süddeutsche Zeitung* vom 20. Oktober 1966, S. 16). Erstmals 1987 fasste der Redakteur die Filmhandlung in einem gesonderten Absatz zusammen.

Zur Aufmachung gehört auch die formale Struktur der Zeitung, wobei Veränderungen in mehreren Dimensionen konstatiert werden können. Erstens hinsichtlich des Umfangs einzelner Ressorts: Bei der Untersuchung der Berichterstattung zu Generaldebatten ist eine im Verhältnis zu anderen Ressorts rückläufige Politikberichterstattung auszumachen. War es ehemals das «Zentralressort, das über die Titelseite und die Aufmachung bestimmte», konkurriert die «politische Redaktion heute stärker mit anderen Themenangeboten» (Blöbaum 2008: 127). Der Sport- und Unterhaltungsteil wachsen. Zweitens verändert sich die Platzierung der jeweiligen Berichterstattung: Artikel aus dem Politikressort rücken teilweise auf hintere Seiten der Zeitung, während nun auch Themen aus anderen Ressorts auf der Titelseite platziert werden. Die dritte Dimension der Themenaufmachung bezieht sich auf die journalistischen Darstellungsformen. Das Repertoire wird vielfältiger, die Generaldebatten werden besonders in den 1990er- und 2000er-Jahren in der Kombination mehrerer Formate aufgemacht.

Abbildung 7: Wandel von Umfang, Platzierung und Darstellungsform

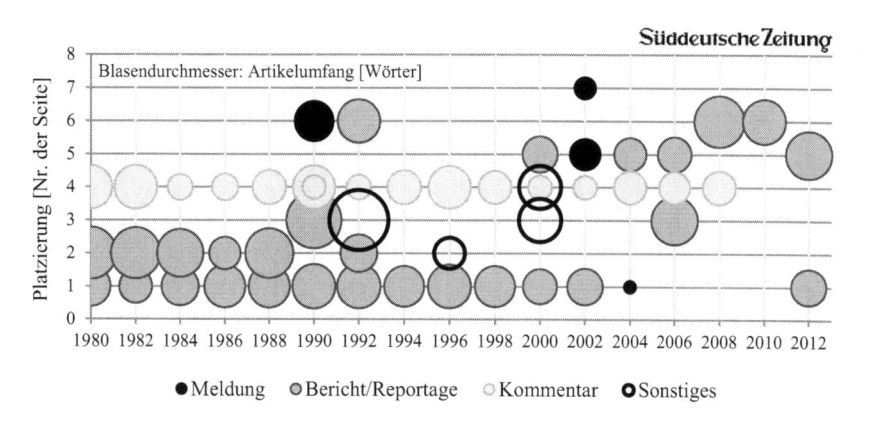

[Bubble chart: Süddeutsche Zeitung. Y-Achse: Platzierung (Nr. der Seite), 0–8. X-Achse: Jahre 1980–2012. Blasendurchmesser: Artikelumfang [Wörter]. Legende: ● Meldung, ◉ Bericht/Reportage, ○ Kommentar, ◎ Sonstiges]

Quelle: Eigene Darstellung. N=56 Artikel(teile).

Abbildung 7 stellt zum Wandel von Umfang, Platzierung und Darstellungsform in der *Süddeutschen Zeitung* neben dem Zeitverlauf zwei Dimensionen dar: Auf der Y-Achse ist die Nummer der Seite abgetragen, auf die der jeweilige Artikel platziert ist. Die Fläche einer Blase verhält sich proportional zum Wortumfang des jeweiligen Artikels. Artikel, die nach Seite 8 platziert sind, werden in der Abbildung abgeschnitten (es handelt sich dabei um zwei Artikel der *Süddeutschen Zeitung*: ein Kommentar im Wirtschafts- und eine Meldung im Finanzteil). Vom Beginn des Untersuchungszeitraums bis Anfang der 2000er-Jahre hatte in der *Süddeutschen Zeitung* ein umfangreicher Bericht zur Generaldebatte einen festen Platz auf der Titelseite. Er war bis Ende der 1980er-Jahre zweigeteilt und wurde auf der zweiten Seite fortgeführt. Bis zum Haushaltsjahr 2008 ergänzte ein mehr oder weniger großer Kommentar auf der vierten Seite den Debattenbericht. Dieses stabile Muster zerbrach in den 1990er-Jahren: Offensichtlichste Entwicklung war zum einen der rückläufige Umfang des Berichts auf Seite 1 und dessen Fortsetzung auf Seite 2, zum anderen das fast völlige Verschwinden der Debattenberichte von der Titelseite Mitte der 2000er-Jahre. An ihre Stelle treten seit dem Haushaltsjahr 2000 verstärkt andere, kleinteiligere Artikelformen auf den hinteren Seiten der Zeitung.

Neben Sprache, Aufbau und journalistischer Darstellungsform stellen Bilder und die durch sie vermittelte Bildsprache eine Möglichkeit dar, für Aufmerksamkeit zu sorgen. Im Vergleich der Eurovision-Song-Contest-Berichterstattung von *Bild* des Jahres 1979 mit der Präsentation des Wettbewerbs 2002 wuchsen sowohl die Zahl der Fotos als auch ihre Größe als Teil der weiterentwickelten Seitenkomposition und der visuellen Identität von *Bild*. Aber auch im übertragenen Sinne können eine «buntere» Aufbereitung und eine in Inhalt und Umfang erweiterte Grand-Prix-Berichterstattung konstatiert werden: Der Contest wurde im Jahr 1979 nur im Fernsehprogramm angekündigt, 2002 hingegen auf einer Doppelseite inszeniert. Zu dieser gehörten eine Vielzahl einzelner Artikel in verschiedenen Darstellungsformen, sowohl zu Themen «auf der Bühne» (der protokollarische Verlauf der «Nacht der bitteren Tränen») als auch «neben der Bühne» (die Reaktion der Eltern der deutschen Teilnehmerin Corinna May auf deren schlechtes Abschneiden, ein Portrait der Siegerin Marie, die Frage, was bei einem Auftritt der von *Bild* zur Alternativ-Kandidatin erklärten Isabel geschehen wäre (vgl. Abbildung 8).

Abbildung 8: ESC-Berichterstattung 1979 und 2002

Quelle: *Bild* vom 31. März 1979; 27. Mai 2002, S. 4-5

4.3 These 3: Der Berichterstattung wird ein neuer «Dreh» verliehen – von der Nachricht zur Geschichte in Text und Bild.

Lässt sich bei der Analyse des Wandels der Themenselektion und -präsentation die Intention unterstellen, eine möglichst breite Leserschaft ansprechen zu wollen, so ist diese auf der übergeordneten Ebene einer Interpretationslogik mit einem insgesamt veränderten «Dreh» der Berichterstattung in Zusammenhang zu bringen. Ereignisse werden nicht mehr als bloße Nachricht wiedergegeben, sondern als Geschichte in Text und Bild erzählt. Storytelling hat als einzigartige menschliche Fähigkeit eine besondere soziale und kulturelle Relevanz (Bilandzic 2012: 3). In der Berichterstattung findet Narrativität ihren Niederschlag in der Aufbereitung von Ereignissen mit handlungsbezogenen («Konflikthaltigkeit; Figurenwandel, Einzigartigkeit»), textlichen («dramaturgischer Aufbau, Kohärenz, Affektstruktur, Protagonist-Antagonist-Struktur») und sprachlichen Mitteln (direkte und indirekte Rede erzeugt Unmittelbarkeit; «emotionsgenerierende Ausdrücke, Kunstfertigkeit», Bilandzic 2012: 6).

So werden etwa aus den Generaldebatten Geschichten gesponnen: «Was Merkel wirklich über Westerwelle denkt» titelte *Bild* (18. März 2010, S. 2) und konstruierte die Debatte allein anhand des Verhältnisses zwischen Kanzlerin und Vizekanzler (vgl. Abbildung 9). Der Akteurskonflikt verknüpft nicht nur im Sinne einer Selektionslogik die beiden Nachrichtenwerte Prominenz und Konflikt, sondern verleiht der Geschichte auch einen dramaturgischen Aufbau. Die *Süddeutsche Zeitung* lenkte den Blick auf das Verhalten der Parlamentarier, die ihre Aufmerksamkeit weniger der Rede des Oppositionsvorsitzenden, sondern vielmehr ihren iPads widmeten (24. November 2011, S. 5, vgl. Abbildung 10).

Der Wandel der Perspektive, mit der ein Ereignis beleuchtet wird, steht unter dem Vorzeichen eines Wandels des journalistischen Selbstverständnisses. Sahen sich frühere Sportreporter in der untersuchten Berichterstattung vorrangig etwa als «Fenster zur Welt», als Pädagogen oder als eine Art Reiseführer, wandelte sich das Berufsverständnis im Zeitverlauf über den Kritiker und Kontrolleur in den 1970er- und 1980er-Jahren bis zum neutralen Experten, Servicelieferanten und Erzähler (Meyen/Riesmeyer 2009). Zum Finalspiel des Europapokals 1960 von Eintracht Frankfurt gegen Real Madrid schilderte der Reporter der *Süddeutschen Zeitung* facettenreich die Atmosphäre wie in einem Reisebericht:

> «Der Hampden-Park ist restlos ausverkauft. Die deutschen Schlachtenbummler werden von den schottischen Zuschauern begeistert begrüßt. [...] Die in England übliche Badge, diesmal in den Farben der Eintracht oder der Bundesrepublik, wurde den Händlern fast aus den Händen gerissen» (19. Mai 1960, S. 15).

Abbildung 9: Die Generaldebatte nacherzählt als Akteurskonflikt

Quelle: *Bild* vom 18. März 2010, S. 2

Abbildung 10: iPads im Parlament

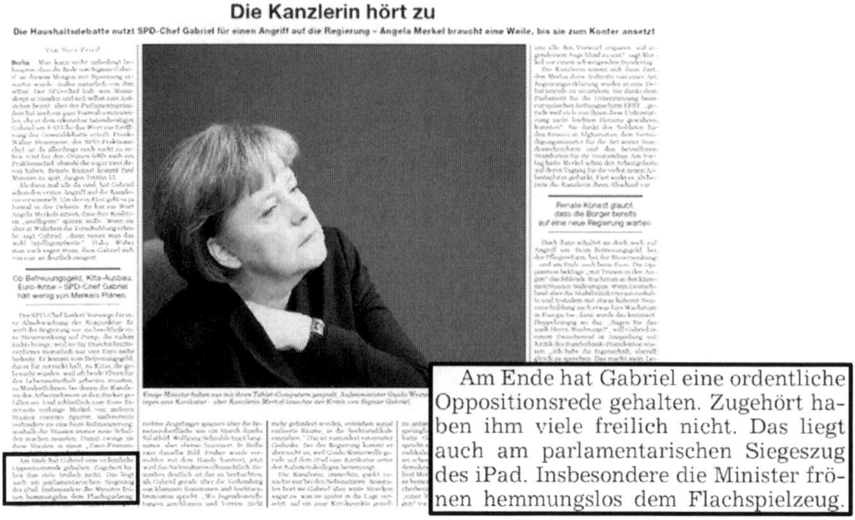
Die Kanzlerin hört zu

Die Haushaltsdebatte nutzt SPD-Chef Gabriel für einen Angriff auf die Regierung – Angela Merkel braucht eine Weile, bis sie zum Konter ansetzt

Ob Betreuungsgeld, Kita-Ausbau, Euro-Krise – SPD-Chef Gabriel hält wenig von Merkels Plänen

Renate Künast glaubt, dass die Bürger bereits auf eine neue Regierung warten

Am Ende hat Gabriel eine ordentliche Oppositionsrede gehalten. Zugehört haben ihm viele freilich nicht. Das liegt auch am parlamentarischen Siegeszug des iPad. Insbesondere die Minister frönen hemmungslos dem Flachspielzeug.

Quelle: *Süddeutsche Zeitung* vom 24. November 2011, S. 5

Der Stil eines Kritikers in den 1970er- und 1980er-Jahren, der «keine Akteure von internationalem Format» sieht und demzufolge die «knappe Niederlage [...] vielen die Augen geöffnet» hat (*Süddeutsche Zeitung* vom 29. Mai 1987), versachlichte sich in den 1990er-Jahren zu der eines Experten. Dieser gewährt dem Leser Einblicke «abseits des Spielfelds» oder «in die Kabinen» und erläutert Taktik und Spielphilosophie:

> «Es war erst die 35. Minute, und doch trug dieses 0:1 einen Hauch von Vorentscheidung, weil es Bayerns größte Schwäche bloßstellte und weil es für die kompakten Mailänder die ideale Vorgabe war, um ihre größte Stärke auszuspielen» (*Süddeutsche Zeitung* vom 23. Mai 2010, S. 3).

Die emotionale Bindung der Fußball-Fans unter den Lesern wird nicht vernachlässigt, vielmehr häufen sich ab den 1990er-Jahren Bezüge auf ein kollektives Gedächtnis der Fußballgeschichte. Es wird an eine Zeit erinnert, in der «eine überreife Elf [der FC Bayern München, d. V.] dreimal hintereinander das Halbfinale erreicht hat und nach dem legendären Endspiel-K.o. 1999 ihre tiefe Trauer in sagenhafte Willensstärke transferiert hatte» (*Süddeutsche Zeitung* vom 23. Mai 2010, S. 35). Weiter ist eine zunehmende Unterhaltungsorientierung festzustellen, beispielsweise in Form eines fiktiven Gesprächs zwischen Bastian Schweinsteiger und Mark van Bommel: «Ob van Bommel zu Schweinsteiger sprach: ‚Mensch, du hast so viele Querpässe gespielt, als stünde das Tor an der Mittellinie'» (*Süddeutsche Zeitung* vom 23. Mai 2010, S. 1).

Anders als bei der Fußball-Berichterstattung sind Interpretation und Analyse schon zu Beginn des Untersuchungszeitraums steter Bestandteil der Filmkritiken. In früheren Kritiken hielten sich die Autoren mit ihrem Urteil nicht zurück, es fiel eindeutig und bei den untersuchten Texten fast ausnahmslos positiv aus und wurde mit vielen wertenden Adjektiven und Substantiven zum Ausdruck gebracht. Das Werturteil wurde allerdings kaum begründet, der Leser musste es dem Kritiker schlicht glauben, dass «... die alles begehren» einer «der schönsten Filme des Jahres» 1965 sei. In den 1980er-Jahren beginnen die Kritiker ihr Urteil zu differenzieren und nachvollziehbar zu machen, indem sie sich konkreter auf den Film beziehen und etwa Szenen, Dialoge und Einstellungen als Belege anführen. Die Kritik wird transparenter, gleichzeitig vermischen sich aber auch Analyse und Wertung immer mehr. Der Kritiker bringt weniger explizit zum Ausdruck, ob ihm der Film gefallen hat oder nicht, vielmehr vermittelt der ganze Umgang mit dem Film sein Urteil.

Im Kultur- und Unterhaltungsressort übernahm der Journalist im Vergleich zum «normalen Publikum» ehemals die Rolle eines «gelernten Intellektuellen», so eine Aussage des Kritikers Urs Jenny über sich selbst (*Süddeutschen Zeitung* vom 20. Oktober 1966, S. 16.). Er belehrte etwa als Pädagoge die Leserschaft über die musikalische Qualität der Beiträge beim Grand Prix. Die «Jurys bekannten sich vorbehaltlos zur künstlerischen Qualität», ein «Sieg des guten Geschmacks», die Live-Schaltung ein «technisches Wunderwerk» (*Bild* vom 25. März 1963, S. 1-2) – selbst das schlechte Abschneiden der deutschen Kandidatin wurde positiv betrachtet: Sie sang zwar untadelig, aber «die Lieder der anderen waren besser».

5 Zusammenfassung und Ausblick

Die Relevanz, einen Wandel der Medienlogik zu untersuchen, wird in diesem Beitrag begründet mit seiner Rolle als theoretischem Bezugspunkt der Medialisierungsforschung. Medienlogik ist ein komplexes Konstrukt, das sich mit den Strukturen und Akteuren des Mediensystems konstituiert und verändert und über die Eigenschaften der unterschiedlichen Kanäle gebrochen wird. Medienlogik ist empirisch greifbar über die Strukturen und Akteure des Mediensystems oder inhaltsanalytisch anhand seines Outputs, der Medieninhalte. Inhaltsanalysen im Längsschnitt – wie für diesen Beitrag durchgeführt – haben den Vorteil, dass sie besonders anschlussfähig sind für die Medialisierungsforschung.

Zusammengefasst zeigt sich eine Handlungslogik, nach der Journalisten Themen selektieren, die «alle» ansprechen, diese gleichermaßen inhaltlich, optisch und strukturell facettenreich präsentieren und den Gegenstand durch einen spezifischen «Dreh» der Berichterstattung als Geschichte in Text und Bild interpretieren. Damit im Zusammenhang steht ein Wandel des journalistischen Selbstverständnisses vom «Fenster zur Welt» über den Kritiker bis zum heutigen Experten und Erzähler. Wollte man die empirischen Ergebnisse auf ein Wort verdichten, wäre dieses *Aufmerksamkeit* – die Handlungslogik der Massenmedien zielt auf eine Maximierung der öffentlichen Aufmerksamkeit.

Aus Sicht des Medienstrukturwandels können die in diesem Beitrag vorgestellten Ergebnisse der Inhaltsanalysen zur Politik-, Sport-, Kultur- und Unterhaltungsberichterstattung natürlich nicht mehr als ein Anfang sein. Sie sind gewissermaßen im linken Teil des Modells (vgl. Abbildung 1), also auf Seiten der Strukturen (etwa anhand von Dokumentanalysen) und der Akteure (durch Befragungen und Beobachtungen) des Mediensystems, empirisch zu validieren und zu vertiefen.

Über eine erweiterte Analyse des Wandels hinaus stellt im Forschungsprozess die Untersuchung der Anpassungsprozesse in anderen sozialen Funktionssystemen den nächsten Schritt dar. Im Kontext von Medialisierung werden in Politik, Sport und Kultur Strategien entwickelt bzw. angepasst, um den veränderten Selektions-, Präsentations- und Interpretationslogiken des Mediensystems gerecht zu werden. Ein Beispiel aus dem Kultursystem, das zeigt, wie sich dieses den erhöhten Bedarf an Medienaufmerksamkeit verschafft: Der Auftritt von Arnold Schwarzenegger anlässlich dessen Biographie-Vorstellung auf der Frankfurter Buchmesse 2012 besaß eine Strahlkraft, die neben überragender Aufmerksamkeit auf der Messe auch mit einem fast ganzseitigen Feature im Feuilleton der *Süddeutschen Zeitung* bedacht wurde (vgl. Abbildung 11).

Abbildung 11: Arnold Schwarzenegger inszeniert sich auf der Buchmesse

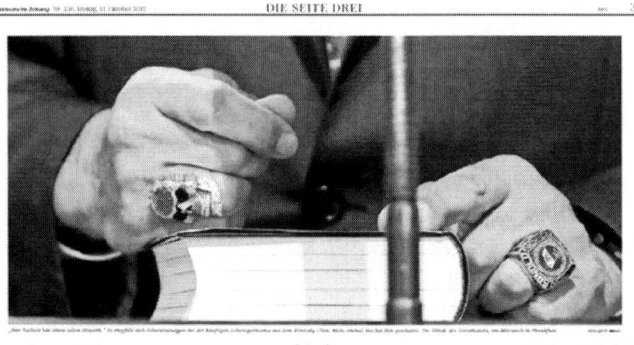

Quelle: *Süddeutsche Zeitung* vom 12. Oktober 2012, S. 3

Literatur

Altheide, David L. (2004): Media logic and political communication. Political Communication 21(3), S. 293-296.

Altheide, David L./Snow, Robert P. (1979): The Media Logic. Beverly Hills, CA: Sage.

Altheide, David L./Snow, Robert P. (1988): Toward a theory of mediation. Communication Yearbook 11, S. 194-223.

Bilandzic, Helena (2012): Narrativer Journalismus, narrative Wirkungen. In: Springer, Nina/Raabe, Johannes/Haas, Hannes/Eichhorn, Wolfgang (Hrsg.): Medien und Journalismus im 21. Jahrhundert. Konstanz: UVK, S. 467-487.

Blöbaum, Bernd (2000): Organisationen, Rollen, Programme. Die Struktur des Journalismus. In: Löffelholz, Martin (Hrsg.): Theorien des Journalismus. Ein diskursives Handbuch. Opladen, Wiesbaden: Westdeutscher Verlag, S. 169-183.

Blöbaum, Bernd (2008): Wandel redaktioneller Strukturen und Entscheidungsprozesse. In: Bonfadelli, Heinz/Imhof, Kurt/Blum, Roger/Jarren, Otfried (Hrsg.): Seismographische Funktion von Öffentlichkeit im Wandel. Wiesbaden: VS Verlag für Sozialwissenschaften, S. 119-129.

Blöbaum, Bernd (2011): Wandel von Qualitätsmedien. In: Blum, Roger/Bonfadelli, Heinz/Imhuf, Kurt/Jarren, Otfried (Hrsg.): Krise der Leuchttürme öffentlicher Kommunikation. Wiesbaden: VS Verlag für Sozialwissenschaften, S. 49-63.

Brosius, Hans-Bernd/Eps, Peter (1995): Prototyping through key events: News selection in the case of violence against aliens and asylum seekers in Germany. European Journal of Communication 10(3), S. 391-412.

Dahlgren, Peter (1996): Media logic in cyber space: Repositioning journalism and its publics. Javnost/The Public 3(3), S. 59-72.

Entman, Robert M. (1993): Framing: Toward clarification of a fractured paradigm. Journal of Communication 43(4), S. 51-58.

Hanitzsch, Thomas (2011): Populist Disseminators, Detached Watchdogs, Critical Change Agents and Opportunist Facilitators: Professional Milieus, the Journalistic Field and Autonomy in 18 Countries. International Communication Gazette 73(6), S. 477-494.

Luhmann, Niklas (1996): Die Realität der Massenmedien. 2., erweiterte Auflage. Opladen: Westdeutscher Verlag.

Mazzoleni, Gianpietro (2008): Media Logic. The International Encyclopedia of Communication, S. 3052-3055.

Meyen, Michael (2009): Medialisierung. Medien & Kommunikationswissenschaft 57(1), S. 23-38.

Meyen, Michael/Riesmeyer, Claudia (2009): Diktatur des Publikums. Konstanz: UVK.

Rinsdorf, Lars (2011): Vom Zugewinn der Marken: Potenziale überregionaler Qualitätszeitungen auf dem Nutzermarkt und ihre Voraussetzungen. In: Blum, Roger/Bonfadelli, Heinz/Imhuf, Kurt/Jarren, Otfried (Hrsg.): Krise der Leuchttürme öffentlicher Kommunikation. Wiesbaden: VS Verlag für Sozialwissenschaften, S. 221-238.

Schimank, Uwe (1988): Gesellschaftliche Teilsysteme als Akteurfiktionen. Kölner Zeitschrift für Soziologie und Sozialpsychologie 40(4), S. 619-639.

Schimank, Uwe (2010): Handeln und Strukturen. Weinheim, München: Juventa.

Schulz, Winfried (1990): Die Konstruktion der Realität in den Nachrichtenmedien. 2., unveränderte Auflage. Freiburg: Alber.

Snow, Robert P. (1983): Creating media culture. Beverly Hills, CA: Sage.

Strömbäck, Jesper (2008): Four phases of mediatization: An analysis of the mediatization of politics. The International Journal of Press/Politics 13(3), S. 228-246.

Strömback, Jesper/Esser, Frank (2009): Shaping politics: Mediatization and media interventionism. In: Lundby, Knut (Hrsg.): Mediatization. Concepts, changes, consequences. New York: Peter Lang, S. 205-224.

Fragmentierung Revisited: eine theoretische und methodische Evaluation im Internetzeitalter

Birgit Stark

1   Einführung

Wo bleibt der «Kitt der Gesellschaft»? – eine Frage, die in den letzten Jahren immer häufiger gestellt wird. So beispielsweise von prominenten Autoren aus den USA wie Cass Sunstein. Der Harvard-Jurist und heutige Obama-Berater hatte bereits 2001 in seinem Buch «Republic.com» vor den Folgen einseitiger Informationen für die politische Öffentlichkeit gewarnt. Sunstein verwies darauf, wie wichtig unerwartete Begegnungen mit fremden, ja irritierenden Themen und Meinungen sind, da sie zentral für die Demokratie und die Freiheit selbst sind. Allerdings forcieren die Nutzungsweisen der User im Internet gegenläufige Entwicklungen, wenn sie sich in so genannten «Informationskokons» nur noch mit Informationen umgeben, die zu ihren politischen Einstellungen und Interessen passen.

Das Szenario bezieht sich auf einen seit langem andauernden, tief greifenden Veränderungsprozess in der Medienlandschaft. Die durch die Digitalisierung getriebene Entwicklung führt nicht nur zu einem quantitativen Wachstum der Content-Angebote, sondern auch zu völlig neuen Informations-, Kommunikations- und Beteiligungsformen. Von der Angebotsseite ist diese Ausdifferenzierung nicht nur mit einer Vermehrung der Verbreitungskanäle verknüpft, sondern mit einer weitreichenden veränderten inhaltlichen Aufbereitung. Aus Sicht des Nutzers bieten diese neuen Präsentationsformen mehr Möglichkeiten der selektiven und damit stärker interessengeleiteten und bedürfnisorientierten Nutzung der Inhalte. Denn flexible und hochindividualisierte Angebotsmöglichkeiten im Netz erlauben einen zeitsouveränen Zugriff, der inzwischen zunehmend mobil, d.h. ortsunabhängig erfolgen kann. So entstehen immer vielfältigere konvergierende, komplementäre, aber auch substitutive Nutzungsweisen der einzelnen Medienangebote, die tiefgreifenden Einfluss auf die Mediensozialisation nehmen.

Aus demokratietheoretischer Sicht werden die Folgen einer individualisierten, spezialisierten Mediennutzung überwiegend negativ interpretiert. Aufgrund der Fragmentierung des Medienpublikums, so die Annahme, steige die Desintegrationsgefahr. Da aus dem Zerfall der Publika der Zerfall der Öffentlichkeit abgeleitet wird, scheinen zentrale Elemente der demokratischen Idee bedroht (vgl. Katz 1996).

Die Fragmentierungsthese ist zweifelsohne einer der zentralen Thesen in der Kommunikationswissenschaft, da insbesondere die Folgen langfristiger Veränderungen des Medienangebots und der Mediennutzung thematisiert werden. Angesichts der intensiven Diskussion verwundert es allerdings, dass weder theoretisch noch methodisch Konsens über die zentralen Konzepte besteht, und wie wenig belastbare empirische Belege für die These vorliegen. Insbesondere Analysen der Auswirkungen fragmentierter Medienangebote und sich verkleinernder Teilpublika auf Prozesse der gesellschaftlichen Integration liegen bislang erst in Ansätzen vor.

Der vorliegende Beitrag greift die Debatte um die Fragmentierungsthese aus theoretischer und methodischer Sicht auf. Im ersten Schritt wird gezeigt, wie sich Integrations- bzw. Desintegrationsvorstellungen im Kontext des sozialen Wandels modellieren lassen und verändern. Im zweiten Schritt wird beschrieben, auf welchen zentralen Betrachtungsebenen Fragmentierung bislang gemessen wird und welche neuen methodischen Zugänge gewinnbringend sein können. Die folgende Synopse der vorliegenden empirischen Forschungsergebnisse leistet damit einen Beitrag zu einer längst überfälligen Bestandsaufnahme.

2 Theoretische Konzeptualisierungen

2.1 Die Grundannahmen der Argumentationskette

Das Phänomen wird in der Fachliteratur unter unterschiedlichen Begriffen zusammengefasst: «Differenzierung», «Segmentierung», «Polarisierung» oder dem am häufigsten verwendeten Ausdruck «Fragmentierung». Gemeint ist in allen Fällen der «Zerfall» oder auch die «Zersplitterung des Medienpublikums» bzw. die Aufspaltung des Publikums in eine Vielzahl von Teilpublika, vor allem hervorgerufen durch die mengenmäßige Ausweitung und die damit einhergehende weitere Differenzierung des Medienangebots (vgl. Holtz-Bacha 1997: 13). Das hat zur Folge, dass viele Teilpublika unterschiedliche Medieninhalte nutzen und immer seltener zu einem «großen Publikum» zusammenkommen. Die Konsequenzen werden überwiegend negativ interpretiert: Durch das Fehlen medienvermittelter Erfahrungen gehen der Gesellschaft die Gesprächsthemen aus, die sich aus der gemeinsamen Mediennutzung ergeben; dadurch geht der Kontakt mit Andersdenkenden verloren. Die gesellschaftliche Integration und die Chance auf gesellschaftlichen Konsens – Grundvoraussetzung für Stabilität in der Gesellschaft – sind dadurch gefährdet. Der Zerfall der Publika könnte also einen

Zerfall der Öffentlichkeit nach sich ziehen, womit zentrale Elemente der demokratischen Idee bedroht scheinen (vgl. Holtz-Bacha/Peiser 1999: 42). Dieses Szenario unterstellt, dass eine demokratische Gesellschaft nur funktionieren kann, wenn die Bürger über ein gewisses Zusammengehörigkeitsgefühl und einen gemeinsamem Wissensstock (hinsichtlich Allgemeinbildung und aktueller Themen) verfügen, auf dessen Basis sie kommunizieren und entscheiden können.

Die Grundannahme eines fragmentierten Publikums wird in der Regel dem Modell eines integrierten Publikums gegenübergestellt. Daraus ergibt sich eine zentrale, bislang ungeklärte Frage: Ab wann kann von Fragmentierung gesprochen werden? Denis McQuail (2005) geht von verschiedenen Phasen aus und modelliert die Fragmentierungsthese auf der Makroebene als mehrstufigen Prozess. Er geht von einem «Einheitsmodell» in der Frühphase des Fernsehens aus. Nur zwei bis drei Sender standen dem Zuschauer zur Verfügung, auf die sich das gesamte Publikum konzentrierte. In der nächsten Phase, dem «Pluralismusmodell», lassen sich bereits Diversifizierungen erkennen, gleichzeitig ist aber noch eine Einheit erkennbar. Diese Einheit löst sich in der dritten Phase («Core-Periphery-Modell») allmählich auf, indem verschiedene Teilpublika sich vom Zentrum wegbewegen und auseinanderdriften. In der vierten und letzten Phase («Breakup-Modell») bricht die gemeinsame Klammer komplett weg, da keine Verknüpfungen mehr zwischen den Teilpublika bestehen. Demnach befinden wir uns momentan in der dritten Phase, denn die völlige Zersplitterung des Publikums ist noch nicht eingetreten.

Insgesamt basiert die «Kettenhypothese» auf einer Reihe von Prämissen, die unterschiedlich gut belegt sind. Zum einen wird angenommen, dass die Nutzer die erweiterten Auswahlmöglichkeiten annehmen und davon Gebrauch machen (vgl. Kapitel 3.3). Zum anderen wird implizit davon ausgegangen, dass sich die vielfältigen Angebote inhaltlich voneinander unterscheiden. Gerade die «simple Argumentationskette» – mehr Anbieter - größere Angebotsvielfalt - Fragmentierung des Publikums – muss allerdings hinterfragt werden, da z. B. Programmanalysen für das Fernsehen eher «More of the Same» belegen als ein vielfältiges neues Angebot (vgl. Rössler 2000). Auch im Internet überwiegt bislang die «Top Down»-Verbreitung von Themen, d.h. dass in der Regel die Themen professionell-journalistischer Massenangebote weiterverbreitet werden, während ein Themenfluss in umgekehrter Richtung selten ist. Der Anteil an Exklusivinformationen mit Nachrichtenwert auf alternativen Medienplattformen ist sehr gering (vgl. Neuberger/Lobigs 2010: 36).

Zur Messung von Fragmentierung als Wirkungsaspekt werden in Abhängigkeit der theoretischen Modellierung unterschiedliche Konstrukte bzw. Dimensionen verwendet. In der deutschsprachigen Debatte wird die theoretische Einbettung mit der Integrationsfunktion der Massenmedien verknüpft und ist stark normativ geprägt. Denn Integrationserwartungen beziehen sich seit langem auch auf Massenmedien, insbesondere auf den (öffentlich-rechtlichen) Rundfunk (vgl. Jäckel 2005, Jarren 2000). Allerdings gehen die Meinungen darüber auseinander, auf welchem Wege die Medien ihre Integrationsfunktion erfüllen können.

2.2 Die Integrationsfunktion der Massenmedien

Integration als Begriff und Funktion führt keinesfalls zu einheitlichen Definitionen; das lateinische «integrare» bedeutet «wiederherstellen» oder «ergänzen». Eingebürgert hat sich im deutschen Sprachgebrauch die Verwendung des Begriffs im Sinne von «Verbindung von Personen oder Gruppen zu einer gesellschaftlichen Einheit» bzw. «Wiederherstellung eines Ganzen oder einer Einheit». Allerdings werden unter dem Begriff Integration in unterschiedlichen wissenschaftlichen Disziplinen (Soziologie, Staatslehre, Psychologie oder Kommunikationswissenschaft) sehr unterschiedliche Konzepte gefasst. Zugrunde liegt ihnen allen die zentrale Fragestellung, wie ein geordnetes Zusammenleben von Individuen in einer Gesellschaft möglich ist, die je nach Disziplin unterschiedlich beantwortet wird: Welche Faktoren, welche Mechanismen fördern bzw. hemmen den Zusammenhalt einer Gesellschaft?

In der Kommunikationswissenschaft wird die Integrationsleistung meist an die Erfüllung bestimmter politischer Funktionen geknüpft, die Holtz-Bacha (1997: 15f.) als klassische Dreiteilung beschreibt: An erster Stelle steht die «Informationsfunktion», aus der sich die Funktionen der «Meinungsbildung» sowie der «Kontrolle und Kritik» ergeben. Im Rahmen ihrer Informationsfunktion stellen die Medien Öffentlichkeit über das politische Geschehen her und versorgen den Einzelnen mit Informationen über politische Akteure und politisches Handeln, um so die Teilnahme am politischen Prozess zu ermöglichen. In einer erweiterten Perspektive ist diese Informationsfunktion eng verbunden mit der «Sozialisationsfunktion», die auch als «Integrationsfunktion» charakterisiert wird und für die hier diskutierten Zusammenhänge entscheidend ist. Integrierend im politischen Kontext wirken die Medien, da sie u. a. Verhaltensnormen und gemeinsame Ziele vorstellen sowie Vertrauen herstellen.

Vlasic (2004: 67ff.) verdichtet diese unterschiedlichen Integrationsvorstellungen zu einer Typologie von fünf traditionellen Modellen: (1) Bereitstellung von gemeinsamen Themen, (2) Ermöglichen von Repräsentation, (3) Konstituieren von (politischer) Öffentlichkeit, (4) Vermittlung gemeinsamer Normen und Werte, (5) Konstruktion von Realität.

Studien zur Publikumsfragmentierung beziehen sich auf der Wirkungsebene meist auf die Herstellung von politischer Öffentlichkeit oder arbeiten mit der grundlegendsten Definition der Integrationsfunktion, der Bereitstellung gemeinsamer Themen als Wissensbasis, über die sich die Mitglieder der Gesellschaft verständigen können und so die Erfahrung eines gemeinsamen Erlebens teilen.

Mediale Berichterstattung ist deshalb so wichtig, weil zum einen die Politik sich Themen erst annimmt, wenn sie ein Mindestmaß an öffentlicher Aufmerksamkeit erfahren, zum anderen, weil Themen erst durch mediale Beachtung zu Gesprächsthemen in der Gesellschaft werden. Klassische Massenmedien orientieren sich in ihrer Themenauswahl an einer überschaubaren Zahl von Nachrichtenfaktoren, wodurch über verschiedene Medien hinweg eine relativ einheitliche Themenagenda entsteht. Diese schafft die Voraussetzung für ein gemeinsames Bewusstsein der Bürger für die soziale Realität, was wiederum zur gesellschaftlichen Integration beitragen kann (vgl. Emmer/Wolling 2007: 239).

Jarren (2000: 23) betont zudem, dass sich Integrationsvorstellungen und -ziele im Kontext des sozialen Wandels verändern; die Anforderungen an Formen sowie Inhalte der Medien sind dynamisch und müssen immer wieder neu durch Diskurse formuliert werden. So hat sich für das Fernsehen die Integrationsfunktion bereits mit dem Aufkommen privater Anbieter und der Einführung des digitalen Fernsehens verändert und wird sich mit der Verbreitung des Internets weiter wandeln. Inwiefern die Ausdifferenzierung im Internetzeitalter eine neue Entwicklungsstufe verkörpert, die sich zu einer wirklichen Gefahr für die gesellschaftliche Integration entwickeln könnte, wird im Folgenden diskutiert.

2.3 Desintegrationsgefahren im Wandel der Zeit

Die Diskussion um gesellschaftliche Integration ist bereits vertraut, laut Jarren (2000: 24) ist sie eine «Art Dauerthema moderner Gesellschaften». Die anhaltende Debatte über Integration erklärt sich laut Jarren mit den Ängsten, dass keine «übergreifende Instanz» mehr gegeben scheint, die fähig ist, den Verlust der «Einheit der Gesellschaft» aufzufangen.

Allerdings veränderte sich der Diskussionsschwerpunkt im Laufe der Zeit: In den 1980er Jahren stand die Aufgabenteilung zwischen öffentlich-rechtlichen und privatwirtschaftlich organisierten Rundfunkanbietern im Mittelpunkt der Auseinandersetzung. In den 1990er Jahren setzte sich die Diskussion um die Vielkanalwelten fort, insbesondere vor dem Hintergrund der Angebotsexpansion im elektronischen Medienbereich. Unterstützt durch die soziologische Debatte um die Individualisierungsthese war insbesondere die Desintegrationsgefahr aufgrund der Fragmentierung des Medienpublikums relevant. So erschien die Frage nach gesellschaftlicher und kultureller Integration aufgrund des fortschreitenden Modernisierungsprozesses dringlicher denn je, insbesondere durch den sehr raschen und gravierenden sozialen Wandel:

> «Das Nebeneinander von höchst unterschiedlichen Lebensstilen, die rasch voranschreitende Pluralisierung von gesellschaftlichen Wert- und Normvorstellungen, die selektive Nutzung von Informations- und Unterhaltungsangeboten – ermöglicht und beeinflusst durch Medien – irritiert die Gesellschaft auch deshalb, weil sich der Wandel immer rascher vollzieht, weil

sich immer speziellere Kulturen und Subkulturen herausbilden, weil die Ergebnisse dieser Veränderung kaum noch sicher zu prognostizieren sind und weil der Blick auf oder in zahllose Subkulturen den Betrachter zu überraschen oder sogar zu irritieren vermag» (Jarren 2000: 24).

Diese Gefahren scheinen sich durch das Internet noch zu verstärken, weshalb das Thema mittlerweile erneut sehr kontrovers diskutiert wird. Im Vordergrund der aktuellen Debatte steht insbesondere der Einfluss des Internets auf die Konstitution von Öffentlichkeit im politischen Prozess. Einerseits wird dessen Demokratisierungspotential meist im Sinne des von Habermas geprägten normativen Modells einer diskursiven Öffentlichkeit interpretiert. Andererseits wird insbesondere aufgrund der stärkeren Selektions- und Individualisierungsmöglichkeiten im Internet für die Nutzer erneut vor einer fortschreitenden Fragmentierung der Öffentlichkeit gewarnt. So nahmen nicht nur die Inhalte zahlenmäßig enorm zu, auch die (multimedialen) inhaltlichen Darstellungs- und Präsentationsformen wandelten sich. Gerade das Hypertext- bzw. Modalitätsprinzip lässt dem User mehr Auswahl und mehr Kontrolle als herkömmliche lineare Medien, sodass sich auch die Informationsselektion verändert. In Deutschland verweisen Langzeitstudien wie die AWA auf ein neues On-Demand-Informationsverhalten, das auf eine stärkere Segmentierung verschiedener Nutzergruppen hindeutet (vgl. Köcher/Bruttel 2011: 12ff.). So reagieren die Nutzer auf die Informationsfülle einerseits mit einer Verengung ihres Interessenspektrums durch eine sehr selektive Nutzung, die sich stark am Nutzwert bestimmter Informationen für Beruf oder Privatleben orientiert. Andererseits erfolgt die Nutzung zunehmend anlass- und ereignisgetrieben, sodass es zu einer Enthabitualisierung des politischen Informationsverhaltens kommt. Hierbei zeigen sich nicht nur Unterschiede zwischen verschiedenen Generationen, sondern auch zwischen sozialen Schichten.

Darüber hinaus belegen weitere Studien, dass die unterschiedlichen Darstellungsformen im Netz auch Effekte auf die Nachrichtenaufnahme und damit den Wissenserwerb bzw. die Wissensvermittlung haben können, die zu einer wachsenden Fragmentierung beitragen könnten. Beispielsweise unterscheiden sich Quantität und Qualität des Wissenserwerbs deutlich zwischen den Online- und Offline-Angeboten von Tageszeitungen (vgl. zusammenfassend de Waal/Schönbach 2008). Offensichtlich ist die Online-Rezeption stärker nutzergesteuert, die Print-Rezeption stärker angebotsgesteuert, wodurch die Erinnerungsleistung unterschiedlich beeinflusst werden kann (vgl. Bucher 2008).

Gelenkt werden die Entwicklungsprozesse zusätzlich durch neue technische Intermediäre (vgl. Webster 2010). Denn neben der bewussten Selektion seitens der Mediennutzer ist die unbemerkte, technisch gesteuerte Vorauswahl, die Personalisierung von Angeboten, zu berücksichtigen, wie sie Pariser (2011) in seinem Buch «The Filter Bubble» beschreibt. Vor allem die Personalisierung von

Suchmaschinen kann enorme Risiken für die Nutzer bergen, derer sich diese aber oft nicht bewusst sind: Individualisierte Suchergebnisse – zugeschnitten auf vorhandene Bedürfnisse und Interessen der User – werden zur Regel. Die Gefahr wächst, sich in einer vorgefertigten «Filterblase» zu bewegen, die zentrale gesellschaftsrelevante Themen ausschließt – und damit steigt die Gefahr eines eingeschränkten Informationszugangs, gesteuert von großen Konzernen wie Google und Facebook. Diese Ungleichverteilung von Informationen kann zu einer sich selbst verstärkenden sozialen Segmentierung führen.

Die Automatisierung von Selektionsprozessen erfolgt neben Suchmaschinen auch über soziale Netzwerke und Empfehlungssysteme in Form aggregierter Nutzungsdaten («meist gelesen»). Webster (2010) bündelt diese neuen Navigationssysteme unter dem Schlagwort «user information regimes». Sie erbringen technische Vermittlungsleistungen, indem sie Informationen sammeln, selektieren, gewichten und aggregieren, und übernehmen in diesem Sinne klassische Gatekeeperfunktionen. Allerdings unterliegen die Relevanzzuschreibungen dieser technischen Systeme ganz anderen Kriterien als journalistisch-inhaltlichen: Einen «bias» bzw. mögliche Verzerrungen bei der Auswahl von Inhalten sieht Webster (2010: 605f.) in drei Punkten: Erstens basieren die aufgezeichneten Beobachtungsdaten lediglich auf Verhaltensmustern («behaviour bias»), d. h. es fehlen valide tiefergehende Erklärungsmuster, die Daten stellen also lediglich Verhaltensindikatoren dar. Zweitens unterliegen die Auswahlkriterien einem Personalisierungsbias, technisch durch den Algorithmus oder bewusst inhaltlich in sozialen Netzwerken, die davon leben, dass sich Gleichgesinnte in relativ homogenen Gemeinschaften zusammenfinden («personal bias»). Die Gruppenmitglieder verfügen deshalb in der Regel über gemeinsame Interessen und haben einen ähnlichen «Background». Drittens nennt Webster den «popularity bias», denn alle bisher genannten Mechanismen basieren auf hohen Popularitätswerten und favorisieren Angebote, die von der Mehrheit bevorzugt werden. Inwieweit diese Auswahlmechanismen qualitätsorientiert arbeiten, bleibt offen. Fakt ist, dass der Massengeschmack zum Auswahlkriterium wird und eigene Präferenzen in den Hintergrund drängt.

Die Frage, inwieweit diese technischen Selektionsmechanismen Fragmentierungstendenzen verstärken oder abmildern, ist weitgehend unbeantwortet und wird daher sehr kontrovers diskutiert (vgl. Webster 2010: 608ff.). Bislang fehlen Erkenntnisse, die sich der Problemstellung widmen, inwieweit sich Selective-Exposure-Effekte im Social Web eher verstärken oder abschwächen und wie sich die zum Teil gegenläufigen Entwicklungen (Individual- versus Massengeschmack) untereinander beeinflussen.

Insgesamt haben mediale Ausdifferenzierungsprozesse stark zugenommen und damit hat sich erneut die Diskussion intensiviert. Die empirische Erfassung desintegrierender Prozesse steht in medienkonvergenten Welten vor vielfältigen

Herausforderungen. Das folgende Kapitel liefert eine Bestandsaufnahme der bisherigen und neuen methodischen Zugänge.

3 Konzeptspezifikationen und empirische Überprüfung

3.1 Spezialisierung versus Segmentierung versus Polarisierung

Der Begriff der Fragmentierung wird empirisch in verschiedenen Kontexten und auf unterschiedlichen Ebenen betrachtet. In einer sehr frühen Arbeit unterscheidet Handel (2000: 21ff.) drei zentrale Betrachtungsebenen: *Struktur der Gesellschaft, Struktur des Medienangebots und Muster der Mediennutzung*. Während der erste Punkt gesamtgesellschaftliche Differenzierungsprozesse beschreibt, für die die Medien nur mitverantwortlich gemacht werden, beziehen sich die beiden anderen Konzepte unmittelbar auf die Medien. Die zweite Ebene sind die *Medienmärkte*, d. h. die Ausdifferenzierung des Medienangebots in viele nebeneinander bestehende Segmente, die dritte Ebene ist das tatsächliche *Nutzungsverhalten* der Rezipienten: Bestimmte Mediennutzungsmuster werden dafür verantwortlich gemacht, dass es keine gemeinsam genutzten Medienangebote gibt und Medienangebote vermehrt getrennt voneinander genutzt werden. Die Folgen dieser veränderten Mediennutzungsmuster werden in der Regel auf der Wirkungsebene betrachtet. Hierbei geht es in Abhängigkeit der verschiedenen theoretischen Modellvorstellungen um unterschiedliche Faktoren, relativ häufig um die Themenwahrnehmung, politische Partizipation sowie politisches Wissen oder politische Einstellungen (vgl. Bächler/Bonfadelli 2012: 219).

Obwohl die Meinung vorherrscht, dass Fragmentierung ein Phänomen der Mediennutzung ist, gibt es auch in der Nutzungsforschung keinen Konsens darüber, welche Erscheinungsformen bzw. Nutzungsstrukturen als Fragmentierung zu bezeichnen sind. Unter dem Begriff gefasst wird einerseits die Ausdifferenzierung der Mediennutzung auf viele unterschiedliche Angebote und damit die Ausweitung der Bandbreite des Medienrepertoires (= breite Streuung), andererseits das Gegenteil, nämlich die Konzentration auf sehr wenige, spezielle Angebote, sprich eine Schrumpfung der inhaltlichen Bandbreite – in Anlehnung an Webster auch «Polarisierung» (= Konzentration, Spezialisierung) genannt (vgl. Webster 2005). Diese zweite Dimension konzentriert sich auf das Ausmaß der inhaltlichen Spezialisierung.

Tewksbury und Rittenberg (2009) beschreiben den Fragmentierungsprozess in einem zirkulären Modell, das Angebots- und Nutzerebene verknüpft. «Spezialisierung» beschreiben sie als Resultat des Handelns der Nutzer: «Specialization is what people do» (Tewksbury/Rittenberg 2009: 195). Auf der Angebotsebene führt die Spezialisierung der Nutzung zur «Segmentierung» der Inhalte. Inhalteanbieter schneiden Programme oder Webpages auf spezifische Zielgruppen und damit auf bestimmte Publikumsinteressen zu. Gerade dieses segmentierte Medienangebot forciert aber einen weiteren Trend, nämlich die soziale Polarisierung bestimmter Nutzergruppen (vgl. Bächler 2012: 116).

«Polarisierung» wird in der Regel als mögliche Folge der beschriebenen Prozesse oder als spezialisierte Form fragmentierter Nutzung auf der Makroebene beschrieben: «To the extent that one subset of the audience comes to use [a] class of content whereas others tend not to use it, the mass audience can be said to have polarized» (Webster/Phalen 1997: 111). Spezialisiert sich also die Mediennutzung entlang bestimmter inhaltlicher Präferenzen oder Themen (z. B. Unterhaltung versus Information oder entsprechend der eigenen politischen Prädisposition), kann es langfristig gesehen zu einer Art Kultivierung bestimmter Sichtweisen oder Weltbilder kommen (vgl. Prior 2007). Beispielsweise warnt Sunstein (2001) vor «group polarization» durch das Ausfiltern unerwünschter Meinungen und die Konzentration auf gleichgesinnte Vorstellungen.

> «If that happens, the society as a whole might become polarized into factions and groups that do know the same things about events in the world. These factions then might develop different opinions, goals, and behaviors» (Tewksbury/Rittenberg 2012: 130).

In einer relativierenden Position werden diese Spezialisierungstrends als logische Konsequenz einer sich ausdifferenzierten Gesellschaft interpretiert. Außerdem wird die spezialisierte Mediennutzung auch als Kompensation bzw. Vereinfachungsstrategie interpretiert, da die Nutzer sich nur mit Hilfe gezielter Selektionsstrategien einen Überblick über das vielfältige Angebot im Netz verschaffen können (vgl. Bächler 2012: 117). In einer stark normativen Auslegung, die im Internetzeitalter eindeutig überwiegt, werden sie hingegen sehr negativ beurteilt (vgl. Tewskbury/Rittenberg 2012: 130f.). Verschiedene Autoren haben die möglichen Polarisierungseffekte mit plakativen Metaphern als «echo chambers» «enclaves»oder«sphericules» (vgl. Sunstein 2007; Gitlin 1998) betitelt und gehen davon aus, dass dadurch eine Radikalisierung stattfindet, die extreme politische Positionen verstärken kann.

Ob und in welchem Ausmaß eine fragmentierte bzw. polarisierende Mediennutzung in bestimmten Ländern feststellbar ist und ob sie sich im Zeitverlauf verstärkt hat, konnte bislang nur lückenhaft nachgewiesen werden, da die verschiedenen Ebenen (Angebot, Nutzung und Wirkung) in der Argumentationskette der Fragmentierungsthese häufig isoliert betrachtet werden. Das folgende Kapitel bündelt die empirischen Erkenntnisse und stellt die methodischen Zugänge in Vielkanalwelten und im Internetzeitalter gegenüber.

3.2 Empirische Befunde im Vielkanalzeitalter

Empirisch stellt sich die Frage, ab wann von einer fragmentierten oder spezialisierten Mediennutzung gesprochen werden kann (vgl. Holtz-Bacha/Peiser 1999: 42). Muss als Grundvoraussetzung gelten, dass viele Nutzer denselben Input haben? Müssen viele zur selben Zeit bestimmte Medieninhalte konsumieren? Integration am zeitgleichen Sehen bestimmter Fernsehsendungen festzumachen, des Öfteren exemplarisch an der Tagesschau verdeutlicht, wurde bereits im digitalen Vielkanalzeitalter als widersinnig charakterisiert (vgl. Jäckel 1999: 14). In der empirischen Forschung wurde der Gedanke der Überlappung von Beginn an aufgegriffen. Als rein numerische Größe bezeichnet Fragmentierung für Handel «einen Intensitätsgrad, der das Ausmaß der Überlappung im Hinblick auf das Medienangebot angibt und der sich auf einem Kontinuum mit zwei Polen abspielt» (Handel 2000: 23).

In einer Querschnittsuntersuchung («Regionalstudie KomRegio») analysierte Handel die Nutzungsintensität von 29 verschiedenen Medienangeboten in Verbindung mit wichtigen Kontrollvariablen (u. a. Interessen, soziales Umfeld und technische Ausstattung) und setzte diese in Beziehung zur Gesprächshäufigkeit über Medieninhalte und -ereignisse. Auf der Basis eines so genannten Fragmentierungsindex (Summe der Abweichungen für jedes einzelne Medienangebot) konnte sie damit den Überschneidungsgrad in der Nutzung sowohl der Gesamtbevölkerung als auch unterschiedlicher Nutzergruppen bestimmen. D. h. je mehr Personen in ihrer Mediennutzung von den anderen abweichen, desto höher ist der Fragmentierungsgrad. Anhand dieser Berechnungsmethode konnte Handel zwar zeigen, dass sich die Befragten in ihrem Mediennutzungsverhalten stark voneinander unterscheiden, allerdings ohne Auswirkungen auf die Gesprächshäufigkeit über Medieninhalte.

Weitere empirische Überprüfungen der Fragmentierungsthese in Deutschland beziehen sich fast ausnahmslos auf das Medium Fernsehen. So haben insbesondere die frühen Studien den Umfang des Channel-Repertoires als Ausgangspunkt genommen und mit anderen Indikatoren der Fernsehnutzung verknüpft. Mit Hilfe einer sekundäranalytischen Auswertung der Langzeitstudie Massenkommunikation untersuchten beispielsweise Holtz-Bacha und Peiser (1999: 45ff.) die Zusammenhänge zwischen der subjektiven «Wahrnehmung des Fernsehens als kommunikationsfördernden, verbindenden Faktor», der «Einbindung (der Medien) in interpersonale Kommunikation über Politik» und dem Channel-Repertoire. Die Autoren sehen durch ihre Ergebnisse die Kettenhypothese nicht bestätigt, denn ihre Analysen haben «insgesamt keinen empirischen Beleg dafür erbracht, dass mit der Fragmentierung der Mediennutzung die Bedeutung der Massenmedien für die Kommunikation innerhalb der Gesellschaft abnimmt» (Holz-Bacha/Peiser 1999: 50). Vielmehr ergeben sich sowohl für die Einstellung zum

Fernsehen als kommunikationsförderndem Faktor als auch für die Einbindung von Medieninhalten in interpersonale Kommunikation über Politik schwache positive Zusammenhänge mit dem Channel-Repertoire, auch wenn sich diese bei Kontrolle einer Reihe von intervenierenden Variablen deutlich abschwächen. Berechtigterweise verweisen die Autoren allerdings auf »Interpretationsunsicherheiten» aufgrund methodischer Unzulänglichkeiten in der Anlage der Untersuchung (vgl. Holtz-Bacha/Peiser 1999: 44).

Auch Schulz (1999) konnte mit seiner vergleichbaren sekundäranalytischen Querschnittsüberprüfung auf Basis der Daten der Langzeitstudie Massenkommunikation die These nicht verifizieren. Seine Indikatoren umfassten sowohl Fernsehnutzungsindikatoren (Intensität und Umfang der Nutzung; Nutzungspräferenzen) als auch das Gefühl politischer Kompetenz, politische Entfremdung/Malaise (negatives Politikbild der Bevölkerung und Werteorientierungen nach Inglehart). Seinen uneindeutigen Befunden zufolge konnte man der Fernsehnutzung nicht direkt einen homogenisierenden oder differenzierenden Effekt zusprechen.

Gehrau und Goertz (2010) überprüften die Fragmentierung der Publikumsagenda anhand der wahrgenommenen wichtigsten Themen in der Bevölkerung und konzentrierten sich auf Gespräche über Medien(inhalte). Zwischen den Untersuchungszeitpunkten (1996/97 und 2007) vergrößerte sich die Zahl der Medienthemen, die Eingang in die Gespräche der Bevölkerung fanden. Gleichzeitig wurden die Gesprächsthemen heterogener und die Zahl der Personen mit «gemeinsamen» Themen hat abgenommen. Allerdings ist der Effekt der Themenvielfalt nicht auf die Internetnutzung zurückzuführen. Insgesamt sehen die Autoren damit die Fragmentierungshypothese bestätigt, denn «die Zahl der in Gesprächen behandelten Themen wird größer und die Zahl derer, die sich einen Themenvorrat aktiv teilen, wird kleiner» (Goertz 2009: 70).

Zusammenfassend lässt sich also festhalten, dass im Vielkanalzeitalter widersprüchliche Ergebnisse existieren und es keine wirkliche empirische Bestätigung der Fragmentierungsthese auf einer umfassenden Datenbasis gibt. Die Einschätzung der Folgen individualisierter Mediennutzung variiert stark in Abhängigkeit der methodischen Herangehensweise und der verwendeten Indikatoren. Neue konzeptuelle Überlegungen auf empirischer Ebene haben sich im Internetzeitalter entwickelt.

3.3 Empirische Befunde im Internetzeitalter und neue methodische Ansätze

Insbesondere aus den USA liegt eine Reihe von aktuellen Untersuchungen vor, die alternative methodische Herangehensweisen vorschlagen. Webster und Ksziazek (2012) ordnen die vorliegenden Arbeiten anhand eines dreigeteilten Rasters in medien- («media-centric»), nutzer- («user-centric») und publikumszentrierte («audience-centric») Fragmentierungsstudien. Diese Einteilung spiegelt jeweils die Analyseebene und das verwendete Datenniveau wieder.

Im *medienzentrierten Ansatz* wird angebotsspezifisch die Nutzung bestimmter Programme, Websites oder Genres zu einem oder mehreren Zeitpunkten untersucht (vgl. Webster 2005; Tewksbury 2005). Populär in dieser Forschungstradition ist die Longtail-Darstellung (vgl. Anderson 2006), in der beispielsweise die Reichweiten bestimmter Fernsehkanäle oder Internet-Anbieter abgebildet werden. Diese illustrieren in der Regel die sehr ungleiche Aufmerksamkeitsverteilung des Publikums, denn sie belegt die Konzentration auf wenige populäre Angebote. Generell sind in angebotsstarken Märkten wie im Internet stärkere Konzentrationstendenzen in der Nutzung nachweisbar als in weniger vielfältigen Märkten wie dem Radio- oder Fernsehmarkt (vgl. Hindman 2009). Die bloße Zahl der Anbieter bestimmt also nicht das Ausmaß der Fragmentierung.

Das sind auch Websters und Ksziaks (2012) Hauptkritikpunkte derartiger Analysen: Zum einen stellen sie in der Regel lediglich eine Momentaufnahme eines Marktes dar, d. h. sie beschreiben punktuell das Ausmaß der Fragmentierung und damit den Zustand eines Marktes, kombinieren aber nicht die Betrachtung verschiedener Plattformen oder Märkte. Zum anderen ist durch die vorgegebene Analyseeinheit lediglich interpretierbar, welche Angebote populär sind und welche nicht. Inwieweit eine Überlappung in der Mediennutzung stattfindet, d. h. ob beispielsweise reichweitenstarke und -schwache Angebote miteinander kombiniert werden, ist nicht ersichtlich. So wird auch nicht deutlich, ob sich einzelne Publikumssegmente zu homogenen Gemeinschaften oder Netzwerken zusammenfinden, die sich in ihrer Mediennutzung isolieren.

Solche tiefergehenden Analysen sind lediglich in der *nutzerzentrierten* Betrachtungsweise auf der Mikroebene möglich. Hier werden spezialisierte Nutzungsmuster in einer Medienrepertoire-Perspektive untersucht – entweder auf ein Medium bezogen (z. B. Kanalrepertoires im Fernsehen) oder über einzelne Mediengattungen hinweg (z. B. Umfang und Zusammensetzung). Die Medienrepertoire-Perspektive beschreibt Mediennutzung auf der Ebene der Rezipienten und ihrer Nutzungsmuster (z. B. die spezifischen Anteile einzelner Mediengattungen an der Gesamtnutzung) und erklärt, wie Mediennutzer – entsprechend ihrer individuellen Interessen und Vorlieben – ihre Medienkontakte zu kohärenten Mustern der Mediennutzung kombinieren (vgl. Hasebrink/Domeyer 2012).

Medienrepertoire-orientierte Ansätze, die das ganze Medienensemble betrachten, sind erst in jüngster Zeit in Deutschland und den USA populär geworden (vgl. Hasebrink/Domeyer 2012; Taneja et al. 2012; Kim 2011; Yuan 2011; Ksiazek, 2010). Allerdings bleibt diese Art von Studien häufig in der Beschreibung typischer Nutzergruppen verhaftet, während die übergeordnete Perspektive – die Verteilung des Publikums auf die Gesamtheit aller Angebote – nach wie vor fehlt. Auch eine Verbindung zur Fragmentierungsthese wird nicht zwangsläufig hergestellt.

Der Blickwinkel öffnet sich in einer *publikumszentrierten* Sichtweise auf der Makroebene. Dieser hybride Ansatz ist medienzentriert, da er die Publikumszusammensetzung für bestimmte Mediengattungen erklärt, aber gleichzeitig nutzerzentriert, da er auf aggregierter Ebene die Repertoires einzelner Publikumssegmente beschreibt. Betrachtet wird also die Verteilung der Publikumsaufmerksamkeit über das mediale Gesamtangebot hinweg (messbar als Überlappung individueller oder gruppenspezifischer Mediennutzungsmuster). Audience-Duplication-Studien haben in der kommerziellen Medienforschung zwar eine lange Tradition, widmen sich allerdings mit wenigen Ausnahmen nicht der Messung von Fragmentierungstendenzen (vgl. Webster 2005).

Die Anwendung dieser Analysemethode testen Webster und Ksiazek (2012) in einer aktuellen Nutzungsstudie von TV- und Internetangeboten.[1] Mit Hilfe einer Netzwerkanalyse untersuchen sie die Schnittmengen zwischen ausgewählten Medienangeboten und berechnen hierfür so genannte «Degree-Indices». Diese geben an, wie stark die einzelnen Angebote miteinander «vernetzt» sind. Von einer Vernetzung gehen die Autoren nur dann aus, wenn sich die jeweilige Nutzung zweier Angebote nicht zufällig überschneidet («audience duplication»).[2] Die Ergebnisse der Studie dokumentieren einen relativ hohen Überschneidungsgrad in der Nutzung, d. h. jedes Angebot teilt sich die Mitglieder seines Publikums mit fast allen untersuchten Angeboten. Zudem ergibt ein zusätzlich berechneter Konzentrationsindex niedrige Werte, sodass davon ausgegangen werden kann, dass sich die Netzwerke nicht um wenige Angebote herum konzentrieren, sondern – unabhängig von der Popularität – eine übergreifende Nutzung der analysierten Kanäle und Websites stattfindet. Die Autoren finden deshalb keine isolierten Publikumsgruppen. Sie gehen sogar von einem extrem ausgeprägten Grad an Publikumsduplizierung über die 236 untersuchten Media-Outlets aus.

Die Autoren bewerten die Ergebnisse als empirischen Beweis dafür, dass eine rein angebotsorientierte Analyse zu kurz greift und zu viel Raum für Spekulationen bezüglich des Überlappungsgrades der verschiedenen Angebote lässt. Die üblichen Rankings der meistgenutzten Angebote erzeugen somit den falschen Eindruck von einer Vielzahl unterschiedlicher Angebote, auf die sich das Publikum überschneidungsfrei verteile. Dies muss aber nicht der Fall sein, womit auch die viel zitierten «media enclaves» eher unwahrscheinlich sind. Die Gefah-

---

1   Die theoretische Anbindung erfolgt mit Hilfe der Strukturationstheorie von Giddens. Mediennutzung wird hier als Wechselspiel von Struktur und Handlung interpretiert.
2   Als Basis dienen Nielsen Single-Source-Daten aus dem Jahr 2009, die die Nutzung von 98 Fernsehkanälen und 138 Internetangeboten in amerikanischen Haushalten erfassen.

ren der Entwicklung von medialen Parallelkulturen und sozialen Polarisierungen müssen deshalb differenziert betrachtet werden.

Das zeigt auch der Blick auf den konträren Forschungsstand zu Polarisierungstendenzen. So stellte Webster (2007) für den amerikanischen TV-Markt eine hohe Vielfalt auf horizontaler Ebene fest, aber auf vertikaler Ebene eine relativ breite Nutzung verschiedener Inhalte und damit noch keine Spezialisierung auf Nischenangebote.[3] So kann ein durchschnittlicher Nutzer in einer Woche 15 oder mehr Kanäle nutzen. Dieses Channel-Repertoire dokumentiert zwar eine hohe Nutzungsvielfalt, aber sagt noch nichts über mögliche polarisierende Nutzungstendenzen aus, also darüber, inwieweit sich der Nutzer mehrheitlich nur einem oder zwei inhaltlich spezialisierten Kanälen widmet. Deshalb betrachtet Webster im zweiten Schritt, wie viel Zeit mit den einzelnen Kanälen verbracht wird, und kommt zum Ergebnis, dass keine ausschließliche Nutzung spezialisierter Inhalte stattfindet.

Weitere aktuellere Studien belegen für die USA polarisierende Nutzungstendenzen in Abhängigkeit von politischen Prädispositionen und Einstellungen (vgl. z. B. Knobloch-Westerwick/Meng 2011; Stroud 2011). Manche Befunde zur selektiven Zuwendung zeigen jedoch Polarisierungseffekte nur für bestimmte Themen (vgl. Kobayashi/Ikeda 2009) oder Nutzergruppen (vgl. Iyengar/Hahn 2009). Der Zerfall in spezifische Meinungslager und Interessengruppen wird zudem von Nutzungsstudien widerlegt, die eine hohe Überlappung dokumentieren. So zeigen sie beispielsweise zwar eine Bevorzugung politisch gleich orientierter Weblogs, aber nur ergänzend zu anderen Angeboten (vgl. Gentzkow/Shapiro 2011; Garrett 2009).

Für Deutschland gibt es nur wenige aktuelle Untersuchungen. Eine sekundäranalytische Längsschnittüberprüfung zu einer «internetfreien» Medienumgebung führen Haas und Brosius (2013) durch. Sie erfassen die Fragmentierung der Publikumsagenda anhand der Wahrnehmung von politischen oder gesellschaftlich relevanten Themen im Zeitvergleich (1991 und 2008) in einer geschlossenen Abfrage. Allerdings scheint sich die Beurteilung der vorgegebenen politischen und gesellschaftlichen Themen im Zeitverlauf kaum verändert zu haben. Auf dieser hohen Aggregationsebene schlägt die Fragmentierung des Medienangebots also nicht auf die Publikumsagenda durch.

Aufbauend auf dem Konzept der Medienrepertoires untersucht Stark (2013) das Informationsverhalten deutscher Internetnutzer und die Folgen spezifischer Medienrepertoires für die Themenwahrnehmung. Sie kann zeigen, dass die wahrgenommenen Themen trotz vielfältiger Informationsrepertoires stark über-

---

3   Die Nutzung der Angebote kann vergleichbar zur Messung der Inhalte nicht nur auf horizontaler, sondern auch auf vertikaler Ebene erfasst werden, indem Nutzungsmuster auf Individualdatenniveau betrachtet werden.

einstimmen. Zwar unterscheidet sich die Anzahl der genannten Themen in Abhängigkeit von präferierten Informationsquellen (offene Abfrage), die eigentlichen Themenwahrnehmungen («Top 10») sind aber sehr ähnlich zwischen den Befragten. Unabhängig von spezifischen Nutzungsmustern entwickelt sich folglich eine gemeinsame Themenagenda, die sich erst im Longtail-Bereich fragmentiert.

Zusammenfassend lässt sich festhalten, dass auch die neueren Studien im Internetzeitalter ein sehr widersprüchliches Bild liefern. Zwar lassen sich vornehmlich für die USA polarisierende Nutzungstendenzen feststellen, allerdings können diese Ergebnisse nicht ohne weiteres auf Deutschland übertragen werden und gelten selbst für die USA nicht uneingeschränkt. Die wenigen empirischen Befunde für Deutschland zeigen weiterhin – in Abhängigkeit von der gewählten Operationalisierungsvariante – ein disparates Bild. Je nach Analyseebene ergeben sich unterschiedliche Ergebnisse, die einerseits einen zunehmenden Grad an fragmentierter Mediennutzung dokumentieren, andererseits aber überlappende Elemente in der Mediennutzung und Themenwahrnehmung identifizieren. Die möglichen dysfunktionalen Folgen einer stärker individualisierten Mediennutzung für die politische Öffentlichkeit sind allerdings weiterhin übereinstimmend sehr negativ konnotiert.

Was lässt sich daraus ableiten für die methodische Evaluation der Fragmentierungsthese? Zum einen kann die These nur mittels qualitativ hochwertiger Daten empirisch überprüft werden, denn Fragmentierungstendenzen sind komplexe, dynamische Prozesse, die streng genommen nur in der Langzeitperspektive betrachtet werden können. Die größtenteils sekundäranalytischen Überprüfungen in Deutschland bleiben zwangsläufig bruchstückhaft, da die Indikatoren in den gängigen Reichweitenstudien nur vereinzelt auf der Wirkungsebene angesiedelt sind. In sozialwissenschaftlichen Erhebungen wie dem ALLBUS oder dem Politbarometer finden sich zwar solche Variablen auf der Wirkungsebene, allerdings sind die dort erfassten Mediennutzungsvariablen meist lückenhaft.

Weiterhin bleibt die Forderung bestehen, dass die Angebotsebene mit untersucht werden muss. Denn nur wenn die einzelnen Angebote unterschiedliche Inhalte transportieren, können sich Fragmentierungstendenzen auf der Nutzerseite bemerkbar machen. Ohne die Analyse der Inhalte verliert nutzerseitig sowohl eine Beschreibung auf der Ebene der Gesamtbevölkerung als auch eine an Einzelmedien orientierte Betrachtungsweise an Aussagekraft. Der medienrepertoireorientierte Ansatz ermöglicht die Analyse medienübergreifender Nutzungsmuster und erlaubt damit, die integrative Bedeutung einzelner Medien im Verbund bei der Meinungsbildung zu analysieren.

Zu hinterfragen ist, ob auf der Wirkungsebene die Themenwahrnehmung in medienkonvergenten Welten noch der richtige Indikator ist. Denn offensichtlich scheint ein oberflächlicher bzw. zufälliger Kontakt mit prominenten Themen in der Berichterstattung sicherzustellen, dass ein Grundstock an gemeinsamen Gesprächsthemen nach wie vor existiert, unabhängig von unterschiedlich zusammengestellten Medienrepertoires (vgl. Stark 2013). Dieses zufällige Finden von Themen – sei es beim Surfen oder Suchen von Informationen im Netz – reicht offensichtlich, um eine «common agenda» zu formieren und verhindert die Zersplitterung der Themenagenda (vgl. Lee 2009). Sinnvoller könnte es daher sein, verstärkt übergeordnete Konzepte, nämlich zentrale Werte und Normen einer Gesellschaft, auf der Wirkungsebene zu betrachten (vgl. Vlasic 2004).

4   Verlust oder Verlagerung der Integrationsfunktion?

Alles in allem zeigen die beschriebenen Befunde, dass nicht nur die Prämissen der Argumentationskette in der empirischen Forschung überdacht werden müssen, sondern auch die Integrationsvorstellungen im Internetzeitalter insgesamt. Denn zum einen geht eine Erweiterung des Angebots nicht immer einher mit mehr Vielfalt. Zum anderen widersprechen die Mediennutzer selbst mit ihren Reaktionen auf das erweiterte Angebot den Annahmen der Fragmentierungsthese. Der zunehmende Selektionsdruck in medienkonvergenten Welten ist nicht von der Hand zu weisen. Die Freiheitsgrade des Publikums bei der Zusammenstellung individueller Medienrepertoires sind deutlich gestiegen – nicht nur inhaltlich, sondern auch zeitlich und räumlich.

Radikale Veränderungen in der Mediennutzung sind trotzdem kurzfristig nicht zu erwarten. Zum einen spielen Gewohnheiten, Alltagsstrukturen und Gelegenheiten (Zeit und Verfügbarkeit) eine entscheidende Rolle. Gerade die Fernsehnutzung ist durch stabile Nutzungsroutinen geprägt, die sich nur sehr langsam verändern – und die Angebotsvielfalt ist nicht ausschlaggebend für die eigentliche Fernsehkonsumentscheidung (vgl. Cooper/Tang 2009). Denn ein Übermaß an Auswahlmöglichkeiten kann zur «Ermüdung» («choice fatigue») führen (vgl. Woldt 2012). Nutzer verwenden deshalb ganz gezielt Selektionsstrategien, die in erster Linie auf Komplexitätsreduktion ausgerichtet sind, und gehen bewusst neue Bindungen ein bzw. halten «bewährte» aufrecht. Damit erlangen sie eine gewisse Souveränität trotz zugenommenen Selektionsdrucks.

Die Steuerung von Aufmerksamkeit erfolgt zum anderen weiterhin über professionelle, journalistische Angebote. Sie sind sehr populär, in den Online-Repertoires der User verhaftet und bieten Orientierungshilfen in der Informationsvielfalt. Infolgedessen ist der Austausch von Themen- und Relevanzstrukturen gegenwärtig wie auch zukünftig über einen gemeinsamen Kern von reichweitenstarken Medienangeboten gegeben. Sie fungieren nach Goertz (2009) als «Verteilerplattform» für die Nutzung weiterer Medienangebote, insbesondere im Longtail-Bereich. Dieser Informationsfluss ist aber auch umgekehrt vorstellbar, denn nach Benkler (2006) können im Longtail auch homogene Nutzungscluster entstehen, die als eine Art Vermittler fungieren können («integrierte Netzwerköffentlichkeiten»). Beteiligte können in diesen kleinen Communities gemeinsame Positionen erarbeiten und nach außen weitertragen. Die Ergebnisse von Webster und Ksziak (2012) unterstützen diese These, denn sie zeigen, dass reichweitenschwache, unter Umständen auch politisch extremere Internet-Angebote häufig gemeinsam mit Mainstream-Angeboten genutzt werden.

Die Fokussierung auf populäre Angebote wird weiterhin bestehen bleiben (vgl. Webster/Ksziak 2012: 51ff.), denn soziale Bedürfnisse (z. B. nach Anschlusskommunikation) spielen für die Mediennutzung eine entscheidende Rolle. Nur durch die freiwillige Bindung an massenattraktive Angebote ist der Austausch über relevante Themen möglich. Die Bedeutung großer, punktuell inszenierter Medienevents, etwa im Sport, unterstützt diese These. Auch die Empfehlungsalgorithmen technischer Suchsysteme oder sozialer Empfehlungssysteme verstärken die Konzentrationstendenzen in der Nutzung, denn sie orientieren sich eindeutig am Massengeschmack. Alles in allem werden die Langlebigkeit populärer Produkte und die Tendenz, diese zu imitieren (Schlagworte «Ko-Orientierung» oder «Inter-Media-Agenda-Setting»), diesen Effekt noch verstärken, sodass der «stuff of a common, twenty-first-century cultural forum» (Webster/Ksziak 2012: 53) nicht verloren geht. Um die Integrationsdebatte in theoretischer Hinsicht auf eine fundiertere Basis zu stellen, ist ein Perspektivenwechsel wünschenswert. Denn nur von Übereinstimmung oder Vereinheitlichung auszugehen, scheint in der heutigen Netzwerkgesellschaft überholt. Nach Jarren (2000: 28) «leidet» der Wissenschaftsdiskurs über Integration genau an dieser «normativen Überhöhung». Einer relativierenden Position folgend gilt es zu ermitteln, wo es Überlappungen in der Zuwendung, in der Interpretation bestimmter Angebote und in den Themen- und Relevanzstrukturen zwischen verschiedenen Gruppen gibt und inwieweit noch ein Austausch stattfindet (vgl. Hasebrink 1997). Alles in allem muss der Diskurs um eine klare Konzeptualisierung der Integrationsfunktion im Internetzeitalter weiter vorangetrieben werden, denn nur so können adäquate empirische Zugriffe gefunden werden. Im Hinblick auf die gesellschaftliche Relevanz des Forschungsfeldes erscheint ein kontinuierliches Monitoring der beschriebenen Entwicklungsprozesse unabdingbar.

Literatur

Anderson, Chris (2006): The Long Tail: Why the Future of Business is Selling Less of More. New York: Hyperion.

Bächler, Jesse (2012): Medienrepertoires und Fragmentierung. In: Projektverbund Sinergia «Medienkrise» (Hrsg.): Die Medienindustrie in der Krise. SwissGIS Universität Zürich, S. 111-158.

Bächler, Jesse/Bonfadelli, Heinz (2012): Medienrepertoires als Fiebermesser der Fragmentierung. In: Meier, Werner A./Bonfadelli, Heinz/Trappel, Josef (Hrsg.): Gehen in den Leuchttürmen die Lichter aus? Was aus den Schweizer Leitmedien wird. Zürich: LIT Verlag, S. 211-238.

Benkler, Yochai (2006): The Wealth of Networks. How Social Production Transforms Markets and Freedom. New Haven, London: Yale University Press.

Bucher, Hans-Jürgen (2008): Vergleichende Rezeptionsforschung: Theorien, Methoden und Befunde. In: Melischek, Gabriele/Seethaler, Josef/Wilke, Jürgen (Hrsg.): Medien & Kommunikationsforschung im Vergleich. Wiesbaden: VS Verlag, S. 309–340.

Cooper, Roger/Tang, Tang (2009): Predicting Audience Exposure to Television in Today's Media Environment: An Empirical Integration of Active- Audience and Structural Theory. In: Journal of Broadcasting & Electronic Media, 53, Nr. 3, S. 400–418.

De Waal, Ester/Schönbach, Klaus (2008): Presentation Style and Beyond: How Print Newspapers and Online News Expand Awareness of Public Affair Issues. In: Mass Communication & Society, 11, Nr. 2, S. 161-176.

Emmer, Martin/Wolling, Jens (2007): Leben in verschiedenen Welten? Themenagenden von Offlinern und Onlinern im Vergleich. In: Kimpeler, Simone/Mangold, Michael/Schweiger, Wolfgang (Hrsg.): Die digitale Herausforderung. Wiesbaden: VS Verlag, S. 239–250.

Garrett, Kelly (2009): Politically Motivated Reinforcement Seeking: Reframing the Selective Exposure Debate. In: Journal of Communication, 59, Nr. 4, S. 676-699.

Gehrau, Volker/Goertz, Lutz (2010): Gespräche über Medien unter veränderten medialen Bedingungen. In: Publizistik, 55, S. 153-172.

Gentzkow, Matthew/Shapiro, Jesse M. (2011): Ideological Segregation Online and Offline. In: The Quarterly Journal of Economics 126, Nr. 4, S. 1799-1839.

Gitlin, Todd (1998): Public Sphere or Public Sphericules. In: Liebes, Tamar/Curran, James (Ed.): Media, Ritual and Identity. London: Routledge, S. 168–174.

Goertz, Lutz (2009): Wie die Medien die Fragmentierung des Publikums verhindern. In: Holtz-Bacha, Christina/Reus, Günter/Becker, Lee B. (Hrsg.): Wissenschaft mit Wirkung. Beiträge zu Journalismus- und Medienwirkungsforschung. Festschrift für Klaus Schönbach. Wiesbaden: VS Verlag, S. 65–72.

Haas, Alexander/Brosius, Hans-Bernd (2013): Fragmentierung der Publikumsagenda im Zeitverlauf. In: Imhof, Kurt/Blum, Roger/Bonfadelli, Heinz/Jarren, Otfried (Hrsg.): Stratifizierte und segmentierte Öffentlichkeit. Wiesbaden: Springer, S. 187-202.

Handel, Ulrike (2000): Die Fragmentierung des Medienpublikums. Bestandsaufnahme und empirische Untersuchung eines Phänomens der Mediennutzung. Wiesbaden: Westdeutscher Verlag.

Hasebrink, Uwe/Domeyer, Hanna (2012): Media Repertoires as a Pattern of Behaviour and as Meaningful Practices: A Multimethod Approach to Media use in Converging Media Environments. In: Participations, 9, Nr. 2, S. 757-779.

Hasebrink, Uwe (1997): Ich bin viele Zielgruppen. Anmerkungen zur Debatte um die Fragmentierung des Publikums aus kommunikationswissenschaflicher Sicht. In: Scherer, H./Brosius, Hans-Bernd (Hrsg.): Zielgruppen, Publikumssegmente, Nutzergruppen. München: Reinhard Fischer, S. 262-280.

Holtz-Bacha, Christina/Peiser, Wolfgang (1999): Verlieren die Massenmedien ihre Integrationsfunktion? In: Hasebrink, Uwe/Rössler, Patrick (Hrsg.): Medienrezeption zwischen Individualisierung und Integration. München: Reinhard Fischer Verlag, S. 41–53.

Holtz-Bacha, Christina (1997): Das fragmentierte Medien-Publikum. Folgen für das politische System. In: Aus Politik und Zeitgeschichte, 42, S. 13–21.

Hindman, Matthew (2009): The Myth of Digital Democracy. Princeton: Princeton University Press.

Iyengar, Shanto/Hahn, Kyu S. (2009): Red Media, Blue Media: Evidence of Ideological Selectivity in Media Use. In: Journal of Communication, 59, Nr. 1, S. 19-39.

Jäckel, Michael (2005): Medien und Integration. In: Jäckel, Michael (Hrsg.): Mediensoziologie. Grundfragen und Forschungsfelder. Wiesbaden: VS Verlag für Sozialwissenschaften, S. 219–236.

Jäckel, Michael (1999): Individualisierung und Integration. In: Hasebrink, Uwe/Rössler, Patrick (Hrsg.): Publikumsbindungen: Medienrezeption zwischen Individualisierung und Integration. München: Reinhard Fischer Verlag, S. 11-19.

Jarren, Otfried (2000): Gesellschaftliche Integration durch Medien? Zur Begründung normativer Anforderungen an Medien. In: Medien & Kommunikationswissenschaft, 48, Nr. 1, S. 22–41.

Katz, Elihu (1996): And Deliver Us from Segmentation. In: American Academy of Political and Social Science, 546, S. 22–33.

Kim, Su Jung (2011): Emerging Patterns of News Media Use across Multiple Platforms and their Political Implications in South Korea. Dissertation. Evanston, Illinois.

Köcher, Renate/Bruttel, Oliver (2011): Social Media, IT & Society 2011. Frankfurt am Main: Infosys.

Knobloch-Westerwick, Silvia/Meng, Jingbo (2011): Reinforcement of the Political Self through Selective Exposure to Political Messages. In: Journal of Communication, 61, Nr. 2, S. 349-368.

Kobayashi, Tetsuro/Ikeda, Ken'ichi (2009): Selective Exposure in Political Web Browsing. In: Information, Communication & Society, 12, Nr. 6, S. 929-953.

Ksiazek, Thomas B. (2010): Cross-platform audience behavior in an abundant media environment: An integrated approach to understand fragmentation, polarization and media publics through network analysis. Dissertation. Evanston, Illinois.

Lee, Jae Kook (2009): Incidental Exposure to News: Limiting Fragmentation in the New Media Environment. Dissertation at the University of Texas at Austin.

McQuail, Denis (2005): Mass Communication Theory. London et al.: Sage Publications.

Neuberger, Christoph/Lobigs, Frank (2010): Die Bedeutung des Internets im Rahmen der Vielfaltssicherung. Gutachten für die Kommission zur Ermittlung der Konzentration im Medienbereich (KEK). Berlin: Vistas.

Pariser, Eli (2011): The Filter Bubble: What the Internet Is Hiding from You. Penguin Press HC.

Prior, Markus (2007): Post-Broadcast Democracy. Cambridge: Cambridge University Press.

Rössler, Patrick (2000): Vielzahl=Vielfalt=Fragmentierung? Empirische Anhaltspunkte zur Differenzierung von Medienangeboten auf der Mikroebene. In: Jarren, Otfried/Imhof, Kurt/Blum, Roger (Hrsg.): Zerfall der Öffentlichkeit. Wiesbaden: Westdeutscher Verlag, S. 168-186.

Schulz, Winfried (1999): Fernsehen und sozialer Wandel: Untersuchungen zur Integrations- und Fragmentierungsthese. In: Wilke, Jürgen (Hrsg.): Massenmedien und Zeitgeschichte. Konstanz: UVK Medien, S. 90-105.

Sunstein, Cass R. (2007): Republic.com 2.0. Princeton et al.: Princeton University Press.

Sunstein, Cass R. (2001): Republic.com. Princeton et al.: Princeton University Press.

Stark, Birgit (2013): Informationsverhalten im 21. Jahrhundert. Eine repertoire-orientierte Analyse veränderter Nutzungsmuster. Vortrag auf der Jahrestagung der Fachgruppe Rezeptions- und Wirkungsforschung der DGPuK in Wien, 25. Januar 2013.

Stroud, Natalie J.(2011): Niche News: The Politics of News Choice. Oxford: Oxford University Press.

Taneja, Harsh/Mamoria, Utsav (2012): Measuring media use across platforms: Evolving audience information systems. International Journal of Media Management 14(2), S. 121-140.

Taneja, Harsh/Webster, James G./Malthouse, Edward C./Ksziak, Thomas B. (2012): Media Consumption across Platforms: Identifying User-Defined Repertoires. In: New Media & Society, 14, Nr. 6, S. 951–968.

Tewskbury, David/Rittenberg, Jason (2012): News on the Internet. Information and Citizenship in the 21st Century. Oxford: University Press.

Tewskbury, David/Rittenberg, Jason (2009): Online News Creation and Consumption. Implications for Modern Democracies. In: Chadwick, Andrew/Howard, Philip N. (Hrsg.): Handbook of Internet Politics. London: Routledge, S. 186-200.

Tewksbury, David (2005): The Seeds of Audience Fragmentation: Specialization in the Use of Online News Sites. In: Journal of Broadcasting & Electronic Media, 49, Nr.3, S. 332–348.

Vlasic, Andreas (2004): Die Integrationsfunktion der Massenmedien. Begriffsgeschichte, Modelle, Operationalisierung. Wiesbaden: VS Verlag für Sozialwissenschaften.

Webster, James G./Ksiazek, Thomas B. (2012): The Dynamics of Audience Fragmentation: Public Attention in an Age of Digital Media. In: Journal of Communication, 62, S. 39-56.

Webster, James G. (2010): User Information Regimes: How Social Media Shape Patterns of Consumption. Northwestern University Law Review, 104 (2), S. 593-612.

Webster, James G. (2007): Diversity of exposure. In: Napoli, Philip M. (Ed.): Media Diversity and Localism. Meaning and Metrics, Mahwah, NJ et al.: Erlbaum, S. 309–325.

Webster, James G. (2005): Beneath the Veneer of Fragmentation: Television Audience Polarization in a Multichannel World. In: Journal of Communication, 55, Nr.3, S. 366–382.

Webster, James G. /Phalen, Patricia H. (1997): The Mass Audience. Rediscovering the Dominant Model. Mahwah, N.J.: Erlbaum.

Woldt, Runar (2013): Fernsehen «auf Abruf» - von der Nische in den Mainstream? In: Media Perspektiven, Nr. 2, S. 115-125.

Yuan, Elaine (2011): News Consumption across Multiple Media Platforms. In: Information, Communication & Society, 14, Nr. 7, S. 998–1016.

Teil III:
Veränderung des Regulierungsrahmens im internationalen Vergleich

Medienpolitische Weichenstellungen in der Retro- und Prospektive. Ergebnisse von Delphi-Erhebungen in Österreich und Deutschland

Cornelia Brantner, Marco Dohle, Hannes Haas und Gerhard Vowe

1 Einführung

Medienstrukturen sind in hohem Maße politisch geprägt. Es wird auch in liberaldemokratischen Gesellschaften nicht alleine dem Markt überlassen, wie Medien produziert, distribuiert und rezipiert werden. Vielmehr wird um die Massenkommunikation ein mehr oder weniger enger politischer Rahmen gespannt. Dieser Rahmen kann sich von Land zu Land unterscheiden, denn er ist geprägt von den jeweiligen politischen Kräfteverhältnissen, der spezifischen politischen Kultur und den gewachsenen Medienstrukturen. Für die Regulierung des Medienbereichs spielen einzelne medienpolitische Weichenstellungen eine entscheidende Rolle, denn von ihnen hängen jeweils weitere medienpolitische Entscheidungen ab.

In diesem Beitrag wird versucht, diese medienpolitischen Weichenstellungen auf eine systematische Weise zu ermitteln, und zwar in einem international vergleichenden Modus. Denn erst im Kontrast zeigen sich die Besonderheiten, aber auch die Gemeinsamkeiten medienpolitischer Regulierung. Verglichen werden die medienpolitischen Weichenstellungen in Österreich und in Deutschland – zwei Nationen, die vielfältig miteinander verflochten sind und sich auch gerade deswegen deutlich unterscheiden.

Dabei sind folgende Fragen leitend: Welche vergangenen medienpolitischen Entscheidungen sind als Weichenstellung für die Entwicklung des österreichischen und des deutschen Mediensystems anzusehen? Welche relevanten Entscheidungen sind zukünftig zu erwarten? Welche Akteure dominierten die Entscheidungen in der Vergangenheit? Und welche Akteure werden die Zukunft gestalten?

Den Fragen wurde in zwei Delphi-Studien nachgegangen. Die erste Studie wurde 2007 zur Medienpolitik in Deutschland unter deutschen Experten[1] durch-

---

1 Aus Gründen der besseren Lesbarkeit wird für Personengruppen nur die maskuline Form verwendet. Selbstverständlich sind dabei jeweils immer Frauen und Männer gemeint.

geführt (vgl. Vowe/Opitz/Dohle 2008). Die zweite Studie aus dem Jahr 2011 basiert in ihrem Design auf der ersten Untersuchung. Dort stand jedoch die österreichische Medienpolitik im Fokus, befragt wurden vorrangig Experten aus Österreich (vgl. Brantner/Haas 2011, mit Blick auf Rundfunkpolitik: Brantner/Haas 2012).[2] Auch wenn aufgrund spezifischer nationaler Entwicklungen und Medienlandschaften Adaptionen notwendig waren, ermöglicht die methodische Ähnlichkeit beider Studien, die für beide Länder ermittelten Ergebnisse gegenüberzustellen. Dieser Vergleich steht im Zentrum des Beitrages.

2 Medienpolitische Weichenstellungen im Vergleich

Die Entwicklung der österreichischen und deutschen Medienpolitik wird somit aus der Perspektive von Experten für das Feld betrachtet. Diese sollten zum einen retrospektiv angeben, welchen medienpolitischen Entscheidungen seit 1945 sie welche Bedeutung zuweisen. Zum anderen sollten sie prospektiv einschätzen, welche wichtigen Entscheidungen in den nächsten zehn Jahren mit welcher Wahrscheinlichkeit erwartbar sind. Auf diese Weise entsteht keine chronologische Darstellung medienpolitischer Entwicklungen. Vielmehr werden die Entscheidungen und auch die Akteursgruppen danach geordnet, welches Gewicht ihnen zugewiesen wird.

Zentral sind dabei medienpolitische Weichenstellungen. Sie können definiert werden als Entscheidungen, «von denen viele weitere Entscheidungen geprägt werden» (Vowe/Opitz/Dohle 2008: 162). Wie alle anderen medienpolitischen Entscheidungen umfassen sie Regeln für Akteure, für Inhalte oder für Verfahren. Sie lassen sich einzelnen Medienbereichen wie Presse, Rundfunk oder Online-Medien zuordnen, aber auch der Infrastruktur, derer die Medien bedürftig sind, und dem institutionellen Rahmen von Medienpolitik – also übergeordneten Entscheidungen wie solchen zu generellen Kompetenzregelungen.

Durch Weichenstellungen werden beispielsweise neue medienpolitische Akteure etabliert oder Dominanzverhältnisse geändert. Typische Beispiele für solche fundamentalen Entscheidungen sind Verfassungsänderungen. Aber auch Gesetze oder andere juristische Entscheidungen können zu Weichen der Medienpolitik werden, wenn ihnen Präzedenzcharakter zugeschrieben wird. Grundsätzlich können auch Beschlüsse nicht-staatlicher medienpolitischer Akteure bedeutsam sein, zum Beispiel wichtige Einigungen zwischen Interessensverbänden. Und

---

2 2008 haben Jarren und Vogel zudem eine einwellige Expertenbefragung in der Schweiz mit ähnlichem Design durchgeführt (vgl. Jarren/Vogel/Vowe 2008).

schließlich ist es möglich, dass auch ausbleibende Entscheidungen – etwa das Nicht-Eingreifen des Staates bei Zusammenschlüssen von Konzernen – große medienpolitische Relevanz haben (vgl. Vowe/Opitz/Dohle 2008; Brantner/Haas 2011).

Medienpolitische Weichenstellungen lassen sich für einzelne Länder ermitteln: Entscheidungen, denen von Experten für die Medienpolitik des jeweiligen Landes eine überragende Bedeutung zugewiesen wird, lassen sich als Weichenstellungen deuten. In der Gesamtschau der Weichenstellungen zeigt sich dann, welche bewussten Strukturierungen einer Medienlandschaft als zentral angesehen werden.

Diese Resultate können zudem als Basis für den Vergleich unterschiedlicher Länder bzw. Mediensysteme dienen. Die vergleichende Medienpolitikforschung sucht nach Gemeinsamkeiten von Gegenständen und nach ihren Unterschieden. Häufig bilden Nationalstaaten die Vergleichsobjekte (vgl. Puppis 2010; Thomaß 2007). Im vorliegenden Fall werden Österreich und Deutschland miteinander in Beziehung gesetzt. Österreich und Deutschland lassen sich einerseits, etwa aufgrund ihrer Nähe oder der gemeinsamen Sprache, als einander ähnliche Vergleichsobjekte einstufen, die zudem einem eher konservativen Modell von Medienpolitik entsprechen (vgl. Vowe 1999). Andererseits kann Deutschland, auch gerade wegen der Sprachgleichheit, als Österreichs «Next-Door-Giant» gelten (vgl. z. B. Künzler 2009): Es wird unter anderem angenommen, dass sich kleine Staaten häufig den medienpolitischen Entwicklungen des großen Nachbarn anpassen müssen (vgl. Puppis 2010). Zwischen den medienpolitischen Entscheidungen in beiden Ländern finden sich indes nicht nur Übereinstimmungen. So erfolgte zum Beispiel die Liberalisierung des Rundfunksektors in Österreich sehr viel später als in Deutschland (vgl. Kapitel 4.1). Die Fragen nach der Parallelität von Entscheidungen, ihren Gründen und ihren Folgen spielen an dieser Stelle jedoch eine untergeordnete Rolle. Primär wird verglichen, für wie bedeutsam die historischen und zukünftigen medienpolitischen Entwicklungen in Österreich und Deutschland wahrgenommen werden. Auf dieser Grundlage lassen sich dann gegenwärtige Gemeinsamkeiten und Unterschiede in den Einschätzungen herausarbeiten.

3 Methodisches Vorgehen: Empirische Erhebung medienpolitischer Weichenstellungen mittels Delphi-Verfahren

Die Einschätzung der Bedeutung medienpolitischer Entscheidungen in Österreich und Deutschland erfolgte durch Delphi-Erhebungen. Es handelt sich dabei um ein Verfahren, in dem eine größere Anzahl von Experten zu einem Sachverhalt befragt wird, zumeist mittels standardisierter Fragebögen. Delphi-Befragungen werden eingesetzt, wenn man den Konsens und Dissens von Experten zu komplexen Sachverhalten ermitteln will. Wichtig ist, dass die Befragung bei den gleichen Experten in mehreren Wellen durchgeführt wird. In der zweiten Welle werden die Experten mit den aggregierten Antworten aus der ersten Welle konfrontiert und können ihre Einschätzungen daran überprüfen und gegebenenfalls modifizieren (vgl. z. B. Aichholzer 2002; Häder 2009; Schulz/Renn 2009,).

3.1   Zeitraum der Erhebungen

So wurden auch die hier vorgestellten Delphi-Befragungen in zwei Wellen durchgeführt. In Deutschland fand die Erhebung zwischen Dezember 2006 und Mai 2007 statt, in Österreich umfasste die Feldzeit die Phase von Juni bis September 2011. Der Fragebogen der zweiten Welle entsprach jeweils in weiten Teilen dem der ersten Welle. Allerdings sollten im zweiten Fragebogen auch Entscheidungen bewertet werden, die von den Experten in der ersten Welle zusätzlich genannt worden waren. Außerdem wurden den Experten die Resultate der ersten Welle mitgeteilt (vgl. ausführlich: Brantner/Haas 2012; Vowe/Opitz/Dohle 2008).

3.2   Experten

An der österreichischen Studie nahmen 64 Experten teil, in Deutschland 30. Es handelte sich um Experten für Medienpolitik im jeweiligen Land – nicht allein um Wissenschaftler. Um ein breites Spektrum an Perspektiven zu gewinnen, bestanden die Samples aus Vertretern folgender Bereiche: Kommunikations-, wirtschafts- und rechtswissenschaftliche Forschung, Medienrechtspraxis, Medienjournalismus, Medienverbände und -unternehmen, Verwaltungs- und Aufsichtsbehörden, öffentlich-rechtlicher und privater Rundfunk (vgl. ausführlich: Brantner/Haas 2012; Vowe/Opitz/Dohle 2008). Die Verteilung der Experten auf die Bereiche war in beiden Untersuchungen relativ ausgeglichen. Zudem war die in den ersten Wellen abgefragte Selbsteinschätzung der eigenen Kompetenz für die einzelnen Befragungsbereiche durchgängig hoch.[3] Dies spricht dagegen, dass es

---

3   Basis der Selbsteinschätzungen waren sechsstufige Skalen von 1 = «wenig Beschäftigung» bis 6 = «intensive Beschäftigung mit dem Bereich». Es ergaben sich folgende Werte: Kompetenz im *Pressebereich*: Österreich: $M = 4,65$; $SD = 1,45$; Deutschland: $M = 4,25$; $SD = 1,60$. Kompetenz im *Rundfunkbereich*: Österreich: $M = 5,37$; $SD = 1,00$; Deutschland: $M = 5,37$; $SD = 0,79$. Kompetenz im *Online-Bereich*: Österreich: $M = 4,54$; $SD = 1,15$; Deutschland: $M = 4,41$; $SD = 1,45$. Kompetenz im *Infrastrukturbereich*: Österreich: $M = 4,05$; $SD = 1,54$; Deutschland: $M = 4,67$; $SD = 1,37$. Kompetenz im *Bereich*

starke Einflüsse unterschiedlicher Bereichskompetenzen auf das Gesamtergebnis gegeben hat.

3.3   Erhebungsinstrumente

Die Fragebögen beider Untersuchungen glichen sich in ihrer Struktur: Beurteilt werden sollte die Relevanz vergangener medienpolitischer Entscheidungen, die Relevanz medienpolitischer Akteure in der Vergangenheit sowie deren zukünftige Relevanz. Zusätzlich sollte die Eintrittswahrscheinlichkeit und die Relevanz möglicher zukünftiger Entscheidungen eingeschätzt werden.

Den Kern der Fragebögen bildeten die medienpolitischen Entscheidungen, die den Experten zur Beurteilung vorgelegt wurden. In der österreichischen Delphi-Erhebung handelte es sich um 121 vergangene Entscheidungen (Zeitraum: 1945-2011) sowie um 34 mögliche zukünftige Entscheidungen. Für Deutschland wurde ein Katalog aus 44 vergangenen Entscheidungen (Zeitraum: 1945-2006) und 35 möglichen zukünftigen Entscheidungen vorgelegt.[4] Die Entscheidungen wurden in fünf Bereiche eingeteilt: Pressepolitik, Rundfunkpolitik, Onlinepolitik, medienübergreifende Infrastruktur und institutioneller Rahmen.

3.4   Identifizierung von Weichenstellungen und Akteursrelevanz

Die Bedeutung der *vergangenen* medienpolitischen Entscheidungen musste von den Experten auf einer sechsstufigen Skala angegeben werden (1 = «nicht von Bedeutung» bis 6 = «von herausragender Bedeutung»). Wurde die Relevanz einer Entscheidung mit einem Mittelwert von 5,5 oder höher beurteilt, dann wurde ihr das Prädikat «herausragende Weichenstellung» verliehen. Als «weitere Weichenstellungen» galten Entscheidungen mit einem Mittelwert zwischen 5,0 und 5,49. Alle niedriger bewerteten Entscheidungen wurden nicht als Weichenstellungen eingestuft.[5]

Institutioneller Rahmen: Österreich: $M = 4,81$; $SD = 1,38$; Deutschland: $M = 5,17$; $SD = 0,95$.

4   Anders als in Deutschland wurden in Österreich nicht nur solche Entscheidungen vorgelegt, bei denen eine höhere Wahrscheinlichkeit vorlag, dass sie als Weichenstellungen eingestuft werden könnten. Vielmehr galt das Bemühen, einen großen Teil der Entscheidungen seit 1945 in der Erhebung zu berücksichtigen. Die vergleichsweise hohe Zahl an Entscheidungen in Österreich ergibt sich aber auch dadurch, dass dort zum Beispiel häufiger parlamentarische Entscheidungen zur Rundfunkordnung erfolgt sind als in Deutschland (vgl. Langenbucher 2007).

5   Diese weiteren Entscheidungen in der Vergangenheit wurden jedoch – wie auch die zukünftigen Entscheidungen – auf Basis ihrer Mittelwerte zusätzlich differenziert. Unterschieden wurde dabei zwischen Sekundär- und Tertiärentscheidungen (vgl. Brantner/Haas 2011; Vowe/Opitz/Dohle 2008).

Die Relevanz der *zukünftigen* medienpolitischen Entscheidungen musste auf einer identischen Skala beurteilt werden. Alle Entscheidungen mit einem Mittelwert ab 5,0 wurden als Weichenstellungen festgelegt. Zusätzlich war die Eintrittswahrscheinlichkeit dieser Entscheidungen einzuschätzen (1 = «wird in den nächsten 10 Jahren sicher nicht eintreffen» bis 6 = «wird in den nächsten 10 Jahren sicher eintreffen»). So konnten die zukünftigen Weichenstellungen in wahrscheinliche (Mittelwert für die Eintrittswahrscheinlichkeit über 3,5) und unwahrscheinliche Entscheidungen (Mittelwert 3,5 oder geringer) differenziert werden.

Ebenfalls berechnet wurde die Kontroversität der Entscheidungen. Hierfür wurden die Mittelwerte aller Standardabweichungen herangezogen: Als «unumstritten» wurden jene Entscheidungen gewertet, deren Standardabweichung um mehr als 0,2 Punkte geringer war als der Mittelwert der gesamten Standardabweichungen. Als «wenig umstritten» galten Entscheidungen, deren Standardabweichungen um den Gesamtmittelwert aller Standardabweichungen pendelten (+/-0,2). Lag eine Standardabweichung um mehr als 0,2 Punkte über dem Gesamtmittelwert, wurde die Entscheidung als «umstritten» angesehen.

Mit Blick auf die Relevanz verschiedener Akteure wurde retrospektiv deren Bedeutung in verschiedenen Dekaden erfasst (1 = «nicht wichtig» bis 6 = «sehr wichtig»). Die Beurteilung der künftigen Relevanz erfolgte auf drei Stufen (1 = «wird sich verringern», 2 = «wird gleich bleiben», 3 = «wird sich vergrößern»).

4   Vergleich der Resultate beider Delphi-Erhebungen

4.1   Weichenstellungen in der Vergangenheit

In der österreichischen Delphi-Erhebung wurden 19 der 121 vergangenen Entscheidungen als Weichenstellungen eingestuft. Von den 44 vergangenen Entscheidungen in Deutschland wurden zwölf als Weichenstellungen identifiziert. Die vergangenen Weichenstellungen sind in Tabelle 1 dargestellt (vgl. auch Brantner/Haas 2012: 170f.; Vowe/Opitz/Dohle 2008: 170).

Fünf der deutschen Weichenstellungen haben herausragende Bedeutung. Zwei betreffen den Rundfunkbereich, zwei den institutionellen Rahmen, eine den Pressebereich. Von den weiteren Weichenstellungen kommen drei aus dem Rundfunkbereich, zwei aus dem Infrastrukturbereich und je eine Entscheidung aus dem Pressebereich sowie aus dem institutionellen Rahmen im Rundfunkbereich. Die Weichenstellungen waren allesamt nicht bzw. wenig umstritten.

Dies gilt auch für Österreich. Dort kommen allerdings – mit Ausnahme einer Entscheidung aus dem Pressesektor – alle der sieben herausragenden Weichenstellungen aus dem Bereich Rundfunk und dem institutionellen Rahmen mit Rundfunkbezug. Auch bei den weiteren Weichenstellungen in Österreich sind Rundfunkentscheidungen in der Überzahl. Weiter vertreten sind hier Presseentscheidungen und solche, die dem institutionellen Rahmen zuzurechnen sind. Nur einer Infrastruktur-Entscheidung wurde die Relevanz einer Weichenstellung zuerkannt. In beiden Ländern wurde keine vergangene Entscheidung im Online-Sektor als Weichenstellung eingeschätzt.

Tabelle 1: Medienpolitische Weichenstellungen in der Vergangenheit

DEUTSCHLAND			
Entscheidung	Bereich	M	SD
Herausragende Weichenstellungen			
Garantie der Kommunikationsfreiheiten im Grundgesetz (Art. 5 GG) (1949)	Rahmen	5,97	0,19
Zulassung privater Rundfunkanbieter (duales Rundfunksystem) (1984)	Rundfunk	5,93	0,26
Gründung der öffentlich-rechtlichen Rundfunkanstalten durch Alliierte und deutsche Landesregierungen (1948)	Rundfunk	5,90	0,41
Vergabe von Presselizenzen an Privatpersonen durch die Alliierten (1945)	Presse	5,79	0,41
Föderales Kompetenzgefüge im Grundgesetz (1949)	Rahmen	5,72	0,53
Weitere Weichenstellungen			
1. Rundfunkurteil des BVerfG: Sicherung der Länderkompetenz im Rundfunk und Verpflichtung zum kooperativen Föderalismus (1961)	Rahmen	5,45	0,74
Ausbau des Kabelnetzes durch die Bundespost (1982)	Infrastruktur	5,31	0,81
Liberalisierung des Telekommunikationsbereichs durch das Telekommunikationsgesetz (1995)	Infrastruktur	5,24	0,69
6., 7. und 8. Rundfunkurteil des BVerfG: «Bestands- und Entwicklungsgarantie» sowie Finanzierungsgarantie für den öffentlich-rechtlichen Rundfunk (1991/1992/1994)	Rundfunk	5,18	0,72
Festlegung der öffentlichen Aufgabe für die Presse durch das BVerfG (Spiegelurteil) (1966)	Presse	5,10	1,08
Gründung des ZDF (1961)	Rundfunk	5,07	0,53
3. Rundfunkurteil des BVerfG: Festlegung der Grundlinien einer dualen Rundfunkordnung (FRAG-Urteil) (1981)	Rundfunk	5,07	0,90
ÖSTERREICH			
Entscheidung	Bereich	M	SD
Herausragende Weichenstellungen			
Rundfunkvolksbegehren: Unabhängigkeit des Rundfunks von Staat/Parteien als Reformanliegen (1964)	Rundfunk	5,67	0,57
Verurteilung des österreichischen Rundfunkmonopols durch den Europäischen Gerichtshof für Menschenrechte in Straßburg (1993)	Rundfunk	5,66	0,81

Entscheid des Verfassungsgerichtshofes: Bund technisch und kulturell für Gesetzgebung und Vollziehung von Rundfunkfragen zuständig (1954)	Rahmen/ Rundfunk	5,62	0,81
Neues Rundfunkgesetz/Bundesgesetz: erstmals Regelung der Organisation und des Programmauftrags des Rundfunks (1966)	Rundfunk	5,61	0,61
Beschluss des Privatfernsehgesetzes: Zulassung von terrestrisch verbreitetem Privatfernsehen (2001)	Rundfunk	5,59	0,69
Wiederaufnahme des Radio-Sendebetriebes nach dem Zweiten Weltkrieg (1945)	Rundfunk	5,56	0,90
Gründung der Mediaprint, kein Eingreifen der Politik (1988)	Presse	5,52	0,98
Weitere Weichenstellungen			
Genehmigung des Zusammenschlusses von News-Gruppe und Profil (2000)	Presse	5,34	0,85
Etablierung der Regulierungsbehörde «KommAustria» und Gründung der «Rundfunk und Telekom Regulierungs-GmbH» (RTR GmbH) (2001)	Rahmen/ Rundfunk	5,34	0,75
Vergabe von Presselizenzen durch die Alliierten (1945)	Presse	5,33	1,20
Übergang des Fernsehversuchsprogramms in einen regelmäßigen Betrieb (1957)	Rundfunk	5,32	0,86
Beitritt Österreichs zur Europäischen Menschenrechtskonvention (1958)	Rahmen	5,30	1,04
Europäische Grundrechtscharta mit einer Garantie der Medienfreiheit (2000)	Rahmen	5,27	1,09
Erlass und Beschluss des «Bundesverfassungsgesetzes über die Sicherung der Unabhängigkeit des Rundfunks» (BVG-Rundfunk) (1974)	Rundfunk	5,23	0,89
Start des Fernsehversuchsprogramms (1955)	Rundfunk	5,16	1,09
Konstituierung der «Österreichischen Rundfunk Gesellschaft mbH» (1957)	Rundfunk	5,16	1,00
EU beendet Wettbewerbsverfahren gegen den ORF mit einem Kompromiss – Entscheid ist Basis für ein neues ORF-Gesetz (2009)	Rundfunk	5,13	0,63
EU-Fernsehrichtlinie «Fernsehen ohne Grenzen» (1989)	Rundfunk	5,09	1,02
Schaffung der APA (1946) und nachfolgender Ausbau zu einer staats- und regierungsfreien Nachrichtenagentur	Infrastruktur	5,08	1,12

Anmerkungen: *N* = 53-64 (für Österreich), *N* = 27-29 (für Deutschland). Unumstrittene Weichenstellungen sind hellgrau hinterlegt (der Mittelwert der Standardabweichungen aller Entscheidungen in Österreich betrug 1,01, in Deutschland 0,90; vgl. auch Kapitel 3.4)

Quelle: eigene Darstellung

Die wichtigste Weichenstellung war für die Experten in Österreich das Rundfunkvolksbegehren 1964, mit dem versucht werden sollte, die Unabhängigkeit und Entpolitisierung des österreichischen Rundfunks voranzutreiben. In Deutschland wurde die Garantie der Kommunikationsfreiheiten im Grundgesetz 1949 als herausragendste Weichenstellung klassifiziert. Die Zulassung privater Rundfunkanbieter 1984 lag an zweiter Stelle. Die Gründung öffentlich-rechtlicher Rundfunkanstalten durch die Alliierten wurde als historisch drittwichtigste Entscheidung angesehen. Und mit der Vergabe von Presselizenzen durch die Alliierten ist eine Entscheidung aus dem Pressebereich unter den herausragenden deutschen Weichenstellungen, die für Österreich von den dortigen Experten als etwas weniger relevant angesehen wird.

In Österreich war die einzige als herausragende Weichenstellung klassifizierte Entscheidung aus einem anderen Mediensektor als dem Rundfunk (und dessen institutionellem Rahmen) eine «Nicht-Entscheidung» im Pressebereich. Der Gründung der *Mediaprint* im Jahr 1988 und dem Nicht-Eingreifen medienpolitischer Akteure wird sehr große Bedeutung zugewiesen. Des Weiteren gilt es unter den Experten in Österreich als wenig umstritten, dass die Genehmigung des Zusammenschlusses von *News-Gruppe* und *Profil* eine weitere Weichenstellung darstellt. Auch hier bezogen sich die Hinweise vor allem darauf, dass die Genehmigung (wieder) eine Konsequenz aus einem mangelhaften Kartellrecht sei und damit die Medienvielfalt eine Beeinträchtigung erfahren habe.

Die herausragenden Weichenstellungen in Deutschland wurden fast ausschließlich durch die Politik (und durch die deutsche Justiz) getroffen – und auch an der Zulassung privater Rundfunkbetreiber waren politische Akteure mitbeteiligt. In Österreich zeigt sich ein differenzierteres Bild: Das Rundfunkvolksbegehren 1964 als wichtigste Weichenstellung ist eine Entscheidung, die nicht von politischen Organisationen ausging. Auch die zweit- und die drittwichtigste Weichenstellung gingen nicht von Parteien oder Regierung aus, sondern vom Europäischen Gerichtshof und vom österreichischen Verfassungsgerichtshof.

In Österreich und in Deutschland zeichnen sich entscheidungsintensive Zeiträume ab, in Deutschland stärker als in Österreich. Eine für beide Länder wichtige Periode ist die Zeit unmittelbar nach dem Zweiten Weltkrieg. Dies ist der Tatsache geschuldet, dass nach dem Zweiten Weltkrieg neue Medienordnungen etabliert wurden. In Deutschland wurden auch noch in den Jahren nach 1960 Weichen für Rundfunk und Presse gestellt, hier spielte das Bundesverfassungsgericht eine große Rolle. In den Jahren 1981 bis 1984 wurde schließlich das duale Rundfunksystem etabliert. In Österreich wurden in den 1950er Jahren Weichen für den Rundfunk gestellt, 1964 wurde durch das von parteiunabhängigen Tages- und Wochenzeitungen initiierte Volksbegehren der Anstoß für das Rundfunkgesetz 1966 gegeben. Die Dualisierung des Rundfunksystems erfolgte in Österreich viel später als in Deutschland: 1993 kam es zur Verurteilung des Rundfunkmonopols durch den Europäischen Gerichtshof für Menschenrechte. Sie ebnete den Weg für die Liberalisierung des Rundfunksystems.

4.2 Weichenstellungen in der Zukunft

Von den 34 möglichen zukünftigen Entscheidungen wurden in Österreich zwei als erwartbare und vier als unerwartbare Weichenstellungen betrachtet. Von den deutschen Experten wurden drei der 35 möglichen zukünftigen Entscheidungen als erwartbare Weichenstellung eingeschätzt, keine als unerwartbare. Alle erwartbaren Weichenstellungen betreffen die Vielfaltssicherung (Tabelle 2, vgl. auch Brantner/Haas 2012: 187; Vowe/Opitz/Dohle 2008: 178).

In den Bewertungen zeigen sich Übereinstimmungen: In Österreich und in Deutschland wird der medienübergreifenden Konzentrationskontrolle die höchste Relevanz zugeschrieben. In beiden Ländern zeigen sich hier fast identische Mittelwerte. Das Eintreten dieser Entscheidung wird in Deutschland jedoch als etwas weniger wahrscheinlich angesehen als in Österreich; die Einschätzung ist in Deutschland zudem stärker kontrovers. Über diese konkrete Entscheidung hinaus zeigt sich aber auch, dass medienübergreifenden Entscheidungen insgesamt eine stärkere Bedeutung zugewiesen wird.[6]

Die zwei weiteren in Deutschland als erwartbare Weichenstellungen eingeschätzten Entscheidungen wurden seit der deutschen Erhebung 2007 bereits angegangen: So wurde erwartet, dass der Gesetzgeber Vorkehrungen für die Bündelung von Inhalten auf den Plattformen für digitales Fernsehen treffen wird. Dies wurde zum Beispiel im 10. Rundfunkänderungsstaatsvertrag aus dem Jahr 2008 realisiert (vgl. Vowe/Opitz/Dohle 2008: 181). Auch die österreichischen Rundfunkgesetze treffen entsprechende Vorkehrungen. Dies war zwar ebenfalls Teil des prospektiven Entscheidungskatalogs in Österreich, wurde von den dortigen Experten allerdings nicht als Weichenstellung eingestuft (vgl. Brantner/Haas 2012). Auch die dritte erwartete Weichenstellung in Deutschland wurde mittlerweile zum medienpolitischen Thema: Ein marktbeherrschender Softwareanbieter muss gewährleisten, dass andere Anbieter mit ihrer Software an die marktbeherrschende Software anschließen können (vgl. Vowe/Opitz/Dohle 2008: 181).[7]

Eine hohe Wahrscheinlichkeit wird von den österreichischen Experten der zweiten erwartbaren Weichenstellung zugesprochen. Dort geht es weniger um eine Entscheidung im engeren Sinn, sondern um die Verlagerung von Entscheidungsbefugnissen: Die Experten sind sich im Hinblick auf Relevanz und Wahrscheinlichkeit darüber einig, dass die Kompetenzen in medienpolitischen Fragen

---

6   Auch aus diesem Grund sind die in Tabelle 2 vorgenommenen Zuordnungen zu den jeweiligen Bereichen teilweise problematisch. Sollte sich der Prozess der Medienkonvergenz intensivieren, könnten die Zuordnungen in einzelne Medienbereiche sogar obsolet werden (vgl. Vowe/Opitz/Dohle 2008). Dennoch wurde versucht, die Entscheidungen jenen Bereichen zuzuordnen, die im Schwerpunkt betroffen sind.

7   Dieses Beispiel verweist auf ein Problem bei der Vergleichbarkeit beider Studien. Die deutsche Erhebung aus dem Jahr 2007 ist älter als die österreichische Studie aus dem Jahr 2011. Seit 2007 hat es gerade auf dem Markt der Computersoftware und der Online-Medien erhebliche Veränderungen gegeben. Diese wirken sich auch auf medienpolitische Diskussionen und möglicherweise auch auf Einschätzungen zur Wichtigkeit einzelner Maßnahmen aus. Die beherrschende Stellung von *Microsoft* ist derzeit beispielsweise weniger stark auf der Tagesordnung als die Dominanz einzelner Anbieter im Online-Bereich wie etwa *Google*.

sich vermehrt auf die EU-Ebene verlagern werden. Dies zeigt sich auch durch die Einschätzung des Einflusses, der europäischen Institutionen in der Zukunft zugesprochen wird (vgl. Kapitel 4.4).

Tabelle 2: Medienpolitische Weichenstellungen in der Zukunft

ÖSTERREICH Entscheidung	Bereich	Relevanz		Wahrscheinlichkeit	
		M	SD	M	SD
Erwartbare Weichenstellungen					
Die Konzentrationskontrolle wird medienübergreifend angelegt.	Rundfunk	5,48	0,90	3,94	1,08
Die Kompetenzen in medienpolitischen Fragen verlagern sich vermehrt auf die EU-Ebene.	Rahmen	5,37	0,81	4,73	0,81
Unerwartbare Weichenstellungen					
Die Rundfunkgebühren werden abgeschafft;	Rundfunk	5,63	0,95	2,00	1,52
Staatliche Instanzen erhalten größere Möglichkeiten, die journalistische Recherche einzuschränken.	Presse	5,60	0,94	2,32	1,13
Dem öffentlich-rechtlichen Rundfunk wird untersagt, Werbung zu senden.	Rundfunk	5,53	1,07	1,95	1,29
Die Medienfusionskontrolle wird gelockert, sodass Kooperationen und Zusammenschlüsse von Verlagen leichter möglich sind.	Presse	5,24	1,18	3,08	0,97
DEUTSCHLAND					
Erwartbare Weichenstellungen					
Die Konzentrationskontrolle wird medienübergreifend angelegt.	Rundfunk	5,50	0,75	3,55	1,33
Der Gesetzgeber trifft Vorkehrungen für die Bündelung von Inhalten auf den Plattformen, auf denen digitales Fernsehen angeboten wird.	Rundfunk	5,11	0,97	4,00	1,50
Die EU-Regeln werden vorgesehen: Ein marktbeherrschender Softwareanbieter wie z.B. Microsoft muss gewährleisten, dass andere Anbieter die Möglichkeit bekommen, mit ihrer Software an die marktbeherrschende Software anzuschließen.	Online	5,00	1,02	4,72	0,65

Anmerkungen: $N = 58$-64 (für Österreich); $N = 26$-29 (für Deutschland). Hellgrau hinterlegte Werte bei Relevanz und Wahrscheinlichkeit zeigen unumstrittene, dunkelgrau hinterlegte Werte umstrittene Einschätzungen (der Mittelwert aller Standardabweichungen für die Relevanz betrug in Österreich 1,14, in Deutschland 1,21; der Mittelwert aller Standardabweichungen für die Wahrscheinlichkeit betrug in Österreich 1,10, in Deutschland 1,08)

Quelle: eigene Darstellung

Anders als für Deutschland finden sich mit Blick auf Österreich zudem mehrere Weichenstellungen, die als außerordentlich wichtig eingestuft werden, deren

Eintrittswahrscheinlichkeit aber gleichzeitig als gering eingeschätzt wird. So weisen die österreichischen Experten der Abschaffung der Rundfunkgebühren die insgesamt größte Relevanz aller zukünftigen Weichenstellungen zu, die tatsächliche Umsetzung zweifeln sie indes deutlich an. Ein ähnliches Bild ergibt sich für die mögliche Entscheidung, dass staatliche Instanzen in Österreich größere Möglichkeiten zur Einschränkung der journalistischen Recherche erhalten. Als relevant, aber unwahrscheinlich wird auch eine Verordnung eingeschätzt, der zufolge dem öffentlich-rechtlichen Rundfunk untersagt wird, Werbung zu senden. Auch die Lockerung der Medienfusionskontrolle wird als weitere Weichenstellung bewertet, die als eher unwahrscheinlich angesehen wird – wobei der Mittelwert bei der Eintreffenswahrscheinlichkeit höher liegt als jener bei den anderen unwahrscheinlichen Weichenstellungen.

Insgesamt fällt auf, dass in beiden Ländern nur wenige der möglichen Entscheidungen in der Zukunft als Weichenstellungen deklariert werden können (vgl. für eine vollständige Auflistung der möglichen zukünftigen Entscheidungen: Brantner/Haas 2011, 2012; Vowe/Opitz/Dohle 2008). Tendenziell lässt sich erkennen, dass aus Sicht der Experten neben medien- auch länderübergreifende Entscheidungen an Bedeutung gewinnen könnten.

Auffällig ist zudem, was fehlt: In Österreich und in Deutschland werden keine Weichenstellungen erwartet, mit denen zum Beispiel die Medienselbstkontrolle oder die Position zivilgesellschaftlicher Akteure gestärkt werden könnte.

4.3 Akteursrelevanz in der Vergangenheit

Im retrospektiven Vergleich der Wichtigkeit medienpolitischer Akteure in Österreich (vgl. Abbildung 1, vgl. auch Brantner/Haas 2012: 177) und Deutschland (vgl. Abbildung 2, vgl. auch Vowe/Opitz/Dohle 2008: 176) zeigen sich ebenfalls Gemeinsamkeiten und Unterschiede.

Die Experten aus beiden Ländern sehen eine gestiegene Bedeutung europäischer Institutionen und internationaler Organisationen. Auch den Medienanbietern/-verbänden wurde in Deutschland zunächst eine eher geringe Bedeutung zugeschrieben, die aber im Zeitverlauf stark anstieg. Für Österreich wurde die Bedeutung von Medienanbietern/-verbänden nicht gemeinsam abgefragt. Die österreichischen Experten betrachten hier vor allem den *ORF* (*Österreichischer Rundfunk*) sowie die Verleger als wichtige Akteure – wobei insbesondere die Bedeutung des *ORF* aus Sicht der Experten zuletzt etwas zurückgegangen ist. Die Relevanz des *VÖZ* (*Verband Österreichischer Zeitungen*) ist im Vergleich dazu geringer, steigt aber nach Meinung der Befragten recht kontinuierlich an. Die Bedeutung des erst 1993 gegründeten *VÖP* (*Verband Österreichischer Privatsender*) ist gering, aber auch sie steigt im Zeitverlauf.

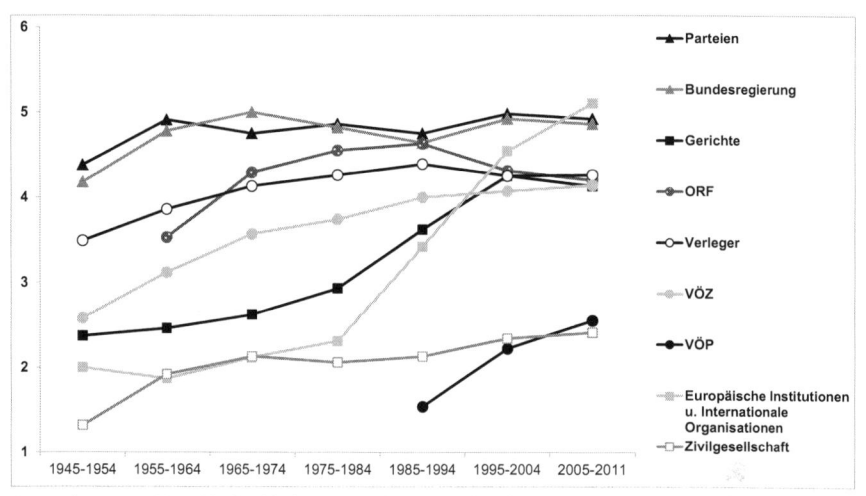

Abbildung 1: Akteursrelevanz in Österreich in der Vergangenheit

Anmerkungen: N = 46-60; Skala: 1 = «nicht wichtig» bis 6 = «sehr wichtig»; die Abbildung zeigt die Mittelwerte für die jeweiligen Dekaden

Quelle: eigene Darstellung

Als wichtigste Akteure der jüngsten Vergangenheit werden in Österreich neben den europäischen Institutionen und internationalen Organisationen die Parteien und die Bundesregierung angesehen. Aus Sicht der Experten in Österreich waren Parteien und Bundesregierung auch schon in der Vergangenheit durchgehend äußerst zentrale medienpolitische Akteure.

Im Gegensatz dazu werden in Deutschland die Gerichte über einen sehr langen Zeitraum hinweg als die wichtigsten medienpolitischen Akteure angesehen. Die Bedeutung der Gerichte als medienpolitische Akteure ist vor allem der Tatsache geschuldet, dass die deutsche Rundfunkpolitik parteipolitisch stark umstritten war und dem deutschen Bundesverfassungsgericht die Funktion zukam, Auswege aus dem Patt zu finden. Parteien und Bundesregierung/Bundestag werden dagegen als weitaus unwichtiger bewertet. Bei der geringen Rolle, die dem Bund in Deutschland zugesprochen wird, macht sich die zentrale Bedeutung des Föderalismus in der deutschen Medienpolitik bemerkbar. Entsprechend haben den Experten zufolge die Landesregierungen/-parlamente in Deutschland ein durchgehend hohes Gewicht.

Zivilgesellschaftlichen Akteuren wird sowohl in Deutschland als auch in Österreich eine eher geringe Relevanz zugeschrieben.

Abbildung 2: Akteursrelevanz in Deutschland in der Vergangenheit

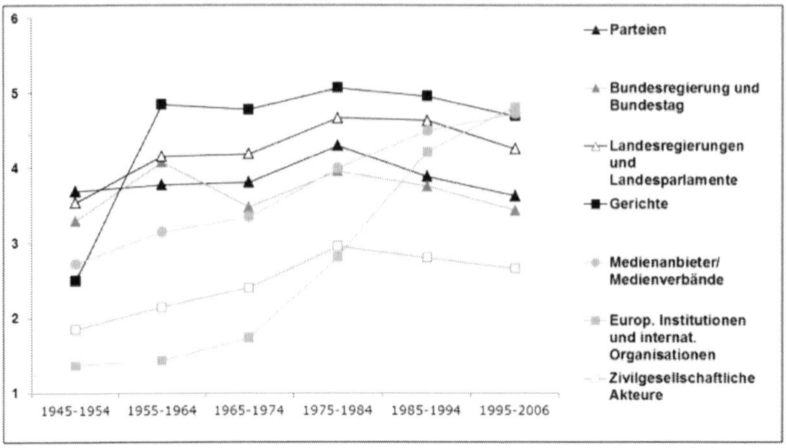

Anmerkungen: *N* = 23-28; Skala: 1 = «nicht wichtig» bis 6 = «sehr wichtig»; die Abbildung zeigt die Mittelwerte für die jeweiligen Dekaden

Quelle: eigene Darstellung

4.4 Akteursrelevanz in der Zukunft

Auch in der Bewertung der zukünftigen Wichtigkeit medienpolitischer Akteure in Österreich (vgl. Abbildung 3, vgl. auch Brantner/Haas 2012: 179) und Deutschland (vgl. Abbildung 4, vgl. auch Vowe/Opitz/Dohle 2008: 176) zeigen sich teilweise ähnliche Befunde. Dies gilt vor allem für die europäischen Institutionen und internationalen Organisationen. Hier sind die Experten beider Länder fast einhellig der Meinung, dass deren Einfluss in Zukunft weiter steigen wird.

Es sind allerdings auch bemerkenswerte Unterschiede erkennbar – vor allem mit Blick auf die klassischen medienpolitischen Akteure Parteien und Regierungen. Die deutschen Experten sind der Ansicht, dass sich der Bedeutungsverlust der Parteien fortsetzt und die Wichtigkeit von Landesregierungen, der Bundesregierung und der Parlamente eher abnehmen als gleich bleiben wird. Die Experten in Österreich sehen dagegen Regierung und Parteien im Trend nur mit geringen Schwankungen als wichtige medienpolitische Akteure und glauben, dass sich daran nichts ändern wird.

Abbildung 3: Akteursrelevanz in Österreich in der Zukunft

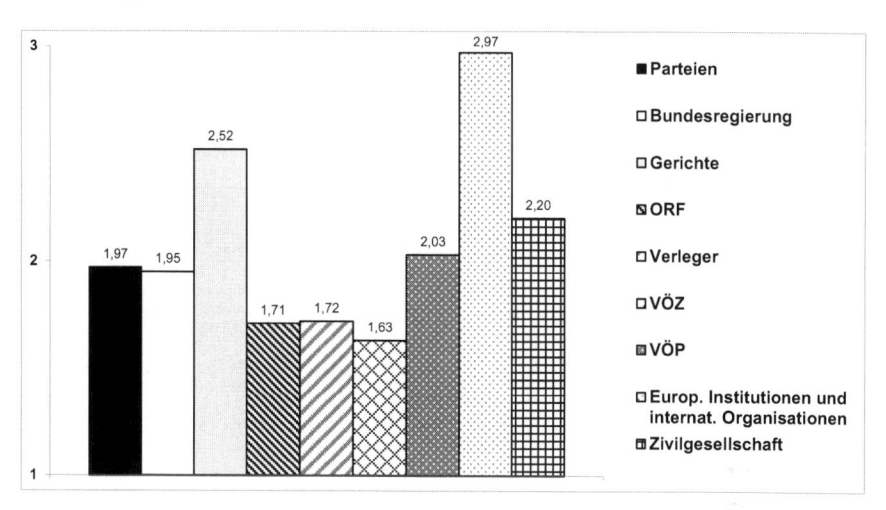

[Balkendiagramm mit folgenden Werten:
- Parteien: 1,97
- Bundesregierung: 1,95
- Gerichte: 2,52
- ORF: 1,71
- Verleger: 1,72
- VÖZ: 1,63
- VÖP: 2,03
- Europ. Institutionen und internat. Organisationen: 2,97
- Zivilgesellschaft: 2,20]

Anmerkungen: N = 58-64; Skala: 1 = «der Einfluss wird sich verringern», 2 = «der Einfluss wird gleich bleiben», 3 = «der Einfluss wird sich vergrößern»

Quelle: eigene Darstellung

Somit wird die Vermutung der deutschen Experten, die Wichtigkeit der zentralen nationalen politischen Akteure lasse nach, von den österreichischen Experten nur teilweise geteilt: Zwar wird auch in Österreich einer Vielzahl von Akteuren medienpolitische Relevanz zugeschrieben, aber Bundesregierung und Parteien werden (nach europäischen Institutionen und internationalen Organisationen) auch zukünftig als zentrale medienpolitische Akteure eingeschätzt. Dazu wird in Österreich insbesondere den Gerichten eine steigende Bedeutung zugeschrieben.

Die Entwicklung der Relevanz nicht-staatlicher Akteure vollzieht sich schließlich nach Ansicht der Experten in Österreich sogar entgegengesetzt zur Entwicklung in Deutschland: Schon retrospektiv wurde den Medienanbietern/-verbänden in Österreich ein stagnierender Einfluss zugesprochen, in Deutschland wurde der Einfluss als steigend bewertet. Und auch prospektiv wird den Medienanbietern/-verbänden in Österreich keine Vergrößerung ihres Einflusses zugetraut. Die deutschen Experten gehen dagegen von einem weiteren Anstieg der Bedeutung von Anbietern und Verbänden aus.

Abbildung 4: Akteursrelevanz in Deutschland in der Zukunft

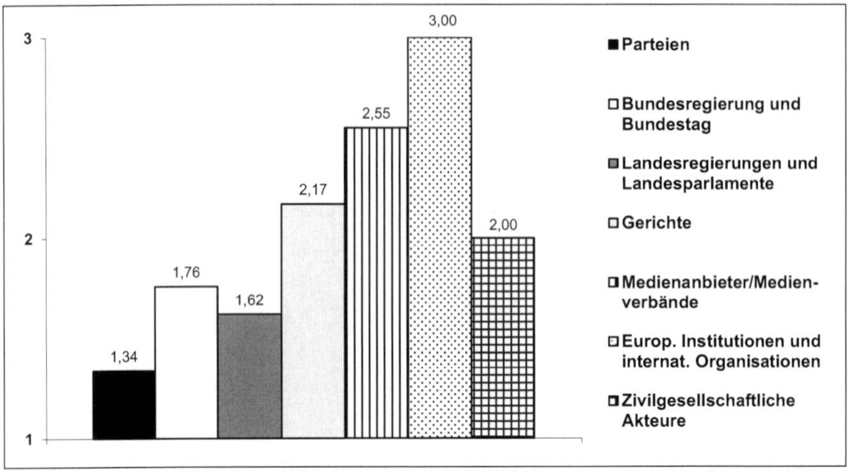

Werte der Balken (von links nach rechts): 1,34; 1,76; 1,62; 2,17; 2,55; 3,00; 2,00

Legende:
- Parteien
- Bundesregierung und Bundestag
- Landesregierungen und Landesparlamente
- Gerichte
- Medienanbieter/Medienverbände
- Europ. Institutionen und internat. Organisationen
- Zivilgesellschaftliche Akteure

Anmerkungen: $N = 27\text{-}29$; Skala: 1 = «der Einfluss wird sich verringern», 2 = «der Einfluss wird gleich bleiben», 3 = «der Einfluss wird sich vergrößern»

Quelle: eigene Darstellung

5 Diskussion

Mit den beiden Delphi-Studien liegen nun zwei mehrwellige Expertenbefragungen zur Relevanz medienpolitischer Entscheidungen und Akteure in Vergangenheit und Zukunft vor. Sie stammen aus unterschiedlichen Ländern mit unterschiedlichen Medienlandschaften. Dies ist bei einem Vergleich der Resultate ebenso zu berücksichtigen wie der zeitliche Abstand zwischen beiden Erhebungen. Dieser Abstand dürfte weniger Bedeutung für die retrospektiven Einschätzungen haben. Für die Beurteilung zukünftiger Entwicklungen könnte es allerdings relevant sein, ob sie im Jahr 2007 oder 2011 abgegeben wurden.

Die Studien und ihre Ergebnisse liefern jedoch eine geeignete Basis, die für die weitere Einordnung medienpolitischer Entscheidungen und ihrer Relevanz genutzt werden kann. Nach der Erfahrung mit nunmehr zwei Experten-Delphi-Studien lässt sich zudem feststellen, dass sich das methodische Vorgehen bewährt hat, um die differenzierten und medienpolitisch maßgeblichen Sichtweisen des langfristigen Wandels von Medienstrukturen systematisch zu erfassen und zu beschreiben. Der Ertrag zeigt sich in mehrfacher Hinsicht: Es lässt sich feststellen, dass in beiden Ländern ein gewisser Konsens über zentrale medienpolitische

Entscheidungen, also über Weichenstellungen, vorherrscht. Zudem konnten die zentralen von den etwas weniger wichtigen Akteuren differenziert werden. Die Ergebnisse geben darüber hinaus Hinweise auf die Änderungen von Sichtweisen – etwa mit Blick auf die unterschiedliche Bedeutung von Akteuren in unterschiedlichen Zeiträumen.

Und schließlich konnten Gemeinsamkeiten und Unterschiede zwischen Österreich und Deutschland herausgearbeitet werden. Dabei fällt eine zentrale Differenz zwischen beiden Ländern auf: Für Deutschland wird konstatiert, dass der Einfluss von nationalen und föderalen politischen Akteuren zurückgehe. Dies kann für Österreich so nicht bestätigt werden. Wie die deutschen Experten sehen auch die Befragten für Österreich eine wachsende Bedeutung der europäischen Institutionen und internationalen Organisationen und werten diese auch bereits als zentrale medienpolitische Akteure. Sie sehen jedoch Parteien und Bundesregierung nach wie vor als überaus wichtig in der Medienpolitik an und gehen davon aus, dass dies auch in Zukunft so sein wird. Die von den deutschen Experten den Medienanbietern/-verbänden zugeschriebene Bedeutungszunahme ist für die österreichischen Experten ebenfalls nicht sichtbar. Die Prognose des «Politikwandel[s] von der nationalstaatlichen Medienpolitik hin zu Media-Governance» (Jarren/Vogel/Vowe 2008: 66) ist somit in den Augen der Experten für Österreich nur eingeschränkt gültig.

Delphi-Befragungen sind somit nicht nur ein geeigneter Baustein, um längerfristige Prozesse in einem Land zu untersuchen, sondern sie eignen sich im Bereich der Medienpolitik auch für internationale Vergleiche. Ihre Bedeutung im Rahmen solcher vergleichenden Analysen sollte jedoch auch nicht überschätzt werden. Selbst wenn sich Experten über die Wichtigkeit medienpolitischer Entscheidungen oder Akteure weitgehend einig sind, bedeutet dies nicht zwangsläufig, dass diese Einschätzungen unbedingt zutreffen. Mehrheit ist nicht Wahrheit, auch nicht die Mehrheit von Experten. Darüber hinaus ist die Validität von Prognosen auch dann fraglich, wenn diese auf einer größeren Anzahl von Experten beruhen.

Um zu überprüfen, in welchem Maße sich die prospektiven Einschätzungen bewahrheitet haben, sollten die Delphi-Erhebungen in regelmäßigen Abständen wiederholt werden. Hierbei wäre zusätzlich eine Integration weiterer Länder mit stärkeren Unterschieden als zwischen Österreich und Deutschland möglich. Und auch die Besonderheiten der Online-Welt sollten in zukünftigen Studien stärker berücksichtigt werden: Gerade im Online-Bereich besteht und entsteht Regulierungsbedarf, der jedoch nur sehr bedingt in Form von nationalen Weichenstellungen umsetzbar ist.

Literatur

Aichholzer, Georg (2002): Das ExpertInnen-Delphi: Methodische Grundlagen und Anwendungsfeld «Technology Foresight». ITA manu:script. Wien: Institut für Technikfolgen-Abschätzung der Österreichischen Akademie der Wissenschaften.

Brantner, Cornelia/Haas, Hannes (2012): Rundfunkpolitische Weichenstellungen der Vergangenheit und Zukunft in Österreich. Ergebnisse einer Delphi-Studie. In: Steininger, Christian/Woelke, Jens (Hrsg.): Fernsehen in Österreich 2011/2012. Konstanz: UVK, S. 153-194.

Brantner, Cornelia/Haas, Hannes (2011): Medienpolitische Weichenstellungen in Österreich: Rückblick und Vorausschau. Ein Experten-Delphi zur Medienpolitik in Österreich und ein Drei-Länder-Vergleich mit Deutschland und der Schweiz. Studie im Auftrag des Bundeskanzleramtes Österreich [Interner Bericht]. Wien: Institut für Publizistik- und Kommunikationswissenschaft der Universität Wien.

Häder, Michael (2009): Delphi-Befragung. Ein Arbeitsbuch. 2. Auflage. Wiesbaden: VS Verlag.

Jarren, Otfried/Vogel, Martina/Vowe, Gerhard (2008): Bewusst gestaltete Medienlandschaften. Weichenstellungen in der Schweiz und Deutschland seit 50 Jahren. In: Neue Zürcher Zeitung, 18.01.2008, S. 66.

Künzler, Matthias (2009): Die Liberalisierung von Radio und Fernsehen. Leitbilder der Rundfunkregulierung im Ländervergleich. Konstanz: UVK.

Langenbucher, Wolfgang R. (2007): Konzepte der Medienpolitik in Österreich. In: Jarren, Otfried/Donges, Patrick (Hrsg.): Ordnung durch Medienpolitik? Konstanz: UVK Verlag, S. 59-70.

Puppis, Manuel (2010): Einführung in die Medienpolitik. 2. Auflage. Konstanz: UVK.

Schulz, Merlen/Renn, Ortwin (2009): Das Gruppendelphi. Konzept und Vorgehensweise. Wiesbaden: VS Verlag.

Thomaß, Barbara (Hrsg.) (2007): Mediensysteme im internationalen Vergleich. Konstanz: UVK.

Vowe, Gerhard/Opitz, Stephanie/Dohle, Marco (2008): Medienpolitische Weichenstellungen in Deutschland – Rückblick und Vorausschau. In: Medien & Kommunikationswissenschaft, 56, Nr. 2, S. 159-186.

Vowe, Gerhard (1999): Medienpolitik zwischen Freiheit, Gleichheit und Sicherheit. In: Publizistik, 44, Nr. 4, S. 395-415.

Auf dem Weg zum «Single Regulator»?
Medienregulierung in Europa.

Dirk Arnold

1 Einführung

1.1 Problemaufriss

Gesetzgeber und andere relevante Akteure wie Regulierungsorganisationen haben die Aufgabe, Qualität und Vielfalt der Massenmedien sicherzustellen. Für die klassischen Massenmedien Presse und vor allem für den Rundfunk wurden hierfür in den vergangenen Jahrzehnten Regulierungsmodelle und -verfahren etabliert, die sich im Wesentlichen durch ihre Inhalts- und Marktzutrittsbestimmungen unterscheiden (vgl. Latzer 2007: 148). Überdies besteht bislang eine technikorientierte Unterteilung der Ordnungsmodelle in Medien und Telekommunikation sowie in Individual- und Massenkommunikation. Die Unterschiede manifestieren sich in getrennten politischen Zuständigkeiten sowie in separaten Gesetzesgrundlagen und Regulierungsorganisationen (vgl. ebd.: 147).

Die bisherige Art und Weise Medien zu regulieren, stößt angesichts der technischen Konvergenz, die mit der Digitalisierung der Produktion, Distribution und Nutzung von Medieninhalten verbunden ist, an ihre Grenzen. Es wird zunehmend schwieriger, Medienangebote einem Regulierungsmodell zuzuordnen. Digitalisierte Inhalte können über verschiedene Übertragungswege (Kabel-, Satelliten- oder terrestrische Netze sowie Funk- und Telefonnetze) sowie mithilfe des Internetprotokolls verbreitet und mit Endgeräten empfangen werden. Damit ergibt sich die Möglichkeit, über verschiedene Netzplattformen im Wesentlichen ähnliche Inhalte zu übertragen und zu nutzen (vgl. Puppis 2010: 65f.; Roßnagel/Kleist/Scheuer 2007: 26). Die Vermehrung an Übertragungs- und Vertriebsmöglichkeiten und die Verbreitung des Internets führt des Weiteren zu neuen Anbietertypen und zu einer Erweiterung des Angebots um beispielsweise partizipative Formen und interaktiv nutzbare Medieninhalte (vgl. Seufert/Gundlach 2012: 418). Für viele der neu entstandenen Formen, Angebote und Anbieter ist eine Zuordnung zu einem Medientyp bzw. generell zur Massenkommunikation nicht mehr ohne Weiteres möglich, da die Grenzen verschwimmen.

Nach dem Wegfall der Frequenzknappheit ist es zudem schwerer zu legitimieren, warum der Rundfunk strengeren Regularien unterliegt als die Presse oder die Online-Medien. Infolge dessen wird verstärkt eine Konvergenz der Regulierung gefordert, die sowohl integrierte Regulierungsmodelle und -inhalte als auch integrierte Regulierungsorganisationen und Aufsichtsstrukturen einschließt (vgl. Latzer 2007: 159). Insbesondere wird ein Reformbedarf postuliert, der die Anpassung der geltenden Rechtsordnung und die Schaffung neuer Regelungen sowie die «Institutionalisierung einer einzigen Regulierungsbehörde für den ganzen Medien- und Kommunikationssektor, einem sogenannten 'Single Regulator'» (Puppis 2010: 67) umfasst.[1]

1.2 Zielstellung

Im Folgenden soll am Beispiel der Mitgliedstaaten der Europäischen Union (EU)[2] untersucht werden, inwieweit diese auf dem Weg zu einer Medienregulierungskonvergenz sind. Medienregulierung wird dabei im Folgenden in einem engeren Sinne verstanden als hoheitliches Handeln und mit Puppis (2009: 24f.) «als Prozess der Regelsetzung, Regeldurchsetzung und Sanktionierung von Regelverstößen durch staatliche Akteure» definiert. Die Regelungen sind in den «diversen kodifizierten Normengefügen auf den verschiedenen Gesetzesstufen aufgeführt (und) umfassen auch die dadurch geschaffenen nationalen Regulierungsbehörden» (Weber 2007: 45f.). In diesem engeren Sinne kann Medienregulierung auch als «operation of specific, often legally binding, tools that are de-

---

1   Die Notwendigkeit eines «coherent regulatory regime» (Müller/Gusy 2011: 49) bzw. einem «more integrated approach to media policy» (Cafaggi/Casarosa/Prosser 2012: 20) ist jedoch nicht zwingend als Einheitslösung für sämtliche Medienangebote zu verstehen. Auch in einem gemeinsamen Regulierungsrahmen bleiben Abstufungen bestehen. Michael Latzer (vgl. 2007: 161) regt an, nach Infrastruktur und Inhalten getrennt zu regulieren, wobei für die Inhalte eine abgestufte Regulierung entsprechend ihrer gesellschaftlichen Bedeutung und Auswirkung als plausibel erachtet wird.
2   Zu den EU-Mitgliedstaaten zählen Österreich (AT), Belgien (BE), Bulgarien (BG), Zypern (CY), Tschechische Republik (CZ), Bundesrepublik Deutschland (DE), Dänemark (DK), Estland (EE), Spanien (ES), Finnland (FI), Frankreich (FR), Vereinigtes Königreich (GB), Griechenland (GR), Ungarn (HU), Irland (IE), Italien (IT), Litauen (LT), Luxemburg (LU), Lettland (LV), Malta (MT), Niederlande (NL), Polen (PL), Portugal (PT), Rumänien (RO), Schweden (SE), Slowenien (SI), Slowakei (SK). Im Folgenden werden die Länderkürzel verwandt.

ployed on the media to achieve established policy goals» (Freedman 2008: 14) verstanden werden.

Konkret interessiert, ob die technische Medienkonvergenz zu einer Konvergenz der Medienregulierungssektoren führt, sowohl hinsichtlich der Existenz konvergenter Mediengesetze als auch konvergenter Medienregulierungsbehörden (im Folgenden: MRB). Hierzu werden zuerst die Mediengesetzgebungen der 27 EU-Mitgliedsstaaten daraufhin analysiert, inwieweit es einen gemeinsamen Rechtsrahmen für alle publizistisch relevanten Medien gibt. Im Anschluss interessiert zudem, inwieweit die EU-Staaten die Zuständigkeiten und Kompetenzen ihrer MRB ausgeweitet und umstrukturiert haben.

Im Fokus des Beitrags steht dabei weniger die konvergente Regulierung von Rundfunk und Telekommunikation, als vielmehr integrierte Regulierungsmodelle, die alle publizistisch relevanten Medien umfassen. Gleich über welche Plattform haben diese einen besonderen Stellenwert für die Öffentlichkeit. In Hinblick auf die Online-Medien wird man hier präziser definieren müssen, welche Inhalte als publizistisch relevant bzw., um die deutsche Diskussion um die Telemedien aufzugreifen, journalistisch-redaktionell gestaltet anzusehen sind.[3]

1.3 Methodisches Vorgehen

Die Untersuchungsergebnisse basieren auf einer Dokumentenanalyse. Es wurden wissenschaftliche Studien aus und von den jeweiligen Untersuchungsländern sowie von Dokumenten wie vor allem den Mediengesetzen und Policy-/Positionspapieren maßgeblicher Regulierungsakteure ausgewertet (insbesondere Datenbank der EAI sowie Länderprofile der EPRA). Zum Korpus gehören weiterhin die im Auftrag der EU-Kommission durchgeführten Studien «Indicators for Independence and efficient functioning of Audiovisual Media Services regulatory bodies for the purpose of enforcing the rules in the AVMS Directive» (EC 2009), «Independent Study on Indicators for Media Pluralism in the Member States - Towards a Risk-Based Approach» (EC 2008), «Study on co-regulation measures in the media sector» (EC 2006) sowie die Studien «Mapping Digital Media» (OSF 2012), «European Media Policies Revisited: Valuing & Reclaim-

---

3 Die wissenschaftliche Einengung widerspricht zwar der Forderung, die exklusive Fokussierung in der Kommunikationswissenschaft auf öffentliche Massenkommunikation zu beenden und den Gegenstand von Medienpolitik auf Kommunikationspolitik inklusive Telekommunikation auszuweiten (Latzer 2007: 149). Sie entspricht andererseits jedoch der geforderten regulatorischen Praxis, nämlich in Regulierung der Inhalte und Infrastruktur zu unterscheiden.

ing Free and Independent Media in Contemporary Democratic Systems» (MEDIADEM 2011) und «Hungarian Media Laws in Europe: An Assessment of the Consistency of Hungary's Media Laws with European Practices and Norms» (CMCS 2012). Auf Basis dieser Dokumente wurden die Medienregulierungsinstrumente und -formen der EU-Staaten deskriptiv in Form eines synchronen Ländervergleichs erfasst.

2 Befunde

2.1 Konvergente Mediengesetze

Die Analyse der Mediengesetzgebungen der 27 EU-Mitgliedsstaaten zeigt, dass es bislang keinen gemeinsamen Rechtsrahmen für alle publizistisch relevanten Medien gibt. Einzig in Ungarn existiert ein konvergenter Regulierungsrahmen für alle publizistischen Medien.[4] Zu diesem gehören das Gesetz zur Meinungsfreiheit und zu den Grundvorschriften für Medieninhalte sowie das Gesetz über Mediendienste und Massenmedien, die Bestimmungen sowohl für öffentliche wie privat-kommerzielle Rundfunkmedien, Telekommunikationsdienste, abruf- und medienbegleitende Dienste sowie redaktionell verfasste Online-Medien und Nachrichtenportale beinhalten (Anwendungsbereich gemäß Art. 1 der Mediengesetze in der Fassung vom 03.07.2012; vgl. http://hunmedialaw.org/media_regulation). Die ungarischen Mediengesetze sind dabei großer Kritik ausgesetzt und haben zu generellen Diskussionen über den Anwendungsbereich geführt. So argumentieren die EU-Gesetzgeber, dass ein einheitlicher Rechtsrahmen für alle Medienbereiche der Pressefreiheit und der Regulierungspraxis in Europa entgegensteht. Befürworter eines konvergenten Rechtsrahmens verweisen darauf, dass die Regulierung von Printmedien und presseähnlichen Online-Medien in der heutigen konvergenten Medienlandschaft notwendig sei, und durchaus konform mit der Richtlinie über audiovisuelle Mediendienste (AVMD-RL) ist, sofern un-

---

4 In Slowenien gab es den Versuch, einen konvergenten Rahmen für alle publizistischen Medien zu schaffen. Es wurde ein konvergentes Massenmediengesetz initiiert, jedoch von den Parlamentariern abgelehnt. Zeitlicher Druck in Folge eines angestrengten Vertragsverletzungsverfahrens durch die EU führte dann dazu, dass ein separates Gesetz über audiovisuelle Mediendienste (2011) verabschiedet wurde (vgl. Smokvina 2012).

terschiedliche Verpflichtungen für verschiedene Medienübernommen werden(vgl. CMCS 2012: 39).

Bis auf Ungarn bestehen in allen EU-Mitgliedsstaaten weiterhin unterschiedliche Ordnungsvorstellungen für die Medienbereiche Print und Rundfunk. Die Regulierung publizistisch relevanter Online-Medien erfolgt dabei im Rahmen der bestehenden Regulierungsmodelle.

So wurde der Anwendungsbereich bestehender *Rundfunkgesetze* in Folge der AVMD-RL auf audiovisuelle Mediendienste ausgeweitet, die rundfunkähnliche Online-Medien einbeziehen. Über herkömmliche Fernsehsender hinaus werden nun auch «IPTV, Streaming und Webcasting, als auch nicht-lineare Dienste, z. B. Video-on-demand» (Trappel 2006: 136) rechtlich erfasst. Hierbei ist der publizistische Gehalt der angebotenen Medieninhalte weiterhin von Bedeutung, da die Bezeichnung als Mediendienst laut Schulz (vgl. 2009: 274) auf die Absicht verweist, dass lediglich Dienste mit medialem Charakter einzubeziehen sind, wozu u. a. eine redaktionelle Verantwortung eines Mediendiensteanbieters zählt, der die Zusammenstellung und Bereitstellung kontrolliert. Die Revision der Fernsehgesetze zielt darauf mit der abgestuften Regelungsdichte für lineare einerseits und nicht-lineare Mediendienste andererseits «konvergenzgerechte europäische Standards für die Inhaltsregulierung zu setzen» (Latzer 2007: 162). Zu den inhaltlichen Bestimmungen gehören, neben den allgemeinen Inhaltebestimmungen wie dem Verbot zur Aufstachelung von Hass, insbesondere Regelungen zum Jugendschutz, zum Recht auf Gegendarstellung, zur kommerziellen Kommunikation (Werbung) sowie zur Erfüllung von Programmquoten für europäische Produktionen (vgl. Roßnagel/Kleist/Scheuer 2007: 41f.). Alle EU-Mitgliedsstaaten haben die AVMD-RL in nationales Recht überführt.

Länderunterschiede sind zu konstatieren hinsichtlich der Lizenzierungsbestimmungen und der *Inhalts- und Programmnormen*. Letztere werden zwar als Mindeststandards durch die AVMD-RL vorgegeben, jedoch können die Mitgliedsländer für die Mediendiensteanbieter unter ihrer Rechtshoheit strengere Bestimmungen erlassen. So haben u.a. Frankreich strengere Quotenvorgaben (vgl. EC 2011a: 22; EC 2011b: 2) und Italien strengere Werberegelungen (vgl. Mazzoleni/Vigevani 2011: 83; Arena 2010) erlassen als in der AVMD-RL vorgesehen.

Die Mitgliedsstaaten unterscheiden sich zudem im *sachlichen Anwendungsbereich* bzw. in der Auslegung von linearen und nicht-linearen Mediendiensten. So werden bspw. in Italien Abruf- oder Archivdienste mit Inhalten, die bereits linear ausgestrahlt wurden, als Nebendienste der linearen Dienste betrachtet (vgl. Di

Giorgi 2011). In einigen Ländern wie Schweden und Slowakei wird das modifizierte Rundfunkgesetz auch auf Web-TV-Dienste auf den Websites von Zeitungen angewandt, da diese als On-Demand-Medien angesehen werden (vgl. Ullberg/Plogell 2013; Polak 2012). Das portugiesische Mediendienstegesetz beinhaltet eine dreifache Abstufung der Mediendienste hinsichtlich des Grades an Regulierung (vgl. CMCS 2012: 57). In der Flämischen Gemeinschaft Belgiens differenziert das Mediengesetz zwischen «Rundfunkaktivitäten» und «Rundfunkdiensten»:

> «Letztere sind mit audiovisuellen Mediendiensten im Sinne der AVMD-Richtlinie zu vergleichen und sind Teil der weiter gefassten Kategorie der «Rundfunkaktivitäten», wozu auch Aktivitäten zählen, die überwiegend nicht kommerziellen Charakter haben (beispielsweise private Internetseiten).»

(vgl. ebd.) Für «Rundfunkaktivitäten», die keine «Rundfunkdienste» darstellen, gilt dabei jedoch lediglich das Verbot der Aufstachelung zu Hass (vgl. ebd.).

In der Bundesrepublik besteht eine abgestufte Regelungsdichte zwischen linearem Rundfunk zum einen und Telemedien zum anderen. Telemedien sind aufgrund der Negativabgrenzung in erster Linie Informations- und Kommunikationsdienste auf Abruf, da der Rundfunkbegriff des § 2 (1) Satz 1 RStV ein lineares Angebot sowie journalistisch-redaktionell gestaltete Online-Medien voraussetzt (vgl. Seufert/Gundlach 2012: 290). Vor allem mit Blick auf die Bundesrepublik zeigt sich, dass der Anwendungsbereich und die Abgrenzungen nicht immer eindeutig und an der AVMD-RL orientiert sind.[5]

Neben separaten Gesetzen, die die audiovisuellen Mediendienste regeln, existieren allgemeine zivil-und strafrechtliche Anforderungen sowie separate *allgemeine Mediengesetze*, die die Rechte und Pflichten von journalistisch Tätigen regeln. Die jeweiligen Presse- oder Medienfreiheitsgesetze beinhalten u. a. Inhaltevorschriften, ordnungsrechtliche Vorschriften, wie die Impressumspflicht oder das Gegendarstellungsrecht, sowie Informations- und Auskunftsrechte der Journalisten gegenüber staatlichen Stellen und Pflichten wie die Wahrung von Persönlichkeitsrechten.

---

5   So existieren im RStV Bestimmungen wie die journalistische Sorgfaltspflicht für Telemedien mit journalistisch-redaktionell gestalteten Angeboten (§ 54 (2) RStV). Auch wenn der Terminus journalistisch-redaktioneller Angebote nicht konkret bestimmt ist, fallen laut Kommentar (Fechner 2011: 372) alle Angebote darunter, «die eine gestaltende oder kommentierende Bearbeitung erfahren haben.»

Tabelle1: Anwendungsbereich allgemeiner Mediengesetze

konvergent (gelten für alle Medien)	partiell konvergent (gelten für Print- und publizistische Online-Medien)	nicht konvergent	nicht existent
AT, DK, FR, FI, HU, IT*, LT, LU, LV, MT, PL, PT*, SI	SE, SK	CZ, CY, DE	BE, BG, EE, ES, GB, GR, IE, NL, RO

* Neben allgemeinen Mediengesetzen existieren separate Gesetze für Printmedien, die partiell für publizistische Online-Medien gelten.

Quelle: eigene Darstellung

In 13 der 27 untersuchten Staaten (Tabelle 1) gelten die Pressegesetze für alle, die einer journalistischen Tätigkeit nachgehen, egal ob bei einem Print-, Rundfunk- oder Online-Medium. Zumeist wird der Anwendungsbereich in den jeweiligen Gesetzen weit gefasst und enthält technikneutrale Kriterien. In einigen dieser Länder wurden explizit Kategorien wie «periodisches elektronisches Medium» (AT, MT, SI), «online newspaper, newsportals» (HU, LV), «other mass media» (DK) oder «entreprises de communication au public en ligne» (FR) eingeführt. In Dänemark gilt das Medienverantwortungsgesetz und in Polen das Pressegesetz zwar automatisch für Print und Rundfunk. Redaktionell verantwortete Online-Medien (elektronische Publikationen) unterliegen jedoch nur dann den Bestimmungen der Pressegesetze und können bspw. vom Zeugnisverweigerungsrecht Gebrauch machen, wenn sie sich registrieren (vgl. Krajewski/Diakite 2012: 95). In Portugal hingegen besteht die Pflicht, sich eine Lizenz bei einer staatlichen Kommission einzuholen, um journalistisch tätig zu sein. Sie unterliegen in diesem Fall dem Journalistenstatut (Gesetz 64/2007), welches die Rechte und Pflichten von Journalisten wie das Recht auf Beteiligung an der redaktionellen Ausrichtung des jeweiligen journalistischen Mediums regelt (vgl. EC 2006: 361f.). In Italien bestimmt das Pressefreiheitsgesetz die Rechte und Pflichten für alle professionellen Journalisten, unabhängig für welches Medium sie arbeiten (vgl. CMCS 2012: 51). Professionelle Journalisten sind all diejenigen, die Mitglied im Journalistenverband sind. Um ein Mitglied zu werden, muss ein Kandidat hierbei einen zweijährigen Arbeitsvertrag mit einem Medienunternehmen haben und eine spezielle Aufnahmeprüfung absolvieren (vgl. Školkay/Sánchez 2012: 100f.).

In Schweden bestehen neben dem Radio- und Fernsehgesetz parallele Rechtsordnungen, eine für die Presse (Pressefreiheitsgesetz) und eine für die elektronischen und digitalen Medien (Medienfreiheitsgesetz), die die journalistische Tätigkeit regeln. Sie werden gemeinhin als für das digitale Umfeld nicht mehr passend angesehen. Eine aus diesem Grund eingesetzte öffentliche Kommission, die einen geeigneteren Rechtsrahmen konzipieren sollte, war jedoch nicht erfolgreich, da sie es schwierig fand, präzise Grenzen für die Geltungsbereiche eines neuen Gesetzes zu ziehen (vgl. Nordicom 2012; Nord 2011: 61). Für Online-Medien, die von traditionellen Medienunternehmen angeboten werden, gilt die Registrierungspflicht, die im Medienfreiheitsgesetz verankert ist. Alle anderen publizistischen Online-Medien können sich bei der MRB zertifizieren lassen und sind dann von bestimmten Anforderungen an die Protokollierung und Speicherung von personenbezogenen Daten und von verschiedenen strafrechtlichen Regelungen ausgenommen. Konkret verfügen sie über ein Zeugnisverweigerungsrecht und die strafrechtliche Verfolgung des verantwortlichen Redakteurs ist nur in sehr begrenzten Fällen möglich (vgl. CMCS 2012: 63f.).

Neben Schweden gibt es in sechs weiteren Staaten Pressegesetze, deren Anwendung nur für Printunternehmen und -journalisten gilt (CY, CZ, DE, IT, PT, SK). Diese gelten jedoch zum Teil auch für Online-Medien. So in Portugal, wo es neben dem Journalisten-Statut ein separates Pressegesetz gibt, welches neben dem Gebot Redaktionsstatuten sowie Gegendarstellungen zu veröffentlichen auch Inhaltevorschriften enthält (vgl. CMCS 2012: 56f.). Der Regelungsgegenstand Presse bezieht explizit elektronische periodische Publikationen mit ein, sofern sie eine journalistisch-redaktionelle Bearbeitung aufweisen (vgl. EC 2006: 361). Gleiches gilt für Italien. Dort gibt es neben dem Journalistengesetz ebenfalls ein separates Gesetz über das Verlagswesen. Das Gesetz gilt für alle Veröffentlichungen, die der Übermittlung von Informationen an die Öffentlichkeit dienen, egal ob gedruckt oder in elektronischer Form, «as long as they are characterized by a title that identifies them and a regular periodical distribution.» (Art. 1 (1) Gesetz 62/2001 in Mazzoleni/Vigevani 2011: 80). Online-Medien unterliegen jedoch nur dann den Regelungen des Pressegesetzes, wenn sie sich bei der MRB Agcom registrieren lassen. Das ist erforderlich, um Subventionen beantragen zu können (vgl. CMCS 2012: 52). In der Slowakei gilt das Pressegesetz zwar auch für Online-Publikationen der traditionellen Printanbieter. Andere Online-Medien («online-only news media») fallen jedoch nicht in den Regelungsbereich (vgl. Školkay/Sánchez 2012: 97, Školkay/Hong/Kutaš 2012: 44). In drei Staaten (CZ, CY, DE) wurde der Anwendungsbereich der Pressegesetze nicht explizit erweitert.

In neun der 27 EU-Mitgliedsstaaten (vgl. oben Tabelle 1) existieren keine allgemeinen Presse- bzw. Mediengesetze. In diesen Ländern regulieren und sanktionieren einzig allgemeine zivil- und strafrechtliche Gesetze das Verhalten von Journalisten und Verlegern u. a. bezüglich des Schutzes der Privatsphäre.

Mitunter entsprechen diese Gesetze dahingehend der Medienkonvergenz, als das sie auf alle publizistischen Medien angewandt werden. So wurde das britische Kinderschutzgesetz auf internetbasierte Dienste explizit erweitert (vgl. Freedman/Schlosberg 2011: 77). Das irische Verleumdungsgesetz gilt für Veröffentlichungen in jeglicher Form, explizit auch für Veröffentlichungen im Internet (vgl. CMCS 2012: 104).

In Belgien enthält das Gesetz zum Schutz journalistischer Quellen eine weitgefasste Definition journalistischer Tätigkeit, die durch das Gesetz abgedeckt wird (vgl. Cafaggi/Casarosa/Prosser 2012: 169). Laut Entscheidung des Verfassungsgerichts gilt das Gesetz für alle, die einer informativen Tätigkeit nachgehen, egal ob sie professionelle Journalisten sind oder nicht, also auch für Blogger. In den Niederlanden wird das Gesetz über den Zugang zu öffentlichen Informationen auch auf Online-Medien angewandt (vgl. De Waal 2011: 80).

In Spanien schützt Art. 20 der Verfassung die Meinungsfreiheit, die u. a. auch für andere Arten der Vervielfältigung geschützt ist, so auch für das Internet als Verbreitungskanal für Meinungen. Einschränkungen des Grundrechts bestehen bezüglich des Rechts auf Privatsphäre, Wahrung der Ehre sowie dem Kinder- und Jugendschutz (vgl. Llorens 2012: 107f.).

In Griechenland existiert zwar kein Pressegesetz, jedoch gibt es verschiedene Präsidentendekrete, die die gedruckte Presse regeln. Damit Online-Medien, die nicht zu traditionellen Printmedien gehören, presserechtlichen Schutz beanspruchen können, müssen sie sich registrieren lassen. Unsicherheit besteht in Griechenland wie in fast allen EU-Staaten darüber, inwieweit die Inhalte in Blogs den Gesetzen unterliegen (vgl. Anagnostou/Anagnostou/Kandyla 2011: 12, 32). In den Staaten, die keine Presse-/Mediengesetze erlassen haben, spielen Gerichtsentscheidungen eine große Rolle für eine konvergente Anwendung allgemeiner zivil- und strafrechtlicher Regelungen auf alle publizistischen Medien.

2.2 Konvergente Medienregulierungsbehörden

Neben der «Schaffung des Regulierungsrahmens» soll laut Latzer (2007: 159) auch die «davon getrennte Implementation der Regulierung (...) von einer Integration profitieren». Die Integration zielt dabei auf das Vorhandensein konvergenter MRB. MRB sind «Organisationen, die strukturell vom für das entsprechende Politikfeld zuständigen Ministerium getrennt sind und damit nicht zur Verwaltung gehören» (Puppis 2010: 110). MRB handeln zwar im staatlichen Auftrag, sie sind jedoch mit einer gewissen Eigenständigkeit ausgestattet, um ihre Aufgaben unparteiisch und transparent durchführen zu können. Das entspricht der Vorgabe der AVMD-RL, die für den Bereich der audiovisuellen Medien vorgibt, dass die EU-Mitgliedsstaaten die Durchführung und Überwachung der Mediendienstegesetze «üblicherweise einer unabhängigen Regulierungsstelle» (Pkt. 94 AVMD-RL) anvertrauen. Als konvergente MRB werden meist diejenigen bezeichnet, die das «Zusammenwachsen von Telekommunikation und Medien regulatorisch begleiteten» (Roßnagel/Kleist/Scheuer 2007: 22). In der Regel existieren getrennte Zuständigkeiten für Rundfunk einerseits und Telekommunikation andererseits. «In Folge der Konvergenz sind im letzten Jahrzehnt Reformen in Richtung organisatorisch integrierter Konvergenzregulatoren zu beobachten» (Latzer 2007: 160). So verfügen fünf EU-Mitgliedsstaaten (AT, FI, GB, HV, IT) über einen «Single Regulator», d. h. über eine Regulierungsbehörde, die für den Telekommunikations- und Rundfunksektor zuständig ist (vgl. EPRA).

Im Folgenden interessiert insbesondere, inwieweit konvergenzbedingt Aufsichtskompetenzen der MRB auf alle publizistischen Medien ausgeweitet wurden. Hierbei stehen die Regulierungsbehörden im Fokus, die für audiovisuelle Medien zuständig sind. Ihre hauptsächlichen Kompetenzen umfassen die Vergabe der Sendelizenzen sowie die Aufsicht über die Einhaltung der rundfunkgesetzlichen sowie der Lizenzbestimmungen.

Die Entscheidung über die Verfügbarkeit von Frequenzen (*Frequenzzuweisung*) ist meist getrennt von der Entscheidung über die grundsätzliche Zulassungsfähigkeit (*Lizenzvergabe*) (Tabelle 2). In vier Staaten (EE, ES, FI, IT) ist die *Vergabe der Sendelizenzen* den zuständigen Regierungsministerien vorbehalten. In Estland und Spanien sind, in Ermangelung unabhängiger Regulierungsbehörden, die Ministerien auch für die *Aufsicht* zuständig. In Luxemburg werden Lizenzierung und Aufsicht durch zwei separate Regulierungsinstanzen wahrgenommen. Bis auf Luxemburg, auf Grund fehlenden öffentlichen Rundfunks, und der Bundesrepublik sind die Regulierungsstellen sowohl für die Aufsicht des privaten als auch, zumindest teilweise, des öffentlichen Rundfunks zuständig.

Tabelle 2: Kompetenzen der MRB

Infrastruktur und Netze	Frequenz-zuweisung	Lizenz-vergabe	Aufsicht und Kontrolle	partiell Print-/Online-Medien
AT, FI, GB, HI, IT	AT, CZ*, DE*, FI*, FR, GB, HU, IT*, LT*, LV*, MT, PL, RO, SK	alle, mit Ausnahme von EE, ES, FI, IT	alle, mit Ausnahme von EE, ES	DE, GB, HU, IT, PT, SE

* Frequenzzuweisung findet in Kooperation mit den zuständigen Ministerien und Behörden, die Kompetenzen für die Telekommunikationsinfrastruktur besitzen, statt.
Quelle: eigene Darstellung

In wenigen Fällen erstrecken sich die Zuständigkeiten der Regulierungsbehörden auch auf *Print- und Onlinemedien*. In der Regel kontrollieren sich Printmedien und publizistische Online-Medien auf der Grundlage von ethischen Selbstverpflichtungs- und Verhaltensvorschriften größtenteils selbst. Die Einhaltung der allgemeinen zivil-und strafrechtlichen Anforderungen sowie separater Pressegesetze wird durch die Gerichte überprüft. In vier Staaten (FR, SE, SI, SK) wird die Einhaltung der Pressegesetze zudem durch die zuständigen Ministerien beaufsichtigt. In Slowenien überwachen unabhängige Stellen innerhalb des Kultusministeriums, der Medieninspektor und das Mediendirektorat, die Umsetzung des Massenmediengesetzes. Bei Verletzung der allgemeinen Bestimmungen oder der umfangreichen Inhalte-Vorschriften können sie Sanktionen gegen Rundfunk- und Printunternehmen sowie gegen die verantwortlichen Redakteure ergreifen (vgl. CMCS 2012: 166). In Litauen hat der Inspektor für journalistische Ethik spezielle Kompetenzen für Print- und presseähnliche Online-Medien. Er ist verantwortlich für die Aufsicht darüber, dass der Schutz der Privatsphäre, die Bestimmungen zur Respektierung von Ehre und Würde sowie der Schutz von Minderjährigen eingehalten werden. Anderenfalls kann er Sanktionen erlassen (vgl. ebd.: 54).

Partielle Kompetenzen für Printmedien und publizistische Online-Medien besitzen die MRB von sechs EU-Staaten (vgl. Tabelle 2). In der Bundesrepublik obliegt beispielsweise die *inhaltliche Aufsicht* über Einhaltung der Sorgfaltspflicht oder der Werbekennzeichnungspflicht von Telemedien mit journalistisch-redaktionell gestalteten Inhalten, mit Ausnahme einzelner Bundesländer, den zuständigen Landesmedienanstalten (vgl. Schröder 2011: 79). Die zuständige Landesmedienanstalt überprüft zudem in Kooperation mit der Kommission für Jugendmedienschutz (KJM) für Rundfunk und Telemedien die Einhaltung der Jugendmedienschutzbestimmungen (§ 14 JMStV). In Portugal ist die MRB gemäß dem Gesetz Nr. 53/2005, das die Kompetenzen der MRB festschreibt, für die Überwachung der Einhaltung einer Reihe allgemeiner Bestimmungen für alle Medien verantwortlich. Dazu gehören u. a. auch Bestimmungen des Pressegesetzes, wie die Kennzeichnungspflicht von Werbung, die Wahrung ethischer Normen (Art. 2) oder das Verbot grundrechtsverletzende Texte oder Bilder zu veröffentlichen (Art. 30). Fälle mit strafbaren Inhalten werden dann den Strafbehörden angezeigt bzw. übergeben (vgl. CMCS 2012: 56f.). Die Aufsicht hinsichtlich der Qualitätssicherung von Inhalten wird tendenziell in der Bundesrepublik und Portugal rein administrativ umgesetzt.

In Ungarn ist die nationale Medien- und Kommunikationsbehörde (NMHH) als vollständig konvergente MRB geschaffen wurden. Sie ist entsprechend des Meinungsfreiheits- und des Mediengesetzes für die Überwachung der Einhaltung inhaltlicher und wettbewerbsrechtlicher Anforderungen aller Medien, darunter auch Presseprodukte und publizistisch relevante Online-Medien, zuständig. Zu den inhaltlichen Anforderungen zählt beispielsweise das Verbot gegen die öffentliche Moral oder die moralischen Rechte anderer zu verstoßen (Art. 4 (3) Mediengesetz, vgl. NMHH 2011: 10, 143f.). Seit der Entscheidung des ungarischen Verfassungsgerichtshofs von 2011, wird

«im Falle der Presse und von Webseiten (...) der administrative Schutz bestimmter Werte (u. a. Menschenwürde, die Rechte interviewter Personen, Menschenrechte und das Recht auf Privatsphäre) als unnötig und/oder unverhältnismäßig angesehen.» (Lengyel 2012)Seitenzahlen??

Print- und Online-Medien und deren redaktionellen Inhalte werden dementsprechend nicht von der NMHH kontrolliert (vgl. ebd.).

In vier Staaten (GB, HU, IT, SE) üben die MRB keine Aufsicht über die Einhaltung inhaltlicher, sondern nur über die Einhaltung von *Wettbewerbs- und Registrierungsbestimmungen* aus. So ist die schwedische MRB für die Registrierung der Massenmedien zuständig. Neben Printmedien unterstehen auch Online-Medien, die von traditionellen Medienunternehmen angeboten werden, der Registrierungspflicht. Andere Online-Medien können sich bei der MRB einen

Nachweis einholen, dass sie publizistische Relevanz bzw. den Charakter eines Massenmediums besitzen (vgl. CMCS 2012: 61f.). Die inhaltliche Aufsicht obliegt jedoch bei Verstößen gegen das Medienfreiheitsgesetz dem Justizministerium (vgl. ebd.: 21; Plogell/Vulin 2007).

Im Fall von Italien, Großbritannien und Ungarn nehmen die MRB überdies Einfluss auf die Sicherstellung publizistischer Vielfalt, indem sie den Wettbewerb im publizistischen Bereich überwachen, evaluieren und zum Teil auf die Vermeidung von Meinungsmacht hinwirken.[6] Die Kompetenzen der italienischen MRB Agcom erstrecken sich zwar formal auf alle Medienbereiche (Print, publizistische Online-Medien, Rundfunk, elektronische und Telekommunikationsmedien). Konkret bezieht sich die Aufsicht der Agcom jedoch nur auf die Registrierung aller Medien und die Verwaltung des «Integrierten Kommunikationssystems» (SIC) (vgl. EC 2009: 7; CMCS 2012: 16). Dabei sind Medienkonzentrationsgrenzen nicht mehr für einzelne Medienarten ausschlaggebend, sondern der Medienmarkt wird insgesamt betrachtet (vgl. Pellicanò 2011)[7].

In Großbritannien ist das britische Office of Communications (Ofcom) entsprechend Section 2 des 2010 verabschiedeten Gesetzes über die digitale Wirtschaft verpflichtet, in regelmäßigen Abständen zu überprüfen, inwieweit Mediendienste öffentliche Zielvorgaben und Interessen erfüllen. Zu den Mediendiensten gehören dabei Internetangebote, bei denen eine Person die redaktionelle Kontrolle über das Material ausübt (vgl. Freedman/Schlosberg 2011: 76). Konkret ist die Ofcom verpflichtet, alle drei Jahre eine Beurteilung der britischen Kommunikationsinfrastruktur vorzunehmen (vgl. Angelopoulos 2010). Auch wenn die Rechtsvorschriften der Ofcom nicht die Möglichkeit erteilen, die Einhaltung gesellschaftlicher Ziele bzw. von Public-Service-Interessen durchzusetzen, ist die Kompetenzerweiterung doch als eine Art weiche Regulierung von Internet-Inhalten anzusehen (vgl. Freedman /Schlosberg 2011: 76).

Ein Hindernis für die Schaffung einer zentralen und konvergenten Medienaufsichtsbehörde ist die vertikale Verteilung von Kompetenzen für den Medienbereich. Fraglich ist, ob regionale Aufsichtsstrukturen in einem konvergierenden wie grenzüberschreitenden Medienumfeld noch angemessen sind. Hinsichtlich

---

6   Zum Teil gilt dies auch für die Bundesrepublik, wo die Kommission zur Ermittlung der Konzentration im Medienbereich (KEK) eine bundeseinheitliche Konzentrationskontrolle für alle Landesmedienanstalten durchführt und dabei medienrelevante verwandte Märkte evaluiert und in ihre Beurteilungen einbezieht (vgl. KEK 2010: 380).
7   Das SIC entspricht laut Experten zwar den technologischen Entwicklungen, jedoch ist es wenig effektiv zur Vermeidung von Medienkonzentration (vgl. Casarosa/Brogi 2011: 23).

der Zuständigkeiten für die Qualitäts- sowie die Vielfaltssicherung existieren in der Bundesrepublik partiell konvergente MRB, da die Zuständigkeiten der Landesmedienanstalten und ihrer bundesweiten Organe über audiovisuelle Medien hinausreichen und in bestimmtem Umfang Online-Medien umfassen (vgl. Schröder 2011: 79). Jedoch werden diese Kompetenzen von unterschiedlichen Aufsichtsbehörden wahrgenommen. Zum einen werden, im Gegensatz zu den anderen EU-Staaten, «privater und öffentlich-rechtlicher Rundfunk auf unterschiedliche Weise im Hinblick auf die Einhaltung der gesetzlichen Vorgaben kontrolliert.» (HBI 2008: 354). Aufgrund seiner föderalen Struktur und der verfassungsrechtlichen Festlegung, dass die Länder als Träger der Kulturhoheit anzusehen sind, ist zum anderen eine national zentrale Aufsichtsbehörde mit weitgefassten Zuständigkeiten nicht realisierbar. Der Föderalismus ist auch in Belgien für vertikal verschiedene MRB verantwortlich, die die Aufsicht der audiovisuellen Medien in der flämischen, französischen und deutschen Gemeinschaft realisieren. Der regionale Einfluss sorgt auch in Italien und Spanien für eine Dezentralisierung der Medienaufsicht. In Italien nehmen regionale Kommunikationsausschüsse die Aufsicht über regionalen und lokalen Rundfunk wahr (vgl. EPRA). In Spanien sind die MRB der autonomen Gemeinschaften Katalonien und Andalusien für die Lizenzvergabe und die inhaltliche Aufsicht des Rundfunks in ihrer Region zuständig (vgl. Llorens 2012: 61). Bis 2011 gab es auch einen Audiovisuellen Rat für Navarra, der aus finanziellen Gründen abgeschafft wurde (vgl. ebd.: 111).

Eine andere Schwierigkeit bezüglich der Schaffung einer konvergenten MRB besteht darin, dass in Spanien, Estland und Luxemburg bislang keine unabhängigen Regulierungsbehörden existieren, obwohl die AVMD-RL die Einrichtung einer solchen betont. Die Gründe für die fortgesetzte Nichtexistenz sind jedoch verschieden. In Estland befürwortet das Mediengesetz ein Selbstregulierungsmodell. «Nur wenn die Selbstregulierung fehlschlägt, ist die Exekutivgewalt aufgefordert, ihre Regulierungsvollmachten auszuüben.» (Jõesaar 2011) In Spanien hingegen sieht das Rahmengesetz über audiovisuelle Kommunikation von 2010 die Schaffung eines Nationalrats für audiovisuelle Medien (CEMA) vor, der mit weitreichenden und eigenständigen Befugnissen ausgestattet ist (vgl. Llorens 2011: 111; Marcos/Enrich 2010). Die CEMA hat ihre Arbeit nie aufgenommen. Bis heute entscheidet das Industrieministerium über die Erteilung von Lizenzen und ist für die Aufsicht zuständig. Länderexperten gelangen zu der Einschätzung, dass politische Erwägungen, Klientelismus und Parteinahme bei Entscheidungen über Lizenzzuweisungen dabei eine größere Rolle spielen als wirtschaftliche oder öffentliche Interessen (vgl. ebd.: 116). 2012 hat die Regierung die Abschaffung der CEMA beschlossen und einen Plan für die Umstrukturierung der Aufsichtsbehörden vorgelegt. Behörden mit Kompetenzen für die nationale Versorgung, Märkte und Wettbewerb, Spiele sowie Telekommunikation und audiovisuelle Medien sollen zu einer konvergenten Regulierungsbehörde zusammengeführt werden, nicht zuletzt um Kompetenzüberschneidungen zu vermeiden und den Staatshaushalt weniger zu belasten (vgl. ebd.: 111). In Luxemburg gibt es bis dato drei verschiedene Regulierungsstellen mit Kompetenzen für den elektronischen Medienbereich. Ab 2013 soll nun eine unabhängige Behörde für Audiovisuelle Medien (ALIA) an deren Stelle treten (vgl. Cole 2013).

Ebenso können verfassungsrechtliche oder medienpolitische Bedenken einer konvergenten MRB entgegenstehen. In Griechenland beispielsweise ist der Vorschlag, die MRB mit der Telekommunikations- und Postbehörde zusammenzuschließen, als nicht verfassungsgemäß abgelehnt worden (vgl. Anagnostou/Anagnostou/Kandyla 2011: 13). In Belgien gibt es ähnlich wie in der Bundesrepublik das verfassungsrechtliche Prinzip, dass Rundfunk als Sache der Gemeinschaften anzusehen ist. Man hat anerkannt, dass die technische Konvergenz eine Reform der Medienregulierungsstrukturen notwendig werden lässt. Die Antwort darauf besteht aber nicht in der Gründung eines «Single Regulators», sondern eine Entscheidung des Verfassungsgerichts von 2004 hat dazu geführt, dass die MRB der flämischen und französischen Gemeinschaft mit der belgischen Behörde für Postdienste und Telekommunikation Kooperationsvereinbarungen geschlossen haben. Diese sehen gegenseitige Konsultationen und institutionalisierte Treffen vor (vgl. Van Besien 2011: 15). Auch in der Bundesrepublik besteht die Lösung für eine konvergenzadäquate Regulierung in einer Zunahme an gesetzlich vorgegebenen wie informellen Kooperationen anstelle eines «Single Regulators». Das hat zum einen zur Gründung von vier Kommissionen geführt, die bundeseinheitliche Regelungen und Entscheidungen für die Landesmedienanstalten treffen. Zum anderen gibt es Kooperationen der Medienregulierungsorgane mit dem Bundeskartellamt und der Bundesnetzagentur (vgl. HBI 2008: 360f.). In Polen waren es nicht verfassungsrechtliche, sondern medienpolitische Bedenken, die einer konvergenten MRB entgegenstanden. Allen voran die bestehende MRB KRRiT (zitiert nach Krajewski/Diakite 2012: 97) hat vor einem Zusammenschluss gewarnt, da sie die Gefahr einer möglichen «dominance of technical and pro-business solutions over public interest in culture» sieht. Diese Angst ist sicher nicht völlig unbegründet, zumal durch den starken wirtschaftspolitischen Einfluss, den die EU im Rahmen ihrer AVMD-RL geltend macht. So ist die AVMD-RL vor allem ein ordnungspolitisches Instrument, um einheitliche Wettbewerbsbedingungen in der ganzen EU zu schaffen und die Kommunikationsindustrie zu fördern.

3   Abschließende Einschätzung

Bislang hat die technische Medienkonvergenz nur bedingt zu einer Konvergenz der Medienregulierungssektoren geführt, sowohl hinsichtlich der Existenz konvergenter Mediengesetze als auch konvergenter MRB.

Außer in Ungarn existieren in keinem der untersuchten Länder konvergenzadäquate Gesetzesrahmen für alle publizistischen Medien. Die meisten Staaten halten an der sektorenspezifischen Regulierung fest. Jedoch finden sich Beispiele dafür, dass bestimmte Teilgebiete wie beispielsweise der Kinder- und Jugendmedienschutz in Großbritannien und der Bundesrepublik durch Gesetze plattformunabhängig für alle Medien geregelt werden.

In Bezug auf konvergente MRB ist festzuhalten, dass die Zuständigkeiten für die Aufsicht inhaltlicher, Registrierungs- und Wettbewerbsbestimmungen bislang nur in Großbritannien, Italien, Portugal, Schweden und Ungarn in bestimmtem Umfang alle publizistischen Medien umfassen. Als teilweise konvergente MRB lassen sich überdies mit Blick auf ihre Zuständigkeiten für die Netzinfrastruktur Österreich und Finnland einordnen. Insgesamt ist eine klare Tendenz zur Schaffung konvergenter MRB jedoch nicht zu erkennen. Hinsichtlich der Zuständigkeiten bezüglich Frequenzzuweisung, Infrastruktur und Netze sowie Vielfalts- und Wettbewerbssicherung ist vielmehr eine verstärkte Zunahme von Kooperationen festzustellen.

Die Befunde zeigen, dass die Medienregulierung nicht nur an der technischen Entwicklung orientiert ist. Vielmehr verändern sich die institutionellen Strukturen auf Grund politischer und wirtschaftlicher Entwicklungen in den jeweiligen Ländern sowie supranationaler Einflüsse durch die EU. Deren Verordnungen und Richtlinien führen zu einem Anpassungsdruck in den Mitgliedsstaaten. So mahnte die EU-Kommission beispielsweise Rumänien und Ungarn, die Anforderungen der AVMD-RL zu erfüllen.[8]

Die festgestellten nationalen Unterschiede sind zugleich Indiz dafür, dass nationale Regulierungstraditionen und Entwicklungspfade die Medienregulierung eines Staates prägen. Trotz technischer Konvergenz und Harmonisierungsbestrebungen durch die EU existieren mithin national verschiedene institutionelle Ordnungen für unterschiedliche Medien, um Qualität und Vielfalt sicherzustellen.

In diesem Zusammenhang soll nicht unerwähnt bleiben, dass die reine Betrachtung der Gesetzgebung und der Zuständigkeitsverteilung nur begrenzt etwas über die Entscheidungspraxis aussagt, die letztlich darüber entscheidet, inwieweit medienpolitische Ziele vor dem Hintergrund technischer Konvergenz verwirklicht und inwieweit verstärkt private Akteure in den Regulierungsprozess eingebunden werden.[9]

Literatur

Anagnostou, Evangelia/Anagnostou, Dia/Kandyla, Anna (2011): Does Media Policy Promote Media Freedom and Independence? The Case of Greece. MEDIADEM Case Study report. Auf: http://www.mediadem.eliamep.gr/wp-content/uploads/2012/01/Greece.pdf.

Angelopoulos, Christina (2010): Digital Economy Act 2010 verabschiedet. IRIS 2010-7: Extra. Auf: http://merlin.obs.coe.int/iris/2010/7/article100.de.html.

Arena, Amedeo (2010): Geänderter Verordnungsentwurf zur Umsetzung der Richtlinie über audiovisuelle Mediendienste. IRIS 2010-4:1/31. Auf: http://merlin.obs.coe.int/iris/2010/4/article31.de.html.

AVMD-RL - RICHTLINIE 2010/13/EU DES EUROPÄISCHEN PARLAMENTS UND DES RATES vom 10. März 2010 zur Koordinierung bestimmter Rechts- und Verwaltungsvorschriften der Mitgliedsstaaten über die Bereitstellung audiovisueller Mediendienste (Richtlinie über audiovisuelle Mediendienste). Auf: http://eur-lex.europa.eu/LexUriServ/LexUriServ.do?uri=OJ:L:2010:095:0001:0024:DE:PDF.

---

8   Die AVMD-RL ist dabei selbst als Reaktion auf den Einzug der Digitalisierung im Rundfunk entstanden und somit eine Folge der technischen Entwicklung. Laut Školkay/Sánchez (2012: 123) sind die im Zuge der AVMD-RL angepassten nationalen Rundfunkgesetze jedoch nur als eine Teillösung anzusehen, um einen konvergenten Rechtsrahmen zu schaffen, da nicht alle publizistisch relevanten Online-Medien, insbesondere die presseähnlichen Online-Medien, von ihr erfasst werden.
9   Vgl. hierzu Arnold, Dirk (2013): Medienregulierung der EU-Staaten. Maßnahmen, Instrumente und Formen im europäischen Vergleich. Dissertation, EMAU Greifswald (im Erscheinen).

Cafaggi, Fabrizio/Casarosa, Frederica/Prosser, Elda (2012): The Regulatory Quest for Free and Independent Media. MEDIADEM Comparative report. Auf: http://www.mediadem.eliamep.gr/wp-content/uploads/2012/09/D3.2.pdf.

Cannie, Hannes (2009): Neue flämische Medienverordnung verabschiedet. IRIS 2009-5/11. Auf: http://merlin.obs.coe.int/iris/2009/5/article11.de.html.

Casarosa, Frederica/Brogi, Elda (2011): Does media policy promote media freedom and independence? The case of Italy. MEDIADEM Case study report. Auf: www.mediadem.eliamap.gr/wp-content/uploads/2012/01/Italy.pdf.

CMCS - Center for Media and Communication Studies (2012): Hungarian Media Laws in Europe: An Assessment of the Consistency of Hungary's Media Laws with European Practices and Norms. Auf: http://cmcs.ceu.hu/news/2012-01-05/new-study-hungarian-media-laws-in-europe-an-assessment-of-the-consistency-of-hungary.

Cole, Mark D. (2013): Gesetz zur Einrichtung einer neuen Medienbehörde. IRIS 2013-1:1/28. Auf: http://merlin.obs.coe.int/iris/2013/1/article28.de.html.

De Waal, Martijn (2011): Mapping Digital Media: Netherlands. A Report by the Open Society Foundations. Auf: www.mappingdigitalmedia.org.

Di Giorgi, Francesco (2011): Agcom-Verordnungen über die Genehmigung linearer und nichtlinearer audiovisueller Mediendienste. IRIS 2011-8:1/31. Auf: http://merlin.obs.coe.int/iris/2011/8/article31.de.html.

EAI - Europäische Audiovisuelle Informationsstelle: IRIS Merlin Datenbank für juristische Informationen von Relevanz für den audiovisuellen Sektor in Europa. Auf: http://merlin.obs.coe.int.

EC - European Commission (2011a): Study on the Implementation of the Provisions of the Audiovisual Media Services Directive Concerning the Promotion of European Works in Audiovisual Media Services. Final Study Report. Auf: http://ec.europa.eu/avpolicy/docs/library/studies/art_13/final_report_20111214.pdf.

EC - European Commission (2011b): 35th Meeting of the Contact Committee. Table on Some National Rules on Commercial Communications and Promotion of European Works. Auf: http://ec.europa.eu/avpolicy/docs/reg/tvwf/contact_comm/35_table_1.pdf.

EC - European Commission (2009): Indicators for Independence and Efficient Functioning of Audiovisual Media Services Regulatory Bodies for the Purpose of Enforcing the Rules in the AVMS Directive. Auf: http://www.indireg.eu/?p=8.

EC - European Commission (2008): Independent Study on Indicators for Media Pluralism in the Member States - Towards a Risk-Based Approach. Auf: http://ec.europa.eu/information_society/media_taskforce/pluralism/study/index_en.htm.

EC - European Commission (2006): Study on Co-Regulation Measures in the Media Sector. Appendix 2: Media Systems (Country Reports). Auf: http:// docs/library/studies/coregul/interim_app_2.pdf.

EPRA - European Platform of Regulatory Authorities: List of Members. Auf: http://www.epra.org/organizations.

Fechner, Frank (2011): Medienrecht. 12. Auflage. Tübingen: Mohr Siebeck.

Freedman, Des/Schlosberg, Justin (2011): Mapping Digital Media: United Kingdom. A Report by the Open Society Foundations. Auf: www.mappingdigitalmedia.org.

Freedman, Des (2008): The Politics of media Policy. Cambridge: Polity Press.

HBI - Hans-Bredow-Institut (2008): Zur Entwicklung der Medien in Deutschland zwischen 1998 und 2007. Wissenschaftliches Gutachten zum Kommunikations- und Medienbericht der Bundesregierung 2008. Endbericht. Hamburg. Auf: http://www.bundesregierung.de/

Content/DE/_Anlagen/BKM/2009-01-12-medienbericht-teil2-barrierefrei.pdf?__blob= publicationFile.

JMStV - Jugendmedienschutz-Staatsvertrag in der Fassung vom 01.04.2010. Auf: http://www.die-medienanstalten.de/fileadmin/Download/Rechtsgrundlagen/Gesetze_aktuell/JMStV_Stand_13.RStV_deutsch.pdf

Jõesaar, Andres (2011): Zwei neue Rechtsakte im Medienbereich. IRIS 2011-2:1/22. Auf: http://merlin.obs.coe.int/iris/2011/2/article22.de.html.

KEK - Kommission zur Ermittlung der Konzentration im Medienbereich (Hrsg.) (2010): Vierter Konzentrationsbericht der KEK: Auf dem Weg zu einer medienübergreifenden Vielfaltssicherung. Potsdam. Auf: http://www.kek-online.de/Inhalte/mkbericht_4_gesamt.html, Stand: 01.12.2012.

Krajewski, Andrzej/Diakite, Karim (2012): Mapping Digital Media: Poland. A Report by the Open Society Foundations. Auf: www.mappingdigitalmedia.org.

Latzer, Michael (2007): Unordnung durch Konvergenz - Ordnung durch Mediamatikpolitik. In: Jarren, Otfried/Donges, Patrick (Hrsg.): Ordnung durch Medienpolitik? Konstanz: UVK Verl.-Ges, S. 147–167.

Lengyel, Mark (2012): Entscheidung des Verfassungsgerichtshofs zu neuen Mediengesetzen. IRIS 2012-2:1/25. Auf: http://merlin.obs.coe.int/iris/2012/2/article25.de.html.

Llorens, Carles (2012): Mapping Digital Media: Spain. A Report by the Open Society Foundations. Auf: www.mappingdigitalmedia.org.

Marcos, Laura/Enrich, Enric (2010): Entwurf eines Gesetzes für audiovisuelle Medien. IRIS 2010-1:1/19. Auf: http://merlin.obs.coe.int/iris/2010/1/article19.de.html.

Mazzoleni, Gianpietro/Vigevani, Giulio (2011): Mapping Digital Media: Italy. A Report by the Open Society Foundations. Auf: www.mappingdigitalmedia.org.

MEDIADEM (2011): European Media Policies Revisited: Valuing & Reclaiming Free and Independent Media in Contemporary Democratic Systems. Auf: http://www.mediadem.eliamep.gr.

Medienverantwortungsgesetz - Consolidating Act 1998-02-09 no. 85. The Media Liability Act as amended by L 2000-05-31 no. 433 and L 2005-12-21 no. 1404. Auf: http://www.pressenaevnet.dk/Information-in-English/The-Media-Liability-Act.aspx

Müller, Sebastian/Gusy, Christoph (2011): Does Media Policy Promote Media Freedom and Independence? The case of Germany. MEDIADEM Case study report. Auf: http://www.mediadem.eliamep.gr/wp-content/uploads/2012/01/Germany.pdf.

NMHH - National Media and Infocommunications Authority (2011): Hungary's New Media Regulation. Auf: http://mediatanacs.hu/dokumentum/2791/1321457199hungary_new_media_regulation_eng_web.pdf.

Nord, Lars (2011): Mapping Digital Media: Sweden. A Report by the Open Society Foundations. Auf: www.mappingdigitalmedia.org.

NORDICOM (2012): No New Technology-Independent Constitutional Act. In: Nordic Media Policy. Newsletter No. 3-4, 2012. Auf: http://www.nordicom.gu.se. eng_mt/minletter. OSF - Open Society Foundations (2012): Mapping Digital Media. Auf: www.mappingdigitalmedia.org.

Pellicanò, Francesca (2011): AGCOM-Bewertung der Medienvielfalt im integrierten Kommunikationssystem (SIC). IRIS 2011-10:1/31. Auf: http://merlin.obs.coe.int/iris/2011/10/article31.de.html. Plogell, Michael/Vulin, Monika (2007): Chefredakteur einer Abendzeitung wegen Verstoßes gegen das Pressegesetz verurteilt. IRIS 2007-3:18/28. Auf: http://merlin.obs.coe. int/iris/2007/3/article28.de.html

Polak, Juraj (2012): tvsme als audiovisueller Mediendienst auf Abruf eingestuft. IRIS 2012-9:1/38. Auf: http://merlin.obs.coe.int/iris/2012/9/article38.de.html.

Puppis, Manuel (2010): Einführung in die Medienpolitik. 2. Auflage. Konstanz: UVK, UTB.

Puppis, Manuel (2009): Organisationen der Medienselbstregulierung. Europäische Presseräte im Vergleich. Köln: Halem.

Roßnagel, Alexander/Kleist, Thomas/Scheuer, Alexander (2007): Die Reform der Regulierung elektronischer Medien in Europa. Dargestellt am Beispiel der EG, Belgiens, Deutschlands, Frankreichs, Italiens und des Vereinigten Königreichs. Berlin: Vistas (Schriftenreihe Medienforschung der Landesanstalt für Medien Nordrhein-Westfalen, 53).

RStV - Staatsvertrag für Rundfunk und Telemedien vom 31.08.1991, in der Fassung des 13. Änderungsstaatsvertrag, in Kraft getreten am 01.04.2010. Auf: http://www.diemedienanstalten.de/fileadmin/Download/Rechtsgrundlagen/Gesetze_aktuell/13._RStV_01.04.2010_01.pdf.

Schröder, Hermann-Dieter (2011): Mapping Digital Media: Germany. A Report by the Open Society Foundation. Auf: www.mappingdigitalmedia.org

Schulz, Wolfgang (2009): Die Richtlinie über Audiovisuelle Mediendienste als Kern europäischer Medienpolitik. In: Klumpp, Dieter/Kubicek, Herbert/Rossnagel, Alexander (Hrsg.): Netzwelt. Wege, Werte, Wandel. Heidelberg, Dordrecht, London, New York: Springer-Verlag, S. 269–278.

Seufert, Wolfgang/Gundlach, Hardy (2012): Medienregulierung in Deutschland. Ziele, Konzepte, Maßnahmen. Lehr- und Handbuch. Baden-Baden: Nomos.

Školkay, Andrej/Hong, Mária/Kutaš, Ratoslav (2012): Does Media Policy Promote Media Freedom and Independence? The Case of Slovakia. MEDIADEM Case Study report. Auf: http://www.mediadem.eliamep.gr/wp-content/uploads/2012/01/Slovakia.pdf.

Školkay, Andrej/Sánchez, Juan L. M. (2012): New Media Services: Current Trends and Policy Approaches in a Comparative Perspective. In: MEDIADEM: Media Freedom and Independence in 14 European Countries: A Comparative Perspective. Comparative Report, S. 91-130. Auf: http://www.mediadem.eliamep.gr/wp-content/uploads/2012/09/D3.1.pdf.

Smokvina, Tanja K. (2012): Gesetz zur Umsetzung der Richtlinie über audiovisuelle Mediendienste verabschiedet. IRIS 2012-2:1/36. Auf: http://merlin.obs.coe.int/iris/2012/2/article36.de.html.

Trappel, Josef (2006): Online-Medien zwischen Service public und Geschäft. Forschungsprojekt IPMZ, Zürich. Auf: http://www.ipmz.uzh.ch/IPMZtransfer/Projekte/IPMZ_Online-Medien.pdf.

Ullberg, Erik/Plogell, Michael (2013): Hörfunk- und Fernsehgesetz gilt für Web-TV-Dienste von Zeitungen. IRIS 2013-1:1/35. Auf: http://merlin.obs.coe.int/iris/2013/1/article35.de.html.

Van Besien, Bart (2011): Does Media Policy Promote Media Freedom and Independence? The Case of Belgium. MEDIADEM Case Study Report. Auf: http://www.mediadem.eliamep.gr/wp-content/uploads/2012/01/Belgium.pdf.

Weber, Rolf H. (2007): Media Governance und Service Public, ZIK Band 39, Zürich. Auf: http://www.bakom.admin.ch/themen/radio_tv/01153/01156/02005.

Alle Online-Links wurden am 1. April 2013 überprüft.

Wandel und Zukunft des Public-Service-Broadcasting in der Digital- und Internetökonomie

Martin Gennis und Hardy Gundlach

1 Digitale Transformation des Public-Service-Broadcasting

Die Medienkonvergenz und die Entwicklung des europäischen Binnenmarktes führen zu einem Strukturwandel bei den öffentlich-rechtlichen Rundfunkanstalten. Dieser Strukturwandel wird vor allem an den digitalen Angebotskonzepten sichtbar, d. h. anhand des öffentlich-rechtlichen Angebots an Informations-, Nachrichten- und Kinderportalen, Mediatheken sowie digitalen Spartenkanälen und mobilen Diensten wie Smartphones und Tablet Computer Apps. Mit den Innovationen passen sich die Anstalten den Bedingungen der Digital- und Internetökonomie an. Sie bauen neben Fernsehen und Radio ein internetspezifisches Public-Service-Angebot auf. Die Anstalten entwickeln die digitalen Angebotskonzepte, um die Zukunftsfähigkeit des öffentlich-rechtlichen Rundfunks bei den nachwachsenden und jüngeren Bevölkerungsgruppen und Internet-Usern zu sichern. Das Online-Angebot ist in Deutschland mittlerweile Teil des öffentlichen Auftrags (vgl. Held 2011: 36f.; §§ 11a Abs. 1, 11d Abs. 1 RStV).

Die Europäische Union gewährleistet eine prinzipiell offene Marktwirtschaft mit freiem Wettbewerb.[1] Diese Entscheidung zugunsten des Binnenmarktes gründet auf der historischen Erfahrung, nach der ein Marktsystem überwiegend Vorteile in Form von maximalen Wohlfahrtszuwächsen und mehr Innovationen hat. Die höhere Leistungsfähigkeit des Marktsystems erklärt die Wirtschaftstheorie. Zudem begründet die Markttheorie die These, dass kein Bedarf an weiteren staatlichen Interventionen besteht, wenn die Märkte funktionieren. Dementsprechend problematisieren markttheoretisch fundierte Analysen des öffentlich-rechtlichen Rundfunks die steuerähnlichen Beiträge («Zwangsgebühren»), die von allen BürgerInnen gezahlt werden müssen, um die Finanzierung des breiten öffentlichen Medienangebots sicherzustellen (vgl. Dewenter/Haucap 2009). Folglich sind aus der Marktperspektive öffentlich-rechtliche Angebote und deren Finanzierung politische Ausnahmebereiche. Die öffentlich-rechtlichen Angebote stellen politische Interventionen dar, die die Marktergebnisse ergänzen oder kor-

---

1 Art. 119 Abs. 1 Vertrag über die Arbeitsweise der Europäischen Union

rigieren sollen. Geht man aber von der Entscheidung für eine Marktwirtschaft aus, hat dies zur Folge, dass Ausnahmen von den Marktprinzipien keinesfalls als selbstverständlich angesehen werden können. Deshalb bedürfen sie einer besonderen Rechtfertigung.

In der wirtschaftspolitischen Praxis rechtfertigen die immanenten Funktionsdefizite des Marktsystems wie auch politische und soziale Erwägungen viele Ausnahmebereiche. Deshalb handelt es sich bei den realen Wirtschaftsordnungen der Mitgliedstaaten auch nicht um reine Marktwirtschaften, sondern um gemischte Wirtschaftssysteme. In Deutschland ist z. B. die Rechtfertigung der gemischten Wirtschaftsordnung eng verbunden mit dem wirtschaftspolitischen Konzept der Sozialen Marktwirtschaft (vgl. Müller-Armack 1976). Aber gemischte Wirtschaftssysteme sind ständig konfrontiert mit der Frage nach der angemessenen Regulierung des Verhältnisses von Staat und Markt bzw. von öffentlichen und privatwirtschaftlichen Aktivitäten. Diese analytische Frage markiert bei Mischordnungen ein Spannungsverhältnis, das einen permanenten Forschungsbedarf begründet (vgl. die wirtschaftswissenschaftliche Standardliteratur: Baumol/Blinder 2011: 26ff.; Begg et al. 2011: 15; Samuelson/Nordhaus 2010: 34ff.; Stiglitz 1986: 2f.; Musgrave/Musgrave 1985: 3ff.). Geschaffen wird das Spannungsverhältnis durch die digitale Transformation des öffentlich-rechtlichen Rundfunks und die wirtschaftspolitische Richtung der Europäischen Union. Die Analyse des Spannungsverhältnisses ermöglicht einen Theorierahmen, der sich aus mehreren Bausteinen zusammensetzt: Der Bezugsrahmen besteht aus der Wettbewerbstheorie (SCP-Paradigma), den Theorien des Public-Managements (insbesondere des New Public Management) und der öffentlichen Unternehmen (Instrumentalthese), der Institutionenökonomik (Property Rights, Vertragstheorie) sowie aus Erkenntnissen der Politikwissenschaft (Media Governance), Kommunikationswissenschaft (Medienqualität) und der Rechtswissenschaft.

Aufgrund des systemimmanenten Spannungsverhältnisses bei einer Mischordnung kann nicht jedes öffentlich-rechtliche Online-Angebot oder jede Internetstrategie der Anstalten von vornherein als positiv bewertet werden. Insofern ist ein Forschungsansatz wie der vorliegende notwendig. Wissenschaftliche und von der politischen Gemengelage unabhängige Expertisen sind sinnvoll, da die digitalen Aktivitäten des *Public-Service-Broadcasting* (PSB) in Europa umstritten sind. Aktuelle Beispiele sind in Deutschland die Kontroversen um die Inhalte der Tagesschau-App oder die Verweildauer der Online-Fernsehinhalte.[2] Kontro-

---

2 Frankfurter Allgemeine: ARD legt Berufung gegen Urteil zur «Tageschau»-App» ein. In: www.faz.de, 26.10.2012, www.faz.net/aktuell/wirtschaft/netzwirtschaft/rechtsstreit-mit-zeitungsverlagen-ard-legt-berufung-gegen-urteil-zur-tagesschau-app-ein-11939153.html, Abruf am 23.1.2013.

vers wird diskutiert, was denn die öffentlich-rechtlichen Anbieter im Internet publizieren dürfen (zu den kontroversen Modellen siehe Jakubowics 2003). Diese Frage wird vor allem von den Verbänden der privaten Medienindustrie thematisiert und beschäftigt auch die Gerichte.[3] Bestritten wird die Legitimation der neuen audiovisuellen Dienste der Rundfunkanstalten und nicht zuletzt die Legitimation der Finanzierung. Die Kontroverse hat zu politischen Eingriffen geführt, insbesondere zu dem sog. *Amsterdamer Protokoll* von 1997, dem Beihilfekompromiss zwischen der Bundesrepublik Deutschland und der Europäischen Kommission, zur novellierten Rundfunkmitteilung von 2009 und in einigen Mitgliedstaaten zur Einführung der *Ex-ante-Tests* (vgl. EBU/Radoslavov 2010; Held 2011). Der *Drei-Stufen-Test* ist die deutsche Version eines Ex-ante-Tests, wie ihn die Europäische Kommission in ihrer Rundfunkmitteilung fordert (vgl. European Commission 27.10.2009: Tz. 88). Die Tests gewährleisten die europakonforme Finanzierung der neuen audiovisuellen Dienste. Der Sinn solcher Genehmigungsverfahren bleibt aber umstritten (vgl. Donders/Moe 2011; Moe 2010). Bei den Rundfunkräten der Rundfunkanstalten sind die Tests als «bürokratische Prüfungsmonster» verschrien.[4] Ein Grund für die Kritik ist nicht zuletzt, dass die Rundfunkräte dafür ca. 40 externe Marktuntersuchungen in Auftrag geben und auswerten mussten (vgl. Gennis/Gundlach 2013).[5]

2 Institutioneller Vergleich der Entwicklung des Public-Service-Broadcasting in Europa

Die Autoren des vorliegenden Beitrags erforschen, welche Aufgaben das *PublicService-Broadcasting* in den Mitgliedstaaten erfüllt, wie seine Weiterentwicklung in der Digital- und Internetökonomie bewertet wird und welche Bedeutung die Binnenmarktkonformität für seine Digital- und Online-Angebote und deren Finanzierungen hat. Die Forschung steht zunächst vor der Aufgabe, eine Begriffsklärung und deskriptive Analyse des PSB in Europa durchzuführen. Da-

---

3   Lischka, Konrad: Die Angst vor der Marktwirtschaft. In: Spiegel Online, 21. Juni 2011, www.spiegel.de/netzwelt/web/oeffentlich-rechtliches-internet-die-angst-vor-der-marktwirtschaft-a-769704.html, Abruf am 23.1.2013.
4   Pfister, Ralph: Weit entfernt vom Vorbild. In: Süddeutsche.de, www.sueddeutsche.de/medien/ard-und-zdf-internet-weit-entfernt-vom-vorbild-1.978309, Abruf am 23.1.2013; SWR Südwestrundfunk: Boudgoust: Jeder Euro für den Drei-Stufen-Test fehlt im Programm. Auf: www.swr.de, www.swr.de/unternehmen/presse/-/id=4224/vv=print/pv=print/nid=4224/did=7885742/i3msus/index.html, Abruf am 23.1.2013.
5   Nünning, Volker: Achtung, fertig, Drei-Stufen-Test. Gremien der öffentlich-rechtlichen Sender haben 39 Verfahren gestartet. In: Funkkorrespondenz, 2009, 32, S. 5ff.

zu erfasst die Analyse mittels des folgenden Institutionenvergleichs die relevanten Parameter des PSB. Der vorliegende Beitrag zeigt anhand von Fallbeispielen einige Zwischenergebnisse der Institutionenanalyse. Vom Analyseergebnis her gesehen, ist beim Institutionenvergleich vor allem interessant, ob er genügend Gemeinsamkeiten zwischen dem PSB der einzelnen Mitgliedstaaten findet, um eine allgemeine Theorie entwickeln und anwenden zu können.

Die Auswahl der Kriterien wird von dem Ziel geleitet, zu untersuchen, wie in den europäischen Mitgliedstaaten der gesellschaftliche Nutzen der neuen audiovisuellen Dienste des PSB bewertet wird. Die Institutionenanalyse geht somit von der ordnungspolitischen These aus, dass der Gemeinwohlbezug der Angebote bzw. die öffentliche Aufgabe, Public-Value zu produzieren, ein allgemeines Merkmal des PSB in Europa ist (vgl. Gundlach 2011; Christl/Süssenbacher 2010, Lowe 2010; Lowe/Hujanen 2003). Im Weiteren schafft der Kriterienkatalog einen Analyserahmen für die Organisations- und Unternehmensstrukturen sowie die spezifischen Managementaufgaben und die Regulierung des PSB. Außerdem sind die Vergleichskriterien auch Gegenstände einer informationswissenschaftlichen Expertise, da sie der Entwicklung eines Informations- und Datenmodells dienen. Das Ziel dieses Teils der Forschung ist, die vielfältigen Institutionen und Management- sowie Organisationsstrukturen des PSB transparent zu machen.

Die institutionelle Analyse der nationalen Medienstrukturen, -ordnungen und -organisationen einschließlich des Medien- und Gesellschaftsrechts dient dazu, den Gegenstand der Forschung klar zu beschreiben, denn der Fokus der vergleichenden Untersuchung des öffentlich-rechtlichen Rundfunks bzw. des PSB liegt auf der Unternehmens- oder Organisationsebene. Die *Unternehmen* oder *Organisationen* des PSB werden einem besonderen *Typus* zugeordnet. Die Definition des besonderen Typus ist notwendig, da die Unternehmen oder Organisationen einen öffentlichen Auftrag zu erfüllen haben und dieser besondere Auftrag ihre *institutionelle Identität* begründet. Welche Organisationen in den Mitgliedstaaten aber dem Typus entsprechen und folglich dem PSB zugeordnet werden, ist nicht immer leicht zu beantworten. Der institutionelle Vergleich startet deshalb damit, die Medienorganisationen im Rundfunkbereich zu finden, die medienspezifische Public-Service-Aufträge haben und dafür eine öffentliche Finanzierung erhalten. Dazu ist eine Makroanalyse der nationalen Medienordnung hilfreich, um zu klären, wie in den Mitgliedsstaaten Public-Services institutionalisiert werden. Denn auf der Meso-Ebene existieren sehr unterschiedlich institutionell verfasste Organisations- oder Unternehmenstypen des PSB. Einige Beispiele:

- In Deutschland sind die Organisationen des PSB als öffentlich-rechtliche Rundfunkanstalten verfasst und damit als rechtsfähige Anstalten des öffentlichen Rechts mit dem Recht der Selbstverwaltung. Die Anstalten verfügen

aber auch über ein breites Beteiligungsnetzwerk aus privatrechtlich verfassten Tochterfirmen.
- In Frankreich wird das PSB durch eine Aktiengesellschaft nach französischem Recht (*Société anonyme, S.A.*) organisiert. Dabei ist aber unter dem Dach der Holding *France Télévisions S.A.* das hauptsächlich gebührenfinanzierte Public-Service-Fernsehen vom ausschließlich kommerziell betriebenen Bereich *Groupement d'intérêt économique GIE* organisatorisch getrennt. Innerhalb der GIE werden zusätzliche Digitalkanäle (u. a. *Multithématiques*) und durch *France Télévisions Interactive* die Online-Aktivitäten wie Informationsportale der Fernsehsender, Free und Pay Catchup TV sowie Apps kommerziell betrieben.
- In den Niederlanden sind die Organisationen des PSB weder öffentlich-rechtlich noch kommerziell organisiert, sondern im Rahmen der niederländischen Rechtsformen der Stiftung (*stichting*) und des Vereins (*vereniging*). Wobei die Programmveranstalterin *Nederlandse Publieke Omroep NPO* und zwei ihrer unabhängigen Programmzulieferer *Nederlandse Omroep Stichting NOS* und *NTR* (hervorgegangen aus den Organisationen *NPS, Teleac* und *RVU*) ausschließlich per Mediengesetz gegründet, beauftragt und als *stichting* organisiert sind. Neben den beiden gesetzlichen Zulieferern haben auch die anderen Zulieferer einen lizenzierten Status. Dabei werden sehr publikumsattraktive Fenster der von *NPO* koordinierten Fernsehprogramme Ned 1 bis 3 von mitgliedergeführten Rundfunkvereinen (*omroepverenigingen*) gestaltet, wie z. B. *KRO (Katholieke Radio Omroep)*, *VARA (Vereeniging van Arbeiders Radio Amateurs)* und *AVRO (Algemene Vereniging Radio Omroep)*.

Zwei analytische Fragen begründen die Auswahl der Kriterien, die den institutionellen Vergleich leiten:

1. Wie wird der gesellschaftliche Nutzen der neuen audiovisuellen Dienste des Public-Service-Broadcasting in den Mitgliedstaaten bewertet?

Nach den Managementwissenschaften müsste sich ein *Public-Value-Assessment* an den Evaluierungsansätzen des Performance Management und Performance Measurement orientieren, insbesondere am Konzept des *Management by Objectives MbO* (vgl. Karmasin 2011: 11f.; Drucker 2008, 2006). Im Falle öffentlicher Dienste wird der enge betriebswirtschaftliche Ansatz durch die Hypothesen des *New Public Management* und der *Instrumentalfunktion öffentlicher Unternehmen* erweitert. Aber in der medienpolitischen Debatte wird unter Public-Value-Assessment i. d. R. nur der zurzeit geltende britische Public-Value-Test verstanden. Über dieses enge Begriffsverständnis hinaus bezeichnet die institutionelle Analyse sämtliche Bewertungsverfahren als Public-Value-Assessment, die die Politik einführt, um den Zielbezug der Public-Service-Dienste und die Organisationsstruktur der PSB-Unternehmen zu definieren und zu evaluieren. Damit berücksichtigt der institutionelle Vergleich, dass das Public-Value-Assessment des PSB auf dem öffentlichen Auftrag gründet. Die Organisationen des Public-Service-Broadcasting dienen dazu, verschiedene öffentliche Aufträge für Fernsehen, Radio und Internet wahrzunehmen – die Sicherung der Meinungsvielfalt etwa und die Sicherung verschiedener Informationsqualitäten bei den Medieninhalten. Außerdem haben sie Verpflichtungen, die die Inhalte und Produktionsstrukturen betreffen, gegenüber der Kultur und Bildung und den Regionen des Landes.

2. Wie werden die neuen audiovisuellen Dienste des PSB politisch und hinsichtlich ihrer Europakonformität bewertet?

Die Untersuchung schließt die institutionellen Arrangements ein, die den Zielkonflikt zwischen den wirtschaftspolitischen Zielen der Europäischen Union und den Public-Service-Zielen des PSB lösen. Der Hintergrund des Zielkonflikts ist das eingangs beschriebene Spannungsverhältnis, das durch die Interventionen der europäischen Beihilfepolitik sichtbar wird. Die Frage geht von der These aus, dass die institutionellen Lösungen des Zielkonflikts Bestandteil des Wandels der Medienstrukturen im Sektor des PSB sind. Im Ergebnis zeigt der institutionelle Vergleich auch, inwieweit in den Mitgliedsstaaten ein besonderer sektoraler Strukturwandel stattfindet, der zu einer europa- und binnenmarktkonformen Ausgestaltung des PSB hinführt. Die Lösungsansätze schließen die Ex-ante-Tests ein, da sie ein Bestandteil der institutionellen Lösung sein können, aber nicht müssen.

3 Digitale Angebotskonzepte

Die Bezugspunkte des institutionellen Vergleichs sind die digitalen Angebotskonzepte des Public-Service-Broadcasting. Verglichen werden in erster Linie die Eigenschaften der Angebotskonzepte, die zu den medienpolitischen Kontroversen veranlassen. Der Vergleich zeigt, dass keinesfalls einfach beantwortet werden kann, welche Angebotskonzepte binnenmarktkonform sind. Ein Beispiel ist die Online-Verweildauer der Fernsehinhalte beim sog. *Catch-up TV*: Dies ist zeitversetztes Fernsehen, das mittels Mediatheken bzw. Video-on-Demand-Diensten übertragen wird. Üblicherweise bietet das Public-Service-Broadcasting der Mitgliedsstaaten Catch-up TV an; Beispiele sind die *Mediathek* des *Norddeutschen Rundfunks NDR* (www.ndr.de/mediathek/index.html), die Plattform *Pluzz* (*télévision de rattrapage*) von *France Télévisions FTV* (pluzz.francetv.fr/), *iPlayer* der *British Broadcasting Corporation BBC* (www.bbc.co.uk/iplayer)

oder der Catch-up-Dienst *Uitzending Gemist* («Sendung verpasst») der *Nederlandse Publieke Omroep NPO* (www.uitzendinggemist.nl/). Eine interessante Vielfalt zeigt sich bei der Frage, welche Verweildauer beim Catch-up TV des PSB binnenmarktkonform ist (vgl. Abbildung 1).

Abbildung 1: Verschiedene Verweildauerkonzepte des PSB in Europa

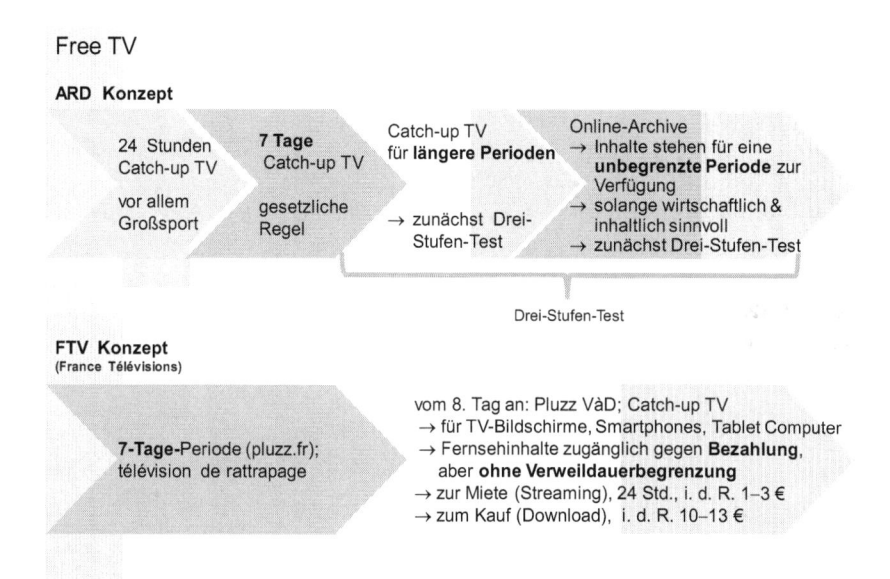

Free TV

ARD Konzept

- 24 Stunden Catch-up TV vor allem Großsport
- **7 Tage** Catch-up TV gesetzliche Regel
- Catch-up TV für **längere Perioden** → zunächst Drei-Stufen-Test
- Online-Archive → Inhalte stehen für eine **unbegrenzte Periode** zur Verfügung → solange wirtschaftlich & inhaltlich sinnvoll → zunächst Drei-Stufen-Test

Drei-Stufen-Test

FTV Konzept
(France Télévisions)

- **7-Tage**-Periode (pluzz.fr); télévision de rattrapage
- vom 8. Tag an: Pluzz VàD; Catch-up TV → für TV-Bildschirme, Smartphones, Tablet Computer → Fernsehinhalte zugänglich gegen **Bezahlung**, aber **ohne Verweildauerbegrenzung** → zur Miete (Streaming), 24 Std., i. d. R. 1–3 € → zum Kauf (Download), i. d. R. 10–13 €

Quelle: eigene Darstellung

In Deutschland wird die Verweildauer der Fernsehinhalte in Abstufungen reguliert (zu den Details siehe § 11d Abs. 2 RStV). Die Regulierung sieht eine gesetzliche Sieben-Tage-Regel vor. Zudem bestimmt das Rundfunkgesetz (§ 11f Abs. 4 RStV), dass ein Ex-ante-Test durchzuführen ist, falls z. B. die Fernsehinhalte länger als sieben Tage nach der Erstausstrahlung noch über das Internet abrufbar bleiben sollen.

Vergleicht man dies mit *France Télévisions*, sieht man eine andere Form der Regulierung der Verweildauer. Das Mediengesetz verpflichtet France Télévisions, Catch-up TV sieben Tage lang nach der Erstausstrahlung zu ermöglichen.[6] Im Unterschied zur deutschen Regulierung bleiben danach die Fernsehinhalte ab

---

6   Vgl. Article 48, Loi n° 86-1067 du 30.09.1986 relative à la liberté de communication; modifié par LOI n°2010-121 du 8.2.2010 [dt.: Gesetz Nr. 86-1067 v. 30.9.1986 über die Freiheit der Kommunikation in der Fassung mit der Änderung durch das Gesetz Nr. 2010-121 v. 8.2.2010]; Quelle: www.legifrance.gouv.fr, Abruf am 5.2.2013.

dem achten Tag weiterhin unbegrenzt zugänglich. Allerdings stellt die Fernsehinhalte *FTV* i. d. R. vom achten Tag an nur gegen Entgelt zum Abruf bereit, d. h. als Miet- oder Kaufabruf. Zuständig für das Catch-up TV ist eine Tochterfirma, die sich wie ein kommerzielles Unternehmen verhalten soll.

In den Niederlanden existiert bislang keine gesetzliche Regelung der Online-Verweildauer für das Catch-up TV des PSB.

4 Methode der Gesamtbewertung

Das Ziel des institutionellen Vergleichs ist, die Methoden zu untersuchen, mit denen in den Mitgliedsstaaten der gesellschaftliche Nutzen der Digital- und Online-Angebote des PSB bewertet wird. Dazu sind die unterschiedlichen Dimensionen der Public-Services zu berücksichtigen; nämlich
- der Zielbezug der Dienste,
- ihre Qualitätsdimension und schließlich
- ihre Marktwirkungen.

Dies erfordert mehrere Bewertungsverfahren. Verkomplizierend ist, dass eine Gesamtbewertung erforderlich ist, die Abwägungsentscheidungen einschließt. Die Arbeitshypothese des institutionellen Vergleichs ist, dass die Gesamtbewertung auf zumindest drei Bewertungsmethoden basiert; keine der drei Bewertungsmethoden ist miteinander substituierbar. Die Bewertungsmethoden sind
- Ziele, d. h. die Zieldefinitionen und die Evaluierung des Grades der Zielerreichung. Dies wären Verfahren und Bewertungsmethoden i. S. d. New Public Management, insbesondere die Methode des Vertragsmanagements;
- Verfahren, d. h. demokratische Verfahren einer unternehmensinternen Feinsteuerung, die der Sicherung der publizistischen Qualitäten dienen und verdeutlichen, dass die Organisationen oder Unternehmen des PSB eine Instrumentalfunktion haben, wobei auf der Organisationsebene das Ziel der Unabhängigkeit von der staatlichen Politik oder anderen einseitigen Interessen eine herausragende Rolle spielt; und
- Marktwirkungen, d. h. die Analyse und ökonomische Bewertung der marktlichen Auswirkungen der digitalen Aktivitäten, z. B. Methodik der Marktabgrenzung, zudem zählt hierzu das Verfahren der Abwägung zwischen eventuell negativen Marktwirkungen und höherem Public-Value eines Angebots des PSB.

5 Externe Regulierung

Die Vergleichskriterien zu den relevanten Bewertungsmethoden eines Public-Value-Assessments der Digital- und Online-Angebote des PSB sind aus zwei Theorien abzuleiten:

1. dem Ansatz des New Public Management, eine spezifische Ausprägung der Institutionenökonomik und ökonomischen Regulierungstheorie (vgl. Richter/Furubotn 2010; Voigt 2009; Erlei et al. 2007), und
2. der Theorie der öffentlichen Unternehmen i. S. d. These von der Instrumentalfunktion öffentlicher Unternehmen (vgl. Cox 2008, 2005; Bräunig/Greiling 2007; Gundlach 1998).

Nach der Theorie des New Public Management sind die Ziel-Mittel-Verträge (Public-Service-Verträge) und vergleichbare Arrangements zwischen Staat und öffentlichen Unternehmen zu analysieren (vgl. Pollitt/Bouckaert 2011; Dooren et al. 2010). Die Verträge sind ein Vergleichskriterium, weil mittels der Verträge ein kontinuierlicher Prozess der Zielkonkretisierung und -evaluierung möglich ist. Mittels der Verträge lassen sich die Ziele für die Organisationen des PSB und dessen Leistungen definieren und aktualisieren sowie der Grad der Zielerreichung im Nachhinein evaluieren und sanktionieren. Das Vertragsmanagement i. S. d. New Public Management bietet den Politikern die Möglichkeit, Zusammenhänge zwischen vertraglichen Vereinbarungen und der Finanzierung systematisch herzustellen. Das heißt, die öffentlichen Gelder sollen die Gegenleistung für die Erfüllung der Public-Service-Verpflichtungen sein (vgl. Bron 2010), oder in eine Formel gefasst: *Geld für Inhalt*. Auch medienökonomische Studien empfehlen, den Vertragsansatz zur Regulierung und Evaluierung der ökonomischen Leistungsfähigkeit öffentlicher Unternehmen anzuwenden, d. h. zum *Economic Performance Measurement* (vgl. Picard 2003) bzw. zum *Market Share, Productivity und Financial Management and Measurement*. Zu den schwer messbaren Zielen hebt das New Public Management hervor, quantifizierbare Größen i. S. v. Hilfsindikatoren (*auxiliary indicators*) zur Bestimmung der politisch gewünschten öffentlichen Dienstleistungen zu vereinbaren (vgl. Dooren/Bouckaert/Halligan 2010). Jedenfalls können Ziel-Mittel-Verträge dazu beitragen, ein Verfahren zur Konkretisierung und Evaluierung des Public-Value einzuführen, den das öffentliche Unternehmen schaffen soll. Die Empirie zeigt, dass das Vertragsmanagement beim PSB spätestens seit den 1990er Jahren in Europa weit verbreitet ist (vgl. Coppens/Saeys 2006; Coppens 2005):

Abbildung 2: Ziel-Mittel-Verträge beim Public Service Broadcasting in Europa

Ziel-Mittel-Verträge			
Länder	Public Service Broadcasting	Bezeichnung des Vertrags	aktuelle Laufzeiten
Belgien	Vlaamse Radio- en Televisie-omroeporganisatie (VRT)	Beheersovereenkomst (Management-Vertrag zwischen Flemish Community und VRT)	2002–2006, 2007–2011, 2012–2016
	RTBF Radio-télévision belge de la Communauté française	Contrat de gestion (Management-Vertrag)	2002–2005, 2007–2011 (verlängert bis 31.12.12)
Dänemark	DR Danish Broadcasting Corporation	DRs public service-kontrakt	2003–2006, 2007–2010, 2011–2014
	TV2	public-service kontrakt	2003-2006, 2007-2010, 2011-2014
Frankreich	FTV France Télévisions	COM contrat d'objectifs et de moyens	2001–2005, 2007–2010, 2009–2012 / Vertragsänderung, 2011–2015
Irland	RTÉ Raidió Teilifís Éireann	Public Service Broadcasting Charter (2004) Strategic Corporate Plan (SP1, 2, 3) Statement of Strategy (SoS, alle 5 years)	SP1 2006–2010, SP2 2007–2011, SP3 2009–2013, SOS 2010–2014
Italien	RAI Radiotelevisione Italiana	Contratto di servizio	2003–2005, 2007–2009, 2010–2012
Portugal	RTP - Radiotelevisão Portuguesa, S.A.	Contrato de concessão geral (Public Service Contract, Konzessionsvertrag)	Laufzeit (Prazo da concessão) der Konzession 18 Jahre, ab 2003 (bis 2019)
	RDP - Radiodifusão Portuguesa, S.A.	Contrato de concessão (Public Service Contract, Konzessionsvertrag)	Laufzeit (Cláusula 3. Prazo) der Konzession 15 Jahre, ab 1999 (bis 2014)
Schweden	SVT Sveriges Television AB	Sändningstillstånd	2002–2005, 2007–2009, 2010–2013
	UR Utbildningsradio AB	Sändningstillstånd	2002–2005, 2007–2009, 2010–2013
United Kingdom	BBC British Broadcasting Corporation	Agreement between DCMS and BBC	2007–2016
Niederlande	NOS Nederlandse Omroep Stichting; NPO Nederlandse Publieke Omroep	Prestatieovereenkomst (performance agreement)	2008–2010, 2010–2015

Quelle: eigene Erweiterung und Darstellung nach Coppens 2005; Coppens/Saeys 2006

Für das PSB sind aber auch die Grenzen des Vertragsansatzes sehr relevant. Auf die Grenzen weist die Wirtschaftstheorie, insbesondere die Institutionenökonomik hin: Danach können die Public-Service-Verträge im Medienbereich nur *unvollständige Verträge* («incomplete contracts») sein (vgl. Richter/Furubotn 2010; Cox 2005: 225ff., 239f.; Williamson 1998). Unvollständige Verträge vermindern die Effizienz der externen Regulierung. Unvollständig bleiben die Verträge, weil der Vertragsansatz keine Lösung bietet, um die zentralen Public-Service-Ziele der publizistischen Qualität zu regeln. Dies betrifft Ziele wie Objektivität, Unparteilichkeit oder Pluralismus bei der Berichterstattung oder das Ziel der Sicherung der Meinungsvielfalt. Hinzu kommt das Ziel der Sicherung der redaktionellen Unabhängigkeit vom Staat oder von anderen einseitigen Interessen und Einflussnahmen. Der Vertragsansatz scheitert bei solchen Zielen der publizistischen Qualität, weil eine Zieloperationalisierung nicht hinreichend justiziabel ist.

Eine Alternative zu direkten vertraglichen Vereinbarungen sind Selbstverpflichtungen, da sie dazu dienen, dass die Betroffenen selbst die Regulierung im öffentlichen Interesse durchführen. Die wachsende Rolle der Selbstregulierung analysiert die Politikwissenschaft unter dem Begriff *Media Governance* (z. B. Just/Puppis 2012; Bevir 2011; Abbott/Duncan 2008; Benz et al. 2007; Donges 2007, Latzer 2007; Schulz/Held 2001; Mayntz/Scharpf 1995; Ayres/Braithwaite 1992).

Die Empirie bestätigt, dass Selbstregulierung beim PBS eine große Rolle spielen kann. Ein Beispiel sind die Selbstverpflichtungen, die in Deutschland z. B. vom *ZDF* praktiziert werden. Das *ZDF* veröffentlicht alle zwei Jahre einen «Bericht über die Erfüllung des öffentlichen Auftrages, über die Qualität und Quantität der bestehenden Angebote sowie die Schwerpunkte der jeweils geplanten Angebote» (§ 11e Abs. 2 RStV).[7] Ein anderes Beispiel ist die Praxis der Selbstregulierung der *BBC* mittels der vormaligen «Statements of Promises to Viewers and Listeners» und derzeitigen «Statements of Programme Policy» (vgl. Maggiore 2011).

Solche Selbstverpflichtungen sind eine Alternative zum Vertragsansatz, sofern die Politik eine Selbstverpflichtung fordert, die damit definierten Ziele akzeptiert und im Nachhinein auch evaluiert (vgl. Gundlach 2004). Hinzu kommt, dass Selbstregulierungen die Demokratiefunktion und Unabhängigkeit des PSB

---

7   Vgl. Zweites Deutsches Fernsehen: Selbstverpflichtungserklärung des ZDF 2013–2014. Programm-Perspektiven des ZDF 2013–2014. Mainz, 12.10.2012, www.unternehmen.zdf.de/fileadmin/files/Download_Dokumente/DD_ Das_ZDF/Publikationen/Selbsverpflichtungserklaerung_des_ZDF_ 2013_2014.p

ggf. besser berücksichtigen. Aus verfassungspolitischen Gründen werden direkte Verträge zwischen Medienunternehmen und staatlicher Politik häufig abgelehnt. Aber der institutionelle Vergleich der PSB zeigt, dass bei den Vertragsprozessen i. d. R. spezifische Medienkommissionen die Funktion haben, den verfassungspolitisch gewünschten Grad an Unabhängigkeit des PSB von der Regierung bei den Vereinbarungen und Evaluierungen zu gewährleisten.

6 Interne Regulierung

Die Instrumentalfunktion öffentlicher Unternehmen kommt vor allem bei jenen Eigenschaften öffentlicher Dienstleistungen zur Anwendung, die sich nicht oder nur schlecht mittels Public-Service-Verträgen vereinbaren und evaluieren lassen (vgl. Cox 2008, 2005; Gundlach 1998). Deshalb bezieht sich die These von der Instrumentalfunktion auf die öffentlichen Dienste, wo die Institutionalisierung des öffentlichen Auftrags unternehmensinterne Verfahren erfordert. In diesem Fall wird der Typus des öffentlichen Unternehmens erforderlich, um die öffentliche Aufgabe zu erfüllen. Nach der Instrumentalthese ist die unternehmensinterne Feinsteuerung umso wichtiger, je schwieriger es ist, die Medienqualität zu messen und im Vertrag vorab operabel zu bestimmen. Die unternehmensinternen Verfahren wären mit privat- und marktwirtschaftlichen Zielen unvereinbar, sodass sich die Organisationen des PSB nicht privatwirtschaftlich betreiben lassen.

Der institutionelle Vergleich der PSBs in Europa untersucht, inwieweit die internen demokratischen Verfahren tatsächlich ein konstitutives Merkmal des PSB sind. Auf die Rolle der Verfahren weisen bereits verschiedene aktuelle Vergleichsstudien hin, die Merkmale der Mediensysteme und der Sicherung der publizistischen Qualitäten behandeln. Die Studien informieren u. a. über Regelungen der Objektivität, der Unparteilichkeit und des Pluralismus bei der Berichterstattung sowie zur Sicherung der Meinungsvielfalt und der redaktionellen Unabhängigkeit vom Staat und einseitigen Interessen (vgl. Trappel et al. 2011; Hanretty 2011a und 2011b; Hans Bredow Institute et al. 2010; D´Haenens/Saeys 2007; D'Haenens et al. 2009; Terzis 2007).

Zudem ist zu untersuchen, inwieweit die Zivilgesellschaft Einfluss auf die öffentliche Auftragsdefinition und Evaluierung hat. Die Bedeutung dieses Aspekts wird durch die aktuelle Public-Management-Doktrin des Public-Value-Management betont (vgl. Moore 1995). Erste Arbeiten zur Public-Value-Management-Doktrin im Bereich des PSB liegen vor (vgl. Karmasin et al. 2011; Troxler et al. 2011).

Um die Relevanz und Auswirkung der Bewertungsmethodik auf Basis unternehmensinterner Verfahren zu untersuchen, ist das Beziehungsgefüge zwischen folgenden Rollen und Funktionen zu erfassen:

Abbildung 3: Beziehungsgefüge der internen Regulierung

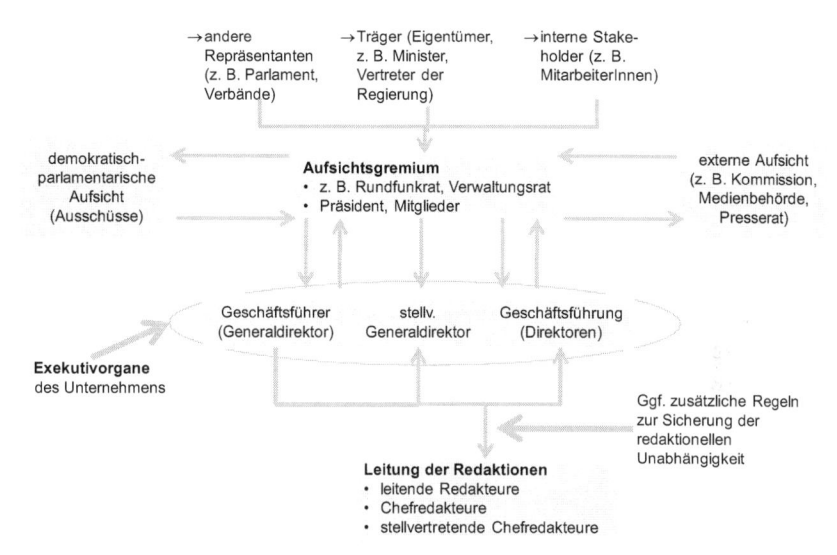

→andere Repräsentanten (z. B. Parlament, Verbände) →Träger (Eigentümer, z. B. Minister, Vertreter der Regierung) →interne Stakeholder (z. B. MitarbeiterInnen)

demokratisch-parlamentarische Aufsicht (Ausschüsse)

Aufsichtsgremium
- z. B. Rundfunkrat, Verwaltungsrat
- Präsident, Mitglieder

externe Aufsicht (z. B. Kommission, Medienbehörde, Presserat)

Exekutivorgane des Unternehmens

Geschäftsführer (Generaldirektor) — stellv. Generaldirektor — Geschäftsführung (Direktoren)

Ggf. zusätzliche Regeln zur Sicherung der redaktionellen Unabhängigkeit

Leitung der Redaktionen
- leitende Redakteure
- Chefredakteure
- stellvertretende Chefredakteure

Quelle: eigene Darstellung

Im Kern untersucht der europäische Vergleich der internen Verfahren des Public-Value-Assessments das Beziehungsgefüge zwischen *Aufsichtsgremien* (Supervisory Bodies, Rundfunkrat, Verwaltungsrat), *Unternehmensleitung* (Executive Board, CEO, Generaldirektor, Intendant) und dem *Redaktionsmanagement* (Chefredakteure). Die institutionellen Regelungen der Auswahl des Generaldirektors und der Zustimmungskompetenzen zu dieser obersten Stellenbesetzung sind ein Beispiel für diesen Teil der Analyse. Für die publizistische Qualität und damit auch für die Produktion von Public-Value ist der Generaldirektor bedeutend, da er oder sie zum Beispiel zuständig für das betriebswirtschaftliche Qualitätsmanagement und -controlling sind (vgl. z. B. Herrmann/Fritz 2011: 9, 253; Leicht-Eckardt et al. 2008: 25; Gembrys/Herrmann 2008: 25). Anhand des Beispiels lässt sich zeigen, dass sehr unterschiedliche demokratische Verfahren beim PSB in Europa existieren; Abbildung 4 vergleicht *FTV*, *NDR* und *ZDF*:

Abbildung 4: Vergleich der Wahl der Unternehmensleitung beim Public-Service-Broadcasting

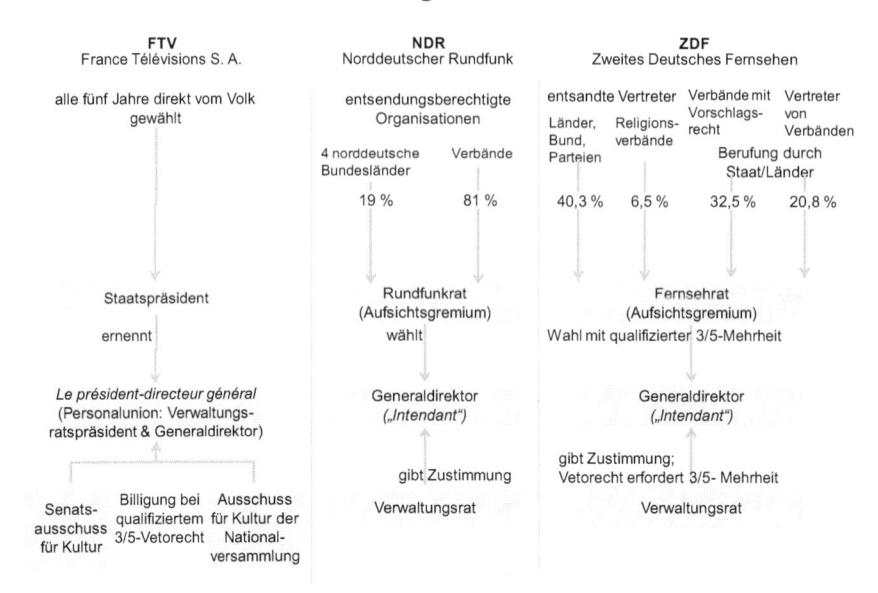

FTV France Télévisions S. A.	**NDR** Norddeutscher Rundfunk		**ZDF** Zweites Deutsches Fernsehen			
alle fünf Jahre direkt vom Volk gewählt	entsendungsberechtigte Organisationen		entsandte Vertreter		Verbände mit Vorschlagsrecht	Vertreter von Verbänden
	4 norddeutsche Bundesländer	Verbände	Länder, Bund, Parteien	Religionsverbände		Berufung durch Staat/Länder
	19 %	81 %	40,3 %	6,5 %	32,5 %	20,8 %

Staatspräsident	Rundfunkrat (Aufsichtsgremium)	Fernsehrat (Aufsichtsgremium)
ernennt	wählt	Wahl mit qualifizierter 3/5-Mehrheit

Le président-directeur général (Personalunion: Verwaltungsratspräsident & Generaldirektor)	Generaldirektor („Intendant")	Generaldirektor („Intendant")
	gibt Zustimmung	gibt Zustimmung; Vetorecht erfordert 3/5- Mehrheit
Senatsausschuss für Kultur / Billigung bei qualifiziertem 3/5-Vetorecht / Ausschuss für Kultur der Nationalversammlung	Verwaltungsrat	Verwaltungsrat

Quelle: eigene Darstellung, frz. Kommunikationsfreiheitsgesetz v. 30.9.1986 (no. 86-1067), NDR-Staatsvertrag, ZDF-Staatsvertrag

Bei *France Télévisions* ist das Verfahren der obersten Stellenbesetzung am ehesten wie in einer direkten Demokratie organisiert, wobei aber die Entscheidung des Staatspräsidenten ein bedeutender Filter ist. Beim *NDR* entspricht das Verfahren eher einer pluralistischen Demokratie. Und beim *ZDF* ist die Personalauswahl und Zustimmung zur obersten Führungsstelle eher wie bei einer repräsentativen Demokratie organisiert.

Die beispielhaft aufgeführten Verfahren weisen zwar deutliche Unterschiede auf. Beim institutionellen Vergleich aber steht eine Gemeinsamkeit im Vordergrund, die zur Bewertung der Binnenmarktkonformität bzw. des Verhältnisses von öffentlichen zu privatwirtschaftlich betriebenen Unternehmen besonders relevant ist: Wichtiger als die deutlichen Verfahrensunterschiede und die Bewertung der Art des Verfahrens ist, dass solche Verfahren i. S. d. Instrumentalfunktion unbedingt den Typ eines öffentlichen Unternehmens erfordern.

7 Marktliche Auswirkungen der digitalen Aktivitäten des PSB

Die einzelnen europäischen Mitgliedstaaten streben unterschiedliche institutionelle Lösungen für den Zielkonflikt zwischen den Public-Service-Zielen des PSB und den wirtschaftspolitischen Zielen der europäischen Wettbewerbspolitik an (vgl. Donders/Moe 2011; Moe 2010). Die institutionellen Reformen sind nötig, wenn auf einem Markt infolge eines neuen digitalen PSB-Dienstes überwiegend negative Wirkungen zu erwarten sind. In diesem Fall wären die neuen Dienste nur zulässig, wenn ein höherer Public-Value der Dienste zu erwarten ist (vgl. European Commission 27.10.2009: Tz. 88).

Um zwischen negativen Marktwirkungen und höherem Public-Value abwägen zu können, sind zunächst einmal die Marktwirkungen zu erfassen und hinsichtlich ihrer ökonomischen Bedeutung zu bewerten (sog. *Market Impact Assessment*). Die interessante praktische Frage ist, mit welchen Methoden die marktlichen Auswirkungen neuer Angebote des PSB überhaupt untersucht und bewertet werden können. Die theoretische Basis einer derartigen Untersuchung ist die Markttheorie bzw. die Wettbewerbstheorie, d. h.: Die Theoriebausteine und Methoden liefern die Theory of Industrial Organization («Industrieökonomik») (vgl. z. B. Carlton/Perloff 2013; Martin 2010), insbesondere das u. a. auf die Arbeiten von Scherer/Ross (1990) zurückgehende Structure-Conduct-Performance-Paradigma, und die von Joseph Alois Schumpeter entwickelte Theorie des dynamischen Wettbewerbs. Die Analyse der Marktwirkungen der digitalen Aktivitäten des PSB stellt ein komplexes methodisches Vorgehen dar, dessen einzelne Schritte sich vereinfacht wie folgt skizzieren lassen (vgl. Gennis/Gundlach 2013):

Erstens sind also die empirischen Methodenfragen zu klären. Die Analyse der Marktwirkungen der digitalen Aktivitäten des PSB muss aber noch mehr Fragen beantworten: Es stellt sich zweitens die Frage nach der *ökonomischen Bewertung*. Eine reine Marktanalyse bzw. eine Aufzählung von «Wirkungen» reicht nicht aus. Zusätzlich muss geklärt werden, anhand welcher ökonomischen Kriterien sich bewerten lässt, ob ein wirtschaftlicher Effekt eines neuen audiovisuellen Dienstes des PSB *von Vorteil, neutral oder nachteilig* für die Wirtschaftsdynamik bzw. das Wirtschaftswachstum im europäischen Binnenmarkt ist. Dafür liefert die Wohlfahrtsökonomie die Bewertungsmaßstäbe (zum Standardkonzept des sozialen Überschusses bzw. der Wohlfahrtsökonomie vgl. z. B. Kleinewefers 2008). Danach sind die möglichen Kriterien Konsumentenwohlfahrt, Produzentenwohlfahrt und Gesamtwohlfahrt. Drittens reicht es aber nicht aus, nur zu wissen, welche ökonomischen Kriterien angewendet werden könnten. Wichtiger ist es zu wissen, anhand welcher Kriterien die EU-Kommission die Unternehmensstrukturen für das PSB bewertet. Hierzu gibt die Theorie der europäischen Wettbewerbspolitik Einblicke (vgl. z. B. Bishop/Walker 2009; Motta 2009; Schmidt/Schmidt 2006).

Abbildung 5: **Analyse der marktlichen Auswirkungen digitaler Aktivitäten des PSB**

Betroffene Märkte und vergleichbare Angebote

| Identifikation und Definition des **relevanten Marktes** | Kriterien der Marktabgrenzung | **Marktbeziehungen** |

EU-Methode
Statische Marktanalyse ⇄ **Dynamische Marktanalyse**
Vergleich

empirische Methoden

Indikatoren für Marktwirkungen

Marktwirkungen: substitutive oder komplementäre

Quelle: eigene Darstellung

8 Fazit

Um eine Wirtschaftstheorie zum PSB in Europa zu entwickeln, sind die Verfahren des Public-Value-Assessment und die Europakonformität der digitalen Aktivitäten des PSB zu untersuchen und miteinander zu vergleichen. Der Vergleich setzt Kriterien voraus, die der vorliegende Beitrag begründet hat. Der wirtschaftstheoretisch fundierte Kriterienkatalog ist mit Erkenntnissen der Politik-, Kommunikations- und Rechtswissenschaften verbunden. Er vergleicht folgende Parameter:

- öffentlicher Auftrag
- Institutionalisierung des öffentlichen Auftrags
- New Public Management, insbes. Vertragsmanagement
- Selbstverpflichtungen
- Instrumentalfunktion unternehmensinterner Verfahren
- Trägerschaft
- Marktwirkungen
- Abwägungsverfahren negativer Markteffekte zu höherem Public-Value

Der Institutionenvergleich muss klären, welche Organisations- oder Unternehmenstypen dem PSB überhaupt zugeordnet werden können. Im nächsten Schritt kann der institutionelle Vergleich dann zeigen, wie in der Praxis der gesellschaftliche Nutzen der neuen audiovisuellen Dienste des PSB bestimmt wird. Dazu zeigt der europäische Vergleich die Marktstrukturen, besonderen Managementaufgaben, Produktkonzepte und Regulierungen des PSB. Weitere Forschungen müssen klären, welche sektoralen Strukturveränderungen zu einer europa- und binnenmarktkonformen Ausgestaltung der Organisations- und Unternehmenstypen hinführen. Die Antwort auf die Frage hängt auch davon ab, welche gesellschaftliche Stellung das PSB in Zukunft tatsächlich hat. Insbesondere ist zu untersuchen, inwieweit das PSB eine Schlüsselstellung bei der Erfüllung der öffentlichen Medienaufgaben einnimmt. Dies weist auf weiteren Forschungsbedarf hin, um die Frage zu klären, wie die Medien ihre fundamentalen demokratiepolitischen Aufgaben (vgl. Trappel 2010) im Internetzeitalter erfüllen und welche Funktion dabei das PSB hat. Die Vergleichskriterien schaffen die Voraussetzung für eine Informations- und Datenbasis, die über die Digital- und Online-Angebote und die relevanten Parameter des PSB informiert.

Literatur

Abbott, Kenneth W./Snidal, Duncan (2008): Strengthening International Regulation through Transnational New Governance: Overcoming the Orchestration Deficit. In: Vanderbilt Journal of Transnational Law, 42, S. 501–578.

Ayres, Ian/Braithwaite, John (1992): Responsive Regulation: Transcending the Deregulation Debate. Oxford: Oxford University Press.

Baumol, William J./Blinder, Alan S. (2011): Economics. Principles and Policy. 12. Ausgabe. Mason South-Western.

Begg, David/Vernasca, Gianluigi/Fischer, Stanley/Dornbusch, Rudiger (2011): Economics. 10. Ausgabe. London et al.: McGraw-Hill Higher Education.

Benz, Arthur/Lütz, Susanne/Uwe, Georg/Schimank, Simonis (Hrsg.) (2007): Handbuch Governance: Theoretische Grundlagen und Empirische Anwendungsfelder. Wiesbaden: VS Verlag für Sozialwissenschaften.

Bevir, Mark (2011): Governance as Theory, Practice, and Dilemma. In: Bevir, Mark (Hrsg.): The Sage Handbook of Governance. London: Sage Publications.

Bishop, Simon/Walker, Mike (2009): The Economics of EC Competition Law. Concepts, Application and Measurement. 3. Ausgabe. London: Sweet & Maxwell.

Bräunig, Dietmar/Greiling, Dorothea (Hrsg.) (2007): Stand und Perspektiven der Öffentlichen Betriebswirtschaftslehre II. Berlin: Berliner Wissenschaftsverlag.

Bron, Christian M. (2010): Finanzierung und Überwachung öffentlich-rechtlicher Angebote. In: Europäische Audiovisuelle Informationsstelle (Hrsg.): Öffentlich-rechtliche Medien: Geld für Inhalte. Publikationsreihe IRIS plus, H. 4, Straßburg.

Carlton, Dennis W./Perloff, Jeffrey M. (2013): Modern Industrial Organization. 5. Ausgabe. Boston: Pearson Addison-Wesley.

Christl, Reinhard/Süssenbacher, Daniela (Hrsg.) (2010): Der öffentlich-rechtliche Rundfunk in Europa. Wien: FalterVerlag.

Coppens, Tomas/Saeys, Frieda (2006): Enforcing Performance: New Approaches to Govern Public Service Broadcasting. In: Media, Culture & Society, 28, Nr. 2, S.. 261–284.

Coppens, Tomas (2005): Fine-tuned or Out-of-key? Critical Reflections on Frameworks for Assessing PSB Performance. In: Lowe, Gregory F./Jauert, Per (Hrsg.): Cultural Dilemmas in Public Service Broadcasting. RIPE@2005.Göteborg: Nordicom, S. 79–99.

Cox, Helmut (2008): Public Enterprises and Service Providers in Institutional Competition and Undergoing Structural Change: New Challenges to the Theory of Public Economics and Public Services in Germany. In: Annals of Public and Cooperative Economics 79, Nr. 3/4, S. 527–554.

Cox, Helmut (2005): Strukturwandel der öffentlichen Wirtschaft unter dem Einfluss von Marktintegration und Europäischer Wettbewerbsordnung. Band 200, Berlin: Berliner Wissenschafts-Verlag.

Dewenter, Ralph/Haucap, Justus (2009): Ökonomische Auswirkungen von öffentlich-rechtlichen Online-Angeboten: Marktauswirkungen innerhalb von Drei-Stufen-Tests. Baden-Baden: Nomos Verlag.

D'Haenens, Leen/Marcinkowski, Frank/Donk, André/Manigold, Tanja/Trappel, Josef/Fidalgo, Joaquim/Balcytiene, Auksé/Napryté, Eglé (2009): The Media for Democracy Monitor Applied to Five Countries: A Selection of Indicators and Their Measurement. In: Communications, 34, pp. 203–222.

D'Haenens, Leen/Saeys, Frieda (Hrsg.) (2007): Western Broadcast Models: Structure, Conduct and Performance. Berlin: Mouton de Gruyter.

Donders, Karen/Moe, Hallvard (2011): Exporting the Public Value Test. The Regulation of Public Broadcasters' New Media Services Across Europe. Göteborg: Nordicom.

Donges, Patrick (Hrsg.) (2007): Von der Medienpolitik zur Media Governance? Köln: Herbert von Halem Verlag.

Dooren, Wouter van/Bouckaert, Geert/Halligan, John (2010): Performance Management in the Public Sector. Abingdon: Oxon.

Drucker, Peter F. (2008): The Practice of Management. New York, NY: HarperCollins.

Drucker, Peter F. (2006): The Effective Executive. NY: HarperCollins.

Erlei, Mathias/Leschke, Martin/Sauerland, Dirk (2007): Neue Institutionenökonomik. 2. Auflage. Stuttgart: Verlag Schäffer-Poeschel.

European Broadcasting Union (EBU); Radoslavov, Stoyan (2010): Ex Ante Assessment in Europa: A Snapshot. EBU Brussels Office, Brussels.

European Commission (4.3.2011): Commission Decision of 20 July 2010 on State Aid C 27/09 (ex N 34/B/09): Budgetary Grant for France Télévisions which the French Republic Plans to Implement in Favour of France Télévisions (Notified under Document C(2010) 4918). In: Official Journal of the European Union, L 59/44.

European Commission (6.10.2010): Europe 2020 Flagship Initiative. Innovation Union. Communication from the Commission to the European Parliament, the Council, the European Economic and Social Committee and the Committee of the Regions. COM(2010) 546 final, SEC(2010) 1161, Brussels.

European Commission (3.3.2010): Europe 2020. A Strategy for Smart, Sustainable and Inclusive Growth. Communication from the Commission. COM(2010) 2020 Final, Brussels.

European Commission (26.1.2010): Annual Financing of the Dutch Public Service Broadcasters – The Netherlands. State Aid E 5/2005 (ex NN 170b/2003), C(2010)132 Final, Brussels.

European Commission (27.10.2009): Communication from the Commission on the Application of State Aid Rules to Public Service Broadcasting. In: Official Journal, 2009/C 257/01.

European Commission (24.4.2007): State Aid E 3/2005 (ex–CP 2/2003, CP 232/2002, CP 43/2003, CP 243/2004 and CP 195/2004) – Financing of Public Service Broadcasters in Germany. C (2007) 1761 Final, Brussels.

European Commission (29.11.2005): Commission Directive of 25 June 1980 on the Transparency of Financial Relations Between Member States and Public Undertakings as Well as on Financial Transparency Within Certain Undertakings (80/723/EEC); Consolidated Text, Current Status Amended by the Directive 2005/81/EC of 28 November 2005. In: Official Journal L 312, 29.11.2005, S. 47–48.

European Commission (9.12.1997): Commission Notice on the Definition of Relevant Market for the Purposes of Community Competition Law. In: Official Journal C 372: S. 5–13. Brussels.

Gembrys, Sven/Herrmann, Joachim (2008): Qualitätsmanagement. 2. Auflage. München: Haufe.

Gennis, Martin/Gundlach, Hardy (2013): Impact of Public Broadcasters' Internet Services on Market. In: Puppis, Manuel/Künzler, Matthias/Jarren, Otfried (Hrsg.): Media Structures and Media Performance Medienstrukturen und Medienperformanz. RELATION n.s., vol. 4. Wien: ÖAW Verlag.

Gundlach, Hardy (Hrsg.) (2011): Public-Value in der Digital- und Internetökonomie. Reihe Medienökonomie. Köln: Herbert von Halem.

Gundlach, Hardy (2004): Selbstverpflichtung des Öffentlich-Rechtlichen Rundfunks. In: Sjurts, Insa (Hrsg.): Strategische Optionen in der Medienkrise. Fernsehen: Neue Medien. München: Reinhard Fischer, S. 77–90.

Gundlach, Hardy (1998): Die öffentlich-rechtlichen Rundfunkunternehmen zwischen öffentlichem Auftrag und marktwirtschaftlichem Wettbewerb. Berlin: Steuer- und Wirtschaftsverlag.

Hanretty, Chris (2011a): Public Broadcasting and Political Interference. Abingdon: Oxon.

Hanretty, Chris (2011b): The Governance of Broadcasters in Small Countries. In: Lowe, Gregory F. /Nissen, Christian S. (Hrsg.): Television Broadcasting in Smaller Countries. . Göteborg: Nordicom, S. 163–178.

Hans Bredow Institute for Media Research, ICRI (K.U. Leuven), CEU/CMCS (Central European University, Budapest), Cullen International (partners) (2010): Indicators for Independence and Efficient Functioning of Audiovisual Media Services Regulatory Bodies for the Purpose of Enforcing the Rules in the AVMS Directive.

Held, Thorsten (2011): Nach dem Beihilfekompromiss: Der rechtliche Rahmen für Online-Angebote öffentlich-rechtlicher Rundfunkanstalten. In: Gundlach, Hardy (Hrsg.): Public Value in der Digital- und Internetökonomie. Köln: Herbert von Halem Verlag, S. 25–45.

Herrmann, Joachim/Fritz, Holger (2011): Qualitätsmanagement. Lehrbuch für Studium und Praxis. München: Carl Hanser Verlag.

Jakubowics, Karol (2003): Endgame? Contracts, Audits, and the Future of Public Service Broadcasting. In: the public, 10, Nr. 3, S. 45–62.

Just, Natascha/Puppis, Manuel (2012): Trends in Communication Policy Research. Bristol: Intellect.

Karmasin, Matthias/Süssenbacher, Daniela/Gronser, Nicole (Hrsg.) (2011): Public Value: Theorie und Praxis im Internationalen Vergleich. Wiesbaden: VS Verlag.

Karmasin, Matthias (2011): Public Value: Zur Genese eines Medienstrategischen Imperativs. In: Karmasin, Matthias/Süssenbacher, Daniela/Gronser, Nicole (Hrsg.): Public Value: Theorie und Praxis im Internationalen Vergleich. Wiesbaden: VS Verlag, S. 11–25.

Kleinewefers, Henner (2008): Einführung in die Wohlfahrtsökonomie. Stuttgart: W. Kohlhammer.

Latzer, Michael (2007): Regulatory Choice in Communications Governance. Communications. In: The European Journal of Communication Research, 32, Nr. 3, S. 399–405.

Leicht-Eckardt, Elisabeth/Laufenberg-Beermann, Anne von/Wehmeier, Petra (2008): Praxisorientiertes Qualitätsmanagement für Non-Profit-Organisationen. München: Verlag Neuer Merkur.

Lowe, Gregory F. (Hrsg.) (2010): The Public in Public Service Media: Ripe@2009. Göteborg: Nordicom.

Lowe, Gregory F./Hujanen, Taisto (Hrsg.) (2003): Broadcasting & Convergence: New Articulations of the Public Service Remit. Göteborg: Nordicom.

Maggiore, M. (2011): The BBC, Public Value and Europe. In: Karmasin, Matthias/Süssenbacher, Daniela/Gonser, Nicole (eds.): Public Value. Theorie und Praxis im internationalen Vergleich. Wiesbaden: VS Verlag für Sozialwissenschaften, S. 229–244.

Martin, Stephen (2010): Industrial Organization in Context. Oxford University Press. Mayntz, Renate/Scharpf, Fritz W. (Hrsg.) (1995): Gesellschaftliche Selbstregulierung und Politische Steuerung. Frankfurt am Main: Campus.

Moe, Hallvard (2010): Governing Public Service Broadcasting: 'Public Value Tests' in Different National Contexts. In: Communication, Culture & Critique, 3, 2010, S. 207–223.

Moore, Mark (1995): Creating Public Value: Strategic Management in Government. Cambridge, Mass.: Harvard Univ. Press.

Motta, Massimo. (2009): Competition Policy. Theory and Practice. Cambridge: Cambridge University Press.

Müller-Armack, Alfred (1976): Wirtschaftsordnung und Wirtschaftspolitik. Studien und Konzepte zur Sozialen Marktwirtschaft und zur Europäischen Integration. Bern/Stuttgart: Haupt.

Musgrave, Richard A./Musgrave, Peggy B. (1985): Public Finance in Theory and Practice. 4. Auflage. New York: McGraw Hill.

Picard, Robert G. (2003): Assessment of Public Service Broadcasting: Economic and Managerial Performance Criteria. Javnost. In: The Public Journal of the European Institute for Communication and Culture, 10, Nr. 3, S. 29–44.

Pollitt, Christopher/Bouckaert, Geert (2011): Public Management Reform. A comparative Analysis. 3. Auflage. Oxford: Oxford University Press.

Richter, Rudolf/Furubotn, Eirik G. (2005): Institutions and Economic Theory. The Contribution of the New Institutional Economics. 2. Auflage. University of Michigan Press [deutsch: Mohr Siebeck; 4. überarbeitete und erweiterte Auflage. (November 2010)].

Samuelson, Paul A./Nordhaus, William D. (2010): Economics. 19. Auflage. Boston: McGraw-Hill.

Scherer, Fredric M./Ross, David (1990): Industrial Market Structure and Economic Performance. 3. Auflage. Boston: Houghton Mifflin Company.

Schmidt, Ingo/Schmidt, André (2006): Europäische Wettbewerbspolitik und Beihilfekontrolle. 2. Auflage. München: Vahlen.

Schulz, Wolfgang/Held, Thorsten (2001): Regulated Self-Regulation as a Form of Modern Government: Study Commissioned by the German Federal Commissioner for Cultural and Media Affairs. Hamburg: Hans-Bredow-Institut.

Stiglitz, Joseph E. (1986): Economics of the Public Sector. 2. Auflage. New York u.a.: W. W. Norton & Company.

Terzis, Georgios (Hrsg.) (2007): European Media Governance: National and Regional Dimensions. Bristol: Intellect.

Trappel, Josef/Nieminen, Hannu/Nord, Lars (Hrsg.) (2011): The Media for Democracy Monitor: A Cross-National Study of Leading News Media. Göteborg: Nordicom.

Trappel, Josef (2010): The Public Choice: How Deregulation, Commercialisation and Media Concentration Could Strengthen Public Service Media. In: Lowe, Gregory F. (Hrsg.): The Public Service Media: RIPE@2009. Göteborg: Nordicom, S. 39–45.

Troxler, Regula/Süssenbacher, Daniela/Karmasin, Matthias (2011): Public-Value-Management als Antwort auf die Legitimationskrise und Chance für neue Strategien der Mehrwertgewinnung. In: Gundlach, Hardy (Hrsg.): Public Value in der Digital- und Internetökonomie. Köln: Herbert von Halem, S. 121–143.

Voigt, Stefan (2009): Institutionenökonomik. 2. Auflage; Paderborn: UTB.

Williamson, Oliver E. (1990): The Economic Institutions of Capitalism. New York: The Free Press.

Autorenverzeichnis

Dirk Arnold, M.A., studierte Kommunikations- und Medienwissenschaft sowie Politikwissenschaft. Wissenschaftlicher Mitarbeiter am Lehrstuhl für Kommunikationswissenschaft – Institut für Politik- und Kommunikationswissenschaft der Ernst-Moritz-Arndt-Universität Greifswald. Arbeitsschwerpunkte: Medienregulierung, Mediensystemforschung, Kommunikations- und Kultursoziologie.

Cornelia Brantner, Dr. phil., Mag. Phil., studierte Publizistik- und Kommunikationswissenschaft in Kombination mit Politikwissenschaft und Psychologie an der Universität Wien. Seit 2009 Assistentin am Institut für Publizistik- und Kommunikationswissenschaft an der Universität Wien. Arbeitsschwerpunkte: politische Kommunikation, visuelle Kommunikation.

Leyla Dogruel, Dipl.-Medienwiss., studierte Angewandte Kommunikationswissenschaft an der TU-Ilmenau. Seit 2008 wissenschaftliche Mitarbeiterin an der Arbeitsstelle Kommunikationspolitik/Medienökonomie bei Professor Dr. Klaus Beck am Institut für Publizistik- und Kommunikationswissenschaft an der FU Berlin. Arbeitsschwerpunkte: Medienökonomie, Medieninnovationen.

Marco Dohle, Dr. phil., Dipl.-Medienwiss., studierte Medienmanagement (Angewandte Medienwissenschaft) mit Nebenfach Psychologie am Institut für Journalistik und Kommunikationsforschung der Hochschule für Musik und Theater Hannover. Seitdem Mitarbeiter in der Abteilung für Kommunikations- und Medienwissenschaft der Heinrich-Heine-Universität Düsseldorf, seit 2010 als Akademischer Rat auf Zeit. Arbeitsschwerpunkte: Rezeptions- und Wirkungsforschung, politische Kommunikation.

Martin Gennis, Prof. Dr., studierte Physik, Professor für Informationstechnologie und Informationsmanagement am Department Information, Fakultät Design, Medien und Information der Hochschule für Angewandte Wissenschaften Hamburg (HAW Hamburg). Arbeitsschwerpunkt: Datenanalyse, Datenbankentwicklung und Datenbanktechnologie.

Hardy Gundlach, Prof. Dr., studierte Wirtschaftswissenschaften, Public Management, Wirtschaftspolitik. Professor für Informations- und Medienökonomie an der Hochschule für Angewandte Wissenschaften Hamburg (HAW Hamburg), Fakultät Design, Medien und Information. Arbeitsschwerpunkte: Medien- und Informationsökonomie, Medienregulierung, Industrieökonomik, Public Management, Wettbewerbspolitik und Infrastrukturtheorie.

Hannes Haas, Prof. Dr. phil., studierte Publizistik- und Kommunikationswissenschaft mit dem Nebenfach Germanistik an der Universität Wien. Professur für Publizistik- und Kommunikationswissenschaft mit dem Schwerpunkt Journalismusforschung an der Universität Wien. Arbeitsschwerpunkte: Journalismusforschung, Medienpolitik, Mediensystemforschung.

Otfried Jarren, Prof. Dr., studierte Publizistikwissenschaft, Politikwissenschaft, Soziologie und Volkskunde. Ordinarius am IPMZ – Institut für Publizistikwissenschaft und Medienforschung der Universität Zürich und Prorektor Geistes- und Sozialwissenschaften der Universität Zürich. Arbeitsschwerpunkte: Medienpolitik, Politische Kommunikation, Medien und gesellschaftlicher Wandel, Mediensystem und Medienstrukturen.

Manfred Knoche, Prof. Dr. phil., Em., studierte Publizistik/Kommunikationswissenschaft, Soziologie und Politikwissenschaft. 1994-2009 Professur für Publizistik- und Kommunikationswissenschaft mit dem Schwerpunkt Medienökonomie am Fachbereich Kommunikationswissenschaft der Universität Salzburg. 1983-1994 Professur für Kommunikationswissenschaft an der Vrije Universiteit Brussel. Arbeitsschwerpunkte: Medienökonomie, Kritik der politischen Ökonomie der Medien, Medienkonzentrationsforschung, Medien und Politik, nichtkommerzielle Medien.

Matthias Künzler, Dr. phil., studierte Publizistikwissenschaft und Geschichte. Oberassistent am IPMZ – Institut für Publizistikwissenschaft und Medienforschung der Universität Zürich. Arbeitsschwerpunkte: Mediensystem/Medienstruktur Schweiz und im Ländervergleich, Medienpolitik, Medienwandel, Medienorganisationen.

Michael Meyen, Prof. Dr. phil., studierte von 1988 bis 1992 in Leipzig Journalistik. 1995 Promotion, 2001 Habilitation. Seit 2002 Professur für Kommunikationswissenschaft an der Universität München. Arbeitsschwerpunkte: Kommunikations- und Fachgeschichte, Medien- und Öffentlichkeitsstrukturen.

Edzard Schade, Prof. Dr. phil., studierte Allgemeine Geschichte, Soziologie und Wirtschaftsgeschichte. Professur für Informationswissenschaft mit den Schwerpunkten Informations- und Medienmärkte, Informationsmanagement und digitale Langzeitarchivierung am SII – Institut für Informationswissenschaft der Hochschule für Technik und Wirtschaft Chur. Arbeitsschwerpunkte: Strukturwandel der Informations- und Medienmärkte, Geschichte und Soziologie der Information und Medien, Langzeitnutzbarhaltung multimedialer Informationsressourcen.

Wolfgang Seufert, Prof. Dr. phil., Dipl.-Volksw., studierte Publizistikwissenschaft, Volkswirtschaftslehre und Geschichte an der FU Berlin. Professur für Kommunikationswissenschaft mit dem Schwerpunkt Ökonomie und Organisation der Medien am IfKW – Institut für Kommunikationswissenschaft der Friedrich-Schiller-Universität Jena. Arbeitsschwerpunkte: Strukturwandel des Mediensystems, Medienökonomie, Medienregulierung.

Birgit Stark, Prof. Dr. rer. soc., studierte Sozialwissenschaften. Professur für Kommunikationswissenschaft mit dem inhaltlichen Schwerpunkt Medienkonvergenz am Institut für Publizistik der Johannes Gutenberg-Universität Mainz. Arbeitsschwerpunkte: Nutzungs- und Rezeptionsforschung, Methoden der Markt- und Kommunikationsforschung, Mediensysteme/Medienstrukturen und komparative Medienforschung.

Steffi Strenger, M.A., studierte Kommunikationswissenschaft und Geschichte in München sowie Journalismus in Holland und Dänemark. Masterabschluss 2012 mit einer inhaltsanalytischen Studie zum Wandel der Medienlogik. Seit Oktober 2012 wissenschaftliche Mitarbeiterin am Lehrbereich von Prof. Dr. Meyen.

Samuel Studer, lic. phil., studierte Publizistikwissenschaft und Geschichte. Projektassistent am IPMZ – Institut für Publizistikwissenschaft und Medienforschung der Universität Zürich. Arbeitsschwerpunkte: Mediensystem/Medienstruktur Schweiz, Medienorganisationen, Mediengeschichte, Medienpolitik.

Markus Thieroff, M.A., studierte Kommunikationswissenschaft in Stuttgart-Hohenheim und München. Masterabschluss 2012 mit einer Arbeit zum Wandel der Medienlogik. Seit Oktober 2012 Projektmitarbeiter für Medialisierung am Institut für Kommunikationswissenschaft und Medienforschung an der Universität München.

Gerhard Vowe, Prof. Dr., studierte Politikwissenschaft, Publizistik und Informationswissenschaft an der Freien Universität Berlin. Inhaber des Lehr-stuhls I für Kommunikations- und Medienwissenschaft am Institut für Sozialwissenschaften der Heinrich-Heine-Universität Düsseldorf. Arbeitsschwerpunkte: Medienpolitik, politische Kommunikation.